“十一五”湖北省重點出版規劃選題
2009年度國家出版基金資助項目

張舜徽集

霜紅軒雜著

張舜徽　著

華中師範大學出版社
2009年・武漢

新出圖證(鄂)字 10 號

圖書在版編目(CIP)數據

霜紅軒雜著/張舜徽著.
—武漢:華中師範大學出版社,2009.12
(張舜徽集)
ISBN 978-7-5622-4031-0

Ⅰ.霜… Ⅱ.張… Ⅲ.雜著—中國—現代—選集
Ⅳ.Z429.7

中國版本圖書館 CIP 數據核字(2009)第 133656 號

霜紅軒雜著
©張舜徽 著

華中師範大學出版社出版發行

社址:湖北省武漢市珞喻路 152 號　**郵編:**430079
電話:(027)67861321　**傳真:**(027)67863291
網址:http://www.ccnupress.com　**電子信箱:**hscbs@public.wh.hb.cn
印刷:武漢中遠印務有限公司

責任編輯:洪勝非　**封面設計:**羅明波
責任校對:張　忠　**督　　印:**章光瓊

開本:850mm×1168mm　1/32　**印張:**16.25　**字數:**422 千字
版次:2009 年 12 月第 1 版　**印次:**2009 年 12 月第 1 次印刷
印數:1—3000　**定價:**37.00 元

張舜徽先生（1911—1992）遺影

張舜徽先生工作照（1989年）

出版説明

張舜徽先生（1911—1992），湖南沅江人，著名歷史學家、歷史文獻學家。生前曾任中國歷史文獻研究會會長、名譽會長，華中師範大學歷史文獻研究所所長、名譽所長。

張舜徽先生一生勤奮治學，博涉四部，在傳統學術的諸多領域造詣精深，留下大量論著。他在《八十自敍》中總結説：“余之治學，始慕乾嘉諸儒之所爲，潛研於文字、聲韻、訓詁之學者有年。後乃進而治經，於鄭氏一家之義，深入而不欲出。即以此小學、經學爲基石，推而廣之，以理羣書，由是博治子、史，積二十載。中年以後，各有所述。爰集録治小學所得者，爲《説文解字約注》；集録治經學所得者，爲《鄭學叢著》；集録治周秦諸子所得者，爲《周秦道論發微》、《周秦政論類要》；集録治文集筆記所得者，爲《清人文集别録》、《清人筆記條辨》。而平生精力所萃，尤在治史。匡正舊書，則於《史通》、《文史通義》皆有《平議》；創立新體，則晚年嘗獨撰《中華人民通史》，以誘啓初學。至於辨章學術，考鏡源流，平生致力於斯，所造亦廣。若《廣校讎略》、《中國文獻學》、《漢書藝文志通釋》、《漢書藝文志釋例》、《四庫提要敍講疏》諸種，固已擁彗前驅，導夫先路。”此僅爲就其平生著述中較費心力者而言，已足以彰顯先生對學術界的重大貢獻。他的這些成就，使他成爲公認的國學大師，更是華中師範大學不可多得的代表性學者。

二〇〇三年，是華中師範大學建校一百周年。鑒於張舜徽先生在學校歷史上的重要地位，我社决定出版《張舜徽集》，以作紀念。《張舜徽集》擬分批推出，每年五至七部，四年内出齊。

由于張舜徽先生的著述甚多，各書原出版單位不同、排版不一（多爲繁體竪排），現在統一改爲繁體横排，技術上有一定難度。但我們本着對作者和讀者負責的態度，忠實於作者原作，不隨意更改，僅在極個别情况下稍作技術處理。這種情况主要有兩類：一是原書中的夾注，一律加括號，注文字號同正文。二是原書中某些並列的書名號，從竪排改爲横排後，爲避免誤會，作了一些必要的調整，其中又分兩種情况：一是同一部書下的幾個篇名，如《史通》之後緊接着出現"正史"、"史官"諸篇名，僅把"史通"加書名號，篇名"正史"、"史官"則不加。二是幾部書的合稱，如"兩唐書"(指《新唐書》、《舊唐書》)、"新舊唐書"(指《新唐書》、《舊唐書》)，爲規範計，標作"兩《唐書》"、"新舊《唐書》"；"隋唐志"(指《隋書·經籍志》、《舊唐書·經籍志》、《新唐書·藝文志》)、"宋元史"(指《宋史》、《元史》)等，爲避免一個字的朝代名單標書名號，乾脆省却書名號，成"隋唐志"、"宋元史"。這些技術處理，是我們的一種嘗試，但願不致引起讀者的誤解。自第二輯起，也酌情參考中華書局處理這類情况的標點方法。

華中師範大學出版社

二〇〇八年四月

目　　錄

經傳諸子語選

清儒論學語錄

附：

佚文輯錄

秉燭餘論

漢語語原聲系

自　序

治語言文字之學，必至乎探求語原，以聲爲綱，從而部居條理，得其義例，始有真正訓詁之學可言。視夫據守經傳注説，展轉徵引，繁博相尚，沾沾以訓詁學高自標榜者，相去遠矣。近三百年來，小學昌明。乾嘉諸儒，考證古韻部居之功爲多；其次疏理故書，若《爾雅》、《方言》、《説文》、《廣雅》之屬，各有新編，超逸往古。至晚清銅器、甲骨相繼出土，而研究古文字者，風起雲湧；獨探求語原之學，寂焉無聞。惟餘杭章氏取《説文》中若干獨體之文，定爲初文，由是展轉相生，而衍爲合體之字。其所闡論，乃字原而非語原，號曰《文始》，名實相符矣。大抵語言必有其根。語根者，最初表示概念之音，爲語音形式之基礎，亦即構成語詞之要素，語詞乃由語根漸次分化而成者也。章書拘泥於韻部之分合轉變，爲世所病。在古音系統尚未清晰明確之時，求語根者，惟有從聲母探究，較之以《成均圖》爲準者，尚爲可信耳。

余昔治古今音韻，欲用以條理故訓，以爲求之韻不如求之聲。聲者，發諸自然，本乎天籟，聞其聲即可知其義。雖在婦孺，莫不通曉。循聲求義，實簡約易明之術也。早歲讀錢大昕《聲類》、王念孫《釋大》而深善之。嘗欲效《釋大》之例，爲

《雅詁通釋》，以統義訓之全。卒以體大事煩，未成而廢。後乃以聲爲經，探究語原，有所得輒記之。用白紙簿五本，各依喉牙舌齒脣分類纂述，積久而所録漸多。中經間斷，亦既有年。偶取視之，不忍捐棄也。今年過八十，精力日衰，如不重新整理，則往日心力，盡付虚無，殊可惜也。因以暇日寫定，成爲斯編。所言雖未能盡，亦聊以發凡起例耳。竊思探求語原，必以語言爲主，而不以字形爲主。苟能從人情物理上取得依據，以推究其聲始，立一爲耑，以貫穿之。雖不取證於經傳羣書，無妨也。今兹所舉語詞例證，多本《説文》，不復旁搜，約之至也。誠能由《説文》以推及於他書，則所得多矣。至於編述大意與義例，别有緒言詳之。

緒　　言

一、探索語原，宜求之於雙聲

原始語言甚簡，故記載語言之文字亦少。語必有根，由根而發爲多枝。先民每以一自然之聲以狀事物之情態，由此而孳乳焉，造爲文字以紀其聲。形雖萬殊，語歸一本。此本可謂之聲始，亦可謂之語根，亦可謂之語原。其存於文字間者，悉在象形、指事、會意三類之中。此三類之聲，與形俱來，非如形聲字之形外附聲也。有是形即有是聲，此以聲狀其形也。此聲即文字之元音，亦即語言之根柢。循其根柢以求其枝葉，則綱舉目張，條理秩然矣。

聲之所從發有五，即喉、牙、舌、齒、脣也。但舉此五類，即可該一切音。人聲之發，由内以及外，始於喉、牙，次及舌、齒，終之以脣，此自然之序也。發音之部位爲聲，聲母舊謂之紐。前人所稱三十六字母，陳澧所分四十聲類，皆是也。凡同一聲母之字，皆爲雙聲；聲母相近者，爲旁紐雙聲；五大類中每類之字義多相通者，爲同類雙聲。五大類之字，又得互相通轉，復不拘限於一類也。大抵探索語原，恒當求之於雙聲。發音之部位相近，則其義恒近，此乃語言文字由簡變繁、由少而多之軌迹也。

古人聲寬，不似後世之畛域甚嚴。故探索語原，不可徒拘泥於聲紐相同；顧聲紐相同之字，其關係尤爲密切耳。故探索語原者，首必求之同紐，次乃求之近紐、同類及各類通轉之迹，而後可以博采而廣收也。語言之衍變，由於雙聲者多，由於叠韻者少。不同韻之字，以雙聲之故而得通轉者，所在皆是。此本與韻無涉，不必强相傅會。前人治音學者，詳於辨韻而略於審聲。徒拘泥於古韻部居之通轉，巧立名目，務求彼此通貫，則漫無邊際，幾乎字字可通，流弊至大。餘杭章氏早年所爲《古雙聲説》，甚有理致。及其撰述《文始》，作《成均圖》，乃以古韻二十三部自縛。於對轉、旁轉之外，復創立交紐轉、隔越轉諸名，而不知其實可以雙聲統之，詎非千慮之一失乎！

二、初文與聲始之辨

古無文字，先有語言。造字之次，獨體先出，而合體後起，此必然之序也。餘杭章氏嘗刺取《説文》中象形、指事獨體之文，命曰初文；其諸省變及合體象形、指事與聲具而形殘，若同體複重者，謂之準初文；都五百十字。以考文字衍變之迹。撰成《文始》四百五十七條，以窮究語原。自謂縣之國門，不可增損一字。其實，彼所標舉之初文，謂爲造字時最初形體，固無不可；若目爲語言之聲始，但止於此，則非也。“聲始”二字，始見邵晉涵《漢魏音序》；今則名曰語根，其義一耳。如必考求語根，自不可局限於象形、指事獨體之文。即會意合體之字，音讀與形體俱來，無假於外，與形聲字之从某某聲者，截然不同。故欲推尋聲始，則會意字之音與象形、指事之音，宜可並重，不應棄此取彼也。

兹就喉、牙、舌、齒、脣五大聲類中，各取一會意字，以明其堪爲聲始之作用。其在喉聲者：《説文》“冤，屈也。从兔从冂。兔在冂下，不得走，益屈折也”。於袁切。此聲始也。與之雙聲者，則有悁、怨、恚、悒、慍、怏諸字，皆有憂忿之義，而悉以冤爲語原也。其在牙聲者：《説文》“㹜，兩犬相齧也。从二犬”。語斤切。此聲始也。與之雙聲者，則有㸿、犾、鬩、嚚、譻、虤諸字，皆有争鬥之義，而悉以㹜爲語原也。其在舌聲者：《説文》“秝，稀疏適也。从二禾。讀若歷”。郎擊切。此聲始也。與之雙聲者，則有砯、律、樓、倫、例、鴷諸字，皆有次第之義，而悉以秝爲語原也。其在齒聲者：《説文》“宗，尊祖廟也。从宀从示”。作冬切。此聲始也。與之雙聲者，則有噂、蕁、嵏、稯、豵、蹤諸字，皆有聚合之義，而悉以宗爲語原也。其在脣聲者：《説文》“秉，禾束也。从又持禾”。兵永切。此聲始也。與之雙聲者，則有柄、把、扮、杓、柲、靶諸字，皆有握持之義，而悉以秉爲語原也。觀冤之讀於袁切，㹜之讀語斤切，秝之讀郎擊切，宗之讀作冬切，秉之讀兵永切，有此形即有此音。與物絶緣，無借於外，此非聲始而何？故今日推求語原，必博徵會意之字（合體）與象形、指事之文（獨體），綜合治之，庶乎取徑較廣，所得爲多也。

三、形聲字之類例（上）

漢字在一千八百多年以前，已發展至近萬字，而形聲字占十分之八。著録於《説文解字》之九千三百五十三文中，形聲字即有八千餘。不易處理，又難盡記。論者或謂形聲字乃六書中之癰疽，理董不易。其實，如能治之得間，仍有條理可循也。昔顧炎武著《唐韻正》，謂韻起於《説文》之諧聲；安吉著《韻徵》，謂《説文》諧聲爲古韻之起原；皆探本之論已。後世俗儒，妄謂六書中之形聲，最爲淺末，固不足與語此也。昔宋人盛張右文之説，以爲文字右旁之聲，莫不有義。如王荆公《字説》所云“波者水之皮”，爲時人及後世所訕笑。此由當時不解造字之初，原有借他字以作此聲者，而必一一據某聲以直説之，故其説多不可通也。文字中固有直从某聲而得某義者。許慎作《説文解字》時，雖以“據形系聯”爲主，然如句部收拘、笱、鉤三字，而不分歸於手、竹、金諸部；即已示人以義原於聲之理。推之丩部收茻、糾二字，劦部收恊、勰、協三字，皆同此例。可知重視右文，亦漢人開其端。循字聲以求字義，自是研究文字訓詁之一大途徑也。

循斯例以廣求之，則如滋、孳同从茲聲，皆有多義；覛、衇同从𠂢聲，皆有衺義；鞕、悈同从亟聲，皆有急義；幏、豙同从冡聲，皆有覆義；莍、梂、俅、蝨同从求聲，皆有毛刺義；鸕、驢、黸、壚同从盧聲，皆有黑色義；譄、贈、層、竲同从曾聲，皆有增益義；嘐、謬、繆、飂同从翏聲，皆有高亢義；此易明者也。但據所从之聲，即可得其義，此乃文字中之少數。其更多之字，有展轉相从，其義實得之於最初聲符者。如从廷聲之字，有珽、莛、筳、梃、侹、頲；从巠聲之字，有莖、桱、脛、頸、娙、經；皆有長直義。見之於外者，爲从廷聲或巠聲；深入探討，實皆从𡈼（音挺）聲也。由於廷从𡈼聲，巠从𡈼省聲，諸字聲義，皆受之於𡈼，故並有長直之義耳。亦有由於聲轉，借此聲以作彼聲者：如臤訓堅，而从臤聲之字若羥、緊、礥、擘、豎、堅，皆有剛固之義，此易明者也。堅之入聲爲吉，因之从吉聲之字，亦多有堅義。故齒堅爲齰，人正爲佶，堅黑爲黠，蚌殼爲鮚，堅締爲結，直項爲頡。明明是同从吉聲，吉無堅義，此乃由堅之聲轉而然耳。又如肋、朸、防、泐，皆有層累之意，而皆受聲義於吕；窨、黯、湆、闇，皆有幽暗之意，而皆受聲義於㑹；卙、緝、輯、戢，皆有收聚之意，而皆受聲義於集；橿、麠、鱷、繮，皆有長大之意，而皆受聲義於京。是悉雙聲相轉，習用借聲之例也。

四、形聲字之類例（下）

字義反訓之説，發於晉之郭璞。《爾雅·釋詁》：“徂、在，存也。”郭注云：“以徂爲存，猶以亂爲治，以曩爲曏，以故爲今。此皆訓詁義有反覆旁通，美惡不嫌同名。”《方言》卷二：“逞、苦、了，快也。自山而東或曰逞，楚曰苦。”郭注亦云：“苦而爲快者，猶以臭爲香，亂爲治，徂爲存，此訓義之反覆用之，是也。”郭氏發凡之辭，雖甚簡約，不啻爲訓詁學揭櫫一大例矣。惜其説未能充類至盡，詳道其所以然。且所言者，僅限於文字運用之際，而未及推溯至遠古造字之初。余竊以爲造字之初，亦已用反訓法。於何見之？於字之同从一聲而義相反者見之也。大抵同从一聲之字，義多相近，昔人言之備矣。顧亦有所从之聲相同而義訓適相反者，但取證於《説文》，而其例已廣。有如：

堯之本義爲高，因之凡从堯聲之字多有高義、長義。故尾長毛曰翹，高長頭爲顤，山高曰嶢，良馬爲驍。反之，則凡从堯聲之字，又有短義、小義。故南方短人爲僥，腹中短蟲爲蟯，小鉦爲鐃。

句之本義爲曲，因之凡从句聲之字多有曲義。故曲竹捕魚爲笱，曲金爲鉤，曲羽爲翎，雉鳴而曲其頸曰雊，曲脊爲痀，軥下曲木爲軥。反之，則凡从句聲之字，又有直義。故日出爲昫，火烝爲煦，人之健壯而挺立者爲竘。

凡从熒省聲之字，多有小義。故小聲爲謍，小瓜爲縈，鬼衣爲褮，小水爲滎，小心態爲嫈。反之，則凡从熒省聲之字，又有大義。故備火長頸缾爲罃，帀居爲營，墓地爲塋。

凡从可聲之字，多有大義。故大言而怒爲訶，大開爲閜，扶渠葉爲荷，大陵爲阿。反之，則小艸爲苛。

凡从术聲之字，多有小義。故小風爲颭，綦鍼爲鉥。反之，則邑中大道爲術。

凡从曾聲之字，多有高義。故重屋爲層，北地高樓爲竲，加謂之譄，益謂之增。反之，則短矢爲矰。

凡从幾聲之字，多有小義。故小珠爲璣，小食爲嘰，蝨子爲蟣。反之，則千里地爲畿。

凡从幵聲之字，多有大義。故三歲豕爲豣，鹿之絶有力者爲麉，獟犬爲豜。反之，則小束爲栞。

又如：

同从召聲，小車爲軺，大鎌爲鉊；同从光聲，馬肥盛爲駫，人小貌爲侊；同从奄聲，寬大爲俺，收斂爲掩；同从爾聲，切近爲邇，久長爲镾。

若斯類者，亦不能悉數也。從知形聲字之發展，變化多方。如不明其類例，則雖有志條理而區處之，將亦無從措手也。

五、聲類與聲紐

在喉、牙、舌、齒、脣五大聲類中，凡喉音之字，多會合義；牙音之字，多高廣義；舌音之字，多重大義；齒音之字，多纖小義；脣音之字，多敷布義；此特就其大較言之耳。發音之部位雖大限有五，而每類之中，又各有其紐位。宋元以來所沿用之三十六字母，相傳爲唐末沙門守温所創，其標目爲：影、喻、曉、匣，喉音；見、溪、羣、疑，牙音；端、透、定、泥，舌頭音；知、徹、澄、娘，舌上音；邦、滂、並、明，重脣音；非、敷、奉、微，輕脣音；精、清、從、心、邪，齒頭音；照、穿、牀、審、禪，正齒音；來，半舌音；日，半齒音。清末學者陳澧，以爲用三十六字母範圍古人之書，不能精密，因依據《廣韻》切語上字而系聯之，得四十聲紐。即照、穿、牀、審、喻各分二類，而明、微合爲一類。近代音韻學家黄侃，又分明、微爲二，實得四十一類。

前人所舉三十六字母或四十一聲類，皆但能統括隋唐以下發聲之紐位，而不能用之以推論至遠古。況古聲有舌頭，無舌上；有重脣，無輕脣；錢大昕已證明。娘、日二紐歸泥，章炳麟已證明（最早發之於鄒漢勛，章氏實本其説）。此外今人辨析古聲分合，復不斷有所發現。大抵古代聲寬，決不如後世之密。雖經黃侃考定古聲但有影、曉、匣、見、溪、疑、端、透、定、泥、來、精、清、從、心、邦、滂、並、明等十九紐，用以證説周秦兩漢時書，固多應合。若取之推論至遠古語言文字最初興起之時，仍嫌其過密也。

黃氏所揭櫫古聲十九紐之説，自謂實本之鄒漢勛《五韻論》，嘗爲其弟子言及之。余考鄒氏之所發悟，又實從江永《四聲切韻表》中得其啟示也。江氏之言曰："音韻有四等：一等洪大，二等次大，三、四皆細，而四尤細。一等有牙，有喉；有舌頭，無舌上；有重脣，無輕脣；有齒頭，無正齒；有半舌，無半齒。而牙音無羣，齒頭無邪，喉音無喻，通得十九位。見、溪、疑、端、透、定、泥、邦、滂、並、明、精、清、從、心、曉、匣、影、來也。"鄒氏《五韻論》中，本江氏此説而發揮之，實古聲十九紐之説所自出也。古代之音粗大，不如後世之纖細；北方之聲弘廓，不似南人之温柔；故一等之音，足以代表古之聲類耳。

六、漢人循聲求義之學

循雙聲以説字，經傳早已萌芽。如《周易·説卦》所云："乾，健也；離，麗也。"《孟子·滕文公上》所云："庠者養也，校者教也。"皆其明證。兩漢傳注，尤多此例，不能悉數矣。逮乎許氏造《説文》，解釋字義，更多依聲立訓。就常見之字言之，如以溥訓旁，以求訓祈，以害訓禍，以別訓八，以迎訓逆，以敷訓譒，以更訓改，以判訓副，以破訓劈，以康訓愷，以貪訓饕，以實訓室，以空訓窠，以聊訓俚，以辟訓般，以弄訓伶，以偏訓頗，以慨訓忼，以懣訓悶，以沛訓滂。如此之流，何可勝數。其於人也，則訓民爲萌，訓母爲牧，訓顛爲頂。其於物也，則訓木爲冒，訓麪爲末，訓稾爲稈。斯類尤繁，亦何一非以雙聲通其義訓乎？至於説麥則云："秋穜厚薶，故謂之麥。"説黍則云："以大暑而穜，故謂之黍。"斯又窮究語原之例也。蓋聲音在文字之先，有是聲則有是字。孳乳相生，由簡而多。故凡發音部位相同之字，其義多相同或相近。許君恒取其聲之相同相近者以爲訓釋，故能因此及彼，明白易曉。此雙聲之用，所以爲大也。

北海鄭氏，遍注羣經，取古雙聲之字以相訓釋之處，尤爲廣泛。若《儀禮·士冠禮》注所云："弁之名出於槃。"《周禮·地官·序官》注所云："種穀曰稼，如嫁女以有所生。"斯皆由古聲類以推見物名得義之原。劉熙《釋名》，實自此出。《釋名》一書，乃爲推究語原而作。綜其大例，不外取之同音、雙聲、叠韻以立訓，而以雙聲解之者爲最多。如以坦釋天，以散釋星，以氾與放釋風，以化釋火，以散釋巽，以戰釋震，以綏釋雪之類，斯固同紐雙聲，昭然易曉。亦有取近紐雙聲之字爲訓者，如以健釋乾，以昆釋鯀，以踝釋寡之類是也。有取旁紐雙聲之字爲訓者，如以假釋夏，以祝釋埶，以承釋塍之類是也。可知漢人依聲説字，所該自廣，原不限於同紐也。劉熙亦北海人，於鄭君爲鄉里後進。以《三國志·程秉傳》《許慈傳》所言考之，知劉熙之學，實出於鄭，深造有得，故能衍鄭君聲訓學之遺緒而張大之耳。

七、反切以前之字音

宋沈括謂古語已有二聲合爲一字者，如"不可"爲"叵"，"何又"爲"盍"，"如是"爲"爾"，"而已"爲"耳"，"之乎"

爲“諸”。鄭樵謂慢聲爲二，急聲爲一。慢聲爲“者焉”，急聲爲“旃”；慢聲爲“者歟”，急聲爲“諸”；慢聲爲“而已”，急聲爲“耳”；慢聲爲“之矣”，急聲爲“只”。其後顧炎武撰《音論》，復稽之經傳，從而擴充其説。如謂《詩傳》所云：“茨，蒺藜也。”“蒺藜”正切“茨”；《公羊傳》：“邾婁後名鄒。”“邾婁”正切“鄒”；《禮記・玉藻》：“終葵，椎也。”“終葵”正切“椎”；《爾雅》：“禘，大祭也。”“大祭”正切“禘”；“不律謂之筆。”“不律”正切“筆”；《方言》：“鼅鼄或謂之蠾蝓。”“蠾蝓”正切“鼄”；《説文》：“鈴，令丁也。”“令丁”正切“鈴”；《釋名》：“韠，蔽膝也。”“蔽膝”正切“韠”。顧氏博徵廣引，以爲未有反切之時，早有合二字以成一音者，稱舉甚多，兹特約取其尤爲淺明者以示例耳。吾人今日讀《莊子・逍遥游》，至“摶扶搖而上者九萬里”句，證以《爾雅・釋天》：“扶搖謂之飈。”是飈之長言爲扶搖也。檢《廣雅・釋木》，至“栟櫚、椶也”一義，其葉可以制扇，俗稱蒲扇。蒲即栟櫚之合聲也。若斯之流，自取證經傳羣書外，求之方言俚語，所在多有，遽數之不能終其物也。

清代學者陳壽祺《漢讀舉例》有云：“漢儒音讀之法，凡言讀如、讀若、讀爲、讀曰、讀與某同，皆别舉一字以定其音，此常例也。亦有即本字爲音者，蓋字包數音，音包數義，字同而音異者别其音，字同而義異者别其義。故或舉經典習見之文以證之，或舉方俗易曉之語以徵之。字雖不改，而音與義已判矣，此又一例也。復有字止一音一義，難爲比況之詞，但就本義爲本音者；此又一例也。”又云：“漢人未有反切，凡解釋文字，徒以聲相譬況。聲不足明，則又爲内言、外言，緩氣言、急氣言，籠口言、閉口言，急舌言，作江淮間人言，以舌頭言、以舌腹言諸法，其委曲曉示之意，亦可見矣。”（俱見《左海經辨》卷下）陳氏所言，信爲綜覈。證之漢人傳注，若高誘注《吕覽》、《淮南》，有急言、徐言之語；何休解《公羊》，有内言、外言之説；許慎釋《淮南》，辨及舌頭、急舌；劉熙爲《釋名》，析乎合脣、開脣。可知漢人説明音讀，多爲之方，亦云備矣。

自鄭玄最早提出聲類（見賈公彥《序周禮廢興》引鄭氏《禮序》）、音類（見張守節《史記正義·論音例》引《鄭志》）之説以校理羣經，學者始重視聲類、音類之爲用。蓋發聲相同者，謂之聲類；收聲相同者，謂之音類。門人孫炎，師法其分類而創作反語。魏晉以後，其道大行。而文字之音讀，明確可據，遠過於漢儒之譬況比方矣。

八、切語上字之作用

昔人論及反語之興，咸謂創自孫炎。若《顏氏家訓·音辭篇》、《經典釋文敘錄》、《史記正義》諸書所言，皆無異辭。近世劉師培、章炳麟始謂馬融、鄭衆、王肅之書，已有反切，固不始於孫也。蓋自漢之末造，已具端倪；孫氏前有所承，特有整齊條理之功耳。反語亦曰反切，以二字拼成一字之音。上一字定聲，下一字定韻。聲韻相合，成爲切語。清末陳澧，從《廣韻》中歸納出切語上字所常用者凡四百五十二字。依據此一字羣中同用、互用、遞用之迹，條理而系聯之，得四十聲類。近人黄侃，將“明”、“微”二類分開，定爲四十一聲類。如能將切語上字四百五十二字分隸於四十一類中，而熟記之，則於審定雙聲，較爲捷便。今依喉、牙、舌、齒、脣五大限，將切語上字四百五十二字分繫於四十一聲類之下（凡低一格所標紐目，乃自上紐分出，爲守温字母所無者），條述如次：

喉

影　於、央、憶、伊、衣、依、憂、一、乙、握、謁、紆、挹、烏、哀、安、煙、鷖、愛。凡十九字。

喻　余、餘、予、夷、以、羊、弋、翼、與、營、移、悦。凡十二字。

爲　于、羽、雨、雲、云、王、韋、永、有、遠、榮、爲、洧、�。凡十四字。

曉　呼、荒、虎、馨、火、海、呵、香、朽、羲、休、況、許、興、喜、虚。凡十六字。

匣　胡、乎、侯、户、下、黄、何。凡七字。

牙

見　居、九、俱、舉、規、吉、紀、几、古、公、過、各、格、兼、姑、佳、詭。凡十七字。

溪　康、枯、牽、空、謙、口、楷、客、恪、苦、去、丘、墟、祛、詰、窺、羌、欽、傾、起、綺、豈、區、驅。凡二十四字。

羣　渠、强、求、巨、具、臼、衢、其、奇、曁。凡十字。

疑　疑、魚、牛、語、宜、擬、危、玉、五、俄、吾、研、遇、虞、愚。凡十五字。

舌

端　多、德、得、丁、都、當、冬。凡七字。

透　他、託、土、吐、通、天、台、湯。凡八字。

定　徒、同、特、度、杜、唐、堂、田、陀、地。凡十字。

泥　奴、乃、諾、内、嬭、那。凡六字。

來　來、盧、賴、洛、落、勒、力、林、吕、良、離、里、郎、魯、練。凡十五字。

知　知、張、豬、徵、中、追、陟、卓、竹。凡九字。

徹　抽、癡、楮、褚、丑、恥、敕。凡七字。

澄　除、場、池、治、持、遲、佇、柱、丈、直、宅。凡十一字。

娘　尼、拏、女。凡三字。

日　如、汝、儒、人、而、仍、兒、耳。凡八字。

齒

精　將、子、資、卽、則、借、玆、醉、姊、遵、祖、臧、作。凡十三字。

清　倉、蒼、親、遷、取、七、青、采、醋、麤、麄、千、此、雌。凡十四字。

從　才、徂、在、前、藏、昨、酢、疾、秦、匠、慈、自、情、漸。凡十四字。

心　蘇、素、速、桑、相、悉、思、司、斯、私、雖、辛、息、須、胥、先、寫。凡十七字。

邪　徐、祥、詳、辭、辞、似、旬、寺、夕、隨。凡十字。

照　之、止、章、征、諸、煮、支、職、正、旨、占、脂。凡十二字。

　莊　莊、爭、阻、鄒、簪、側、仄。凡七字。

穿　昌、尺、赤、充、處、叱、春。凡七字。

　初　初、楚、創、瘡、測、叉、廁、芻。凡八字。

牀　牀、鋤、鉏、豺、崱、士、仕、崇、查、雛、俟、助。凡十二字。

　神　神、乘、食、實。凡四字。

審　書、舒、傷、商、施、失、矢、試、式、識、賞、詩、釋、始。凡十四字。

　疏　疏、踈、山、沙、砂、生、色、數、所、史。凡十字。

禪　時、殊、嘗、常、蜀、市、植、殖、寔、署、臣、承、是、氏、視、成。凡十六字。

脣

幫　邊、布、補、伯、百、北、博、巴、卑、并、鄙、必、彼、兵、筆、陂、畀。凡十七字。

滂　滂、普、匹、譬、披、丕。凡六字。

並　蒲、步、裴、薄、白、傍、部、平、皮、便、毗、弼、婢。凡十三字。

明　明、彌、眉、綿、靡、美、莫、慕、模、謨、摸、母。凡十二字。

非　方、封、分、府、甫。凡五字。

敷　敷、孚、妃、撫、芳、峯、拂。凡七字。

奉　房、防、縛、附、符、苻、扶、馮、浮、父。凡十字。

微　無、巫、亡、武、文、望。凡六字。

凡此四百五十二字，不獨《廣韻》常用之，即隋唐以前諸書切語皆常用之。可知此等字實孫炎以來師師相傳以爲雙聲之標目，無異後世之字母。若熟記之，亦審聲定紐之捷徑也。

九、喉牙舌齒脣之互轉

喉、牙、舌、齒、脣之音，除同類可以相轉外，五音又可通轉。喉可與牙、舌、齒、脣相轉；牙可與喉、舌、齒、脣相轉；舌可與喉、牙、齒相轉；齒可與牙、喉、舌相轉；只有脣音，但與喉、牙相轉。五大聲類通轉之例太多，不可悉數。兹但就喉、脣相轉之字，取其常見者舉例如下：

在喉爲馨，在脣爲芬。在喉爲香，在脣爲芳。在喉爲聿，在脣爲筆。在喉爲黑，在脣爲墨。在喉爲鬱，在脣爲怫。在喉爲慍，在脣爲悶。在喉爲泳，在脣爲泭。在喉爲盈，在脣爲豐。在喉爲踒，在脣爲跛。在喉爲莽，在脣爲赴。在喉爲嚶，在脣爲嗚。在喉爲敱，在脣爲放。在喉爲窫，在脣爲宓。在喉爲窨，在脣爲窊。在喉爲亦，在脣爲臂。在喉爲衣，在脣爲被。在喉爲侐，在脣爲謐。在喉爲捇，在脣爲破。在喉爲紅，在脣爲焚。在喉爲娟，在脣爲妹。在喉爲揠，在脣爲拔。在喉爲怙，在脣爲負。在喉爲搵，在脣爲没。在喉爲好，在脣爲保。在喉爲卬，在脣爲望。在喉爲繢，在脣爲尾。在喉爲鑊，在脣爲鍑。在喉爲醵，在脣爲餔。在喉爲锥，在脣爲彈。在喉爲詡，在脣爲誧。

由以上所舉三十例證觀之，可知喉、脣二類中一語分爲二字之轉變，至爲普遍。其他互相通轉之迹，莫不如此，可推類以求之也。古代方言不同，一語而此讀在脣，彼讀則在喉，往往有之。此方稱芬稱芳，彼方則稱馨稱香；此方稱聿稱黑，彼方則稱筆稱墨；此方稱窊，彼方則稱窨；此方稱妹，彼方則稱娟。《説文》解釋窊字云：“北方謂地空因以爲土穴，爲窊户。”又解釋娟字云：“楚人謂女弟曰娟。”足以説明一語分爲數字，多由五方殊語，音讀不同所致。文字所以孳乳寖多，此亦其一大來原也。

昔之言聲類通轉者，有所謂同位、位同之説。戴震《轉語二十章序》，嘗謂“凡同位則同聲，同聲則可以通乎其義。位同則聲變而同；聲變而同，則其義亦可以比之而通。”所謂同位者，聲不外喉、牙、舌、齒、脣五位，凡在同位者，互爲雙聲，不分正紐與旁紐也。同位相轉，是爲正轉。所謂位同者，聲之清濁及發送收，其位相同，得互相轉。位同相轉，是爲變轉。戴氏所提“同位”，謂聲類大限相同者也；所謂“位同”，謂清濁及發送收之位相同者也。二名易淆，可改爲“同類”與“同位”，則昭然辨析矣。與戴氏同時爲聲訓之學者，錢大昕最爲精深。所撰《聲類》二十二篇，博綜古人聲音訓詁之例，示人以循聲求義之法，足爲戴説張目。大抵同類相轉，其理易明；同位相轉，則非熟記不可。兹特將四十一聲紐同位可相轉者，表列如下：

發送收及清濁	喉	牙	舌	齒	脣
發清	影	見	端知	精莊照	邦非
發濁	喻爲				
送清	曉	溪	透徹	清心初疏穿審	滂敷
送濁	匣	羣	定澄	從邪牀神禪	並奉
收濁		疑	泥來娘日		明微

凡脣音唯與喉牙相轉，清濁音同類者亦互相轉。

十、同類同位相轉例證

錢大昕《聲類》，有《釋訓》一篇，條舉同類同位相轉之例甚備。顧其辭簡略，覽者不易知其理。今遂錄其原文於上，爲之箋釋於每條之下，俾能明白易曉耳。聊書於次，以便觀省：

鬷之爲奏，正轉也；艐之爲屆，變轉也。

按：《詩·烈祖》："鬷假無言"，《禮記·中庸》引作"奏假無言"。鬷，子紅切；奏，則候切；同在精紐，故云正轉。《爾雅·釋詁》："艐，至也。"《史記索隱》引孫炎云："艐，古屆字。"艐，子紅切，聲在精紐；屆，古拜切，聲在見紐。聲之清濁及發送收同位，是爲變轉。

笄謂之簪，綆讀如餅。原注："下句《考工記》"

按：笄，古兮切，聲在見紐；簪，側岑切，聲在照紐；二字同位。綆，古杏切，聲在見紐；餅，必郢切，聲在邦紐；二字同位。

包之訓裹，袗之訓單。

按：包，布交切，聲在邦紐；裹，古火切，聲在見紐；二字同位。袗，之忍切，聲在照紐；單，都寒切，聲在端紐；同位。

鉅之爲大，中之訓間，貫之訓中。

按：鉅，其吕切，聲在羣紐；大，徒蓋切，聲在定紐；同位。中，陟弓切，聲在知紐；間，古閑切，聲在見紐；同位。貫，古玩切，聲在見紐；中，陟弓切，聲在知紐；同位。

葵之爲誰。

按：葵，强惟切，聲在羣紐；誰，示佳切，聲在牀紐；同位。

落魄爲落託。

按：魄，普百切，聲在滂紐；託，他各切，聲在透紐；同位。

振之訓救，又訓檢。

按：振，章刃切，聲在照紐；救，居又切，聲在見紐；檢，居奄切，聲在見紐；同位。

牛之轉訓冒。

按：牛，語求切，聲在疑紐；冒，莫報切，聲在明紐；同位。

專之訓單。

按：專，職緣切，聲在照紐；單，都寒切，聲在端紐；同位。

觚爲觶，又爲爵。

按：觚，古乎切，聲在見紐；觶，之義切，聲在照紐；爵，即略切，聲在精紐；同位。

軹爲軿。

按：軹，諸氏切，聲在照紐；軿，堅奚切，聲在見紐；同位。

綴爲級，亦爲對。

按：綴，陟衛切，聲在知紐；級，居立切，聲在見紐；對，都隊切，聲在端紐；均同位。

姪，徒結反。

按：姪、絰、耋、垤同从至聲，並音徒結反。此與憺、澹，瘏、屠，篿、團、摶，蜩、錭、調，嗔、寘、闐諸字同例，皆自照紐轉入定紐，由齒轉舌之例也。

翦，盡也。

按：翦，即淺切，聲在精紐；盡，慈刃切，聲在從紐；同屬齒聲，是爲同類相轉。

膊，磔也。

按：膊，匹各切，聲在滂紐；磔，陟格切，聲在知紐；同爲清聲。凡清濁音同類者，亦互相轉。

鈞，等也。

按：鈞，居匀切，聲在見紐；等，多肯切，聲在端紐；同位。

多，衹也。

按：多，得何切，聲在端紐；衹，章移切，聲在照紐；同位。

墮，輸也。

按：墮，許規切，聲在曉紐；輸，式朱切，聲在審紐；同位。

湫，箸也；底，止也。

按：湫，即由切，聲在精紐；箸，陟慮切，聲在知紐；同位。底，都禮切，聲在端紐；止，諸市切，聲在照紐；亦同位。

蔽，斷也。

按：蔽，必袂切，聲在邦紐；斷，都管切，聲在端紐；同位。

祝，斷也。

按：祝，之六切，聲在照紐；與斷亦同位。

憑，大也。

按：憑，古但作馮，房戎切，聲在奉紐；大，徒蓋切，聲在定紐；同位。

遡，鄉也。

按：遡，桑故切，聲在心紐；鄉，許良切，聲在曉紐；同位。

傲，慢也。

按：傲，五到切，聲在疑紐；慢，謀晏切，聲在明紐；同位。

奡，嫚也。

按：與傲慢同。

爾，昵也。

按：爾，兒氏切，聲在日紐；昵，尼質切，聲在娘紐；同類。

毀，禍也。

按：毀，許委切，聲在曉紐；禍，胡果切，聲在匣紐；同類。

泥，邇也。

按：泥，奴低切，聲在泥紐；邇，兒氏切，聲在日紐；同類。

槃，大也。

按：槃，薄官切，聲在並紐；大，徒蓋切，聲在定紐；同位。

娖，婡也。

按：娖，側角切，聲在照紐；婡，測角切，聲在穿紐；同類。

啟，跪也。

按：啟，康禮切；跪，去委切；聲同在溪紐。

曹，羣也。

按：曹，昨牢切，聲在從紐；羣，渠云切，聲在羣紐；同位。

良，能也。

按：良，呂張切，聲在來紐；能，奴登切，聲在泥紐；同位。

十一、前人詳於辨韻略於審聲之弊

上古之世，未有文字。人之言語，以聲達意。聲者，肖乎意而生者也。聲在文之先，意在聲之先，有是意而後有是聲，有是聲而後爲文以象之，故凡發音部位相同之字，其義多相同或相近。古今語言之變，由於雙聲者多，由於疊韻者少。不同韻之字，以同紐之故而得通轉者往往而是。此本與韻無涉，不用強相比合。昔人狃於韻部之異同而沾沾不休，殆所謂大道甚夷而民好徑也。

乾嘉諸儒，惟江永、戴震詳於辨聲；而錢大昕、王念孫、錢塘、阮元，言之尤精。錢大昕致力於古雙聲之研究，不特發明“古無輕脣音”、“古無舌頭舌上之分”諸理論，又撰《聲類》一書，以申雙聲通轉之指，一生絕口不談古韻分部之説。當段玉裁自矜所分十七部，無可更易，分之爲十七部，合之則十七部無不互通。錢氏則遺書規之曰：“古有雙聲，有叠韻。喉腭舌齒脣之聲，同位者皆可相轉。故無不可轉之聲，而有必不可通之韻。”此論精要，足以發人深省矣。王念孫早年潛心古韻，定爲二十一部。但後來撰《廣雅疏證》，竟置古韻分部之説不言，全用雙聲相轉之理詮釋故訓。由一字貫穿若干字，由一物聯系若干物，四通六闢，廓然開朗。又曾依據聲紐，纂述《釋大》，凡字之有大義者，悉系聯之，俾學者領悟雙聲之理，爲用至大。錢塘爲大昕族子，亦盛張依聲系字之重要，在其《與王無言書》中，闡發甚明。阮元訓詁之學，出於王氏。今觀《揅經室集》中《釋心》、《釋磬》、《釋矢》、《釋門》諸篇，皆循聲之申衍以究語柢，至爲精密。若此諸家，皆別闢蹊徑，不爲韻部所囿，而卓然有成者也。非有真知灼見，曷克臻此！

人之初生，聲與俱來。有其意則有其聲，聲者所以達意也。年無分老幼，地無分南北，聞其聲即可知其意。此在遠古已然，同此喉牙，同此脣舌，故聲無時間空間之殊也。至於韻，則所起甚晚。古無韻書，詩賦所需，各就方俗所習讀者而調協之，初非有定制也。韻字始見於陸機《文賦》，而吕静創爲《韻集》，宫、商、角、徵、羽各爲一卷，開後世四聲之漸。然則韻書之出，其興起於兩晉乎！魏李登分析宫商，判别清濁，而猶名其書爲《聲類》，不以韻字標目也。觀隋潘徽《韻纂序》有云："李登《聲類》、吕静《韻集》，全無引據，過傷淺局。詩賦所須，卒難爲用。"陸法言《切韻序》有云："凡有文藻，即須明聲韻。"而孫愐《唐韻》亦云："切韻者，本乎四聲，紐以雙聲叠韻，欲使文章麗則，韻調精明於古人耳。"可知後世韻書之作，專爲詞章音節而設耳。自魏晉以下，文勝於質，韻書應運而興，勢也，亦時也。學者乃欲據此等書以上窮語言文字之原，不已左乎！後之治韻學者，據隋唐以下韻書所分部目，證以周秦古書用韻之迹，從而合併省簡，名之曰此古韻也。自宋人鄭庠，下逮清代諸儒，以至近世章炳麟、黄侃，無慮十數家，分部各異。大抵前疏後密，莫定於一。末流之弊，遂致明於收聲而昧於發聲，有知疊韻而不知雙聲者，有知韻轉而不知聲轉者。絶詣久湮，亦可慨矣。

余少時讀《説文》，嘗以古韻爲經，聲紐爲緯，成《説文聲韻譜》六册；後治《廣韻》，復依聲紐系列之，成《廣韻譜》二厚册。比類而觀，深悟由韻部以推字義，不如由聲類以求字義之尤可依據，而雙聲之理，爲用甚弘。蓋聲音在文字之先，而韻部乃後人所定。人生而有喉牙舌齒脣之音，發之自然，此最直接簡單易喻，不似韻部之糾紛複雜而難記也。自常人觀之，韻易辨，聲難知；實則聲易知，韻難晰；世俗未之察耳。平居涉覽三百年來儒先著述，已多先我言及聲之爲用者，因裒録戴震、段玉裁、錢大昕、王念孫、王引之、阮元、黄承吉、錢塘、邵晉涵、程敦、宋保、陳澧、丁顯、江謙、劉師培、梁啟超、王國維、章炳麟、黄侃、錢玄同等二十家之言爲一書，名曰《聲論集要》，而附抒愚見於每條之下（已刊入《舊學輯存》）。前人論及聲之爲用，已約略具於是矣。如欲精治小學以達於語言文字之原，則雙聲之理，不可不講。深喜先賢所論，實獲我心；而管窺所及，爲不孤矣。故晚歲撰定《説文解字約注》，悉依雙聲以探究字義。又嘗補劉熙《釋名》之所未備，爲《演釋名》，亦循雙聲之理以求之。潛思密慮，頗有新悟。平生推究語原，亦但求之於聲耳。昔劉熙載嘗云："韻有古今之分，雙聲無古今一也。"王國維亦曰："然則謂古韻明而後詁訓明，無寧謂古雙聲明而後詁訓明。"江謙則言："解形聲義，通聲爲本。"此皆通覈之論，足以發蒙揭蔀也。

十二、探求語原法示例

探求語原，首必從人情物理乃至方言俚語及謠諺習俗中取得依據，由一聲而推衍至數字或數十字，而皆可貫通其義。始得立一爲耑，以確定其孰爲語根，孰爲由此而孳乳之字羣以論定之。固不必繁徵博引經傳羣書而後可以取證也。古今雖有時代之變，而人情物理乃至方言俚語及謠諺習俗，有歷數千年而猶未變者，取以證今日之語言，固多符合無間。以視專致力於經傳羣書之搜討，固事易而功多也。例如莧乃菜名，而从見聲。何以其音讀不與其他从見聲之字相同，而必讀爲侯澗切（反切悉依《唐韻》，以下皆同）？此由莧之莖葉皆赤，與天雞赤羽而名爲翰相同，並似受聲義於倝，倝乃日始出時之紅光。顧倝字从旦，㫃聲，乃形聲字，非其語原。其語原當爲旦，由旦而變爲倝，乃自舌轉喉之例也。復自倝衍爲翰與莧耳。又如綌是粗葛織成之布，而从谷聲（谷音其虐切，與山谷之谷異），何以其音讀不與其他从谷聲之字相同，而必讀爲綺戟切？此由綌之經緯稀疏，縷際有空可見白也。與壁際有孔而名爲隙相同，並受聲義於㡮，㡮乃際見之白耳。又如腸指大小腸，而从昜聲，何以其音讀不與其他从昜聲之字相同，而必讀爲直良切？此由腸在人體中爲最長（小腸即有丈餘），與久遠而名爲長相同，並受聲義於丈，丈，十尺也。又如胾爲大塊肉，而从𢦏聲，何以其音讀不與其他从𢦏聲之字相同，而必讀爲側吏切？此由肉被分解以後，與裁衣而名爲製相同，並受聲義於制，制，裁斷也。又如秕謂粟之不成者，而从比聲，何以其音讀不與其他从比聲之字相同，而必讀爲卑履切？此由粟之不成，與惡米而名爲粊相同，並受聲義於㡀，㡀，敗壞也。諸如此類，不可勝數。兹特就喉、牙、舌、齒、脣五音中各揭一例，用以説明雙聲相轉，乃文字孳乳寖多之主要來源。循雙聲以求語根，若網在綱，可有條不紊也。顧古聲甚寬，不似後世之密。然初學下手，寧失之密，毋失之寬。如求之於密而有所得，此密自統屬於寬之中。若一開始即求之於寬，則易流於漫無邊際，甚難得出精確之結論也。爲使探索語原，簡明易舉，姑就《説文》中之字，取其由一根發展爲若干字而又同紐相轉之實例，拈出數事説明如下：

初民看到天空有水點下落之現象，即形成一“下落”之概念，而名之爲“雨”。此“雨”乃聲始，爲發展語言文字之一根。聲衍爲霣，雨也；爲磒，落也；爲隕，從高下也；爲顛，面色顛喪也；爲抎，有所失也（指手中之物失落在地）。可以肯定霣、磒、隕、顛、抎諸字，並受聲義於雨。此一字羣之聲，同在喉音喻紐。

初民看到水底有物連貫流行之現象，即形成一“連貫”之概念，而名之爲“魚”。此“魚”乃聲始，爲發展語言文字之一根。（《説文》又有𩺰字，狀其相貫而行。《考工記·梓人》鄭注云：“連行，魚屬。”）聲衍爲喁，魚口上見也；爲噳，麇鹿羣口相聚皃；爲衙，行皃（衙音魚舉切，指相貫而行）；爲語，論也（聯辭以成語，相貫而出諸口）；爲謜，徐語也。可以肯定喁、噳、衙、語、謜諸字，並受聲義於魚。此一字羣之聲，同在牙音疑紐。

初民看到艸木結實下垂之現象，即形成一“下垂”之概念，而名之爲“卤”（徒遼切）。此“卤”乃聲始，爲發展語言文字之一根。聲衍爲艻，葦華也；爲條，小枝也；爲稻，稌也；爲稌，稻也；爲櫱，禾也；司馬相如説：櫱，一莖六穗也（一莖六穗，其實卤卤）。可以肯定艻、條、稻、稌、櫱諸字，並受聲義於卤。此一字羣之聲，同在舌音定紐。

初民看到艸木叢生而長短不齊之現象，即形成一“不齊”之概念，而名之爲“丵”（士角切）。此“丵”乃聲始，爲發展語言文字之一根。聲衍爲族，矢鋒也；爲鷟，鸑鷟也（羽毛豐厚，長短不齊）；爲柞，木也（多針刺，長短錯出）；爲怍，慙也（内心不安，有如針刺）；爲齺，齒差跌皃（參差不齊）。可以肯定族、鷟、柞、怍、齺諸字，並受聲義於丵。此一字羣之聲，同在齒音從紐。

初民看到隆冬水面凝成平板之現象，即形成一“平合”之概念，而名之爲“仌”（即古冰字）。此“仌”乃聲始，爲發展語言文字之一根。聲衍爲餅，麪餈也；爲紕，氐人𦆀也；爲絣，氐人殊縷布也；爲栟，栟櫚、椶也；爲骿，骿脅、并榦也。可以肯定餅、紕、絣、栟、骿諸字，並受聲義於仌。此一字羣之聲，同在脣音邦紐。

以上就喉、牙、舌、齒、脣五大類中，各舉一事以明語言文字孳乳相生之迹，從而指出雙聲相衍之重大作用。爲使初學易於理解，故但取淺明短簡之例，略加説明。不須引證多少經傳訓詁，而可一目瞭然。亦不必陷於古韻分部重圍，而可直截領悟。本來，古聲甚寬，而上列例證，僅限於同紐之字。此緣防止漫無邊際，流於散亂；始事應從講求嚴密入手，將範圍縮小。待至素養較深，掌握多方規律，再從寬處推求，自然左右逢原，融會貫通，可以持簡馭繁，以類統雜也。

究繹語原，暫以《説文》爲據。以其書專明本義，不涉引申假借，有利於推求文字受義之原也。許説或有缺失，則取他書補證或徑出新悟訂正之，所以求是耳。反切一依孫愐《唐韻》，自徐鉉以來，沿用已久。間有不合，復參考《廣韻》之音。爰依喉、牙、舌、齒、脣五大類，分條系述。類各爲卷，凡五卷。

喉音類第一

一　乙　壹

《説文》解“一”字義不顯豁，而自來皆但用以計數而已。考其本義，自有覆按之意。蓋一之爲言抑也，謂有物以抑之也。《説文》冂、冃二篆皆从一，同訓爲覆；又㐅篆下云：“从𠃊，上有一覆之。”有物覆之，實所以抑之耳。音同於乙，象艸木冤曲而出，若有物抑按之也。又通於壹，爲物在壺中閉塞之名。閉塞則不分散，故引申爲專壹之稱。气在壺中不得出謂之壹，猶艸木在土中冤曲不得申謂之乙耳。壹之本義爲壹壼，聲轉爲抑鬱，閉塞之義也。壹壼爲雙聲連語，今或作絪緼，或作氤氳，皆後出體也。二字分言之，則气之閉塞不出者爲壹，孳乳爲噎，飯梗塞在喉不能下也；爲鷧，鸕鷀之異名也。水鄉人飼鸕鷀以捕魚，恒有物以箝其咽，使得魚不能呑食而人取之，故謂之鷧耳。又孳乳爲饐，飯傷溼也；爲饖，飯傷熱也；爲餀，食臭也；爲暍，傷暑也；此皆由气閉塞而致然耳。爲殪，死也；人之气久閉則死矣。爲瘞，幽薶也。受義皆同原也。壹之語轉爲壼，聲衍爲愠，怨也；爲熅，鬱煙也；爲醖，釀也；爲蕰，積也；皆由覆按閉塞之義引申而出，“一”固其語原耳。變而爲“乙”爲“壹”，故其音義皆同。

匸

《説文》：“匸，衺徯有所俠藏也。从乚，上有一覆之。讀與徯同。”胡禮切。孳乳爲謑，恥也；與匸同音，即從之受義。人有恥辱，恒隱藏不令人知，猶有所俠藏謂之匸耳。推之匱謂之匣，檻謂之柙，山隫無所通者曰谿，小谿曰澥，以衣衽收物謂之襭，亦謂之袺，皆由聲轉而衍，俱有藏義也。

乚

《説文》：“乚，匿也。象迟曲隱蔽形。讀若隱。”於謹切。此即隱之初文，隱者蔽也。孳乳爲扆，於豈切，户牖之間屏風也。爲翳，於計切，華蓋也。屏風、華蓋，皆所以爲掩蔽也。爲医，盛弓矢器也；爲緊，戟衣也；爲壇，天陰塵起也；爲曀，陰而風也；天陰則日隱匿矣。爲黔，雲覆日也；爲湮，於真切，没也；爲陻，於進切，卧也；爲匽，於蹇切，匿也；爲薆，烏代切，蔽不見也；爲僾，仿佛也；皆聲同義近，語之轉耳。

云

《説文》爲雲之古文，象雲气回轉之形。山川气起，自下回轉而上，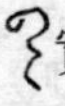實象之。今字作云，王分切。孳乳爲沄，轉流也；爲澐，江水大波也；爲霣，雲轉起也；爲縈，收卷也；爲[illegible]，艸旋轉也；爲囩，回轉也；爲芸，艸之可以死而復生者；皆受聲義於云也。

于

《説文》：“于，象气之舒于。”自有舒緩安平之義。孳乳爲余，語之舒也；爲徐，安行也；爲俆，爲紓，緩也；爲舒，伸也；爲歟，安气也；爲𧼮，安行也；爲懙，趣步懙懙也。

幺

《説文》："幺，小也。象子初生之形。" 於堯切。由此發展爲丝，爲幽，爲幼，皆其孳乳也。其他如人體以身中爲小，故謂之要（即腰字）；動物以雌者形體爲小，故牝鹿謂之麀，於虯切；或體作𪊨。植物以初生者爲小，故木之少盛者爲枖，禾之初生者爲秧。器物則小籟爲箹，鬼衣爲袎，纏束爲約，塵埃爲坱，爲坳，皆聲義同原，語聲之轉耳。

禾

《説文》："禾，嘉穀也。从木，从𠂹省，𠂹象其穗。" 户戈切。此實象形字，不當以會意解之。禾乃嘉穀，爲人所重。孳乳爲藿，朮之少也；呼郭切。爲委，委隨也；於詭切。爲倭，順皃；爲覣，好視也；並於爲切。爲嫿，静好也；呼麥切。爲婉，順也；爲妴，婉也；並於阮切。爲婠，體德好也，一完切。爲咊，相應也；爲龢，調也；爲盉，調味也；並户戈切。爲龤，樂龢也；爲諧，詥也；爲𩦧，馬和也；並户皆切。爲諴，和也；胡毚切。爲詥，諧也；侯閤切。

𠀀

《説文》："𠀀，反丂也。讀若呵。" 虎何切。丂爲气舒欲出上礙于一，則𠀀爲气出無礙，且吐聲粗大也。孳乳爲可，肎也；肯我切。爲哿，可也；古禾切。爲哥，聲也；爲歌，詠也；並古俄切。爲曷，何也；胡葛切。爲訶，大言而怒也；虎何切。爲歌，屰惡驚詞也；乎果切。爲奇，語相訶歫也；五葛切。古聲喉牙恒相通也。

乁

《説文》："乁，流也。从反厂。讀若移。"弋支切。此文有傾衺流動之義。孳乳爲移，禾相倚移也；爲𧀼，艸委𧀼也；爲迻，遷徙也；爲暆，日行暆暆也；並弋支切。爲攸，行水也；爲斿，爲游，旌旗之流也；並以周切。爲沿，緣水而下也；與專切。爲冶，銷也，銷則流矣；爲也，沃盥器也，有流以傾水；並羊者切。爲迆，衺行也；爲匜，器名，可以注水酒；並移爾切。爲搖，動也；爲榣，樹動也；並余昭切。爲敫，光景流皃；以灼切。爲飴，米櫱煎者也；與之切。爲廙，行屋也；與職切。爲歈，歠也；於錦切。爲欥，歠也；以支切。爲譯，傳四夷之語者；羊昔切。爲驛，置騎也；羊益切。

厂

《説文》："厂，抴也；象抴引之形。"余制切。孳乳爲曳，臾曳也；爲抴，引也；爲裔，衣裾也；並余制切。爲臾，束縛捽曳也；爲揄，引也；並羊朱切。爲繹，抽絲也；爲纍，引繒也；爲掖，以手持人臂也；並羊益切。爲引，開弓也；爲靷，所以引軸者也；並余忍切。爲爰，引也；爲袁，長衣皃；並羽元切。爲援，引也；爲蝯，善援之獸；並雨元切。

𠤎

《説文》："𠤎，變也；从到人。"呼跨切。孳乳爲化，教化行也；音與匕同，實即匕之增偏旁體。爲奐，取奐也；呼貫切。爲換，易也；胡玩切。爲傀，鬼變也；呼駕切。爲媧，古之神女化萬物者；古蛙切。爲蝨，蠶化飛蟲也；五何切。證之吪、囮、鈋並从化聲，而讀五禾切，是匕字古讀與媧、蝨近矣。聲義同原，喉牙恒相通也。

幻

《説文》："幻，相詐惑也。从反予。"胡辦切。孳乳爲諼，詐也；況袁切。爲譞，流言也；火縣切。爲譀，誕也；下闞切。爲僞，詐也；危睡切。爲誑，欺也；居況切。

吅

《説文》："吅，驚嘑也。从二口，讀若讙。"況袁切。此即喧譁之喧本字。孳乳爲䚲，嘑也；爲讙，譁也；爲歡，喜樂也；並呼官切。爲咺，兒泣下不止也；爲壎，樂器也；並況袁切。《釋名》云："塤，喧也。"塤即壎也。爲喤，小兒聲；爲瑝，玉聲；爲鍠，鐘聲也；並乎光切。

厂

《説文》："厂，山石之厓巖，人可居。象形。"呼旱切。孳乳爲屵，岸高也；五葛切。爲崖，高邊也；爲厓，山邊也；並五佳切。爲嵒，山巖也；爲碞，磛碞也；並五咸切。爲峨，嵯峨也；爲硪，石巖也；並五何切。爲巖，岸也；五緘切。爲礹，石山也；五銜切。爲岸，水厓而高者；五旰切。爲顔，眉目之間也；五姦切。顔即額也，居人身最高處，與崖岸相似也。厂在曉紐，而所孳乳之字多在疑紐，亦喉牙相通之例也。

㕣

《説文》："㕣，山間陷泥地。从口，从水敗皃。"以轉切。㕣之言輭也，謂其土壤柔軟也。聲轉泥，孳乳爲偄，弱也；爲稬，稻之黏者；並奴亂切。轉日爲㞋，柔皮也；人善切。爲㬳，城下田也；而緣切。爲萮，木耳也；爲甍，柔韋也；爲蝡，動也；並而兖切。

回

《説文》："回，轉也。从囗，象形。"古文作囘，象回轉形。户恢切，《廣韻》又户闕切。孳乳爲還，復也；户闕切。爲運，迻徙也；爲緷，緯也；爲韗，攻皮治鼓工也；並王問切。爲湋，回也；羽非切。爲洄，溯洄也；户恢切。爲緯，織衡絲也；云貴切。爲棹，木之可屈爲杅者；于貴切。

胃

《説文》："胃，穀府也。从肉，𡇒象形。"云貴切。孳乳爲潿，不流濁也；羽非切。爲圂，廁也，从囗，象豕在囗中也；爲溷，水濁也；並胡困切。

囗

《説文》："囗，回也。象回帀之形。"羽非切。囗兼回帀與圓匔二義，初形蓋本作○，篆體變爲方整耳。孳乳爲圍，守也；羽非切。爲衛，宿衛也；于歲切。爲褘，蔽膝也；爲幃，囊也；並許歸切。爲櫜，橐也；胡本切。爲圜，天體也；王權切。爲環，璧也；户闕切。

㐆

《説文》："㐆，歸也。从反身。"於機切。人在天地間，晝則直立奔走勞作於外，其體得伸，故謂之身。夜則歸休於家，横陳在牀，依被而卧，與身之直立相反，故㐆從反身也。孳乳爲倚，依也；於稀切。爲依，倚也；爲輢，車旁也；車兩旁式之後，軹之下，人所倚也。並於綺切。爲扆，户牖之間屏風也；於豈切。爲䍿，所依據也；於謹切。爲因，爲捆，就也；爲姻，壻家也，女之所因也；並於真切。

火

《説文》："火，燬也。象形。"呼果切。孳乳爲燬，爲焜，火也；並許偉切。爲煨，盆中火也；烏灰切。爲爟，舉火也；或作烜，古玩切。《周禮·秋官》司烜氏，《鄭注》云："烜，火也；讀如衛侯燬之燬。"是烜、燬音本同也。爲熇，火熱也；火屋切。爲鎬，温器也；乎老切。爲熩，灼也；胡沃切。爲熭，暴乾火也；于歲切。爲煒，盛明也；于鬼切。爲煇，光也；況韋切。爲暉，光也；許歸切。

赫

《説文》："赫，大赤皃。从二赤。"呼格切。孳乳爲黑，火所熏之色也；呼北切。爲雗，赤色也；胡玩切。爲穀，日出之赤；火沃切。爲臒，善丹也；烏郭切。爲鰝，大鰕也；胡到切。鰕烹熟則赤矣。

曰

《説文》："曰，詞也。从口乙，象口气出也。"王伐切。今本《説文》作"从口乙聲，亦象口气出也。"段氏注本據《孝經音義》删去"聲亦"二字，定爲會意，是也。今從之。孳乳爲吹，詮詞也；余聿切。爲粤，亏也；王伐切。爲曶，出气詞也，从曰，象气出形；呼骨切。

森

《説文》："森，籀文嗌，咽也。上象口，下象頸脈理也。"伊昔切。孳乳爲咽，嗌也；烏前切。爲嗢，咽也；烏没切。爲賏，頸飾也；烏莖切。爲纓，冠系也；於盈切。爲瘿，頸瘤也；於郢切。爲瘖，不能言也；於今切。爲紻，纓卷也；爲鞅，頸靼也；並於兩切。爲縊，經也，以繩索繫束其咽也；於賜切。爲搤，捉也，以手阸制其咽阻塞通气之道也；於革切。爲隘，陋也；烏懈切。爲戹，隘也；爲阸，塞也；並於革切。

《說文》："，𡯁；曲脛也。从大，象偏曲之形。"烏光切。孳乳爲夗，轉卧也；爲宛，屈艸自覆也；並於阮切。爲枉，木衺曲也；迂往切。爲㼝，爲盌，小盂也；並烏管切。

永

《說文》："永，水長也。象水巠理之長永也。"于憬切。孳乳爲羕，水長也；余亮切。爲衍，水朝宗于海皃也；爲演，長流也；並以淺切。爲濥，水脈行地中濥濥也；爲戭，長槍也；並弋刃切。爲詠，歌也；爲命切。爲遠，遼也；雲阮切。爲羽，鳥長毛也；王矩切。

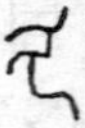

《說文》："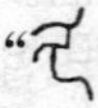，長行也。从彳引之。"余忍切。孳乳爲延，長行也；以然切。爲螾，側行者；余忍切（或作蚓）。爲楹，柱也；以成切。爲嫣，長皃；於建切。爲豔，好而長也；以贍切。爲胤，子孫相承續也；羊晉切。爲融，炊气上出也；以戎切。爲卣，气行皃，讀若攸；爲櫾，長木也；並以周切。爲繇，長瓜也；余昭切。

予

《說文》："予，推予也。象相予之形。"余吕切。孳乳爲与，賜予也；一勺爲与。與予同音。爲耜，除苗間穢也；羽文切。爲捐，棄也；與專切。

雨

《説文》：“雨，水从雲下也。一象天，冂象雲，水霝其間也。”王矩切。孳乳爲實，雨也；爲磒，落也；爲隕，從高下也；爲抎，有所失也；並于敏切。爲䪗，面色䪗䪗皃，讀若隕；于閔切。

印

太古以手指按泥，用爲證驗，謂之印。故其字作，从爪从卩，卩即人也。於刃切。孳乳爲，按也，从反印（俗又从手作抑）；於棘切。爲擪，一指按也；於協切。爲按，下也；烏旰切。爲㷉，從上按下也；於胃切。爲撎，擧舉手下手也；於計切。

炎

《説文》：“炎，火光上也。从重火。”于廉切。孳乳爲焱，火華也；爲燄，火行微燄燄也；爲焔，炎光也；並以冉切。爲爓，火爓也；以贍切。爲爚，火光也；以灼切。爲燿，照也；弋笑切。爲熠，盛光也；羊入切。爲昱，日明也；爲煜，燿也；並余六切。爲曅，光也；爲燁，盛也；並筠輒切。

央

《説文》：“央，中央也。从大在冂之内。大，人也。”於良切。在冂之内，謂在門内也。人正立在門之中，斯中央之義所自出。孳乳爲膺，胸也；於陵切。爲肊，胸骨也；於力切。爲揖，手箸胸以致敬也；伊入切。

益

《説文》："益，饒也。从水皿，益之意也。"伊昔切。體增爲溢，器滿也；夷質切。孳乳爲優，饒也；爲瀀，澤多也；並於求切。爲意（今作億），滿也；爲殷，作樂之盛也；並於力切。爲盈，滿器也；爲贏，賈有餘利也；並以成切。爲賸，物相增加也；以證切。爲猒，飽足也；於鹽切。爲裕，衣物饒也；羊孺切。

杳 皀

《説文》："杳，冥也。从日在木下。""皀，望遠合也。从日匕；匕，合也。讀若窈窕之窈。"並烏皎切，聲義同原。孳乳爲窅，冥也；爲窈，深遠也；並烏皎切。爲窔，深也；烏叫切。爲幽，隱也；於虯切。爲陰，闇也，水之南山之北也；於今切。

奄

《説文》："奄，覆也，大有餘也。从大从申；申，展也。"依檢切。孳乳爲俺，大也；於業切。爲揜，覆也；衣檢切。爲㢛，安止也；於郢切。爲廱，古天子饗飲之所也；於容切。爲蔭，艸陰地也；於禁切。爲蒬，蓋也；於蓋切。爲盦，覆蓋也；烏含切。爲罯，覆也；烏感切。

烏

《説文》烏字象形，其色純黑，故不見目。引申爲凡黑色之稱，今語通稱物之純黑者爲烏黑。哀都切。孳乳爲屋，居也；烏谷切。上世屋宇初興，均以土築；但取足以蔽風雨、防猛獸、禦刼奪而已，不必有窗牖也，與穴居殆無以異。即有用破甕之口爲牖者，亦但以通氣耳。驟入其内，冥不相見，因名曰屋也。近世鄉僻及邊陲居民造室，堂深而光不强，蓋遠古遺俗矣。又孳乳爲楃，木帳也；於角切。《釋名·釋牀帳》云："幄，屋也；以帛衣板施之，形如屋也。"幄之制，必先立板而後帛有所傅，故其字或从木，或从巾。古用木帳，其内固甚幽暗也。然則楃从屋聲，聲中固有義矣。

冤

《説文》："冤，屈也。从兔从冂，兔在冂下不得走，益屈折也。"於袁切。孳乳爲宛，屈艸自覆也，或从心作惌；於阮切。爲悁，忿也，一曰惪也；於緣切。爲怨，恚也；於願切。爲悒，不安也；於汲切。爲慍，怨也；於問切。爲慇，痛也；於巾切。爲愻，痛聲也；於豈切。爲怮，惪皃；於虯切。爲惪，愁也；於求切。

皛

《説文》："皛，顯也。从三白，讀若皎。"烏皎切。轉牙孳乳爲杲，明也，从日在木上；古老切。爲皎，月之白也；爲皦，玉石之白也；並古了切。爲烄，交木然也；爲敎，交灼木也；並古巧切。

燕

《説文》："燕，玄鳥也。籋口，布翄，枝尾。象形。"於甸切。此乃候鳥，春來秋去，恒巢居屋宇棟梁之上。其背色黑，故稱玄鳥。自脰以下皆白，人自下望之，但見其頸腹皆白，與他鳥異，因謂之燕。燕固有白義也。孳乳爲晏，天清也；烏諫切。爲曣，星無雲也；爲驠，馬白州也；爲嬿，女字也；並於甸切。女之得名嬿，蓋亦以其膚色白皙耳。

焉

《説文》:“焉鳥，黄色。出於江淮。象形。”有乾切。焉爲黄色之鳥，因之稱凡色之黄者皆謂之焉，與烏、燕同例也。孳乳爲蔫，菸也；於乾切。今語稱顏色不鮮而變黄者爲煙，即蔫字也。《大戴禮記·用兵篇》:“百草殤黄。”則以殤爲之。又孳乳爲菸，鬱也，一曰殘也；央居切。艸鬱則黄，殘則進於鬱矣。近世即以菸爲煙草字，亦以其葉色深黄得名也。爲瘀，積血也；依倨切。敗血之積於内者，其色不鮮也。

安

《説文》:“安，静也。从女在宀下。”烏寒切。孳乳爲侒，宴也；與安同音，蓋即安之後增體也。爲旻，安也；烏諫切。爲宴，安也；於甸切。爲億，安也；於力切。爲瘞，爲瘞，静也；並於計切。爲懕，安也；爲嬮，好也；並於鹽切。

𥁕

《説文》:“𥁕，仁也。从皿，以食囚也。”烏渾切。孳乳爲惲，重厚也；於粉切。爲饂，野饋也；王問切。爲恩，惠也；烏痕切。爲忢，惠也；烏代切。爲媪，母老稱也；烏皓切。爲嫗，母也；衣遇切。老婦恒好施與，所謂婦人之仁也。

窅

《説文》:“窅，深目也。从穴中目。”烏皎切。增體爲暗，目深皃；讀於悦切，則音與窅異矣。窅已从目，又加目作暗，此乃後出俗字，猶益之有溢，莫之有暮耳。孳乳爲㫃，短深目皃；烏括切。爲娃，圜深目皃；於佳切。爲洼，深池也；於瓜切。爲窪，清水也，水深則清也；屋瓜切。爲窐，空也；爲窊，污衺下也；並烏瓜切。

舀

《説文》："舀，抒臼也。从爪臼。"以沼切。孳乳爲𦦙，兩手盛也；余六切。爲挹，抒也；於汲切。爲䀹，掐目也；爲掐，搯也；爲斡，蠡柄也；並烏括切。蠡，瓢也；手持瓢柄以掐物及水也。

逸

《説文》："逸，失也。从辵兔，兔謾訑善逃也。"夷質切。孳乳爲遺，亡也；以追切。爲佚，佚民也；爲軼，車相出也；爲泆，水所蕩泆也；並夷質切。

舁

《説文》："舁，共舉也。从𦥑从廾。"以諸切。孳乳爲輿，車輿也；爲舉，對舉也；並以諸切。《釋名・釋車》云："輿，舉也。"是輿固受義於舁也。爲揄，引也；爲諛，諂也；並羊朱切。爲與，黨與也；余吕切。爲譽，稱也；羊茹切。爲异，舉也；羊吏切。爲揚，飛舉也；與章切。今俗稱揄揚人爲擡舉人；其結成黨與者，必擡舉一人以爲之首，皆即此意。

畏

《説文》："畏，惡也。从甶，虎省。鬼頭而虎爪，可畏也。"於胃切。孳乳爲威，姑也；於非切。自古女子於夫家之最可畏憚者莫如姑，故許書直以姑訓威。舊俗女子適人，惟姑言是聽。姑之性，多失之嚴酷，小者責罵，大至捶撻，故爲子婦者莫不畏之也。威之聲義，又通於君。《説文》艸部莙下云："讀若威。"是君、威古聲通。故古者婦稱夫之父母爲君舅君姑，亦稱威舅威姑。姑與君，皆可畏之人也。

亞

《説文》：“亞，醜也。象人局背形。”衣駕切。此篆中，象人雞胷龜背形；上下二畫，謂天地也。人在天地之間，而有雞胷龜背之病，於形狀爲最醜，故制字者取象焉。孳乳爲誣，相毁也，一曰畏誣；宛古切。爲惡，過也；爲蝁，蛇惡毒長也；並烏各切。

《説文》：“，手也。象形。”于救切。兩手以右爲便，人之操作，悉倚賴之，故舉又自可該ナ。孳乳爲右，手口相助也，从又从口；爲祐，助也；爲姷（或作侑），耦也；並于救切。爲友，同志也；云久切。

淵字本但作，象水之回旋形。古文作，見於《説文》。水上有回旋狀者，其下必深。初形本但爲，後乃變作作，而形漸方整；迨再變作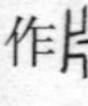，乃益失原意矣。《説文》水部有淵篆，乃後增體也。烏玄切。孳乳爲鼝，鳥羣也；與淵同音。鳥羣聚飛回轉，合而復散，有似於水之回旋也。

爰

《説文》爰字訓引，是也；而謂爲从𠬪从于，則非。甲文爰字作，金文作，或作，象兩人各出一手執瑗以相牽引之形。古者尊卑分絶，賤者不敢以手親貴者之手，如必牽扶，乃共執一瑗以相引。《説文》玉部瑗下所云："大孔璧，人君上除陛以相引。"是也。爰實瑗之初文；羽元切。孳乳爲援，引也；雨元切。爲媛，美女也，人所援也；王眷切。爲蝯，善援之獸也；爲轅，輈也，所以引車者也；並雨元切。

俞

《説文》："俞，空中木爲舟也。从亼，从舟，从巜。巜，水也。"羊朱切。孳乳爲窬，穿木户也，一曰空中也；與俞同音。爲瘉，污窬也；爲庾，水漕倉也；爲斞，量也；並以主切。爲窯，燒瓦竈也；余招切。爲䍃，瓦器也；以周切。

喜

《説文》："喜，樂也。从壴，从口。"虚里切。舊説以壴象陳樂立而上見，非也。壴實象食物豐盛之形。人莫不飲食，見豆豐盈則樂，此常情也。孳乳爲僖，樂也；爲歖，卒喜也；爲禧，禮吉也；爲嬉，説樂也；並許其切。爲訢，喜也；爲欣，笑喜也；爲忻，闓也；並許斤切。爲憙，説也；許記切。爲嬹，説也；許應切。爲欯，喜也；許吉切。爲唏，笑也；虚豈切。爲咥，大笑也；許既切。

興

《説文》："興，起也。从舁从同，同力也。"虚陵切。孳乳爲翕，起也；許及切。爲慉，起也；許六切。

㬎

《説文》："㬎，衆微杪也。从日中視絲，古文以爲顯字。"呼典切。此即顯之本字，當以明爲初義，謂日出萬物俱顯，無微不照也。孳乳爲昕，且明也，日將出也；許斤切。爲旭，日且出皃；許玉切。爲曉，明也；爲皢，日之白也；並呼鳥切。

亯

《説文》："亯，獻也。从高省，曰象進孰物形。"許兩切。孳乳爲饗，鄉人飲酒也；與亯同音。爲獻，宗廟犬名羹獻，犬肥者以獻之；許建切。爲歆，神食气也；許今切。

休

《説文》："休，息止也。从人依木。"許尤切。孳乳爲歇，息也；許謁切。今語猶稱久勞稍休爲歇，不分南北皆然。

卉 虫

《説文》："芔，艸之總名也。从艸屮。"許偉切。植物之叢生而雜多者爲卉，猶動物之微細而聚處者爲虫也。卉、虫同音，義相通也。孳乳爲彙，蟲似豪豬而刺毛叢生者；于貴切。

嘼

《説文》："嘼，犍也。象耳頭足厹地之形。古文嘼，下从厹。"許救切。孳乳爲犧，宗廟之牲也；許羈切。轉齒爲犍，畜牲也；所簡切。爲牲，牛完全也；所庚切。

轟

《説文》："轟，羣車聲也。从三車。"呼宏切。孳乳爲谹，谷中響也；爲宖，屋響也；並户萌切。爲弘，弓聲也；胡肱切。爲渾，溷流聲也；户昆切。

靃

《説文》："靃，飛聲也。雨而雙飛者，其聲靃然。"呼郭切。孳乳爲𠜾，飛聲也；爲譀，聲也；並呼會切。爲嘒，小聲也；呼惠切。

寒

《説文》："寒，凍也。从人在宀下，以茻薦覆之，下有仌。"胡安切。孳乳爲涵，寒也；爲霠，久雨也；並胡男切。

凶

《説文》："凶，惡也。象地穿交陷其中也。"許容切。孳乳爲兇，擾恐也；許拱切。爲訩，訟也（或作詾）；許容切。

马

《説文》："马，嘾也。艸木之華未發，圅然。象形。讀若含。"乎感切。孳乳爲圅，舌也；爲含，嗛也；爲鼢，鼠屬，以頰藏食也；並胡男切。爲嗛，口有所銜也；爲銜，馬口中勒也；並户監切。爲菡，菡萏也；胡感切。爲琀，送死口中玉也；胡紺切。

合

《説文》："合，合口也。从亼从口。"侯閤切。孳乳爲祫，大合祭先祖親疏遠近也；侯夾切。爲詥，諧也；侯閤切。爲會，合也；黄外切。爲話，會合善言也；胡快切。爲盇，覆也；胡臘切。爲佮，合也；爲敆，合會也；並古沓切。則又轉入牙矣。

劦

《説文》:“劦，同力也。从三力。”胡頰切。孳乳爲恊，同心之和也；爲勰，同思之和也；爲協，同衆之和也；爲俠，俜也，謂并力以助人也；並胡頰切。

昦

《説文》:“昦，春爲昦天，元气昦昦。从日夰。”胡老切。孳乳爲晧，日出皃；爲暤，晧旰也；爲顥，白皃；爲灝，豆汁也；並胡老切。爲鶴，白鳥也；爲騅，馬白頟；並下各切。爲熇，灼也；爲翯，鳥之白也；並胡沃切。爲鷽，鳥白肥澤皃；胡角切。爲㸸，白牛也；五角切。爲堊，白涂也；烏各切。

丸

《説文》:“丸，圜也。傾側而轉者。从反仄。”胡官切。孳乳爲環，璧也，肉好若一謂之環；爲戻，屋牡瓦也，讀若環；並户關切。爲寏，周垣也（或从𠂤作院）；胡官切。爲璜，半璧也；户光切。爲垸，以桼和灰而鬃也；胡玩切。古者鬃飾器物，恒以巾濡漆，斂成圜球，以手推轉如丸，傾側而進，故謂之垸也。

壺

《説文》:“壺，昆吾圜器也。象形。从大，象其蓋也。”户吳切。孳乳爲瓠，匏也；瓠即今之瓢瓜，其形似壺。胡誤切。爲柧，木弓也；一曰往體寡來體多曰弧弓，弧之形半圜也。户吳切。

旻

《説文》:“旻，舉目使人也。从攴从目。”火劣切。舉目使人，必張大其目以示意。从攴，猶从又耳。孳乳爲敻，大視也；爲暖，大目也；爲䁣，大視皃；並況晚切。爲盱，張目也；況于切。爲矆，大視皃；許縛切。

屆

《説文》：“屆，臥息也。从尸自。”許介切。孳乳爲齂，臥息也；與屆同音。爲鼾，臥息也；侯幹切。

爻

《説文》：“爻，交也。象《易》六爻頭交也。”胡茅切。爻字在金文中多作㸚，取象于物之交織，不必傅會《易》之六爻也。孳乳爲肴，雜肉也；爲殽，相雜錯也；爲筊，竹索也；並胡茅切。竹索以交織而成，今語猶稱爲筊子。用以起重或牽引大船，勝于繩索也。

号

《説文》：“号，痛聲也。从口在丂上。”胡到切。孳乳爲號，呼也；爲諕，號也；並乎刀切。

皇

皇字在金文中作，或作，象日出土上光芒四射狀。吳大澂謂日出土上則光大，是也。皇之本義爲日，猶帝之本義爲日耳。日爲君象，故用爲帝王之稱。自小篆變其體爲，从从王。《説文》解爲：“自，始也；始皇者，三皇大君。”其説非也。胡光切。孳乳爲煌，煇也；音與皇同。爲晃，明也；胡廣切。爲暀，光美也；于放切。爲䪄，華榮也，讀若皇；户光切。

㞷

《説文》："㞷，艸木妄生也。从㞢在土上。讀若皇。"户光切。孳乳爲篁，竹田也；與㞷同音。爲莞，艸也。可以做席，其艸叢生。胡官切。

弦

《説文》："弦，弓弦也。从弓，象絲軫之形。"胡田切。弓弦以緊急爲用，故弦字自有緊義急義也。孳乳爲趚，急走也；爲胘，牛百葉也；爲伭，很也；爲慈，急也；爲㜤，有守也；並胡田切。爲嬛，材緊也；爲譞，慧也；並許緣切。爲趯，疾也；況袁切。爲懁，急也；古縣切。

後

《説文》："後，遲也。从彳幺夊者，後也。"胡口切。孳乳爲后，繼體君也；與後同音。古者后乃君之通名，初不必繼體君而後謂之后也。后之得名，實原於後。古之言君道者，皆主於任人而不任智，無爲而無不爲。《管子·心術上篇》所云："毋先物動，以觀其則。"《淮南子·詮言篇》所云："聖人内藏，不爲物先倡。"皆即此旨。余昔著《周秦道論發微》，已暢論其理矣。古之言君道者，萌芽甚早，故造字者即括出君道之要，寓乎君名之中耳。觀於《説文》解司字云："臣司事於外者，从反后。"即寓臣先君後之旨。所謂"君臣異道"也，其旨微矣！

𣆪

《説文》："𣆪，厚也。从反亯。"胡口切。𣆪之本訓，乃謂食物高積；與豐字象丰盛形同意。孳乳爲𠪋，山陵之厚也；與𣆪同音。爲㖃，厚怒聲；呼后切。

丅

《説文》："丅，底也。指事。"胡雅切。古音讀侯古切。孳乳爲苄，地黄也。羅願云："苄以沉下爲貴，故字从下。"侯古切。爲䩳，足所履也；乎加切。爲胡，牛顫垂也；户孤切。爲湖，大陂也；户吳切。爲喉，咽也；乎鉤切。爲翭，羽本也；乎溝切。

夅

《説文》："夅，服也。从夂㐄相承，不敢並也。"下江切。孳乳爲洚，下也；與夅同音。爲降，下也；古巷切。爲烘，戰栗也；户工切。爲惶，恐也；胡光切。

曶

《説文》："曶，出气詞也。从曰，象气出形。"呼骨切。孳乳爲呼，外息也；爲嘑，嗁也；爲虖，哮虖也；爲評，召也；並荒烏切。爲歑，出气也；爲嘘，吹也；並朽居切。爲謼，評也；荒故切。爲歑，温吹也；虎烏切。爲欻，有所吹起也；許勿切。爲欨，吹也；況于切。

好

《説文》："好，美也。从女子。"呼皓切。孳乳爲嫿，静好也；呼麥切。爲孝，善事父母也；呼教切。爲秏，稻屬之美者也；呼到切。爲改，笑不壞顔也；呼來切。

牙音類第二

丨

《説文》："丨，上下通也。引而上行讀若囟，引而下行讀若退。"古本切。是丨一文而有三音三義矣。其讀古本切者，丨即棍棒字之初文，其本義爲上下通，猶今語稱滾耳。證之《説文》，則同謂之昆，亦謂之掍，織成帶謂之緄，轂齊等謂之輥，皆當以丨爲語根。施之人事，則古者兄弟統謂之翳，經傳即借用昆字，此上下通之義也。先於己而生者謂之兄，其音近囟，此引而上行之意也。後於己而生者謂之弟，其音近退，此引而下行之意也。學者如能推類以求，可悟丨有三音三義之妙。《説文》："翳，周人謂兄曰翳。从弟从眔。"古魂切。考翳之本義，蓋統兄弟爲言，許書偏主謂兄，非也。經傳皆借用昆，昆者貫也，謂相貫連也。《説文》玉部琨，或體作瑻，是昆、貫聲通之證。《爾雅·釋言》："昆，後也。"《文選·吳都賦》："虞魏之昆，顧陸之裔。"劉注云："昆、裔，皆後世也。"可知翳之本義，非兄之專名，明矣。翳統兄弟爲言，猶丨訓上下通讀古本切也。丨固翳之語根，由斯義而孳乳之字多在牙聲。

引而上行讀若囟，囟音信，則聲在齒。孳乳爲先，前進也；

穌前切。爲兟，進也；所臻切。爲進，登也；爲晉，進也；並即刃切。爲䙴，升高也；爲遷，登也；並七然切。爲躋，登也；祖雞切。爲僊，長生者僊去也；相然切。爲真，僊人變形而登天也；側鄰切。皆此聲之衍也。引而下行讀若退，則聲在舌矣。孳乳爲復，卻也；他内切。爲隊，從高墮也；爲䃍，陊也；並徒對切。爲隤，下隊也；杜回切。爲陊，落也；徒果切。爲頓，下首也；都困切。爲㢈，屋從上下傾也；都回切。爲蘀，艸木皮葉落地也；爲集，木葉陊也；並他各切。爲唾，口液也；湯卧切。爲吐，寫也；他魯切。爲禿，無髮也；他谷切。爲鬄，鬀髮也；他歷切。爲鬀，鬄髮也；他計切。皆此聲之衍也。由丨一文觀之，從所在不同而可有數音數義；又各爲語根以發展爲多字。可知一字但有一音一義者，乃文字之常例；凡遇一字而有數音數義者，乃文字之變例。在《説文》中，許君特於丨篆下發其凡耳。其未及申説者必多，學者可推類以求之。大抵見諸《經典釋文》、《廣韻》諸書，一字具數讀者，必有所受，宜深思以索其故。

骨 冎

《説文》："骨，肉之覈也。从冎有肉。"古忽切。又云："冎，剔其肉置其骨也。象形。頭隆骨也。"古瓦切。此二字實爲一文之變形，冎乃骨之省耳。冎讀古瓦切，實即古忽切之轉也。古初骨字，蓋本作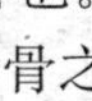，上象頭骨隆起，中象脅肋，餘象四支。凡脊椎動物已被剔肉置骨者皆如此，不獨人然也。小篆變其形爲，以爲其下从肉，失造字之本恉矣。已剔肉之骨，其形削縮倮露，故由骨、冎孳乳之字爲殆，枯也；爲枯，槁也；並苦孤切。爲㮚，木枯也；苦浩切。爲痁，久病也；古慕切。爲寡，少也；古瓦切。爲孤，無父也；古乎切。凡人之無父無夫者稱孤寡，實受聲義於骨冎，喻其倮露無所依附耳。

果

《説文》："果，木實也。从木，象形。"古火切。果形圓而有皮包之。孳乳爲裹，纏也。謂有物包之而復纏之也。與果同音。爲顆，小頭也；苦惰切。凡物之小而圓者謂之顆。言果而音下申，則爲果蓏（郎果切）。在木曰果，在地曰蓏。二字連言，猶菩蔞、蜾蠃、橄欖諸名，皆以形圓得義也。

丯

《説文》："丯，艸蔡也。象艸生之散亂也。"古拜切。説解當作蔡艸也，蔡即古殺字，蔡艸乃殺艸也。凡艸之散亂者必芟除之，故許云象艸生之散亂也。今本説解二字誤倒，宜改正之。孳乳爲割，剝也；古達切。爲犗，騬牛也；古拜切。爲害，傷也；胡蓋切。

柬

《説文》柬部："柬，分别簡之也。从束，从八。八，分别也。"古限切。柬，今作揀。古言柬擇，猶今言挑選也。俗語猶稱營膳前别擇時蔬，去其敗劣，曰柬菜，用本義也。書傳多借簡爲柬，故許君亦以簡釋柬也。孳乳爲揀，拔取也；九輦切。凡物經柬擇之後，其量漸少，故孳乳爲減，損也；古斬切。爲瀾，淅也；古限切。爲泔，潘也；古三切。潘者，淅米汁也。淅米時汰其劣雜，存其精純，而擇取之義寓焉。

𡕒

《説文》："𡕒，跨步也。从反夊，䠣从此。"古瓦切。跨步必張其兩髀，孳乳爲夸，奢也；苦瓜切。謂奢開其兩髀也。爲奎，兩髀之間也；苦圭切。爲胯，股也；爲絝，脛衣也；並苦故切。

爲跨，渡也；苦伐切。爲過，度也；古禾切。《説文》夃下云："𠫵从此。"而咼部𠫵下云："从咼夃聲，讀若過。"是知夃之聲義固與過通矣。

亅

《説文》："亅，鉤逆者謂之亅。象形。讀若橜。"衢月切。此乃橜之初文，弋也。今農家留取木枝之句曲者縣之室中，用以繫物者，通謂之鉤。其豎立於地以繫牲畜者，亦然也。孳乳爲厥，發石也；俱月切。爲觼，以角有所觸發也；爲瘚，屰气也；並居月切。

夬

《説文》："夬，分决也。从又，𠂇象决形。"古賣切。今稱食時所用箸曰筷子，夬即筷之本字也。孳乳爲劊，細切也；爲膾，細切肉也；爲刉，劃傷也，一曰斷也；並古外切。爲銽，斷也；古話切。爲劀，刮去惡創肉也；古鎋切。爲缺，器破也；爲䦆，城闕其南方也；並傾雪切。爲肤，孔也；爲玦，玉佩也；並古穴切。爲穾，穿也；爲鼳，自穾也；爲抉，挑也；爲窫，深抉也；爲鈌，刺也；並於決切。

巜

《説文》："巜，水流澮澮也。"古外切。孳乳爲浯，水流聲；古浯切。爲潕，水裂去也；古伯切。爲決，行流也；爲潏，水涌出也；並古穴切。

歺

《説文》："歺，列骨之殘也。从半冎。讀若櫱。"五葛切。孳乳爲櫱，伐木餘也；或作櫱，古文作𣎴，从木無頭。與歺同音。

爲孽，庶子也；爲糵，芽米也；爲甈，康瓠破罌也；並魚列切。爲齾，缺齒也；五鎋切。爲繢，織餘也；居位切。

毌

《説文》："毌，穿物持之也。从一横貫，象寶貨之形，讀若冠。"古丸切。孳乳爲冠，豢也；所以豢髮。與毌同音。《釋名》云："冠，貫也。"是已。又孳乳爲貫，錢貝之貫也；古玩切。爲擐，貫也；胡慣切。爲管，樂器；爲筦，筟也；爲輨，轂耑錔也；並古滿切。爲絭，以絲貫杼也；爲關，以木横持門户也；並古還切。爲釭，車轂中鐵也；爲扛，横關對舉也；並古雙切。爲綱，維紘繩也；古郎切。爲攢，習也；古患切。爲遺，習也；工換切。

干

《説文》："干，犯也。从反入，从一。"古寒切。此字从反入，入者日也。日所照臨，無隙不入。惟地則否，僅能曬及地面，不能深入土中，故从反入从一。一者地也。亢晴不雨，則草木枯槁，水泉涸竭，侵損及物，莫大於此。干之本義，爲日傷物，故許訓犯也，因引申爲一切侵犯之稱耳。孳乳爲迁，進也；爲奸，犯滛也；爲菅，茅也（以其葉傷人）；並古寒切。爲敢，進取也；古覽切。爲刊，剟也；爲栞，槎識也；並苦寒切。爲戡，刺也；爲戓，殺也；並口含切。

辛

《説文》："辛，辠也。从干二。二，古文上字。讀若愆。"去虔切。孳乳爲愆，過也；爲遃，過也；並去虔切，與辛同音。解者或以愆爲過失之過，遃爲經過之過區分之。然二義亦實相因，猶郵字爲經過之過，亦可爲過失之過耳。又孳乳爲遣，縱也（有因罪放逐意）；去衍切。爲譴，謫問也；去戰切。爲詰，問也；去吉切。爲訐，面相斥罪告訐也；居謁切。

〈

《説文》："〈，水小流也。"姑泫切。孳乳爲涓，小流也；古元切。爲醑，釃酒也；古玄切。釃猶瀝也，謂酒涓涓而下也。

弜

《説文》："弜，彊也。从二弓。"其兩切。孳乳爲彊，弓有力也；巨良切。爲麠（或作麖），大麃也；舉卿切。爲鱷（或作鯨），海大魚也；渠京切。爲繮，馬紲也；爲薑，禦溼之菜，味最辛烈也；並居良切。爲倞，彊也；渠竟切。爲勍，彊也；渠京切。爲勁，彊也；吉正切。

几

《説文》："几，踞几也。象形。"居履切。古人席地而坐，必有几以凭依之。几之形制甚卑，可凭可依，亦可薦物。故尻、処諸字皆从几，要以踞人爲主也。孳乳爲寄，託也；居義切。

𥝌

《説文》："𥝌，木之曲頭止不能上也。"古兮切。孳乳爲稽，留止也；與𥝌同音。爲卟，卜以問疑也；古兮切。爲迟，曲行也；綺戟切。爲兮，語所稽也；胡雞切。爲軫，礙也；康禮切。爲訖，止也；居迄切。爲吃，言蹇難也；居乙切。爲極，棟也（在屋之正中至高處）；渠力切。《玉篇》云："𥝌，五漑、古兮二切。亦作礙。"《廣韻》云："𥝌又音礙。"是𥝌本有二音也。由五漑切之音而孳乳之，則爲礙，止也；爲閡，外閉也；並五漑切。

爲屆，極也；爲介，畫也；爲畍，竟也；並古拜切。

臾

臾爲蕢之古文，艸器也。象形。見《説文》。求位切。人象筐筥之提梁也。孳乳爲匱，匣也；求位切。爲匯，器也；胡罪切。

旡

《説文》："旡，飲食气屰不得息曰旡。从反欠。"居未切。孳乳爲欮，逆气也；居月切。爲欬，逆气也；爲嘅，歎也；爲慨，不得志也；並苦蓋切。

兀

《説文》："兀，高而上平也。从一在人上。讀若敻。"五忽切。孳乳爲阢，石山戴土也。與兀同音。爲邍，高平之野，人所登也；愚袁切。

𡴀

《説文》："𡴀，危高也。从𠂤。"朱駿聲説："屮象高形。"是也。讀若臬，魚列切。孳乳爲隉，危也；五結切。爲圪，牆高皃；魚迄切。爲巇，載高皃；魚綺切。爲堨，壁間隙也；魚列切。壁有罅隙，不免傾隤之危也。

厃

《説文》："厃，仰也。从人在厂上。"魚毁切。孳乳爲危，在高而懼也；魚爲切。爲嵬，山石崔嵬，高而不平也；五灰切。爲巍，高也；牛威切。爲隗，隗隗也；五辠切。

岳

《説文》："岳，嶽古文。象高形。"五角切。孳乳爲顎，面前岳岳也；與岳同音。顎之通於岳，猶顔之通於岸，皆謂居人身最高處也。又孳乳爲屵，岸高也；五葛切。爲嶭，巀嶭也；五曷切。爲峨，嵯峨也；五何切。爲硪，石巖也；五河切。

巾

《説文》："巾，佩巾也。从冂，丨象系也。"居銀切。巾亦所以拭物者。孳乳爲撡，拭也；居焮切。爲墐，涂也；渠吝切。古之塗塈，亦用巾撊之也。

斤

《説文》："斤，斫木斧也。象形。"舉欣切。孳乳爲所，二斤也；語斤切。爲釿，劑斷也；宜引切，又舉欣切。

㹜

《説文》："㹜，兩犬相齧也。从二犬。"語斤切。孳乳爲㹞，犬張齗怒也；魚僅切。爲狋，犬怒皃；語其切。爲誾，和説而諍也；爲嚚，語聲也；爲虤，兩虎爭聲；爲虒，虎聲也；並語巾切。

丫

《説文》："丫，羊角也。象形。讀若乖。"古懷切。丫有奇戾不正之義，孳乳爲乖，戾也；爲𠂔，背吕也，象脅肋也；並古懷切。脅肋左右分列而形曲，與羊角相似也。又孳乳爲觤，羊角不齊也；過委切。爲咼，口戾不正也；古瓦切。

及

《説文》："及，逮也。从又从人。"巨立切。孳乳爲汲，引水也；居立切。爲牵，引而前也；苦堅切。爲期，會也；渠之切。爲稘，復其時也；居之切。爲挈，縣持也；苦結切。

冂

《説文》："冂，象遠界也。"古熒切。孳乳爲迥，遠也；户穎切。爲夐，營求也；朽正切。古人所謂夐求，亦遠求于野之意。故《廣雅·釋詁》一："夐，遠也。"《釋詁》二："夐，長也。"夐之本義，與迥同也。

丌

《説文》："丌，下基也。薦物之丌，象形。"居之切。孳乳爲基，牆始也。與丌同音，實即一字。魏《三體石經·尚書·君奭篇》即以丌爲基字古文，可證也。凡平而有足可以薦物之具，即爲所薦物之基矣。故《説文》以薦物之丌解之也。或疑丌與几疑爲一字，非是。

口

《説文》口字象形，苦后切。孳乳爲釦，金飾器口也；苦厚切。爲缿，受錢器也，有口以出納之；胡講切。爲空，竅也；苦紅切。爲窠，空也；一曰，鳥巢也；在樹曰巢，在穴曰窠。苦禾切。窠在穴，必有口見於外也。

凵

《説文》："凵，張口也。象形。"口犯切。此乃坎之初文。《説文》釋凵爲張口，此口非口耳之口，乃谷谷諸字所从之口，謂低窪之地，深陷之坎也。張猶開也，謂低地開裂深廣也。孳乳爲坎，陷也；苦感切。爲臽，小阱也；户猎切。爲壙，塹穴也；苦謗切。

艮

《説文》："艮，很也。从匕目。匕目，猶目相匕，不相下也。"古恨切。孳乳爲很，不聽從也；胡懇切。爲詪，很戾也；乎懇切。爲恨，怨也；胡艮切。爲根，木株也（堅結難治）；古痕切。爲艱，土難治也；古閑切。爲悍，勇也；爲扞，忮也；並侯旰切。

兼

《説文》："兼，并也。从又持秝。兼持二禾，秉持一禾。"古甜切。孳乳爲縑，并絲繒也；音與兼同。爲晐，兼晐也；爲垓，兼晐八極地也；爲侅，奇侅，非常也；爲胲，足大指毛肉也；爲毅，大剛卯也，以逐精魅；並古哀切。爲痎，二日一發瘧也；爲偕，彊也；並古諧切。爲价，善也；爲乔，大也；爲玠，大圭也；並古拜切。爲傀，偉也；公回切。爲絓，大也；古回切。

幵

《説文》："幵，平也。象二干對構，上平也。"古賢切。此文初本作𠀀，象人兩肩上平之形。人體最平者無踰兩肩，故造字者取象焉。幵實肩之初文，自篆體變爲方整之形，《説文》以二干解之，非也。孳乳爲斠，平斗斛量也；古岳切。爲槩，所以杚斗斛也；工代切。爲杚，平也；古没切。

亟

《説文》："亟，敏疾也。从人，从口，从又。二，天地也。"

紀力切。孳乳爲鞕，急也；與亟同音。爲急，褊也；爲彶，急行也；並居立切。爲慱，急性也；己力切。

苟

《説文》：“苟，自急敕也。从羊省，从包省，从口。口猶慎言也。从羊，羊與義、善、美同意。”己力切。此與从艸之苟，絶然二字。孳乳爲敬，肅也；居慶切。爲謹，慎也；爲憼，敬也；爲儆，戒也；爲警，戒也；並居影切。爲巹，謹身有所承也；居隱切。爲兢，敬也；居陵切。爲遻，恭謹行也；居又切。

戒

《説文》：“戒，警也。从廾持戈，以戒不虞。”居拜切。孳乳爲悈，飭也；居薤切。爲誡，敕也；古拜切。爲諽，飭也，讀若戒；古覈切。爲告，牛觸人，角箸横木，所以告人也；古奥切。爲誥，告也；古到切。爲教，上所施下所效也；古孝切。爲梏，手械也；古沃切。

廾

《説文》：“廾，竦手也。从𠂇从又。”居竦切。孳乳爲拱，斂手也；爲巩，褱也；爲拲，兩手共同械也；並居竦切。爲恭，肅也；爲龔，給也；爲供，設也；並俱容切。

革

革字古文作𠦶，象以兩手治獸皮去毛之形。古覈切。孳乳爲諽，更也；與革同音。爲改，更也；古亥切。爲更，改也；古孟切。爲恑，變也；過委切。

杲

《説文》："杲，明也。从日在木上。"古老切。孳乳爲皎，月之白也；爲皦，玉石之白也；並古了切。爲烄，交木然也；爲烄，交灼木也；並古巧切。

亢

《説文》："亢，人頸也。从大省，象頸脈形。"古郎切。孳乳爲岡，山脊也；爲犅，特牛也；並古郎切。爲犟，牛長脊也；居良切。

高

《説文》："高，崇也。象臺觀高之形。"古牢切。孳乳爲峼，山皃；古到切。爲嘐，誇語也；古肴切。爲橺，大木皃；古限切。爲格，木長皃；古百切。

光

《説文》："光，明也。从火在人上，光明意也。"古皇切。火在人上者，謂舉火照物，火光高出頭上也。孳乳爲爟，舉火也；古玩切。爲觀，諦視也；古完切。爲廣，殿之大屋也；古晃切。屋大必高，則光之所至溥矣。

囧

《説文》："囧，窗牖麗廔闓明。象形。"俱永切。孳乳爲景，日光也；居影切。爲熲，火光也；爲炯，光也；爲炅，見也；並古迥切。

韭 龜

《説文》:“韭,菜名。一種而久者,故謂之韭。象形。在一之上。一,地也。”舉友切。此即長久之久本字。韭一種而可久生不已,不似他菜之須應時更種也,故俗稱爲嬾人菜。物名與韭之聲義相近者則有龜,爲象形字。以其年壽最長,故《説文》以舊訓龜。《尚書·無逸》:“舊爲小人。”《史記》作“久”;《漢書·地理志》“龜兹”,應劭音邱。龜字今讀居追切,而《廣韻》作居求切。可知韭之與龜,聲義固同原也。孳乳爲九,究盡也;舉有切。爲究,窮也;居又切。爲艽,遠荒也;巨鳩切。爲竟,樂曲盡也;居慶切。爲趜,窮也;爲窾,窮也;爲簕,窮治辠人也;並居六切。

軍

《説文》:“軍,圜圍也。四千人爲軍。从車,从包省。車,兵車也。”舉云切。孳乳爲君,尊也,臣下圜圍以事之也。音與軍同。爲郡,人所聚居之地也;渠運切。爲羣,輩也;爲宭,羣尻也;爲帬,下裳也;並渠云切。軍之形圜,故又孳乳爲囷,廩之圜者;去倫切。爲菌,地蕈也;渠殞切。爲稛,豢束也;苦本切。

𥄎

《説文》:“𥄎,目圍也。从眀㇄,讀若書卷之卷。”居倦切。此字當横看作[illegible],而意始見。所謂目圍,即今語所稱眼圈也。眼圈形曲,故孳乳爲𢍏,摶飯也;讀若書卷;居券切。爲桊,牛鼻環也;爲帣,囊也;並居倦切。爲絭,攘臂繩也;居願切。爲捲,收也;爲拳,手也;爲䠻,行曲脊皃;爲齤,曲齒;爲觠,曲角；爲卷，厀曲也；並巨員切。爲券，勞也；爲倦，罷也；並渠眷切。爲弲，弓曲也；九院切。爲圈，養畜之閑也；渠篆切。爲鬈，髮好也；衢員切。

交

《説文》："交，交脛也。从大，象交形。"古爻切。孳乳爲这，會也；古肴切。爲佼，交也；爲絞，縊也；爲疝，腹中急痛也；並古巧切。

冓

《説文》："冓，交積材也。象對交之形。"古候切。孳乳爲遘，遇也；爲購，以財有所求也；並古候切。以財有所求者，此以財往，彼以物來，是對交義也。爲覯，遇見也；爲媾，重婚也；並古厚切。重婚者，謂重叠交互爲婚姻也；今俗稱爲連反親，是有對交之義也。

丩

《説文》："丩，相糾繚也。一曰，瓜瓠結丩起，象形。"居虯切。孳乳爲茻，艸之相丩者。與丩同音。爲糾，繩三合也；居黝切。爲朻，高木下曲也；吉虯切。爲軗，車輢上曲鉤也；古岳切。爲句，曲也；爲鉤，曲鉤也；爲雊，雉鳴而句其頸也；爲钊，鎌也；爲韝，臂衣也；爲鬮，鬥取也，讀若三合繩糾；並古候切。爲笱，曲竹捕魚笱也；古厚切。爲軥，軛下曲者；古候切。爲翑，羽曲也；爲痀，曲脊也；並其俱切。爲匔，曲脊也；爲驧，馬曲脊也；並巨六切。爲殷，揉屈也；爲廄，馬舍也；並居又切。殷有曲義，而馬舍名廄，蓋有物以圍之，猶豕舍爲圈耳。

𦥑

《說文》：“𦥑，叉手也。从𠂈彐。”居玉切。此乃象兩手伸指向下取物之形。孳乳爲匊，在手曰匊，从勹米；爲鞠，撮也；並居六切。爲擢，爪持也；居玉切。爲攫，執也，謂持之在手也；居縛切。爲救，止也，謂以兩手止鬥也；居又切。爲撅，以手有所杷也；居月切。

丮

《說文》：“丮，持也。象手有所丮據也。讀若戟。”几劇切。孳乳爲執，捕罪人也；之入切。反丮爲𠬪，亦持也；居玉切。孳乳爲拘，止也，謂以手止持之也；舉朱切。丮𠬪二字連言之，今經傳皆作執拘，用後出體也。《尚書·酒誥》：“盡執拘以歸於周”，謂拘捕之也。倒言之，則爲拘執。《史記·李斯傳》：“李斯拘執束縛，居囹圄中。”是已。可知丮𠬪二字之本義，自指拘捕言也。綜觀丮字在商周銅器刻辭中之偏旁有作者，即象兩手加梏之形。

䀠

《說文》：“䀠，左右視也。从二目。讀若拘；又若良士瞿瞿。”九遇切。孳乳爲瞿，鷹隼之視也；爲界，舉目驚界然也；並九遇切。爲奭，目衺也，目衺即左右視之意；舉朱切。爲矍，隹欲逸走，从又持之，矍矍也；九縛切。爲玃，母猴也；《爾雅》云：“玃父善顧。”俱縛切。爲懼（古文作愳），恐也；其遇切。爲趯，走顧皃；爲忂，爲躣，行皃；爲衢，四達道也；爲臞，少肉也；並其俱切。凡人瘠瘦者，兩目恒圓大突出，可怖也。

兆

《説文》："兆，廱蔽也。从人，象左右皆蔽形。讀若瞽。"公户切。孳乳爲瞽，目但有眹也；爲蠱，腹中蟲也；爲古，故也，从十口，識前言者也；並公户切。凡古事古人，但有聞而無見，實與瞽同耳。又孳乳爲鼓，樂器也；工户切。鼓之爲物，冒以皮革，上下四周皆密固不與外通气。故俗語形容人之蔽塞不諳世事者，每以"睡在鼓裏"爲言，喻其無所覩也。又孳乳爲固，四塞也；爲錮，鑄塞也；並古慕切。

今

《説文》："今，是時也。从亼从乁。乁，古文及。"居音切。此字古金文作冃作冃，見召伯虎敦，當爲曰之倒文。出言爲曰，不能言爲冃，乃唫之初文，謂口急也。因引申爲凡急之稱。《詩·摽有梅》："迨其今兮，"《傳》云："今，急辭也。"是已。孳乳爲唫，口急也；巨錦切。爲噤，口閉也；爲矜，牛舌病也；並巨禁切。爲捦，急持衣裣也；爲鈙，持也；爲厒，石地也；並巨今切。爲金，物之最堅者；居音切。爲緊，纏絲急也；糾忍切。爲堅，土剛也；古賢切。爲鋻，剛也；古甸切。爲臤，堅也；爲掔，固也；並苦閑切。爲硻，餘堅者；爲聲，車堅也；並口莖切。

筋

《説文》："筋，肉之力也。从力，从肉，从竹。竹，物之多筋者。"居銀切。孳乳爲笏（或作腱），筋之本也；渠建切。爲堇，黏土也，土之有筋力者；居隱切。

肩

《説文》："肩，髆也。从肉，象形。"古賢切。此字與堅同音而受義同原。人體各部，骨最堅者無踰于肩，故能負重致遠而多力也。孳乳爲豜，三歲豕也；爲麉，鹿之最有力者；爲蘢，龍鬐脊上蘢蘢也；並古賢切。爲㸦，牛很不從牽也；喫善切。爲覵，很視也；苦閑切。

繭

《説文》："繭，蠶衣也。从糸，从虫，黹省。"古典切。孳乳爲黰，黑皴也；爲菮，小束也；爲襺，袍衣也；並古典切。爲鞬，所以戢弓矢也；居言切。

弓

《説文》："弓，以近窮遠，象形。"居戎切。弓爲弧形半圜，故引申爲形曲似圜者之稱。孳乳爲躳，身也；从身从吕，或从弓作躬；言身稍曲，有似於弓也。爲宫，室也；古之造室者，恒有垣圍繞之，以其形圜，因謂之宫耳。並居戎切。

圭

《説文》："圭，瑞玉也。上圜下方。从重圭。"古畦切。孳乳爲閨，特立之户，上圜下方，有似於圭也；古攜切。

ム

ム爲肱之初文，象形。《説文》又部有厷字云："臂上也。从又，从古文ム。厷或从肉作肱。"古薨切。此文自以ム爲正體。肱以屈曲爲用，古文實象其形。从又作厷，乃後起字；又益以肉旁作肱，尤俗增體也。孳乳爲股，髀也；公户切。人之四支，在上爲肱，在下爲股，皆以屈曲得義，一語之轉耳。爲衮，古天子之服，繡有卷龍；古本切。衮以繡卷曲之龍得名，故經傳直以卷爲衮。今語猶稱卷物爲衮，蓋上世遺音也。爲幝，幒也；古渾切。幝即今之滿襠褲，可以屈伸者也。爲跪，拜也；去委切。拜必屈膝至地，因謂之跪耳。古人亦稱足爲跪，《荀子·勸學篇》："蟹六跪而二螯。"直以跪爲足，亦以其屈曲故，是以今俗稱屈指爲跪指也。爲蛫，蟹也；過委切。蟹之所以異於他物者，以其足多而屈折耳。

馭

馭爲古文御，从又从馬。牛據切。《説文》彳部御下云："使馬也。从彳，从卸。"此字當以古文爲正。从又从馬，足以見使馬之意也。孳乳爲故，使爲之也；古慕切。今語所稱僱傭之僱，當以故爲本字。

𦣝

《説文》："𦣝，乖也。从二臣相違。讀若誑。"居况切。孳乳爲誑，欺也；與𦣝同音。

启

《説文》："启，開也。从户从口。"康禮切。孳乳爲啟，教也；爲啓，雨而晝晴也；並康禮切。今語稱雨而忽晴爲天開；啓與開，同紐相轉也。爲開，張也；苦哀切。爲闓，開也；苦亥切。

夰

《説文》："夰，放也。从大而八分也。"古老切。孳乳爲敖，出游也；五牢切。爲奡，嫚也；爲傲，倨也；爲嫯，侮易也；爲䫨，高其頭也；並五到切。凡高視傲物者，恒昂其頭。湖湘間稱爲䫨頭，音轉爲五蒿切，古遺語也。

气

《説文》："气，雲气也。象形。"去既切。气本象雲气興起之形，因引申爲一切气之稱。人口所出之气，其一也。《説文》丂下云："气欲舒出，勹上礙於一也。"亏下云："象气之舒亏。"兮下云："从丂；八，象气越亏。"皆指人口所出之气也。孳乳爲欠，張口气悟也；去劒切。爲欽，欠皃；去音切。爲謦，欬也；去挺切。爲欬，屰气也；苦蓋切。气之語轉爲苦蓋切，猶嘅从既聲，讀苦蓋切也。

𡉉

《説文》："𡉉，幬帳之象。从冂，㞢其飾也。"苦江切。幬帳內空，故凡受聲義於𡉉之字，皆有中虛之意。今語所稱腔子之腔，當以𡉉爲本字。《玉篇》又音口握切，則爲殼字矣。孳乳爲㱿，素也；苦角切。古所謂素，猶今云模子耳。爲椌，樂器也，以中空得名；苦江切。爲寬，屋寬大也；苦官切。爲款，意有所欲也；苦管切。爲𣽴，欲飲也；苦葛切。爲歁，食不滿也；苦感切。爲穅，穀皮也；爲㝩，屋㝩㝗也；爲歉，飢虛也；爲漮，水虛也；並苦岡切。

桀

桀字从舛在木上，象兩人對卧在樹上形，實太古巢居時之寫照。由桀字而復有椉（乘）字，益可證實其事矣。《説文》訓桀爲磔，非也。渠列切。巢居樹上，故桀字自有高義。孳乳爲傑，材過萬人也；與桀同音。爲碣，特立之石也；爲竭，負舉也；並渠列切。爲揭，高舉也；去例切。爲楬，揭櫫也；其謁切。爲藒，禾舉出苗也；居謁切。爲喬，高而曲也；爲僑，高也；爲鐈，似鼎而長足也；爲鷮，長尾雉也；並巨嬌切。爲橋，水梁也；巨驕切。爲趫，善緣木之士也；去嚻切。爲蹻，舉足小高也；丘消切。爲撟，舉手也；居少切。爲驕，馬高六尺也；舉喬切。《詩·小雅·甫田》："維莠桀桀。"《毛傳》云："桀桀猶驕驕也。"是桀聲、喬聲本相通矣。

丘

《説文》："丘，土之高也，非人所爲也。一曰，四方高、中央下爲，象形。"去鳩切。此字當以一曰義爲本訓。金文作，甲文作，皆純象形。孔子生而首上圩頂，因名曰丘，用本義也。惟圩下斯能聚物，故《釋名·釋州國》云："丘，聚也。"孳乳爲虚，大丘也；丘如切又朽居切。古讀丘如區，與虚音近。故《釋名·釋典藝》云："丘，區也。"區有藏義，猶丘有聚義。區从品在匸中，品謂物之多也。區讀豈俱切，語轉爲阹，依山谷爲牛馬圈也；爲袪，衣袂也；並去魚切。爲胠，腋下也；去劫切。衣袂與腋下，皆所以挾藏物也。又孳乳爲凵，飯器也；去魚切。爲（曲），象器曲受物之形；丘玉切。爲，蠶薄也；與曲同音。爲軀，體也；豈俱切。軀从區聲，猶从曲聲，兼得其義，亦如躬从弓聲得義耳。

鬼

鬼字从甶，乃人戴假面爲裝鬼之式。《周禮·方相氏》已有黄金四目之文，其來甚遠。人戴甶於首，其形可怖，故畏字亦从甶。《説文》以鬼神之説解之，失其本恉矣。鬼字讀居偉切，語稍轉則爲怪，異也；古壞切。爲恑，變也；過委切。今語稱奇異之事爲鬼怪，非必鬼神之謂也。頭戴假面，其形甚可憎惡而非真實，故語轉爲䫏，爲娸，醜也；爲諆，欺也；爲欺，詐也；並去其切。爲忌，憎惡也；爲惎，毒也；爲諅，忌也；爲誋，誡也；並渠記切。又轉爲𩴵，鬼俗也；渠稀切。爲魌，鬼服也；奇寄切。

奇

《説文》："奇，異也。一曰，不耦。从大从可。"渠羈切。此字會意；或謂當爲可聲，非也。奇之於怪，猶𩴵之於鬼，皆一語之轉。孳乳爲踦，一足也；爲猗，武牙也（突出之牙）；爲觭，角一俛一仰也；爲徛，舉脛有渡也，必一足先舉矣；並去奇切。爲掎，偏引也；居綺切。爲騎，跨馬也，亦一足先上也；渠羈切。爲麒，牛尾一角獸也；渠之切。爲倚，醉舞皃，舉動偏倒也；去其切。

屰

《説文》："，不順也。从干下凵，屰之也。"魚戟切。許君據篆體立説，非其本意。此字金文作，甲文作，皆象倒人形。屰之本義，蓋指人從母胎初出生時情狀，首先出而四體從之。與平時正立首在上而四體在下者不同，因有不順之意；故金文甲文皆爲天字大字之倒體也。子初生時，必有人接取之，故引申又有迎義。孳乳爲逆，迎也；宜戟切。爲迎，逢也；疑卿切。爲訝，相迎也；吾駕切。爲咢，譁訟也；爲遻，相遇驚也；並五各切。人初墮地，其聲喤喤，聞者驚異。故凡从屰得聲之字，多有驚義。

元

《説文》："元，始也。从一从兀。"愚袁切。元之本義爲首，僖公三十三年《左傳》：“狄人歸其元。”《孟子·滕文公下》：“勇士不忘喪其元。”皆謂首也。元亦作兀，《説文》：“兀，高而上平也。从一在人上。”此非首頂而何？證之髡字或體作髨，知元、兀固一字也。今讀兀爲五忽切，同紐相轉耳。由元孳乳爲顒，顒頂也；爲願，大頭也；並魚怨切。爲原，水泉本也；愚袁切。爲芽，萌芽也；五加切。爲藕，扶渠根也；五厚切。

虐

《説文》：“虐，殘也。从虍，虎足反爪人也。”古文作，蓋象其口之殘。魚約切。孳乳爲瘧，寒熱休作病，病中之最痛苦者；與虐同音。爲㓷，刀劒刃也，可畏之物也；爲鶚，鳥中之最猛者，《漢書·鄒陽傳》所謂“鷙鳥累百，不如一鶚”也；爲蚌，即鱷魚也，水蟲中之最殘虐者，以吞人爲世所怖；並五各切。

豙

《説文》：“豙，豕怒毛豎也。一曰，殘艾也。从豕辛。”魚既切。孳乳爲毅，妄怒也，一曰，毅，有決也；爲忍，怒也；並魚既切。爲仡，勇壯也；魚訖切。爲虓，虎皃；魚廢切。爲虩，虎皃；魚迄切。

魚

《説文》：“，水蟲也。象形。魚尾與燕尾相似。”語居切。魚在水中相貫而行，《考工記·梓人》鄭注云：“連行，魚屬。”是其特徵也。故凡从魚孳乳之字，多有貫聯之義。孳乳爲𩺰，二魚也；爲漁，捕魚也；並語居切。爲噳，麇鹿羣口相聚皃；魚矩切。爲喁，魚口上見也；魚容切。爲衙，行皃，謂魚貫而出入也；魚舉切，又音牙。爲語，聯辭成語，相貫而出諸口也；魚舉切。爲諒，徐語也；魚怨切。

圉

《説文》："圉，囹圄，所以拘罪人。从幸从囗。"魚舉切。孳乳爲圄，守之也；爲篽，禁苑也；爲敔，禁也；並魚舉切。爲禦，祀也；疑舉切。禦之从示，與禁之从示同意。

冰（凝）

《説文》："冰，水堅也。从仌从水。"魚陵切。俗體作凝。孳乳爲銀，白金也；爲琨，石之似玉者；並語巾切。爲齗，齒本也；語斤切。爲齯，老人齒也；五雞切。爲厊，石地惡也；五麻切。

所

《説文》："所，二斤也。从二斤。"語斤切。所从二斤，猶弜从二弓，皆言其力之彊也。斤本彊有力，二斤則尤彊矣。孳乳爲釿，劑斷也，从斤金；宜引切。斤能斷金，其彊可知也。

臬

《説文》："臬，射準的也。从木从自。"五結切。此即今俗所謂瞄準也。射者之鼻，與的相直，則可以命中，故从自。自，鼻也。瞄準者，恒閉一目，稍偏其頭，以一目視之，有似於衺視也。孳乳爲儀，度也；魚羈切。爲擬，度也；魚几切。爲覞，旁視也；五計切。爲睨，衺視也；研計切。爲觬，角觬曲也；研啟切。

从

《説文》："㐺，衆立也。从三人，讀若欽崟。"魚音切。孳乳爲崟，山之岑崟也；爲厥，崟也；並魚音切。皆言山石之高立也。爲霠，霖雨也；銀箴切。爲薿，茂也；魚己切。禾苗茂盛者，皆直立也。爲㠋，盛皃，讀若薿；魚紀切。爲嶷，九嶷山也；語其切。

广

《説文》："广，因厂爲屋，象對刺高屋之形。讀若儼然之儼。"魚儉切。孳乳爲儼，昂頭也；與广同音。爲嚴，教命急也；爲䉷，㚖射所蔽者也；並語杴切。爲㻀，崖也；魚檢切。爲甗，鬲屬；牛建切。爲甗，甑也；魚蹇切。甑加於物上而形高，異於他器也。

卬

《説文》："卬，望。欲有所庶及也。从匕从卩。"伍岡切。孳乳爲仰，舉也，从人从卬；魚兩切。仰即卬之增偏旁體也。爲鞅，鞅角，鞮屬；五剛切。《急就篇》作卬角，謂履之前仰者也。爲枊，馬柱也；爲駠，馬怒皃；並吾浪切。繫馬必於高柱，馬怒則昂其頭也。

乂

乂爲五之古文，自以交午爲本義。日行中天謂之午，亦得義於交乂也。説文以陰陽五行之説解之，失其實矣。乂讀疑古切，孳乳爲伍，相參伍也；音與乂同。爲遇，逢也；爲寓，寄也；並牛具切。爲啎，逆也；五故切。逆者迎也，即相逢之意。古讀吾爲牙，啎之訓逆，猶訝之訓相迎耳。爲寤，晝見而夜夢也；五故切。見猶遇也，謂人晝間所遇之物之事，夜則夢之也。《釋名·釋姿容》云："寤，忤也，謂與物相接忤也。"是已。

垚

《説文》："垚，土高也。从三土。"吾聊切。孳乳爲堯，高也；與垚同音。爲顤，高長頭；爲獟，犴犬也；並五弔切。爲驍，良馬也；古堯切。爲趬，舉足也；牽遙切。爲翹，尾長毛也；渠遙切。諸字皆从堯聲，俱有高義。反之，从堯聲者，亦有短義。如蟯，腹中短蟲也；如招切。又如嶢下云："焦嶢，山高皃。"古僚切。而僥下云："南方有焦僥，人長三尺，短之極也。"五聊切。此乃美惡不嫌同名，相反相成之例耳。

月

《説文》："，闕也。象形。"魚厥切。月之形闕多圓少，故造字者取象焉。《説文》夕部："外，遠也。卜尚平旦，今夕卜，於事外矣。"五會切。而門部閒，从門从月，古文作閖；二部亙，古文作𠄦从月；足證月與外實即一字，猶日與入爲一字耳。月之形常闕，故事物之殘損者多從之受聲義。孳乳爲刖，絶也；五官百體去其一，皆得謂之刖，刖乃殘闕之通名也。爲抈，折也；亦折殘之通名也。爲跀，斷足也；爲玥，墒耳也；並魚厥切，與月同音。爲劓，刑鼻也，或从鼻作劓；魚器切。爲聉，吴楚之外，凡無耳者謂之聉，言若斷耳爲盟；五滑切。聉讀五滑切，猶刖字徐邈讀五刮切耳。

谷

《説文》："谷，泉出通川爲谷，从水半見出於口。"古祿切。孳乳爲轂，輻所湊也；與谷同音。《老子》云："三十輻共一轂。"輻所湊謂之轂，猶水注谿謂之谷耳。

㝐

《説文》："㝐，際見之白也。从白，上下小見。"起戟切。孳乳爲隙，壁際孔也；爲綌，粗葛也；並綺戟切。壁際有孔，則見白；粗布不密，持以照之明處，亦見有細孔也。

舌音類第三

吕秝連

《説文》:“吕，脊骨也。象形。”力舉切。脊骨多節，相連層累而下。吕字初形，蓋本作[illegible]；由於結體太長，故但取兩節以概其餘耳。由吕之聲義孳乳爲領，項也；良郢切。項固有小吕相連續也。爲肋，脅骨也，脅骨亦排列層累而下也；爲朸，木之理也；爲泐，水石之理也；爲阞，地理也；並盧則切。皆有層次之象，因以得名耳。又孳乳爲梠，楣也；力舉切。謂比列層次分明也。爲栵，木名；良辥切。謂其生長成行列也。爲瑮，玉英華羅列秩秩也；力質切。爲瑬，垂玉也，冕飾；力求切。謂其上下左右懸系有序也。推之泣下謂之漣，雨下謂之瀧，或謂之溇，重屋謂之樓，車有輻謂之輪，車蓋謂之轑，屋上之椽謂之橑，柱上柎謂之櫨，皆同聲之字，語出一原也。

《説文》:“秝，稀疏適也。从二禾，讀若歷。”郎擊切。插禾行列分明，因謂之秝。孳乳爲歷，過也；與秝同音。謂足之所至，其跡秝秝可數也。爲砅，履石渡水也；力制切。謂於淺水處列石秝秝，可資踐履以達彼岸也。爲駕，次第馳也；爲例，比也；並力制切。爲律，均布也；吕戌切。爲倫，輩也；力屯切。

爲膢，祭飲食也；力俱切。爲臘，祭百神也；盧盍切。皆以羅列多品得名，謂其陳物有序耳。此亦同聲之字，語出一原也。

《説文》：“連，員連也。从辵，从車。”力延切。員，物數也。此謂車多而前後相續，進行有序也，故其字从辵从車。與此字同音義者爲聯，《説文》：“聯，連也。从耳，耳連於頰也；从絲，絲連不絶也。”力延切。孳乳爲齺，齒見皃；與聯同音。謂齒比列相連也。爲鱗，魚甲也；力珍切。魚甲比列相連也。常魚之甲最大者爲鯉；良止切。鱗蟲之長爲龍；力鐘切。合稱龍鯉，則以名穿山甲矣。古稱五家爲鄰，二十五家爲閭，五十家爲里，軍之五百人爲旅，皆以聯比得名，一語之轉也。鄰之於里，猶鱗之於鯉耳。推之大波爲瀾，小波爲淪，謂此伏彼起，前後相逐也。用絲織網以捕魚鳥謂之羅，謂其衆目比連也；以言罵人謂之詈，謂其語層出不窮，先後有序也。此亦同聲之字，語出一原也。

大抵探求語原，首必求諸發音部位相同之字，即喉牙舌齒脣五大限也。其在同一大類而又同紐位者，其關係尤爲密切。如舌音之字，吕，力舉切；秝，郎擊切；連，力延切；三字同在來紐，同爲語根，由此而孳乳之字甚多。形雖萬殊，語歸一本。就其常見者言之，約略舉列如上方。

旦 東 丹

初民早起，見太陽出地平上，其色全赤，名之曰旦。《説文》：“旦，明也。从日見一上。一，地也。”得案切。又見日在林中，其色亦紅，因名曰東；得紅切。又稱赤石曰丹，《説文》作，象采丹井，・象丹形；都寒切。此三字皆屬舌音端紐，實一語也。由端轉定，孳乳爲彤，丹飾也；爲赨，赤色也；爲銅，赤金也；並徒冬切。爲桐，其子可以榨油而色赤也；徒紅切。爲赬，赤色也；爲檉，河旁赤色小楊也；並敕貞切。今音在舌上徹母，古讀則歸舌頭也。猶之丹縠衣謂之襄，知衍切；旗以赤帛爲之無文彩者謂之旃，諸延切；古讀亦並入舌頭也。此一字羣，聲義同原。

丈

初民度量物之長短，恒以人體爲法。《説文》尺篆下説解有云：“周制：寸、尺、咫、尋、常、仞諸度量，皆以人之體爲法。”是也。惟此法起源甚早，不始於周耳。《大戴禮記·王言篇》曰：“布指知寸，布手知尺，舒肘知尋。”是其事也。所謂布手知尺，謂自手腕以至中指之末爲一尺。以此度物，十手則爲一丈。故《説文》云：“，十尺也。从又持十。”直兩切。此字當云“从又从十”，自下一“从”字誤爲“持”，解者遂謂丈即杖之本字。余往者撰《説文約注》，竟采其説，非也。度物之名，丈爲最長。以丈爲語根，則孳乳爲長，《説文》：“長，久遠也。”此以久遠釋長，僅就時間言耳。其本義自指物之長者言。證之金文，長字作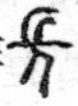，甲文作作，皆象人髮緜長之形。人身之毛最長者莫如髮，故造字者象之。镸字从長，亦可證也。又孳乳爲腸，大小腸也；與長同音。人體中器官之最長者，無踰於腸。但言小腸，即長丈餘，故謂之腸耳。又孳乳爲場，亦得聲義於長。《説文》：“場，祭神道也；一曰，治穀田也。”凡祭神之道，治穀之田，皆較長，故謂之場也。長、腸、場並直良切；同紐雙聲，實一語耳。皆受聲義於丈。

乃

《説文》：“乃，曳詞之難也。象气之出難。”奴亥切。孳乳爲向，言之訥也；女滑切。爲訥，言難也；内骨切。爲訒，頓也；而振切。乃之聲轉爲訒，猶艿、訒、朷、仍、扔諸字，均从乃聲而讀如乘切，皆由泥入日之例也。

六

六字之見於金文者，其形爲，與大字籀文作者極相似，乃象人行遲緩、舒張兩足之形。力竹切。字亦作先，《説文》黽部鼀下云：“其行先坴。”亦謂此物之遲鈍不敏捷也。由孳乳爲僇，癡行僇僇也；力救切。爲邐，行邐邐也；力紙切。爲逯，行謹逯逯也；盧谷切。六、僇、邐、逯，並來母字，聲義同源。

𠂹

《説文》：“𠂹，艸木華葉𠂹。象形。”是爲切。今聲在禪紐，古讀歸定。故孳乳之字，多爲舌頭音。𠂹字古音如它，言其下墮也。孳乳爲朵，樹木𠂹朵朵也；爲稀，禾𠂹皃；並丁果切。木之言朵朵，猶山之言隓隓，器之言橢橢也。隓、橢，並徒果切。又孳乳爲耽，耳大𠂹也；丁含切。爲聸，𠂹耳也；都甘切。爲聃，耳曼也；他甘切。爲紞，冕冠塞耳者；都感切。爲甤，艸木實甤甤也；爲蕤，艸木甹𠂹皃；爲緌，系冠纓；並儒隹切。爲縈，𠂹也；如壘切。此四字聲在日紐，古讀歸泥，仍爲舌音也。爲傫，𠂹也；落猥切。爲韇，下𠂹也；都回切。爲錘，八銖也；直垂切。聲在澄紐，古讀歸定。今俗稱爲“稱它”，實即錘之古讀。猶埵从垂聲，讀丁果切也。爲唾，口液也；湯卧切。口液下垂而出，故謂之唾。

它

《説文》：“它，虫也。从虫而長，象冤曲垂尾形。上古艸居患它，故相問無它乎？”託何切。此即今之蛇字，《説文》亦錄或體蛇。今讀蛇爲市遮切，則入禪紐矣。與𠂹之轉爲是爲切，同例也。孳乳爲鮀，鮎也；徒何切。爲螭，若龍而黄，北方謂之地螻。《廣雅》作䖼；丑知切。聲在徹紐，古讀歸透也。爲鱓，魚也；常演切。聲在禪紐，古讀歸定。今作鱔，形似蛇也。爲鼉，水蟲，似蜥易長大；徒何切。爲蚺，大蛇可食；人占切。爲鮷，大鮎也；杜兮切。此等物名，皆以形似而聲義同原也。

鹿

《説文》："鹿，獸也。象頭角四足之形。"盧谷切。鹿性好羣，行則相隨，食則相呼，與他獸不同也。孳乳爲麗，旅行也；郎計切。旅行相附亦相連，故引申麗有依附義也。爲隸，附箸也；郎計切。引申之則臣僕謂之隸，謂附麗於人也。爲娽，隨從也；力六切。人相隨者謂之娽，猶獸相從者謂之鹿耳。古鹿、彔聲通：簏，或體作箓；麓，古文作禁；漉，或體作淥；睩，讀若鹿；皆其證也。又孳乳爲蘼，艸木相傳麗土而生也；呂支切。爲邐，行邐邐也；力紙切。爲逯，行謹逯逯也；盧谷切。逯逯亦猶邐邐耳。

屮

《説文》："屮，蹈也。从反止。讀若撻。"他達切。此即蹋之初文，今俗作踏。孳乳爲蹋，踐也；徒盍切。爲踏，趿也；他合切。爲踔，踶也；丑教切。爲蹈，踐也；徒到切。爲騊，馬行皃；土刀切。爲躡，蹈也；爲㚊，機下足所履者；爲馸，馬疾步也；並尼輒切。爲碓，舂也；都隊切。爲䃗，舂已復擣之也；徒合切。舂，以手持杵；䃗則用石爲具，借足蹋之也。

西

《説文》："西，舌皃。从谷省，象形。"他念切。孳乳爲舑，歠也；爲狧，犬食也；並他合切。爲舓，以舌取食也；神旨切。

䂗字今作舐。

帶

《説文》："帶，紳也。上象繫佩之形。佩必有巾，从巾。"當蓋切。孳乳爲絛，扁緒也，土刀切。爲絰，喪首戴也；徒結切。

叕

《説文》："叕，綴聯也。象形。"陟劣切。孳乳爲惙，憂也；爲輟，車小缺復合者也；爲罬，捕鳥覆車也；爲轛，車具也；並陟劣切。爲綴，合箸也；陟衛切。爲茵，以艸補缺也，或以爲綴；一曰，約空也；直例切。爲織，作布帛之總名也；之弋切。

叀

《説文》："叀，專小謹也。从幺省。屮，財見也。"職緣切。孳乳爲嫥，壹也；與叀同音。爲擅，專也；時戰切。爲顓，頭顓顓謹皃；職緣切。爲惴，憂懼也；之瑞切。過於謹慎，則憂懼之心生矣。

耑

《説文》："耑，物初生之題也。上象生形，下象根。"多官切。孳乳爲株，木根也；陟輸切。聲在知紐，古讀歸端，則爲兜矣。今語猶稱株爲樹兜也。爲董，藕根也；多動切。爲踵，跟也；之隴切。聲在照紐，古讀歸端，故今俗讀踵爲東耳。

卵

《説文》："卵，凡物無乳者卵生。象形。"盧管切。卵之爲物，形橢圓而外無毛羽，色甚光滑也。孳乳爲蠃，蠣蠃也；爲瘰，膝關節腫大形圓也；爲蓏，在木曰果，在艸曰蓏；爲贏，熊屬，體形肥圓；並郎果切。爲砢，衆小石也；來可切。爲巒，山小而鋭也；洛官切。爲艫，船頭；爲顱，項顱；爲盧，飯器；爲虘，鬵也；並洛乎切。爲魯，鈍詞也；郎古切。凡物鋒鋭則利，圓椎則鈍，故語稱椎魯也。爲臝，袒也，或作裸；郎果切。其形光滑似卵也。又孳乳爲彈，行丸也，或从弓持丸作⿰弓丸；徒案切。明人以彈爲雞卵字，以其形圓似之也（今俗作蛋）。爲橢，車笭中狹長器也；爲隋，山之狹長者；並徒果切。凡物狹長，形似橢圓也。爲⿺丸而，丸之孰也；奴禾切。爲膽，連肝之府也；都敢切。膽形下垂而形橢圓也。

㠭

《説文》：“㠭，極巧視之也。从四工。”知衍切。㝃篆下説解云：“㠭猶齊也。”孳乳爲整，齊也；之郢切。爲等，齊簡也；多肎切。爲竱，等也；旨兖切。爲端，直也；爲褍，衣正幅也；並多官切。

𡈼

《説文》：“𡈼，善也。从人土。一曰，象物出地挺生也。”他鼎切。𡈼从人土，謂人之直立地上軀幹俊偉，故訓爲善。物之挺生出土亦然，故皆有直義通義也。孳乳爲梃，一枚也；爲挺，拔也；爲鋌，銅鐵樸也；爲娗，女出病也；並徒鼎切。爲莛，莖也；爲筳，維絲筦也；並特丁切。爲珽，大圭長三尺；爲侹，長皃；並他鼎切。爲迵，洞達也；徒弄切。爲通，達也；他紅切。

二

《説文》：“二，地之數也。从偶一。”而至切。孳乳爲貳，副益也；與二同音。爲耳，主聽也；象形。面之左右各一，如副貳也。而止切。爲佴，佽也；仍吏切。《爾雅・釋言》：“佴，貳也。”司馬遷《報任安書》：“僕又佴之蠶室。”如淳曰：“佴，次也，若人相次也。”是已。

𠂤

《説文》：“𠂤，小𨸏也。象形。”都回切。小𨸏積土高厚，故𠂤有高義厚義。今俗作堆。孳乳爲崔，高也；與𠂤同音。爲隹，隹隗，高也；都辠切。爲壔，高土也；都晧切。爲戴，載物於頭上也；都代切。爲陶，再成丘也；徒刀切。爲臺，觀也，四方而高者；徒哀切。爲亶，多穀也；多旱切。爲多，緟也；得何切。爲竺，爲筥，厚也；並冬毒切。

畾

《説文》無畾篆，而从畾聲之字甚多，蓋脱佚久矣。畾象回轉形，故从畾聲者，多有回轉縈繞之義也。魯回切。孳乳爲靁（今作雷），其聲層出疊起絫絫不絶也；爲壘，玉器也；爲櫑，酒尊也；其上俱刻有回轉之文也。並魯回切。爲藟，艸之蔓生者也；爲藟，木之蔓生者也（今稱爲藤）；其形皆回轉攀附而上也。爲讄，禱詞也；祭祀鬼神，爲生者求福，故絫功德以禱之也。並力軌切。

㸚

㸚爲竹木交織之象，今之結籬，是其事也。力几切。孳乳爲杝，落也；池爾切。曹憲《廣雅音》音籬，是已。爲儷，棽儷也；吕支切。棽儷猶言麗廔，即玲瓏空明之意。又孳乳爲爾，麗爾猶靡麗也；兒氏切。大抵㸚可張之窗牖，故其本義爲麗廔闓明。《易·説卦》云：“離者明也。”亦即此字。證之爽字訓明而亦从㸚，㸚之本義自見。

厽

《説文》：“厽，絫坺土爲牆壁。象形。”力軌切。孳乳爲絫，增也；爲垒，絫墼也；爲誄，謚也；並力軌切。《釋名·釋典藝》云：“誄，累也；累列其事而稱之也。”爲壘，軍壁也；力委切。爲磊，衆石也；落猥切。

夂

《説文》：“夂，從後至也。象人兩脛後有致之者。”陟侈切。孳乳爲致，送詣也；爲輊，抵也；並陟利切。爲扺，擠也；丁禮切。爲推，排也；他回切。爲牴，觸也；都禮切。爲勴，推也；爲耒，耕多艸也；並盧對切。爲犂，耕也；郎奚切。耕亦推也。

入

《説文》：“入，内也。象从上俱下也。”人汁切。物之从上俱下者，無如日光。每當日行中天，偶爲遊雲所掩，俄而風吹雲散，日光隱而復見時，自下望之，日光下射至地，上小下大，∧實象之，後乃變而爲入耳。孳乳爲内，入也，从冂，自外而入也；奴對切。此象日光自門户窗牖射進之形，故曰，自外而入也。∧象日光放射之狀；⊙象日初升出之形；故日、入實爲一字，猶烏之與於耳。故許書从日之字，多以日爲入，入即内之初文也。孳乳爲衵，日日所常衣也；人質切。此謂近身衣，从日猶从入，即内衣也。爲帤，枕巾也；而振切。衵之與帤，猶䵒或作䵑，日聲刃聲，本相通也。帤亦日日所常用者，《廣韻》帤字亦人質切，與衵同音，可證也。爲涅，黑土在水中者也；奴結切。涅字从日，亦以日爲入也；謂黑土入水，水與俱化也。《方言》：“涅，化也。”即其義巳。

霝

《説文》:“霝，雨零也。从雨，象𠱠形。”郎丁切。孳乳爲零，徐雨也；與霝同音。爲𩃬，雨零也；爲落，葉下也，艸曰零，木曰落；並盧各切。爲瀝，水下滴瀝也；爲醽，䤅也，謂酒從孔中下也；並郎擊切。爲滴，水注也；爲樀，檐也；並都歷切。爲淋，山水下也；力尋切。爲漣，泣下也；力延切。

而

《説文》:“而，頰毛也。象毛之形。”如之切。孳乳爲荋，艸多葉皃；與而同音。爲冄，毛冄冄也，象形；而琰切。爲髯，頰須也；汝鹽切。爲髶，亂髮也；爲茸，艸茸茸皃；並而容切。爲毴，毛盛也；而尹切。爲鞲，鞌毳飾也；而隴切。爲芮，艸生皃；而銳切。爲獳，犬惡毛也；乃容切。

爲䜌之古文，象以爪治絲之事；呂員切。此與同意，實即一事，故《説文》同訓治也。孳乳爲亂，治也；爲𢿢，煩也；並郎段切。爲厤，治也；郎擊切。爲吏，治人者也；力置切。爲理，治玉也；良止切。爲撩，理也；洛蕭切。爲㽘，治也；力照切。爲擸，理持也；良涉切。爲煉，鑠冶金也；爲湅，辟湅鐵也；並郎電切。爲湅，𤃬也；爲練，湅繒也；爲鍊，冶金也；並郎甸切。

寽

《説文》:“寽，撮也。从𠬪从己。”力輟切。徐鉉曰:“己者物也，又爪撮取之。指事。”孳乳爲寽，五指持也；呂戌切。爲捋，取易也；郎括切。爲酹，餟祭也；郎外切。今俗祀神者，恒以指取酒揮灑之，蓋即酹之遺意也。爲斂，收也；良冄切。爲擥，撮持也；盧敢切。爲掄，擇也；盧昆切。爲敹，擇也；洛蕭切。爲摟，曳聚也；浴侯切。爲攎，拏持也；洛乎切。

料

《説文》："料，量也。从斗，米在其中。"洛蕭切。孳乳爲量，稱輕重也；呂張切。爲斄，數也；力米切。

㒳

《説文》："㒳，二入也。㒳从此。"良獎切。㒳之初形，蓋本作㒳。入象錢形，二錢比併則爲㒳。一入十二銖，二入爲二十四銖，即古之一兩。二錢比併，爲用始著，故引申㒳有再義也。孳乳爲㒳，再也；爲兩，二十四銖爲一兩；並良獎切。爲緉，足所依也；良止切。爲緉，履兩枚也；力讓切。爲輦，輓車也，从車从扶，在車前引之；力展切。爲儷，兩鹿皮也；見《儀禮·士昏禮注》。古稱儷皮爲兩鹿皮，故引申儷有耦義。《春秋》成公十一年《左傳》："鳥獸猶不失儷。"用本義也。呂支切。儷乃後增體，當以丽爲初文，象兩鹿皮形。丽與㒳，一語之轉耳。

流

《説文》："㳅，水行也。从林，㐬。㐬，突忽也。"篆文从水作流，力求切。孳乳爲㳑，水流㳑㳑也；爲洌，水清也；並良薛切。爲瀏，流清皃；力久切。爲粼，水生厓石間粼粼也；力珍切。爲瀨，水流沙上也；洛帶切。爲潦，雨水也；盧皓切。爲霤，屋水流也；爲瘤，中庭也；爲餾，飯气流也；並力救切。

扇

《説文》："扇，屋穿水下也。从雨在尸下。尸者屋也。"盧后切。孳乳爲灓，屚流也；洛官切。爲漉，水下皃也；盧谷切。爲漏，古計時器也。以銅壺盛水，底穿一孔，壺中立箭，上刻度數，壺中水以漏漸減，箭上所刻，亦以次顯露，即可知時也。盧后切。

巤

《説文》："巤，毛巤也。象髮在囟上及毛髮巤巤之形。"良涉切。孳乳爲鬣，髮鬣鬣也；與巤同音。爲髗，鬣也；洛乎切。爲䰐，髮長也；魯甘切。爲鬑，長皃；力鹽切。爲𩯭，髮皃；奴禮切。爲斄，彊曲毛也，可以裝衣；洛哀切。

翏

《説文》："翏，高飛也。从羽，从㐱。"力救切。引申之，有高義長義。孳乳爲飂，高風也；力求切。爲漻，清深也；爲遼，遠也；並洛蕭切。爲僚，好皃，謂形體之頎長壯實也；力小切。爲儠，長壯儠儠也；良涉切。爲桹，高木也；爲狼，似犬而高也；並魯當切。爲𥍣，矛屬，矛長二丈；力當切。爲閬，門高也；來當切。爲朖，明也；盧黨切。爲縷，綫也；力主切。爲纍，大索也；力追切。爲菉，王芻也，高五六尺；力玉切。爲茢，芀也；良薛切。爲薕，蒹也；力鹽切。爲陵，大阜也；力膺切。爲陸，高平地也；力竹切。

龍字初文當爲，上象其角，下象其飛騰之形。甲骨文中龍字亦皆作具體象形。自篆體作，增益其形，《説文》解作从肉童省聲，非也。乃純象形，非形聲字也。力鍾切。此物長大，爲鱗蟲之長。以其多鱗，故名爲龍，龍即鱗之語轉也。孳乳爲

龓，龍之異名也；郎丁切。爲瓏，禱旱玉也，刻有龍文；力鍾切。爲蜦，蛇屬，黑色，潛于神淵，能興風雨；力屯切。爲壠，丘壠也；爲隴，天水大阪也；並力嵷切。爲櫳，兼有也；爲谾，大長谷也；並盧紅切。

婁

《説文》："婁，空也。从毌中女，空之意也。"洛侯切。婁乃鏤之古文，與彔雙聲義同，實一語也。説文彔下云："刻木彔彔也。象形。"盧谷切。凡物刻鏤之後，則多空明也。孳乳爲廔，屋麗廔也；爲簍，竹籠也；並洛侯切。爲籠，笭也；爲櫳，房屋之疏也；爲櫳，檻也；並盧紅切。爲笭，籯也；爲櫺，楯間子也；爲囹，獄也；並郎丁切。爲牢，閑養牛馬圈也；魯刀切。囹與牢，皆豎立稀疏之木以爲闌，從外可以見内也。又孳乳爲闌，門遮也；洛干切。爲筤，籃也；盧當切。爲籃，大篝也；魯甘切。爲㝗，康也；力康切。爲廫，空虚也；爲豂，空谷也；爲寮，穿也；並洛蕭切。

羅

《説文》："羅，以絲罟鳥也。从网，从維。"魯何切。孳乳爲麗，罜麗也；盧谷切。罜，古音獨。罜麗二字連語，《説文》："罜麗，魚罟也。"蓋緩言之爲罜麗，急言之則爲罩耳。罩音都教切。

耒

《説文》："耒，手耕曲木也。从木推丰。"盧對切。同紐相轉，則爲"戾，曲也。从犬出户下。戾者身曲戾也"。郎計切。此二字聲義同原，孳乳爲頛，頭不正也；盧對切。爲睞，目童子不正也；洛代切。爲盭，弼戾也，讀若戾；郎計切。爲罶，曲梁，寡婦之笱，魚所留也；或作罶，力九切。爲僂，背曲也；力主切。爲尥，行脛相交也，謂脛曲而不直也；力吊切。爲繚，纏也；盧鳥切。爲墽，周垣也；力沼切。周垣之形，圓而曲也。

尞

尞字在甲文中作𤋎作𤉶，象木在火上，旁有火星迸出之形。上世未有宫室，野居穴處，夜惟焚柴於地以取明，此即尞之本義。後世經傳猶稱門内之燭爲庭燎，其遺意也。古人言尞，猶今人言亮耳。此字小篆作𡮛，《説文》以柴祭天解之。據後世禮文大備以後之事以釋尞字，説甚迂曲，非其本義也。焚柴於地謂之尞，故有光明灼熱之義。力照切。孳乳爲燎，放火也；力小切。爲竂，炙也；力照切。爲璙，玉也；爲鐐，白金也；爲燎，火皃；皆謂其發光也。並洛蕭切。爲烈，火猛也；良薛切。爲閔，火皃；爲粦，鬼火也；並良刃切。爲瞵，目精也；力珍切。爲琊，石之有光者；力求切。

利

利字自以鋭利爲本義，故从刀从禾。割禾之刀，最爲鋭利也。《説文》訓利爲銛，亦謂其鋭利耳。力至切。孳乳爲鎌，鍥也；力鹽切。爲鎦，殺也；力求切。爲戮，殺也；力六切。爲㭁，分解也；良薛切。爲剺，剝也，劃也；里之切。爲𥝩，耕也；郎奚切。爲莱，耕多艸也；盧對切。

立

《説文》："㐺，住也。从大立一之上。"力入切。孳乳爲埭，臨也；力至切。爲臨，監臨也；爲林，平土有叢木曰林；並力尋切。林之於立，猶樹之於侸耳。爲𡊄，地蕈叢生田中也；力竹切。

弄

《説文》:“弄，玩也。从廾持玉。”盧貢切。孳乳爲伶，弄也；郎丁切。

日

《説文》:“日，實也。太陽之精不虧，从囗一，象形。”人質切。此字初形，蓋本作●，象其中實無闕。後以圖繪繁難，乃外作○形，中有一點象之。魏三體石經日字古文作⊙，可證也。嗣因契刻不易爲圓，故金文甲文皆多作方形。小篆力求匀整，復易其中小點爲一，而原意失矣。日字古讀近帝，帝即日也。甲文帝字有作米者，蓋本作米，象光芒四射狀，契龜者易○爲▭而作米耳。《易》曰：“帝出乎震。”震謂東方也，則帝非日莫屬矣。日之威力最大，故即取以爲帝王之稱也。都計切。孳乳爲諦，審也；與帝同音。物之最審諦者，固莫如日也。爲玓，明珠色也；爲的，明也；爲馰，馬白頟也；爲焍，望火皃；並都歷切。

天

《説文》:“天，顛也。至高無上，从一大。”他前切。此字金文作天，甲文作天，皆象人首頂形。許以顛釋之，是已。所云“至高無上”，亦就人體言耳，大象人形，●即頂也。許云“从一大”，欲以會意解之，非也。孳乳爲顛，頂也；爲槙，木頂也；並都年切。爲頂，顛也；都挺切。爲頭，首也；度侯切。爲題，頟也；杜兮切。爲棟，極也；多貢切。

氐

《説文》:“氐，至也。从氏下箸一。一，地也。”丁禮切。孳乳爲柢，木根也；爲底，下也；爲牴，觸也；爲趆，趨也；爲邸，屬國舍也；並都禮切。爲槙，仆木也；都年切。爲墊，下也；爲窫，屋傾下也；並都念切。爲㕍，屋從上傾下也；都回切。爲頓，下首也；都困切。爲碓，舂也；都隊切。爲逜，至也；都歷切。爲抵，擠也；丁禮切。

罩

《説文》："罩，覆鳥令不飛走也。从网隹，讀若到。"都校切。孳乳爲罩，捕魚器也；都教切。爲籗，罩魚者也；或从隺作篧。竹角切。

鳥

《説文》："𠑹，長尾禽總名也。象形。"都了切。鳥之爲物，居無定所，惟隨飛所至，棲於一枝也。孳乳爲蔦，寄生艸也；與鳥同音。爲島，海中往往有山可依止曰島，讀若蔦；都皓切。

登

《説文》："豋，上車也。从癶，象登車形。"都滕切。孳乳爲簦，笠蓋也；與登同音。笠蓋戴在首上，故謂之簦也。爲德，升也；多則切。爲陟，登也；竹力切。聲在知紐，右讀歸定也。爲隥，仰也；都鄧切。

㝵

《説文》："㝵，取也。从見，从寸。寸，度之，亦手也。"多則切。此字在金文甲文中，皆从又持貝，非从見。貝、見形近，小篆致譌耳。孳乳爲得，行有所得也；爲悳，外得於人内得於己也；並多則切。

冬

《説文》："冬，四時盡也。从仌，从夂。夂，古文終字。"都宗切。孳乳爲凍，仌也；多貢切。爲殫，極盡也；都寒切。

鬥

《説文》："鬥，兩士相對，兵杖在後，象鬥之形。"都豆切。此字小篆作，甲文作，或作，象二人相對角力之形。孳乳爲鬬，遇也；與鬥同音。相遇，即相對也。爲築，擣也；陟玉切。凡築非一人之事，必人相對而手持杖也。爲對，Ⅲ無方也；爲對，市也；並都隊切。市物必人相對也。爲當，田相值也；都郎切。爲敵，仇也。徒歷切。

斗

《説文》："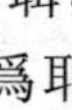，十升也。象形。有柄。"當口切。孳乳爲料，勺也；與斗同音。爲篼，食馬器也；當侯切。

耴

《説文》："耴，安也。从二耳。"丁帖切。孳乳爲貼，小垂耳也；丁兼切。爲耴，耳垂也；爲輒，車兩輢也；並陟葉切。爲㹞，犬張耳皃；陟革切。

馽

《説文》："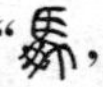，絆馬也。从馬，口其足。"陟立切。孳乳爲躓，跲也；爲疐，礙不行也；爲騺，馬重皃；爲摯，抵也；並陟利切。爲窒，礙止也；爲鮚，齧堅也；並陟栗切。爲嚏，悟解气也；都計切。此謂鼻塞而气不通，必噴嚏以解之也。

屯

《説文》：“屯，難也。象艸木之初生屯然而難。从屮貫一。一，地也。尾曲。”陟倫切。孳乳爲迍，邅也；丑刃切。爲邅，迍也；張連切。此二字爲雙聲連語。《集韻》云：“迍邅，行不進皃。”即《易·屯卦》六二爻辭之屯如亶如也。由迍邅轉爲駗驙，謂馬載重而行難也。蓋在人爲迍邅，在馬爲駗驙，皆狀其行進之難耳。又孳乳爲楨，剛木也；陟盈切。木質剛堅，則難劈析也。

兜

《説文》：“兜，兜鍪，首鎧也。从兜，从皃省。皃，象人頭也。”當侯切。孳乳爲䁱，目蔽垢也；讀若兜。爲侜，有廱蔽也；張流切。聲在知紐，古讀歸端，與兜同也。

壴

《説文》：“壴，陳樂立而上見也。从中从豆。”中句切。孳乳爲䢮，不行也；讀若住。爲駐，馬立也；並中句切。爲豎，豎立也；臣庾切。爲尌，立也，讀若駐；爲樹，生植之總名也；爲侸，立也；並常句切。豎、尌、樹、侸四字，聲在禪紐，古讀歸定，固皆舌頭音也。

窋

《説文》：“窋，物在穴中皃。从穴中出。”丁滑切。孳乳爲窡，穴中見也；爲䆖，口滿食也；並丁滑切，與窋同音。爲泏，水皃，讀若窋；竹律切。

中

《説文》：“中，内也（依段訂）。从口丨，上下通。”陟弓切。

孳乳爲衷，裏褻衣也，即今之内衣也；與中同音。爲忠，敬也，盡心曰忠；謂心不外馳，專注於一也。陟弓切。爲珍，寶也；陟鄰切。珍受聲義於中，猶寶受聲義於勹，皆謂藏在内也。

盩

《説文》："盩，引擊也。从㚔攴，見血也。"張流切。孳乳爲豛，擊也；爲豛，椎擊物也；爲椓，擊也；爲琢，治玉也；爲斲，斫也；爲斀，去陰之刑也；並竹角切。爲斸，爲欘，斫也；並陟玉切。爲磔，爲櫡，斫也；並張略切。爲斫，擊也；之若切。爲㲉，下擊上也；知朕切。爲抌，深擊也；竹甚切。

卓

《説文》："𠨖，高也。早匕爲卓，匕卩爲卬，皆同義。"竹角切。孳乳爲倬，箸大也；與卓同音。倬字从人，自謂人之大，人必高而其大乃箸也。爲䅵，特止也，猶言卓立也；爲籗，罩魚者也，籗必高而後可以及深水；爲䙕，衣至地也；爲涿，流下滴也；並竹角切。爲趠，爲逴，遠也；並敕角切。自下至上則爲高，由此及彼則曰遠，其意一耳。爲冢，高墳也；知隴切。爲寵，尊居也；丑壟切。

弢

《説文》："弢，弓衣也。从弓从㞑。㞑，垂飾，與鼓同意。"土刀切。孳乳爲韜，劍衣也；爲匋，古器也；並土刀切。古所謂韜，即今語所稱套也。爲橐，囊也；爲欜，行夜所擊木也；並他各切。爲韣，弓矢韣也；爲櫝，爲匵，匵也；並徒谷切。

㚔

《説文》："㚔，進趣也。从大，从十。大十，猶兼十人也。

讀若滔。”土刀切。孳乳爲滔，水漫漫大皃；爲駋，馬行皃；爲牧，牛徐行也；爲饕，貪也；爲慆，説也；並土刀切。爲貪，欲物也；爲欿，欲得也，讀若貪；爲探，遠取之也；並他含切。爲撢，探也；他紺切。爲湍，疾瀨也；他耑切。爲駾，馬行疾來皃也；他外切。爲餮，貪也；他結切。爲夒，貪獸也；奴刀切。

延

《説文》："㢟，安步延延也。从廴，从止。”丑連切。孳乳爲挻，長也；式連切。爲梴，長木也；丑連切。

闖

《説文》："闖，馬出門皃。从馬在門中。讀若郴。”丑禁切。孳乳爲騁，直馳也；爲逞，通也，楚謂疾行爲逞；爲徎，徑行也；並丑郢切。爲舼，船行也，船行必直而後安，否則顛簸不平也；爲覘，私出頭視也，讀若郴；並丑林切。爲竀，正視也；敕貞切。爲矗，直視也；丑龙切。爲覘，闚視也；敕豔切。爲衝，通道也；昌容切。爲蚩，蟲申行也，讀若騁；丑善切。凡蟲申行，皆直進也。

彳亍

《説文》："彳，小步也。象人脛三屬相連也。”丑亦切。孳乳爲趩，行聲也，讀若敕；一曰，不行皃；與彳同音。反彳爲亍，步止也，讀若畜，丑玉切。孳乳爲豖，豖絆足不能行也；丑六切。彳亍二字爲雙聲連語，《説文》走部有趑趄，行不進也；取私、七余二切。足部有蹢躅，住足也；直隻、直錄二切。皆彳亍之孳乳字也。經傳羣書或爲峙躇，爲踟躕，爲踟跦，爲躑躅，爲騠騆，皆字異而義同，語聲之轉耳。屋簷下，樹枝間，恒有蟲結網於空明處，以捕取飛蟲。伏其身於網旁，欲行輒止，名曰蜘蛛，即受聲義於彳亍也。蜘蛛之得義於彳亍，猶蝙蝠之得義於厂乀耳。

譶

《説文》：“譶，疾言也。从三言，讀若沓。”徒合切。又有“沓，語多沓沓也，从水，从曰”。與譶同音，實一義也。孳乳爲誻，譅誻也；徒合切。爲譅，語相及也；他合切。爲讗，嗑也，嗑者，多言也；徒盍切。

龖

《説文》：“龖，飛龍也。从二龍。讀若沓。”徒合切。孳乳爲翖，飛盛皃，从羽从曰；土盍切。大徐云：“犯冒而飛，是盛也。”

弟

《説文》：“弟，韋束之次弟也。从古文之象。”特計切。古文弟作丯，象以韋束物之形。孳乳爲梯，木階也；土雞切。爲娣，同夫之女弟也；徒禮切。爲遞，更易也；特計切。爲迭，更迭也；徒結切。爲代，更也；徒耐切。今稱世爲代，如云一代二代，亦次第相更意也。爲姪，兄之女也；徒結切。《釋名・釋親屬》云：“姪，迭也；共行事夫，更迭進御也。”《公羊》莊公十九年《傳》云：“諸侯娶一國，則二國往媵之，以姪娣從。”是古者諸侯娶妻取妾，亦及其姪，而有更迭進御之制也。姪讀徒結切，固當以更迭釋之矣。

兊

兊字从人从口，上有八，象人口氣出分散之形。實爲談説之説本字，《説文》訓兌爲説，是以今字釋古字也。乃云“从儿㕣聲”，則非。徐鉉訂正之，可從也。《易》有《説卦》，《書》有《説命》；《禮記》引《説命》皆作兑，知古者二字本同也。《易·卦辭》謂之《彖》，彖即兑之借字，謂總説一卦之義也。兑讀大外切，聲在舌音定紐；彖讀通貫切，聲在透紐；近紐相轉，故能通用耳。孳乳爲談，語也；徒甘切。爲謟，往來言也；大牢切。

豆

《説文》：“豆，古食肉器也。从口，象形。”徒候切。孳乳爲梪，木豆也；與豆同音。爲匬，甌器也；度侯切。爲鋀，酒器也；从金豋，象器形。或省金作豋。大口切。

奪

《説文》：“奪，手持隹失之也。从又从奞。”徒活切。孳乳爲敓，彊取也；爲脱，消肉臞也；並徒活切，與奪同音。爲隋，裂肉也；徒果切。爲褙，無袂衣也；徒卧切。爲鬌，髮墮也；直追切。爲褫，奪衣也；直離切。爲盜，私利物也；徒到切。

彖

《説文》：“彖，豕走也。从彑，从豕省。”通貫切。孳乳爲挩，解挩也；他括切。爲豚，小豕也；徒魂切。小豕好逃，故从彖省，所謂“如追亡豚也”。故逐字从豚省也。又孳乳爲遯，爲遁，逃也；並徒困切。爲逃，亡也；徒刀切。

田

《説文》：“田，陳也。樹穀曰田。象四囗；十，阡陌之制也。”待年切。樹穀之地必平，故田有平義也。孳乳爲畋，平田也；與田同音。爲甸，天子五百里地；堂練切。爲町，田也，言其平也；他頂切。爲汀，平也；他丁切。

卣

《説文》："卣，艸木實垂卣卣然。象形。"徒遼切。孳乳爲芀，葦華也；徒聊切。爲條，小枝也；徒遼切。爲稻，稌也；徒皓切。爲稌，稻也；徒古切。爲䆃，禾也，一莖六穗，其實卣卣矣。徒到切。爲杓，禾危穗也；都了切。

古

《説文》："𠫓，不順忽出也。从到子。"他骨切。古之本義，實指子之初出母胎。子生首必先下，故象其形也。孳乳爲宊，犬從穴中暫出也；徒骨切。爲涒，食已而復吐之也；他昆切。

隶

《説文》："隶，及也。从又，从尾省。又持尾者，從後及也。"徒耐切。孳乳爲隸，爲逮，及也；並徒耐切。爲眔，目相及也；徒合切。

男

《説文》："男，丈夫也。从田，从力。言男用力於田也。"那含切。孳乳爲農，耕人也；奴冬切。爲奴，古之辠人也；乃都切。上世奴隸，皆以盡力耕種，從事生産勞動爲主也。爲童，男之有辠者也；爲僮，未冠也；並徒紅切。

宁

《説文》："宁，辨積物也。象形。"直吕切。孳乳爲貯，積也；爲宝，爲䵭，器也；爲杼，機持緯者；並直吕切。杼之爲物，俗稱爲梭，積藏緯綫於其内，人以手左右擲送以與經綫交織也。又孳乳爲偫，待也；爲庤，儲置屋下也；爲洔，水暫益且止未減也；爲痔，後病也；並直里切。痔之爲疾，暫愈且止，而未全除，後又數數復發，暗藏在内也。爲儲，偫也；直魚切。爲廚，庖室也；直株切。廚受聲義於宁，猶庖受聲義於勹，皆取包貯雜物意也。

斷

《説文》：“斷，截也。从斤，从㡭。㡭，古文絶。”徒玩切。孳乳爲𣃔，截也；或作剸，大丸、旨沇二切。爲剬，斷齊也；旨兖切。爲𩌏，履後帖也；爲毈，卵不孚也；並徒玩切。爲墜，𤸰也；徒對切。爲屠，刳也；同都切。爲檮，斷木也；徒刀切。爲筩，斷竹也；徒紅切。爲簜，大竹筩也；徒朗切。爲牏，築牆短版也；度侯切。爲牘，書版也；徒谷切。爲牒，札也；徒葉切。

𡱂

《説文》：“𡱂，髀也。从尸下丌居几。”或作脽，作臀。徒魂切。孳乳爲簸，榜也，謂笞擊其臀也；與𡱂同音。爲甹，定息也；爲亭，民所安定也；並特丁切。人坐下休止，則息定矣。亭乃坐下休息之所也。爲定，安也；徒徑切。爲倓，安也；徒甘切。

寍

《説文》：“寍，安也。从宀，心在皿上。人之飲食器，所以安人。”奴丁切。孳乳爲寧，願詞也；與寍同音。凡心之所安，則固情之所願也。爲甯，所願也；乃定切。

䨻

《説文》："䨻，鹿行揚土也。从麤，从土。"直珍切。孳乳爲沈，濁默也；爲霃，久陰也；並直深切。

疌

疌字象女工織布之事，上象機之高張，織者足躡於下，手應於上，乃具體象形字。《説文》解爲从止从又，入聲，非也。尼輒切。孳乳爲躡，蹈也；爲䮶，馬步疾也；並與疌同音。

喦

《説文》："喦，多言也。从品相連。讀與聶同。"尼輒切。孳乳爲聶，附耳私小語也；與喦同音。爲讘，多言也；之涉切。

疒

《説文》："疒，倚也。人有疾病，象倚箸之形。"女戹切。孳乳爲餮，楚謂小兒嬾爲餮也；从臥食。與疒同音，實一語也。

齒音類第四

示

《説文》:“示，天垂象，見吉凶，所以示人也。从二，古文上字；三垂，日、月、星也。觀乎天文，以察時變。”神至切。孳乳爲視，瞻也；與示同音。二字在經傳中多通用也。爲謚，行之迹也；人死而綜察其行事，施以褒貶之偁，所以示法戒也。亦神至切。

惢

《説文》:“惢，心疑也。从三心。讀若《易》旅瑣瑣。”才規、才累二切。此字當依《廣韻》讀桑果切，與説文讀若相合也。凡人心疑則多忌，故孳乳爲㥮，姦也；倉宰切。爲猜，恨賊也；倉才切。心疑則多肊度，故孳乳爲揣，量也；初委切。爲測，深所至也；初側切。轉舌則爲椯，度也；兜果切。爲㛊，量也；丁果切。

羴

《説文》:“羴，羊臭也。从三羊。”或从亶作羶。式連切。孳乳爲脡，生肉醬也；與𦏁同音，皆气臭得名也。爲胜，犬膏臭也；爲鮏，魚臭也；並桑經切。爲臊，豕膏臭也；爲鱢，鮏臭也；並穌遭切。爲鱻，新魚精也；相然切。新魚出水，積多亦有气臭，與𦏁同也。爲鮮，出貉國；相然切。爲魦，出樂浪國；所加切。此乃魚之尤鮏者。

𠂇

《説文》："𠂇，𠂇手也。象形。"臧可切。徐鍇曰："𠂇，佐也，右手之佐也。"凡人操作，皆以右手爲主，左手則惟有佐助之用耳。故𠂇字自有助義、借義。孳乳爲左，手相左助也；則箇切。爲助，左也；爲耡，商人七十而耡也；並牀倨切。爲耤，帝耤千畝也；古者使民如借，故謂之耤；秦昔切。爲借，假也；資昔切。爲租，田賦也；則居切。爲賛，佐也；則旰切。爲𢪏，扶也；七良切。

叉

《説文》："叉，手指相錯也。从又，象叉之形。"初牙切。手指相錯，謂其長短不齊，交相爲用也。孳乳爲杈，枝也，謂樹枝相錯歧出如叉也；與叉同音。爲皻，叉取也；爲担，挹也；爲齇，齬齒也；並側加切。爲逪，交逪也；倉各切。爲撮，三指撮也；倉括切。爲簎，刺也；士革切。爲拓，拾也，或作摭；之石切。物之小者，可以指拾取之也。循交錯之義孳乳爲醋，客酌主人也，交相酬答也；在各切。爲儳，互不齊也；士咸切。爲差，忒也，不相值也；楚佳切。爲𪘨，齒参差也；爲縒，参縒也；並楚宜切。爲齹，齒差跌皃；昨何切。爲齱，齬也；側鳩切。

戌

《説文》："戌，滅也。从戌含一。"辛聿切。孳乳爲烕，滅火也；與戌同音。爲𤆍，火餘也；疾刃切。爲𥁞，器中空也；慈刃切。爲渫，除去也；私列切。爲消，盡也；相幺切。爲䨏，相絶切；爲霄，相邀切；皆謂其著物則消也。爲㸈，盡也；爲𪎭，盡酒也；爲釂，飲酒盡也；並子肖切。

毳

《說文》："毳，獸細毛也。从三毛。"此芮切。孳乳爲脃，小耎易斷也；與毳同音。爲膬，耎易破也；七絶切。爲荃，芥脃也；此緣切。爲鏨，鑿也；祖雞切。爲刌，切也；倉本切。爲切，刌也；千結切。爲蕝，斬芻；爲㓹，析傷也；並麤臥切。

祘

《說文》："祘，明視以筭之。从二示。讀若筭。"蘇貫切。孳乳爲蒜，葷菜也；與祘同音。此物有瓣可數，異於他菜也。爲筭，計歷數者也；爲算，數也；並蘇貫切。

泉

《說文》："𤽄，水原也。象水流出成川形。"疾緣切。孳乳爲謜，徐語也；《廣韻》此緣切。爲盡，口液也；將鄰切。爲次，慕欲口液也；敘連切。

山

《說文》："𡴀，宣也。宣气散生萬物，有石而高。象形。"所間切。孳乳爲生，進也，象艸木生出土上；所庚切。爲甡，衆生並立之皃；爲屾，二山也；並所臻切。爲産，生也；所簡切。《釋名·釋山》云："山，産也，産生物也。"是已。

𠨍

《説文》："𠨍，二卪也。巽从此。"士戀切。篆法多以卪爲人，二卪即二人也。證之𠨍字甲文作𠨍，或作𠨍，象二人並坐共治事之狀。《説文》頁部又有頭篆云："選具也。从二頁。"亦士戀切。頭从二頁，猶𠨍从二人，故二字音義皆同，實一語也。孳乳爲㢲，具也；爲顨，巽也；並蘇困切。爲僎，具也；爲籑，具食也（或从巽作饌）；並士戀切。爲全，完也；爲牷，牛純色也；並疾緣切。爲僎，具也；士勉切。爲選，擇也；思沇切。爲詮，具也；此緣切。

戔

《説文》："戔，賊也。从二戈。"昨干切。孳乳爲殘，賊也；爲㱚，殘穿也；爲殘，禽獸所食餘也；並昨干切。爲刪，剟也；所姦切。爲芟，刈艸也；所銜切。爲劖，斷也；鉏銜切。爲慙，媿也；昨甘切。内媿者心如刀割，若受重傷也。

齊

《説文》："齊，禾麥吐穗上平也。象形。"徂兮切。此字在《三體石經》中，古文作齊，其形尤肖。孳乳爲齎，等也；爲齌，妣齌也；並徂兮切，與齊同音。齌字今通作臍，即俗所稱肚臍也。臍居人身爲最中，上下長短同，左右廣狹均，故引申爲凡中之稱。《爾雅·釋言》："齊，中也。"古者中州曰齊州，見《爾雅》；中國曰齊國，見《列子》，中即齊也。又孳乳爲妻，婦與夫齊者也；七稽切。爲劑，齊也；在詣切。爲儕，等輩也；仕皆切。爲媫，齊也；側革切。爲齰，齒相值也；士革切。

朿

《說文》："朿，止也。从宋盛而一横止之也。"即里切。孳乳爲霽，雨止也；子計切。爲霎，霽也；七稽切。爲此，止也；从止匕，匕，相比次也。雌氏切。止者足也，足相比則不前，故訓止也。又孳乳爲呰，窳也；將此切。《方言》云："呰，短也。"凡物短則不中用，若有所止也。爲訾，思稱意也；將此切。謂思量之而合於意所測度，則止也。爲蕺，艸木不生也；姊入切。爲棨，識也；遵誄切。識者，謂有所絶止，丶而識之也。爲鸄，食所遺也；阻史切。食脯者遇有骨，則横止之於口而徐吐之也。

夊

《說文》："夊，行遲曳夊夊；象人兩脛有所躧也。"楚危切。孳乳爲夋，行夋夋也（徐鍇云："舒遲也。"）；爲趍，行速趍趍也；爲逡，退也；並七倫切。夋夋爲行遲，趍趍爲行速，相反相成，美惡不嫌同名之理也。

𨸏

《說文》："𨸏，兩阜之間也。从二𠂤。"此字不得其音，《玉篇》、《廣韻》讀扶救切，《唐韻》讀房九切，皆非。𨸏爲兩阜之間，不應仍讀爲阜也。大徐讀似醉切，是矣；必有所本也。孳乳爲隊，深也；徐醉切。爲邃，深遠也；雖遂切。爲漼，深也；七罪切。爲容，深通川也；爲浚，抒也；並私閏切。

晶

《說文》："晶，精光也。从三日。"子盈切。孳乳爲精，擇也；爲旌，旗也，以其有晶光也（見《釋名》）；並子盈切。爲曐，萬物之精，上爲列曐也；爲腥，星見食豕，令肉中生小瘜肉也；

並桑經切。爲夝，雨而夜除曐見也；爲彰，清飾也；並疾郢切。爲瀞，無垢薉也；爲頩，好皃；並疾正切。《詩》之“頩首”，謂頭明飾也。爲清，朖也；七清切。

甾

《説文》：“甾，東楚名缶曰甾。象形。”側詞切。孳乳爲鼒，鼎之圜掩上者；子之切。爲齍，黍稷在器以祀者；即夷切。爲尊，酒器也；祖昆切。爲䡩，釜屬；子紅切。爲鬵，大釜也；才林切。爲甑，甗也；爲䰝，鬵屬；並子孕切。

茲

《説文》：“茲，黑也。从二玄。”子之切。孳乳爲滓，澱也；阻史切。《釋名》云：“泥之黑者曰滓也。”爲緇，帛黑色也；側持切。爲紫，帛黑赤色也；將此切。

兟

《説文》：“兟，朁朁鋭意也。从二先。”子林切。孳乳爲椶，栟櫚也，其葉長而鋭；爲葼，木細枝也；爲㚇，九㚇山也，山高而鋭；並子紅切。爲焌，然火也；子寸切。然火，猶今言點火，點火多以小鋭枝爲之也。爲矰，谁射矢也；作滕切。爲鐕，可以綴著物者；則參切。

子

子象小兒之形，因引申爲人之通稱。人之生生不已，猶艸木之繁茂也。即里切。孳乳爲茲，艸木多益也；爲孳，汲汲生也；爲滋，益也；爲孜，汲汲也；並子之切。爲甚，盛也；子入切。爲慈，愛也；疾之切。爲字，乳也；疾置切。

戕

《説文》："戕，絶也。从从持戈。"子廉切。孳乳爲殲，微盡也；爲霰，溦雨也；爲霝，小雨也；爲鐵，鐵器之可斷物者；爲櫼，楔也；並子廉切。爲箋，表識書也，斷竹爲之；則前切。爲幟，所以拭物也，斷布爲之；精廉切。爲歬，幡幟也；則前切。爲剪，齊斷也；子善切。爲鬋，女髮垂皃，女髮頟上前垂者剪之使齊也；作踐切。爲鐫，破木器也；子全切。爲錢，銚也，此乃剗削之器，即今所謂鏨也；即淺切。爲戩，滅也；爲揃，搣也；爲翦，羽生也；並即淺切。羽初生時，如剪齊也。

晉

《説文》："晉，進也。日出萬物進。从日，从臸。"即刃切。孳乳爲縉，帛赤色也，謂其色如日也；爲進，登也；並與晉同音。爲躋，登也；祖雞切。爲津，水渡也；將鄰切。爲駸，馬行疾皃；子林切。爲遵，循也；將倫切。爲循，行順也；詳遵切。

脊

《説文》："脊，背呂也。从𠂹，从肉。"資昔切。背呂聯續相接，即俗所稱脊椎骨也。孳乳爲蹐，小步也；爲趚，側行也；爲迹，步處也；爲踖，長脛行也；並資昔切。爲椄，續木也；爲接，交也；並子葉切。爲績，緝也；則歷切。爲緝，績也；七入切。績緝之事，皆由聯續相接而成也。

宗

《説文》："宗，尊祖廟也。从宀，从示。"作冬切。宗乃古代聚合祖先神位而祀之之處也，故古稱同祖曰宗，父之黨爲宗族。宗字自有會合、衆多之義，孳乳爲綜，機縷也；子宋切。爲總，聚束也；作孔切。爲噂，聚語也；子損切。爲諏，聚謀也；子于切。爲僔，聚也；爲蕁，叢艸也；並慈損切。爲叢，聚也；爲蘐，艸叢生皃；並徂紅切。爲嵏，斂足也；爲稯，布之八十縷也；爲堫，種也；爲豵，小豚尚叢聚也；爲蹤，蝑蹤也；並子紅切。

則

《說文》：“則，等畫物也。从刀，从貝。貝，古之物貨也。”子德切。孳乳爲節，竹約也；子結切。物之自然有等畫者，無踰於竹節也。

𡿧

《說文》：“𡿧，害也。从一雝川。”祖才切。孳乳爲烖，天火也，如火山爆發、森林大火之類是也；或从宀作灾，則室內失火也。爲𢦏，傷也；並祖才切。爲宰，辠人在屋下執事者；从宀从辛。辛，辠也。作亥切。

奏

《說文》：“奏，進也。从夲，从廾，从中。中，上進之義。”則候切。孳乳爲走，趨也；子苟切。爲趮，疾也；則到切。爲蚤，齧人跳蟲也（或作蚤）；子皓切。

爑

《說文》：“爑，灼龜不兆也。从火从龜。讀若焦。”即消切。孳乳爲𤒶，火所傷也（或作焦）；爲燋，所以然持火也；爲醮，面焦枯小也；並即消切。

雀

《說文》：“雀，依人小鳥也。从小隹。讀若爵。”即略切。孳乳爲爵，禮器也，象雀之形；即略切。爲尐，小也；爲鸖，小鳥也；爲鬣，束髮使小也；並子結切。爲蠽，小蟬也；子列切。

艸

《説文》："艸，百卉也。从二屮。"倉老切。艸色恒青，故孳乳爲蒼，艸色也；七岡切。爲翠，青羽雀也；七醉切。爲青，東方色也；倉經切。爲蔡，艸也；蒼大切。爲菜，艸之可食者；蒼代切。爲蔥，菜也；爲璁，石之似玉者；爲繱，帛青色也；並倉紅切。爲驄，馬青白雜毛也；千公切。爲硹，望山谷硹硹青也；倉絢切。

次

《説文》："次，不前不精也。古文作𠁊。"七四切。此字當以古文爲正，乃象以茅蓋屋之形。不前者，不翦也。孳乳爲茨，茅蓋屋也；疾資切。爲葺，茨也；七入切。爲髮，用梳比也；七四切。

夨

《説文》："夨，傾頭也。从大，象形。"阻力切。孳乳爲仄，側傾也，从人在厂下；爲側，旁也；爲昃，日在西方時側也；並阻力切，與夨同音。爲輜，軿車前衣車後也；側持切。載重之車，其形常側傾也。

止

《説文》："止，下基也。象艸木出有址，故以止爲足。"諸市切。止乃趾之初文，見之金刻者，皆象足趾之形。居一身之下，故引申爲基址耳。孳乳爲阯，基也；與止同音。爲跖，足下也；爲蹠，楚人謂跳躍爲蹠也；並之石切。爲桎，足械也；之日切。

爲指，手指也，舉手可以該足也；職雉切。爲咫，中婦人手長八寸也；爲軹，車輪小穿，其形如指而見於轂頭也；並諸氏切。爲榰，柱砥也，古用木，今以石；章移切。爲蔕，瓜當也；都計切。爲滯，凝也；直例切。爲庢，礙止也；陟栗切。

爪

《說文》："爪，丮也。覆手曰爪。象形。"側狡切。又有叉字，"手足甲也。从又，象叉形"，與爪同音，實一語也。孳乳爲瑵，車蓋玉瑵，其形似爪；側絞切。爲搔，刮也；爲騷，摩馬也；爲繅，繹繭爲絲也，以爪理之也；爲慅，動也，謂心情不定如有所丮持之也；並穌遭切。

爫

《說文》："爫，亦丮也。从反爪。"諸兩切。孳乳爲掌，手中也；與爫同音，實即一語，舉手可以該足也。爪與掌異者，俯而下垂爲爪，仰而上向則爲掌，故爫从反爪。

正

《說文》："正，是也。从止，一以止。"之盛切。此字金文作正作正，蓋象趾前有物爲阻不得行也；乃阻止之止本字。《說文》以是訓正，猶以止訓此耳。《爾雅》："水出其右，正丘。"《釋名》作"沚丘"；《詩·終風序》："見侮慢不能正也。"即以正爲止。自後世專用爲正邪之正，其本義則爲足趾之止代之矣。孳乳爲証，諫也，謂止之也；爲政，正也；並之盛切，與正同音。《禮記·王制》："齊其政。"鄭注云："政謂刑禁。"《大戴禮記·小辨》："制禮以行政。"盧注云："政，禁令也。"是政本有止人爲惡之義也。又孳乳爲整，齊也，从攴，从束，从正，所以整齊之也；之郢切。爲眕，目有所恨而止也；之忍切。

支

《説文》：“支，去竹之枝也。从手持半竹。”章移切。孳乳爲枝，木別生條也；爲胑，體四胑也（或作肢）；並章移切。

㗊

《説文》：“㗊，衆口也。从四口，讀若戢。”阻立切。又有咠字“聶語也。从口从耳”，七入切。皆有積義聚義，語相近也。孳乳爲戢，藏兵也，謂聚集干戈而藏之也；爲濈，和也；並阻立切。爲㗱，噍也，謂羣鳥鳴也；子入切。爲緝，合也；姊入切。爲積，聚也；則歷切。爲資，貨也；爲穦，積禾也；並即夷切。

㐱

《説文》：“⿰𠘧彡，新生羽而飛也。从𠘧，从彡。”之忍切。又有㐱字，“稠髮也。从彡，从人”，或作鬒，與⿰𠘧彡同音，實一語也。孳乳爲衆，多也；之仲切。爲伀，志及衆也；職茸切。爲蓁，艸盛皃；爲榛，叢木也；並側詵切。

雧

《説文》：“雧，羣鳥在木上也。从雥，从木。”或省作集，秦入切。又有亼字。“三合也。从人一，象三合之形。讀若集”，與集同音，實一語也。孳乳爲𠦃，詞之集也；爲鏶，鍱也；爲輯，車輿也，必合衆工而後能成者也；爲謵，多言也；並秦入切。

舟

《説文》：“舟，船也。象形。”職流切。又有州字，“水中可居者也。从重川”，音與舟同，實一語也。凡物之密固而無隙罅者，無踰於舟，俗所謂船不漏針也。否則水入而下沉矣。故周密之義，自起於舟。舟與周古多通用。自以舟爲船之專名，乃别造周字爲周密之稱矣。由舟孳乳爲周，密也；爲椆，緻密堅重之木也；並職留切。爲𠣞，帀徧也；職流切。

前

《説文》："歬，不行而進謂之歬。从止在舟上。"昨先切。《説文》履下説解云："舟象履形。"古者席地而坐，入則脱履，出則著履。止在履上，謂出行也。孳乳爲衜，迹也；爲⿺走斬，進也；《廣韻》慈染切。爲䄯，迹也；爲踐，履也；並慈衍切。

祝

《説文》："祝，祭主贊詞者。从示，从人口。一曰从兑省。"之六切。孳乳爲喌，呼雞重言之，讀若祝；與祝同音。呼雞之聲，重言不已，有似於祝也。爲詶，詛也；職又切。爲詛，詶也；莊助切。

占

《説文》："占，視兆問也。从卜，从口。"職廉切。孳乳爲詹，多言也；爲瞻，臨視也；並職廉切。

制

《説文》："制，裁也。从刀，从未。未，物成有滋味，可裁斷。一曰，止也。"征例切。孳乳爲製，裁衣也；與制同音。爲織，作布帛之總名；之弋切。爲胾，大臠也；側吏切。

至

《説文》："至，鳥飛從高下至地也。从一，一猶地也。象形。”脂利切。此象鷙鳥張翼下飛擊殺小鳥之形。孳乳爲鷙，擊殺鳥也；與至同音，實即一字。凡猛鳥之善擊殺者，恒高飛向下而撲搏之，鷹鸇之逐鳥雀皆然也。爲摯，至也，謂情厚也；並脂利切。爲墊，忿戾也；丑利切。爲忮，很也；之義切。爲執，捕罪人也；之入切。爲馶，馬彊也；章移切。

爯

《説文》：“爯，并舉也。从爪，冓省。”處陵切。此謂以手舉物以知其輕重也。太古無權衡，當以物易物之世，恒以手并舉其物以衡之也。孳乳爲偁，揚也；爲稱，銓也；並處陵切。

朱

《説文》：“朱，赤心木。松柏屬。从一，在其中。”章俱切。孳乳爲絑，純赤也；與朱同音。爲赭，赤土也；之也切。古讀赭蓋與朱近，猶諸、渚等字亦从者聲而讀章與切也。爲袾，好佳也；爲姝，爲袾，好也；並昌朱切。

赤

《説文》：“赤，南方色也。从大，从火。”昌石切。大火色赤，又蔓延最廣；故由赤之聲類相衍之字，多有盛義、廣義也。孳乳爲熾，盛也；昌志切。爲烗，盛火也；昌氏切。爲袳，有大度也；充豉切。爲庐，卻屋也；昌石切。爲柹，赤實果也；鉏里切。爲侈，奢泰也；爲庈，廣也；爲姼，美女也；並尺氏切。姼謂其色之盛也。

吹

《説文》：“吹，嘘也。从口，从欠。”昌垂切。孳乳爲炊，爨也，火不易燃，必以口吹之也；爲籥，管壎之樂可以口吹也；並昌垂切。爲喘，疾息也；昌沇切。

囱

《説文》：“，在牆曰牖，在屋曰囱。象形。”或从穴作窗，古文作。楚江切。孳乳爲窻，通孔也；與囱同音，實即一字。爲蔥，菜也，其中空也；爲廞，屋階中會也；爲聰，察也；爲鏓，大鑿中木也；並倉紅切。

臭

《説文》：“臭，禽走臭而知其迹者犬也。从犬，从自。”尺救切。孳乳爲殠，腐气也；與臭同音，今則通用臭字也。爲觸，牴也；尺玉切。爲醜，可惡也；昌九切。爲埱，气出土也；昌六切。

朿

《説文》：“，木芒也。象形。讀若刺。”七賜切。孳乳爲刺，直傷也；爲諫，數諫也；爲莿，茦也；並七賜切。爲茦，莿也；爲萩，以穀萎馬也；爲敇，擊馬也；爲策，馬箠也；並楚革切。

川

《説文》：“，貫穿通流水也。”昌緣切。孳乳爲穿，通也，从牙在穴中；與川同音。爲啜，嘗也；爲歠，飲也；並昌説切。爲竁，穿地也；充芮切。

昌

《説文》：“昌，美言也。从日，从曰。”尺良切。孳乳爲倡，樂也，樂人出言成章，矢口即恊宫商，是美言也；與昌同音。爲唱，導也；凡事唱導，亦有賴於言之成理也。

芻

《説文》："芻，刈艸也。象包束艸之形。"叉愚切。孳乳爲犓，以芻莝養牛也；測愚切。爲初，裁衣之始也；从刀，从衣。楚居切。初字从刀，自以裁斷爲本義。木必裁而後能製器，布必裁而後能成衣；刈艸謂之芻，猶裁衣謂之初耳。

爨

《説文》："爨，齊謂之炊爨。𦥑象持甑，冂爲竈口，廾推林内火。"籀文作爨。七亂切。孳乳爲燀，炊也；充善切。太古野炊，以漁獵所獲投火中燒熟食之，無所謂爨也。自掘穴作竈，内木其下炊之，而外不見火。此與鼠入穴中隱匿於内之竄字，聲義同原，皆有内藏之意，竄字亦七亂切也。孳乳爲寑，卧也；爲寢，病卧也；並七荏切。凡卧皆隱匿在内也。

臿

《説文》："臿，舂去麥皮也。从臼，干所以臿之。"楚洽切。臿有深入之義，孳乳爲插，刺内也；爲臿，從後相臿也；爲疀，斛也，古田器也；爲鍤，郭衣鍼也；並楚洽切。爲察，覆審也；初八切。爲詧，言微觀詧也；謂聽其所言而深入審度其情也。楚八切。

刅

《説文》："刅，傷也。从刃，从一。"（或作創）楚良切。孳乳爲剏，造法剏業也；凡造法剏業者，必破舊而後能立新也。爲愴，傷也；爲滄，寒也；寒厲沁人肌骨，與受傷同。並初亮切。爲齭，齒傷酢也，讀若楚；創舉切。爲篡，屰而奪取也；初宦切。

册

古代書用竹簡，長短不齊，字數多少不一。簡既多，則用繩索編聯之，故册字象其札一長一短中有二編之形也。楚革切。孳乳爲𣌭，告也，謂册祝告神也；爲栅，編豎木也；並楚革切。栅字今讀所晏切，與删音近矣。

丵

《説文》："丵，叢生艸也。象丵嶽相並出也。讀若浞。"士角切。丵嶽爲古連語，蓋枝葉交錯長短不齊之意。倒言之，則爲鳥之鸑鷟，其羽長短並出，因有是名也。丵孳乳爲族，矢鋒也，束之族族也；昨木切。爲柞，木也，其上針刺錯出；爲怍，慙也，内慙者不安於心，有如針刺也；並在各切。爲齹，齒差跌皃，謂參差不平正也；昨何切。

才

《説文》："才，艸木之初也。从丨上貫一，將生枝葉。一，地也。"昨哉切。孳乳爲材，木梃也；木之已裁成章段者曰材，製造之始也。爲麳，餅籟（麯）也；籟者，酒母；作餅之始也。爲財，人所寶也；萬事非財莫辦，成事之始也。爲裁，製衣也；裁剪爲製衣之始也。並昨哉切。

巢

《説文》："巢，鳥在木上曰巢，在穴曰窠。从木，象形。"鉏交切。孳乳爲樔，澤中守艸樓；爲轈，兵車高如巢以望敵也；並鉏交切。

士

《説文》："士，事也。數始於一，終於十。从一，从十。"鉏里切。孳乳爲仕，學也；與士同音。爲事，職也；鉏史切。

小

《説文》："小，物之微也。从八，丨見而八分之。"私兆切。孳乳爲筱，小竹也；先杳切。爲少，不多也；書沼切。爲尟，是少也；穌典切。爲俶，小兒；斯氏切。爲霰，稷雪也；穌甸切。爲䨘，小雨也；素官切。爲霹，小雨財零也；息移切。爲粟，穀實也；相玉切。爲菽，茅秀也；息夷切。爲韱，山韭也；爲孅，兑細也；爲纖，細也；並息廉切。爲楔，櫼也；先結切。

析

《説文》："析，破木也。从木，从斤。"先激切。孳乳爲斯，析也；息移切。爲新，取木也；爲薪，蕘也；並息鄰切。爲碎，礦也；爲瓶，破也；並蘇對切。

絲

《説文》："絲，蠶所吐也。从二糸。"息兹切。孳乳爲緦，十五升布也，謂績麻細如絲也；與絲同音。爲細，微也；穌計切。爲緆，細布也；先擊切。爲綫，縷也；私箭切。

肖

《説文》："肖，貝聲也。从小貝。"穌果切。孳乳爲瑣，玉聲；爲麨，小麥屑之覈；並與肖同音。

𣽈

《説文》:“𣽈，分離也。从攴，从林。林，分散之意也。”穌旰切。孳乳爲𢿨，𢿨散也，一曰飛散也；爲散，襍肉也；並穌旰切。爲饊，熬稻粻程也；穌旱切。爲㽶，散聲也；爲㪶，悲聲也；並先稽切。爲沙，水散石也；所加切。爲澌，流仌也；爲凘，水索也；並息移切。爲死，澌也，人所離也；息姊切。爲糕，糕糳也；私列切。爲糳，糕糳，散之也；桑割切。爲釋，解也；施隻切。爲捨，釋也；書冶切。爲弛，弓解弦也；施氏切。爲彃，弛弓也；斯氏切。爲失，縱也；式質切。

卂

《説文》：“卂，疾飛也。从飛而羽不見。”息晉切。孳乳爲迅，疾也；息進切。爲速，疾也；爲誎，餔旋促也，即今俗臨食催客也；並桑谷切。爲儵，疾也；爲倏，犬走疾也；並式竹切。

西

《説文》:“卤，鳥在巢上，象形。日在西方而鳥棲，故因以爲東西之西。”或作棲。先稽切。孳乳爲屖，屖遲也，即《詩·陳風》之“棲遲”，猶云游息也；先稽切。爲繀，著絲於筟車也；穌對切。

喿

《説文》：“喿，鳥羣鳴也。从品在木上。”穌到切。孳乳爲譟，擾也；與喿同音。爲嘯，吹聲也；爲歗，吹也；並穌弔切。

尸

《説文》:“𡰣，陳也。象卧之形。”式脂切。孳乳爲屍，終主也；从尸从死，與尸同音。爲㞋，伸也；爲伸，屈伸也；爲㑗，神也；爲身，躬也；並失人切。爲敒，敷也；式支切。爲設，施陳也；識列切。爲肆，極陳也；息利切。

爽

《説文》："爽，明也。从㸚，从大。"疏兩切。孳乳爲䟽，門户疏窻也；爲㽰，通也；爲疏，通也；爲梳，所以理髮也；並所菹切。梳有齒密比，齒間必空明而後可用也。

囟

《説文》："囟，頭會匘蓋也。象形。"息進切。孳乳爲思，睿也；息兹切。爲想，覬思也；息兩切。爲悉，詳盡也，謂辨析事物至細密也；息七切。爲寀，悉也，知審諦也；式荏切。

森

《説文》："森，木多皃。从林，从木。"所今切。孳乳爲槮，長木皃；爲罧，積柴水中以聚魚也；並所今切。

先

《説文》："先，前進也。从儿，从之。"穌前切。孳乳爲兟，進也；爲侁，行皃；爲駪，馬衆多皃；爲桑，盛皃；並所臻切。爲筍，竹胎也；爲㝹，驚詞也；並思允切。竹胎出土，不數日輒挺立高數尺，長者乃至丈餘；人見之而驚異，故謂之筍。筍與㝹，音義固同原也。

閃

《説文》："閃，闚頭門中也。从人在門中。"失冉切。孳乳爲睒，暫視皃；爲覢，暫見也；爲夾，盜竊褱物也；並失冉切。盜竊褱物者，恒在短暫倏忽之間，出人不意而爲之也。

删

《説文》："删，剟也。从刀册。册，書也。"所姦切。孳乳爲刷。刮也；所劣切。爲婿，減也；所景切。爲渻，少減也；息并切。

彡

《説文》："彡，毛飾畫文也。象形。"所銜切。孳乳爲馭，拭也；所劣切。爲飾，馭也；賞隻切。爲修，飾也；息流切。

歰

《説文》："歰，不滑也。从四止。"色立切。孳乳爲澀，不滑也；與歰同音。爲歃，悲意；爲轖，車藉交錯也；爲嗇，愛濇也；爲穡，穀可收也；並所力切。嗇、穡實即一字。穀可收，即亩而藏之不使流散於外，即愛濇之義也。

矢

《説文》："，弓弩矢也。从入，象鏑栝羽之形。"式視切。矢乃具體象形字，證之金文甲文而可知。《説文》但據小篆筆法，謂爲从入，非也。矢有直義速義，孳乳爲菌，糞也；从艸，胃省，與矢同音。糞之出直下而速，故古人即以矢爲菌也。又孳乳爲徙，迻也；古文作屟，斯氏切。今通作屎，即屟之變耳。

首

《説文》："，頭也。象形。"書九切。古文作，象上有

髮也。孳乳爲顙，頟也；穌朗切。爲始，妊之初也；詩止切。人初生時，首先出，故首有始義。

手

《説文》："手，拳也。象形。"書九切。孳乳爲叔，拾也；式竹切。爲收，捕也；式州切。

戍

《説文》："戍，守邊也。从人持戈。"傷遇切。孳乳爲隃，北陵西隃，鴈門是也；與戍同音，實即一語。蓋以人言則爲戍，以地言則爲隃耳。

四

爲四之古文，象鼻息下出之形。證之金文作，或作，其形皆肖也。息利切。孳乳爲呬，東夷謂息爲呬也；虛器切。爲息，喘也；相即切。

脣音類第五

仌

《説文》："仌，凍也。象水凝之形。"筆陵切。此文初形，蓋本作，象水面凍結成塊較厚之形，篆體直申其上而爲仌耳。孳乳爲餅，麪餈也；必郢切。爲栟，栟櫚、椶也；府盈切。爲骿，骿脅、并榦也；部田切。爲紕，氐人罽也；卑履切。

卑

《説文》："，賤也。執事者。从𠂇甲。"補移切。許意不明。證之金文、古鉥，卑字作，或作。上从田，不从甲；下从𠂇，或从又。从田从又，實會執事田地之意。手在田地操作，蹲踞於下，則人體卑短矣，此本義也。孳乳爲脾，土藏也，五藏以脾所處爲最下也；爲陴，城上女牆也；並符支切。爲婢，女之卑者；爲庳，屋卑也；並便俾切。爲竨，短人立皃；爲貏，短脛犬；並薄蟹切。爲鼙，騎鼓也；部迷切。爲痹，溼病也；必至切。爲罷，短須髮皃；敷悲切。

伏

《説文》："伏，司也。从人，从犬。"房六切。犬爲家畜中最與人狎近之物，人之所在，犬恒伏處其旁。孳乳爲虙，虎皃；與伏同音。爲頫，低頭也；爲府，俛病也；並方矩切。爲匍，手行也；薄乎切。爲匐，伏地也；蒲北切。爲痡，病也；普胡切。

焚

遠古之時，墾殖有火田以取肥，狩獵有火田以捕獸。火田之事甚繁，故有焚字象之。字从火林，謂燒草木也，乃會意字。《説文》今本作燓，謂"从火棥，棥亦聲"，非也。焚之色赤，《廣韻》讀符分切。孳乳爲璊，玉赬色也；爲虋，赤苗也；爲䊡，赤糲也；爲樠，松心木也；並莫奔切。爲盟，殺牲歃血也；武兵切。爲釁，血祭也；亡運切。今讀虛振切，則由脣轉喉矣。又孳乳爲紅，帛赤白色也；户公切。爲虹，赤白色彩之見於天空者；户工切。亦由脣轉喉之例也。焚又語轉爲燔，爇也；爲膰，宗廟火孰肉也；爲煩，熱頭痛也；並附袁切。悉受聲義於焚。

秉

《説文》："秉，禾束也。从又持禾。"兵永切。孳乳爲柄，柯也；或作棅，陂病切。爲把，握也；博下切。爲扮，握也；讀若粉，房吻切。扮字古讀，蓋與份、邠同音，讀補巾切也。爲杓，枓柄也；匹遙切。爲枹，擊鼓柄也；縛謀切。爲劍，刀握也；方九切。爲柲，欑也；兵媚切。爲靶，轡革也；必駕切。爲瓢，蠡也；符宵切。又孳乳爲斡，蠡柄也；烏括切。則由脣轉喉矣。

𠂢

《説文》："𠂢，水之衺流别也。从反永。"匹卦切。體增爲派，别水也；匹賣切。孳乳爲𠂢，散絲也；匹卦切。爲稗，禾别也；旁卦切。爲𧖴，血理分衺行體中者；今作脈，莫獲切。爲覛，衺視也；今作覓，莫狄切。爲眄，亦衺視也；莫甸切。

勹

《説文》："勹，裹也。象人曲形，有所包裹。"布交切。孳乳爲包，妊也，象人褢妊在中也；與勹同音。爲胞，兒生裹也；今稱胞衣，匹交切。爲褒，褎也；薄保切。爲勹，覆也；从勹覆人，薄皓切。爲保，養也；博褒切。爲孚，卵孚也；从爪从子，芳無切。今語稱孚雞爲抱雞，聲之轉也。爲緥，小兒衣也；博抱切。爲袍，衣裹其軀體上下相連者也；薄褒切。爲匏，瓠也，其乾者可藏物也；爲庖，廚也，亦以包藏多物得名；並薄交切。爲炮，毛炙肉也；以泥包其外而裹燒之也。亦薄交切。《禮記·禮運》所謂"以炮以燔"，是已。

片

《説文》："片，判木也。从半木。"匹見切。孳乳爲版，片也；布綰切。爲楅，片也；芳逼切。爲楄，方木也；部田切。爲牑，牀版也；方田切。爲扁，署門户之文也；方沔切。爲篇，簡牘也；方連切。爲瘺，半枯也；匹連切。

癶

《説文》："癶，足刺癶也。从止𣥂。"北末切。此字象兩足分張之形，即今俗所稱"走八字脚"也。其行遲緩，與常行不同。常行兩足前後相承，故步字𣥂止上下連續也。癶字兩足分張，孳乳爲䟺，行步獵跋也，獵跋即剌癶耳；博蓋切。爲犮，犬走失其常態也；蒲撥切。爲跋，蹎跋也；北末切。爲跛，行不正也；布火切。爲𤼵，以足蹋夷艸也；普活切。

𡬠

《説文》："𡬠，傾覆也。从寸臼，覆之。寸，人手也。从巢省。杜林説，以爲貶損之貶。"方斂切。孳乳爲貶，損也；與𡬠同音。爲覂，反覆也；方勇切。爲覆，覂也；敷救切。爲仆，頓也；芳遇切。爲獘，頓仆也；毗祭切。爲廢，屋頓也；方肺切。爲僨（匹問切），爲踣（蒲北切），爲趦（朋北切），僵也。

冖

《説文》："冖，覆也。从一下垂也。"莫狄切。孳乳爲被，寢衣也；扶僞切。爲冡，覆也；爲幏，蓋衣也；爲冟，突前也；爲醿，黐生衣也；並莫紅切。爲掤，所以覆矢也；筆陵切。爲堋，喪葬下土也；方鄧切。爲窆，葬下棺也；方驗切。

𠔿 冃

一覆爲冂，莫狄切；重覆爲𠔿，莫保切；頭衣爲冃，莫報切。三字同聲，義歸於一。身體百官，惟目最貴，讀莫六切。其聲義實受諸𠔿，謂有物以覆之也。目開則張，目合則下垂以掩之矣。見於地者莫如木，讀莫卜切。其聲義則與冃同原，謂其枝葉覆蓋於上，望之如冃也。由冂、𠔿、冃三字而孳乳者寖多，如幎，幔也；幦，鬃布也；並莫狄切。幔，幎也；鞔，衣車蓋也；並莫半切。幕，帷在上者也；慕各切。冒，冡而前也；目報切。覆，蓋也；芳福切。乏，罂蓋也；亡范切。甍，蓋在屋上之瓦也；莫耕切。若斯之類，聲義皆同原也。

佩

《説文》："佩，大帶佩也。从人，从凡，从巾。佩必有巾，巾謂之飾。"蒲妹切。《釋名·釋衣服》云："佩，倍也。言其非一物，有倍貳也。有珠，有玉，有容刀，有帨巾，有觿之屬也。”然則佩之爲物，所該非一；佩之得名，自有增益之義也。孳乳爲培，增土也；蒲回切。爲錍，益也；爲埤，增也；並符支切。爲俾（并弭切），爲裨（府移切），爲坿（符遇切），益也。爲彼，往有所加也；補委切。爲髲，益髮也；平義切。爲病，疾加也；皮命切。

缶

《説文》：“缶，瓦器，所以盛酒漿。秦人鼓之以節謌。象形。”方九切。古無輕脣音，缶字古讀與寶同，寶字本从缶聲也。今語音轉爲博，俗字作缽，古但作缶，又用爲瓦器之通名也。孳乳爲盆，盎也；步奔切。爲缾，罋也；薄經切。

匚

《説文》：“匚，受物之器。象形。”府良切。孳乳爲匪，匧也；非尾切。爲篚，車笭也；敷尾切。爲㻶，車笭間皮篋也；房六切。

朏

《説文》：“朏，月未盛之明。从月出。”普乃切，又芳尾切。孳乳爲霸，月始生魄然也；普伯切。爲魄，陰神也；普百切。爲普，日無色也；滂古切。爲袢，衣無色也；博幔切。

般

《説文》：“般，辟也。象舟之旋。从舟，从殳。殳，所以旋也。”北潘切。孳乳爲瞥，轉目視也；薄官切。爲鬃，門内祭，先祖所徬徨也；補盲切。徬徨，猶言徘徊也。

𠬪

《説文》："𠬪，物落上下相付也。从爪，从又。"平小切。孳乳爲付，與也。从寸持物對人；方遇切。爲畀，相付也；必至切。爲貱，迻予也；彼義切。爲買，市也；莫蟹切。爲賣，出物貨也；莫邂切。爲貿，易財也；莫候切。

畢

《説文》："畢，田网也。从芈，象畢形。"卑吉切。《詩·小雅·大東》："有捄天畢。"毛傳云："畢所以掩兔。"《禮記·月令》鄭注云："小而柄長謂之畢。"可知畢爲捕取小獸之器，有柄以持之。畢所以止物，因引申爲凡止之稱。孳乳爲縪，止也；爲趩，止行也；並卑吉切。爲痺，足气不至也；毗至切。爲躄，人不能行也；必益切。

葡

《説文》："葡，具也。从用，苟省。"平祕切。此字所从之苟，乃訓急敕之苟，與亟音義俱同。葡字从之，故有敬慎之意。葡乃會意字，唐寫本《玉篇》引《説文》："从用，苟省聲。"衍一聲字，傳寫者亂之耳。孳乳爲備，慎也；平祕切。爲毖，慎也；爲祕，神也；並兵媚切。爲愊，誠志也；芳逼切。

品

《説文》："品，衆庶也。从三口。"丕飲切。孳乳爲匹，四丈也；並吉切。爲百，十十也；博陌切。爲皕，二百也；彼力切。爲佰，相什佰也；博陌切。爲輩，軍發車百兩也；補妹切。

頻

《説文》："頻，水厓，人所賓附也。頻蹙不前而止，从頁，从涉。"符真切。增體爲顰，涉水顰蹙也；與頻同音。孳乳爲濆，水厓也；符分切。爲浦，水瀕也；滂古切。爲邊，行垂崖也；布賢切。

亡

《説文》："亾，逃也。从入从乚。"武方切。孳乳爲逋，亡也；博孤切。爲放，逐也；甫妄切。爲望，出亡在外，望其還也；巫放切。爲忘，不識也；武方切。爲無，亡也；武扶切。

辡

《説文》："辡，辠人相與訟也。从二辛。"方免切。孳乳爲辯，治也；符蹇切。爲詖，辯論也；彼義切。爲諞，便巧言也；部田切。爲譬，比也，即多言也；符真切。

卜

《説文》："卜，灼剥龜也。象灸龜之形。"博木切。許以剥釋卜，乃聲訓也。《詩·豳風·七月》："八月剥棗。"毛傳："剥，擊也。"是卜字本有擊義。增體爲攴，小擊也；普木切。孳乳爲撲，挨也；蒲角切。爲摽，擊也；符少切。爲剽，砭刺也；匹妙切。爲砭，以石刺病也；方廉切。爲拚，拊手也；皮變切。爲䈬，舂也；匹各切。爲鏄，噍堅也；補莫切。爲捬，揗持也；爲鋪，箸門鋪首也；並普胡切。舊制：大宅門外有鋪首銜環，客至以環擊門，内有人應之，爲啟其門，名之曰鋪，亦取擊義耳。

茻

《說文》：“茻，衆艸也。从四屮。”模朗切。衆艸叢生，自有雜義。孳乳爲莽，犬逐獸艸中也；謀朗切。犬入艸中，則奔突躁率，艸爲之亂矣。由茻孳乳爲蕪，莫厚切；爲莔，莫報切；艸也。爲莽，薄故切；亂艸也。爲薄，旁各切；林薄也。木曰林，艸曰薄。《廣雅·釋草》：“草藂生爲薄。”是也。又孳乳爲尨，犬之多毛者；爲哤，雜語也；爲牻，白黑雜毛牛；爲駹，白黑雜毛馬；並莫江切。

平

《說文》：“平，語平舒也。从亏从八。八，分也。”符兵切。孳乳爲枰，平也；蒲兵切。爲坪，地平也；皮命切。爲泙，水流平皃；眉殞切。

反

《說文》：“反，覆也。从又。厂，反形。”府遠切。此字从又，手也；从厂，傾覆其器之形也。徵之於匸（胡禮切），《說文》：“衺徯有所俠藏也。从乚，上有一覆之。”則乚固爲受物之器甚明。反字从厂，乃傾覆其器也。今農家暴曬米物，傾筐寫之，且以手抒取其餘，此即反字从又从厂之意耳。近人或謂反爲攀之或體，非也。反有覆義，孳乳爲返，還也；扶版切。爲乏，反正爲乏也；房法切。爲軬，車耳反出也；府遠切。爲复，行故道也；爲復，往來也；並房六切。

𠬝

《說文》：“𠬝，治也。从又从卪。卪，事之節也。”房六切。此字甲文作𠬝或作𠬝，象人長跽而有手執之之形。許釋𠬝爲治，是已；釋卪爲節，則非；由拘泥於篆體以立説耳。孳乳爲服，用也；與𠬝同音。凡云服勞、服事，皆其本義。古之奴婢奚童，皆以罪人爲之，供其役使，亦所以服罪也。又孳乳爲僕，給事者；蒲沃切。爲報，當罪人也；博號切。爲邲，宰之也；兵媚切。

分

《説文》："分，别也。从八，从刀。刀以分别物也。"甫文切。孳乳爲副，芳逼切；爲剖，浦后切；爲辨，符蹇切；俱訓判也。爲劈，破也；普擊切。爲破，碎也；普過切。爲敉，辟米切；爲敗，薄邁切；爲圮，符鄙切；俱訓毁也。爲𡰪，以囊盛穀大滿而裂也；方吻切。爲堋，山壞也；方滕切。爲㠥，堋也；符鄙切。凡山之崩，皆土石自上分離而下也。爲剝，裂也；北角切。爲皮，剝取獸革也；符羈切。爲朴，木皮也；匹角切。爲柨，削木朴也；芳吠切。爲朩，分枲莖皮也；匹刃切。爲箁，竹箬也；薄侯切。凡筍在地中或出地上者，初皆有籜；迨竹長成，則籜自分解矣。

分有分散分布之義，循此而孳乳者，則屮初生，其香分布，謂之岁，或从艸作芬；撫文切。香木謂之棼，與芬同音，實一語也。香艸又謂之芳，敷方切。與芬聯成一辭，則謂之芬芳；由脣轉喉，則謂之馨香矣。雜香艸謂之蕡，浮分切；艸之馨香謂之苾，毗必切；穀之馨香謂之皀，皮及切；食之馨香謂之飶，毗必切；皆與芬芳諸字聲義同原也。聲音气臭之分布，有接於人之耳鼻者，古人皆謂之聞。所謂"如入芝蘭之室，久而不聞其香；如入鮑魚之肆，久而不聞其臭"；此謂鼻嗅亦爲聞也，其聲義固受之於分。

㡀

《説文》："㡀，敗衣也。从巾，象衣敗之形。"毗祭切。體增爲敝，固一字也。孳乳爲帗，帛裂也；爲秕，不成粟也；並卑履切。爲焅（俗作痞），人之不肖者；匹才切。爲粊，惡米也；兵媚切。爲𥻸，漬米也；武夷切。爲瓬，敗瓦也；布綰切。爲姅，婦人污也；博幔切。

方

《説文》："𣃗，併船也。象兩舟省總頭形。"府良切。太古刳木爲舟，形制甚小。如涉大川或有風浪時，則必併船而行以防沉没也。其後禮文大備，有造舟爲梁之制，則併船益多矣。方字古讀重脣，則音如旁，而有廣大散布之義。孳乳爲舫，船也；甫妄切。爲泭，編木以渡也；芳無切。爲紨，布也；防無切。爲幅，布帛廣也；方六切。爲莆，大葉艸也；方矩切。爲蓴，華葉布也；方遇切。爲榑，大木也；爲柭，枝葉四布也；並防無切。爲博，補各切；爲誧，博孤切；爲溥，滂古切；俱訓大也。爲尃，布也；爲敷，㪿也；並芳無切。爲譒，敷也；補過切。爲謗，毁也；補浪切。爲誹，謗也；敷尾切。誹謗散布於外，所謂流言也。爲廡，大屋也；文甫切。爲圃，種菜之地也；博古切。爲酺，大飲酒也；薄乎切。爲鬴（即釜字），大炊器也；扶雨切。

㚘

《説文》："㚘，並行也。从二夫。輦字从此。讀若伴侶之伴。"薄旱切。㚘从二夫，猶竝从二立也。竝與㚘雙聲，實一語耳。由㚘孳乳爲傍，近也；步光切。爲徬，附行也；蒲浪切。爲併，並也；卑正切。爲賓，所敬也；必鄰切。爲儐，導也；必刃切。爲倗，輔也；步崩切。爲房，室在旁也；符方切。爲騑，驂也；甫微切。爲駙，副馬也；爲祔，後死者合食於先祖也；並符遇切。爲扶，佐也；爲符，取信之物可以分而復合也；並防無切。

㬥

《説文》："㬥，晞也。从日从出，从𠬞从米。"薄報切。孳乳爲爆，灼也；蒲木切。爲𤈦，火氣也；蒲撥切。爲烰，烝也；縛牟切。爲㷶，以火乾肉也；蒲逼切。爲糒，乾飯也；平祕切。

弗

《説文》："弗，撟也。从丿从乀，从韋省。"分勿切。此字象以韋束之之形，今二徐本作"从韋省"，非也。經傳多以拂爲之。孳乳爲弼，輔也；房密切。爲棐，輔也；府尾切。爲楅，以木有所畐束也；彼即切。爲榜，所以輔弓弩也；補盲切。於人亦然：爲俌，輔也；芳武切。爲傅，相也；方遇切。爲𡋯，輔信也；毗必切。

勿

勿字在古銅器刻辭中作、、、諸形，並象手持之小旗。今之持小旗以麾衆者，其旗皆小，便於上下左右以示意，蓋亦勿之遺製。《説文》："勿，州里所建旗。象其柄，有三游。雜帛，幅半異，所以趣民，故遽稱勿勿。"文勿切。所謂趣民，即催促農民急起耕作也。孳乳爲敄，亡遇切；爲旼，眉殞切；爲勉，亡辨切；俱訓彊也。爲慔，莫故切；爲懋，莫候切；爲愐，彌殄切；俱訓勉也。爲忞，自勉彊也；武巾切。爲務，趣也；亡遇切。爲敏，疾也；眉殞切。爲勱，勉力也；莫話切。爲颮，疾風也；呼骨切。則由脣轉喉矣。

貝

貝字金文作，甲文作，乃純象形。篆體力求整齊，易而爲貝，形不可象矣。《説文》："貝，海介蟲也。"博蓋切。貝有介

質最堅，孳乳爲鮩，蚌也；蒲幸切。爲蚌，蜃屬；步項切。爲玭，珠也；步因切。爲鼈，甲魚也；并列切。古者貨貝寶龜，貝乃難得之貨，故又孳乳爲寶，珍也；博皓切。爲宲，藏也；博裒切。今俗語中猶稱物之可貴者爲“寶貝”，二字雙聲。

巿

《説文》：“巿，韠也。上古衣蔽前而已，巿以象之。篆文从韋从犮作韍。”分勿切。太古無布，其蔽前之物，即以獸皮爲之，故其字或从韋。其後有絲麻以織布帛，故其字又从糸作紱；《易・困卦》云：“朱紱方來。”是也。巿乃初文，即其語根也。由此孳乳爲韠，卑吉切；爲袚，北末切；皆巿之異名也。又孳乳爲帗，一幅巾也；北末切。爲瞂，盾也，所以扞身蔽目者；扶發切。爲翇，樂舞執全羽以蔽首者；分勿切。爲纀，裳削幅也；博木切。爲萆，雨衣也；扶歷切。《漢書・韓信傳》如湻注云：“萆音蔽。”是萆之聲義亦受諸巿也。

𣎵

𣎵象艸木之盛，乃全體象形字。屮象艸木上出，八象枝葉分布。今本《説文》既云象形，復言八聲，此八聲二字乃後人所增也。《説文》又云：“讀若輩。”普活切。此字重言𣎵𣎵，經傳罕用，見之《詩三百篇》者，乃作淠淠、旆旆或伐伐，皆以雙聲通假也。𣎵爲脣聲字，轉入喉聲則爲彙，讀于貴切矣。循脣聲而孳乳者，則人气色盛謂之孛，蒲妹切；亦謂之艴，蒲没切；婦人美謂之妭，火气謂之炦，並蒲撥切；面生气謂之皰，旁教切；二歲牛謂之犻，博蓋切；毛多謂之⿱非毳，甫微切；繼旐之帛謂之旆，蒲蓋切；艸盛謂之菶，補蠓切；亦謂之葆，博裒切；亦謂之蕃，甫煩切；亦謂之芃，房戎切；亦謂之茀，分勿切；艸盛上出謂之每，武罪切；木盛謂之𣏟，亦謂之茂，並莫候切；皆與𣎵同源。

𦍌

《説文》："𦍌，箕屬，所以推棄之器也。象形。"北潘切。此器本有二用：大者用以簸揚米康，小者用以推棄穢惡。大者無柄，小者有柄。𦍌所从丨，即其柄也。此乃家用常器，以無柄者爲多。由𦍌孳乳之字，則大箕謂之籓，甫煩切；盛土之器謂之畚，布忖切；盛米之器謂之甁，薄經切；揚米去康謂之簸，布火切；棄除謂之糞，方問切；埽地謂之坌，甫問切；遣有罪謂之罷，薄蟹切；淅米汁謂之潘，普官切；皆聲義同源也。

𠬜

𠬜即攀之初文，凡攀引者，皆兩手向外也。普班切。由此孳乳者，若馬鷙謂之絆，博幔切；縶不行謂之樊，附袁切；行遲謂之趨，莫還切；凡行不得速進者，若有物攀挽之也。推之引謂之曼，葛謂之蔓，並無販切；引車謂之輓，無遠切；皆受聲義於𠬜。

毛　糸　末

毛、糸、末三字並在明紐而皆有纖微義，由此而孳乳之字至多，同聲諸紐相轉，乃益繁夥矣。於人，則婦孕始兆謂之腜，莫桮切；婦孕一月謂之胚，匹桮切；目上毛謂之眉，武悲切；小目謂之眇，亡沼切；髮謂之髦，莫袍切；髮至眉謂之鬏，亡牢切；小視謂之瞑，莫佳切；小見謂之覭，莫經切；女弟謂之妹，莫佩切。於獸，則驢子謂之騡，莫紅切；鹿子謂之麛，莫兮切；羊子謂之羍，亡遇切；兔子謂之娩，芳萬切；獸體之最小者謂之尾，無斐切。於蟲，則食穀心者謂之螟，莫經切；食艸根者謂之蝥，莫浮切；螟子謂之蠠，彌必切；飛蟲齧人者謂之蟁，無分切；亦謂之蝱，武庚切；飛蟲螫人者謂之蜂，敷容切。於天地，則小雨謂之溦，無非切；亦謂之濛，莫紅切；亦謂之霢霂，莫獲、莫卜二切；塵謂之坒，房未切；亦謂之塺，亡果切；亦謂之坋，房吻切；丘一成謂之坏，芳梧切。於艸木，則芽出謂之萌，武庚切；亦謂之萝，莫中切；艸耑謂之芒，武方切；艸之初生謂之苗，武鑣切；小艸謂之蔽，必袂切；禾芒謂之秒，亡沼切；木末謂之標，敷沼切；亦謂之杪，亡沼切；艸葉之末謂之蔈，方小切；枲謂之麻，莫遐切；枲實謂之萉，房未切；粟實謂之米，莫禮切。於庶物，則繡文謂之絲，莫禮切；細文謂之㣎，莫卜切；衣小謂之褊，方沔切；麥屑末謂之麪，彌箭切；小麥屑皮謂之麩，甫無切；末謂之糠，莫撥切；粥謂之糜，靡爲切；碎謂之糠，模卧切；微絲謂之緬，弭沇切；氂絲謂之緢，武儦切；聯微謂之緜，武延切；釣魚繁謂之緍，武巾切；小管謂之篎，亡沼切；小缶謂之錇，蒲候切；小瓜謂之瓝，蒲角切。如此繁稱，悉由聲衍。

本

木下曰本，即其頭也。湖湘間稱樹根爲樹兜，兜即頭之語轉。樹木以本爲最大，故由此孳乳之字，皆有大義。通語如昄，補綰切；如丕，敷悲切；如奔，房密切；如嚭，匹鄙切；俱訓大也。如孟，莫更切；如伯，博陌切；俱訓長也。於人，則大頭謂之頒，布還切；大目謂之督，芳微切；張目謂之瞋，符真切；大指謂之拇，莫厚切；大笑謂之唪，方蠓切；大呼謂之䚫，蒲角切；飲食厭足謂之飽，博巧切；醉飽謂之醅，匹回切；體貌豐頭謂之伴，薄滿切；有力謂之伾，敷悲切；壯大謂之奰，平祕切；粗魯謂之体（即今笨拙之笨），蒲本切。於鳥獸蟲魚，則大鳥謂之朋（即鳳字），馮貢切；似鴈而大者謂之鴇，博好切；馬飽謂之駜，毗必切；馬盛謂之騯，薄庚切；豶豕謂之豮，符分切；大鱯謂之魾，敷悲切；蠁牛蟲謂之蚡，邊兮切；多肉謂之肥，符非切；肥肉謂之脃，蒲結切。於器物，則大巾謂之帉，撫文切；覆衣大巾謂之幋，薄官切；大帶謂之鞶，蒲官切；大鼓謂之鼖，符分切；大鐘謂之鎛，匹各切；大石謂之厖，莫江切；大環謂之鋂，莫栝切；大鉞謂之鈹，敷羈切；大帬謂之帔，披義切；一稃二米謂之秠，敷悲切；海中大船謂之橃，房越切；高屋謂之龐，薄江切；囊張大謂之橐，符宵切。形雖萬殊，聲義固相屬也。

㶾

《説文》："㶾，火飛也。从火。𡇒與䙴同意。"方昭切。㶾、飛雙聲，故許君即以飛釋㶾。火飛甚輕，故凡从之孳乳者，多有輕義疾義。增體爲熛，乃後出字，甫遙切。孳乳爲僄，匹妙切；爲嫖，匹招切；俱訓輕也。爲嘌，撫招切；爲慓，敷沼切；俱訓疾也。爲𨘋，輕行也；撫招切。爲㬥，疾有所趣也；博報切。爲翲，疾飛也；爲媥，輕皃；並芳連切。爲漂，匹消切；爲泛，孚梵切；俱訓浮也。爲芝，艸浮水中皃；孚凡切。爲苹，蓱也；符兵切。又孳乳爲猋，犬走輕疾也；爲飆，扶搖風也；並甫遙切。爲飄，回風也；撫昭切。爲瀑，疾雨也；平到切。爲旚，匹昭切；爲旚，甫遙切；爲旇，敷羈切；皆旌旗飛揚皃也。

髟

《説文》："髟，長髮猋猋也。从長从彡。"必凋切。孳乳爲鬢，頰髮也；必刃切。爲髮，根也；方伐切。爲鬗，髮長也；母官切。爲鬌，莫賢切；爲髳，步矛切；俱訓髮皃。爲镾，久長也；武移切。爲茇，艸根也；北末切。

矛

兵器之長者爲矛。《説文》云："建於兵車，長二丈，象形。"莫浮切。孳乳爲茅，艸中之最長者也；莫交切。爲袤，衣之長也；莫候切。引申爲凡長之稱。《小爾雅·廣言》、《廣雅·釋詁》並云："袤，長也。"是已。古稱南北曰袤，東西曰廣，亦言袤爲長耳。又孳乳爲衯，撫文切；爲裴，芳非切；長衣皃。爲癈，固病也；方肺切。爲邁，遠行也；莫話切。

八

《説文》："八，别也。象分别相背之形。"博拔切。體重爲仌，分也；兵列切。孳乳爲半，物中分也；爲料，量物分半也；並博幔切。爲胖，半體肉也；爲判，分也；並普半切。爲畔，田界也；爲叛，半反也；並薄半切。爲泮，冰散也；普半切。《詩·匏有苦葉》："迨冰未泮。"毛傳："泮，散也。"此乃本義。後世諸侯營鄉射之宫，水繞其半，名曰泮宫，用借義也。又孳乳爲班，分瑞玉也；爲辬，賦事也；爲攽，分也；並布還切。爲倍，反也；《周禮·大司樂》鄭注云："倍文曰諷。"謂不面其文而默誦之也。爲北，乖也；博墨切。爲仳，别也；芳比切。爲必，分極也；卑吉切。爲别，分解也；憑列切。爲貧，財分少也；符巾切。爲闢，開也，門開則兩扇分在其旁矣；房益切。其在人體也，則須髮半白謂之䍨，府移切；五臟中左右二葉分張者謂之肺，芳吠切；脅謂之膀，分在身之兩旁也，步光切；脊謂之背，自此中判而全軀可分爲二也，補妹切；股外謂之髀，并弭切；手上謂之臂，卑義切；皆分在兩旁也。膝耑骨謂之髕，毗忍切；言其别自爲骨，不與他骨相連，可分離之也。

㲻

《説文》："㲻，入水有所取也。从又在回下。"莫勃切。回象水之旋轉。人入水後，則水面有旋轉形，回以象之也。體增爲溲，湛也；與㲻同音，實一字也。孳乳爲沐，濯髮也，莫卜切；

沐必納頭水中也。爲歾，終也，人死之名；莫勃切（或體作歿）。爲薶，瘞也；莫皆切。爲墓，薶人之地也；莫故切。爲麥，芒穀也，秋穜厚薶，故謂之麥；莫獲切。麥又名麰，莫浮切；一語之轉耳。

非

非實飛之古文。《三體石經》非字古文作，毛公鼎作，象鳥張翅飛舉之形。自小篆變爲匀整之，而原意失矣。孳乳爲騑，馬逸足也；甫微切。爲颿，馬疾步也；符嚴切。爲䠊，爲跸，並敷勿切；爲趴，爲赴，並芳遇切；均有急走意。

阜

土之高厚者爲阜，篆作，象形。房九切。《説文》："厚，山陵之厚也。"胡口切。厚即阜之聲轉。蓋在脣爲阜，轉喉則爲厚矣。由阜孳乳爲坋，大防也；房吻切。爲防，隄也；符方切。爲墳，墓也；符分切。

丿 乀

《説文》："丿，右戾也。象左引之形。"房密切。由此孳乳，則所以書者謂之筆，鄙密切；筆管本直，必戾而用之也。傾首謂之頨，匹米切；曲頤謂之頧，薄回切；頭偏謂之頗，滂禾切；頗謂之偏，芳連切；半枯謂之痛，匹連切；足不正謂之蹁，部田切；不能行謂之躄，必益切；或謂之蹩，蒲結切；溼病謂之痹，毗至切；蹇謂之尳，行不正謂之跛，並布火切；弓戾謂之弩，方結切；從旁牽謂之僻，普擊切；從旁持謂之披，敷羈切；聲義皆原於丿也。

《説文》："乀，左戾也。从反丿，讀與弗同。"分勿切。由此孳乳，則袖謂之袂，彌獘切；馬縻謂之轡，兵媚切；牽牛之繩謂之縻，靡爲切；擊謂之刜，分勿切；亦謂之拂，敷勿切；亦謂之撆，芳滅切；反手擊謂之捭，匹齊切；捭擊謂之䶕，博下切；兩手擊謂之捭，北買切；擠謂之排，步皆切；排謂之勃，蒲没切；擊禾連枷謂之柫，敷勿切；臿頭金謂之鐅，芳滅切；於水中擊絮謂之潎，匹蔽切；女之易怒者謂之嫳，匹滅切；鳥之性急者謂之鷩，并列切；水流偏疾者謂之泌，兵媚切；聲義皆原於乀也。

丿乀二文聯成一辭，亦以形容事物之偏戾。凡火焰左右射謂之熚㶇，水泉左右出謂之畢沸，風寒左右襲謂之滭冹，物飛而左右偏戾者謂之蝙蝠，心急而左右不定者謂之憋怤，字雖不同，語歸一本，皆受聲義於丿乀也。

弁

弁乃冕屬，形圓，《說文》收在皃部作覍，弁則其或體也。皮變切。孳乳爲冕，大夫以上冠也；亡辨切。爲鬗，卧結也；爲槃，承槃也；並薄官切。《儀禮・士冠禮》："周弁。"鄭注云："弁名出於槃。"是鄭君固以弁與槃聲義同原也。卧結之髮，有似於槃，故謂之鬗，亦以其形圓耳。

芇

芇象衡物輕重之形。丨乃中柱，兩旁下垂者，所以分置物與權器也。《說文》訓爲"相當也"，謂物與權之重相當也，相當則平矣。自篆體譌卄爲𦫳，《說文》收入𦫳部，而不得其所从之故，亦衹得云"闕"以示不知耳。此字後增體爲㒼，與芇並讀母官切，實一字也。㒼訓平也。凡衡物，兩垂既平，不能復有所增益，故引申有滿義；滿即由㒼孳乳者也。推之平目爲瞞，母官切；齊等爲侔，莫浮切；量物溢出爲斛，普郎切；鐵杇可以平治牆涂者爲鏝，母官切；繒平而無文者爲縵，莫半切；皆由此聲而衍。

匕

《説文》："𠤎，相與比敘也。从反人。"卑履切。以妣、籒作𡚁，祉、或作𥘵，秕、或作䄶例之，則匕與比實即一字。《説文》："比，密也。二人爲从，反从爲比。"古文比作𠤚，象二人並立之形。二人相从，謂前後相隨也。比則左右相並，故曰反从爲比。由此孳乳之字，則相次謂之𠦒，博抱切；地相次謂之坒，毗至切；頭瘡比敘而生謂之疕，卑履切；比次簡牘謂之編，布玄切；亦謂之篰，薄口切；次艸以成雨衣謂之萆，蒲歷切；悉出於匕也。

甶

甶象鬼頭，謂怪頭也，指人所戴假面之形。《周禮·方相氏》已有黄金四目之文，所從來遠矣。其狀可畏而貌甚醜，倉促見之，不能辨其爲何物，不必指實爲神鬼之頭也。讀敷勿切，則與佛、髴同音。佛、髴皆仿佛相似不能審諦之意，亦即甶之孳乳字也。推之醜謂之婓，芳非切；大醜謂之顮，符分切；女之最醜者謂之嫫母，莫胡切；獸之人身反踵形至怪異者謂之𥝢(《爾雅》作狒)，符未切；聲義並與由同源也。

棥

《説文》："棥，藩也。从爻从林。"附袁切。棥即今語所稱籬笆，笆即棥之語轉也。棥以木條交編而成，故其字从爻从林也。孳乳爲藩，屏也；爲籓，蔽也；並甫煩切。爲篳，藩落也；卑吉切。爲壁，垣也；爲廦，牆也；並比激切。爲屏，爲庰，蔽也；並必郢切。爲偋，僻寠也；毗正切。爲箅，蔽甑底器也；必至切。

民

民字在金文中作作，或作作，皆象艸木種子初生句屈之形，即萌之最初古文也。自小篆作，而象形之惜不可見矣。《説文》解作“衆萌也”，是已。艸木萌芽出土後，其形乃直。人之直立似之，故即以民稱人也。彌鄰切。孳乳爲氓，民也；爲甿，田民也；並武庚切。爲閩，武巾切；爲蠻，莫還切；俱民之異稱，而語源同也。

釆

《説文》：“釆，辨別也。象獸指爪分別也。”蒲莧切。孳乳爲番，獸足也，从釆，田象其掌也；附袁切。爲瓣，瓜中實也；蒲莧切。瓜剖，則其實分布易辨也。爲蹯，小蒜也；附袁切。剝蒜，則瓣見矣。爲斐，分別文也；敷尾切。爲盼，白黑分也；匹莧切。爲瘢，瘡已愈而有痕也；薄官切。今語轉爲薄麻切，俗字作疤。

白

象勹裹之形。凡物有皮裹之者，其中多白。穀之實，果之仁，皆然。象勹形，中一象物。白與包，語之轉也。孳乳爲帛，繒也；繒以白爲本色也。與白同音旁陌切。爲皤，老人白也；薄波切。爲眅，多白眼也；普班切。爲辦，小兒白眼視也；蒲莧切。爲紑，白鮮衣皃；匹丘切。爲蘩，白蒿也；附袁切。爲皅，艸華之白也；爲葩，華也；並普巴切。爲粺，米粒半精也；旁卦切。爲笨，竹裹也；布忖切。爲駹，馬面顙皆白也；莫江切。

丏

《説文》：“丏，不見也。象壅蔽之形。”彌兗切。孳乳爲面，象人面形；人身惟不能自見其面耳。彌箭切。爲皃，皃上从白，亦象面形也；莫教切。爲冟，目不見物，冒突而前也；莫紅切。爲眛，莫撥切；爲眛，莫佩切；爲瞢，普未切；爲瞢，木空切；俱訓目不明也。爲蔑，勞目少精也；爲瞢，目眵也；並莫結切。爲昧，闇也；爲顯，昧前也；並莫佩切。爲睍，病人視也；爲迷，惑也；並莫兮切。爲盲，目無眸子也；爲䁅，冥也；並武庚切。爲眯，艸入目中也；莫禮切。爲瞑，翕目也；武延切。爲冥，窈也；莫經切。爲彎，日且昏時也；謨還切。爲晚，莫也；無還切。爲莫，日且冥也；慕各切。爲杳，不見也；美畢切。

宀

《説文》："宀，交覆深屋也。象形。"武延切。凡屋深者，則幽暗不易見物，故宀與丏音義俱近也。孳乳爲㝠，爲寡，並訓不見，與宀同音，實一語耳。爲寅，冥合也；莫甸切。爲窊，土穴也；武永切。爲寝，地室也；芳福切。爲密，山如堂者也；美畢切。爲廟，祀神之室也；眉召切。祀神之室，亦深暗異常也。

文

《説文》："文，錯畫也。象交文。"無分切。體增爲彣，謂文飾也。孳乳爲份，文質備也；府巾切。爲黺，兗衣上文采也；方吻切。爲黼，白與黑相次文也；方榘切。爲黻，黑與青相次文也；分勿切。爲璑，三采玉也；武扶切。爲珉，石之美者；武巾切。爲瑂，石之似玉者；爲黴，久雨物變青黑色也；並武悲切。爲駮，馬赤鬣縞身目若黃金也；無分切。爲駁，馬色不純也；北角切。爲辬，駁文也；爲彪，虎文彪也；並布還切。爲彪，虎文也；甫州切。爲豹，似虎而有圜文也；北教切。

鼻

鼻字以自爲初文。其形本作，下有口，上象鼻。其後作書者引長口字兩畫向上，遂成爲自矣。自既專以稱己，乃別造鼻字以代之。今人言我，恒指其鼻，猶遺意也。鼻在五官百體中最爲準直，故古人亦稱鼻爲準頭也。孳乳爲筆，所以書也。其爲物直，故俗有筆直之語；鄙密切。爲䚡，直視也；兵媚切。爲佖，威儀也；毗必切。謂其人直立而有威也。爲泌，俠流也；兵媚切。謂其流疾而直也。爲㮰，壁柱也；弼戟切。爲碑，豎石也；彼爲切。爲彈，射也；卑吉切。由脣轉喉，則爲雉矣。

美

《説文》："美，甘也。从羊从大。羊在六畜，主給膳也。美與善同意。"無鄙切。美字本義，原謂味之美耳。增體爲媄，始謂色好；後乃通用美字以該衆善之稱。孳乳爲媚，悦也；美祕切。爲娓，順也；無匪切。爲嫵，媚也；文甫切。爲每，艸盛上出也；武罪切。爲賁，飾也；彼義切。

丯

《説文》："丯，艸盛丯丯也。从生，上下達也。"敷容切。孳乳爲豐，豆之豐滿者也；爲寷，大屋也；爲麷，炒米也；並敷戎切。米以乾炒，則脹大而質輕，較未炒之時加豐矣。又孳乳爲鏠，盛器滿皃；莫紅切。

畐

《説文》："畐，滿也。从高省，象高厚之形。"芳逼切。孳乳爲富，備也，一曰厚也；方副切。爲癟，滿也；平祕切。爲腹，厚也；爲複，重衣也；並方六切。爲䰩，炊釜沸溢也；蒲没切。

爲⿰旁斗，量旁溢也；普郎切。

毋

《説文》：“毋，止之也。从女，有奸之者。”武扶切。孳乳爲侮，傷也，謂輕慢之也；爲武，止戈也，謂不易於動兵也；並文甫切。

巫

《説文》：“巫，祝也。女能事無形以舞降神者也。象人兩褎舞形。”武扶切。孳乳爲舞，樂也，用足相背；文撫切。

明

明爲朙之古文，見於《説文》。太古未有宫室時，初民之所謂明，惟日月之光耳。武兵切。孳乳爲門，門開則光入矣；武兵切。爲旻，秋天最明爽也；武巾切。爲炳，明也；兵永切。

步

《説文》：“步，行也。从止𣥂相背。”薄故切。孳乳爲踄，蹈也；旁各切。爲迊，行皃；蒲撥切。

便

《説文》：“便，安也。人有不便，更之。从人更。”房連切。孳乳爲變，更也，更、改也；祕戀切。事物以多變而日進，以新制代舊章，以良法代陋規，皆所謂變也。變則通，通則於人爲安。人有不安，變之爲亟。便、變二字受義同原，聲音之道，達於政本矣。

經傳諸子語選

張舜徽　纂輯

自　序

載籍極博，非一人之力所能徧讀盡記而皆不忘也，亦惟擇其精要之語而記誦之耳。於是善學之士，於羣書多有節鈔之本，而選精録要之業興焉。余嘗病昔之從事選録之業者，有文選，有詩選，獨無語選，此亦書林缺典也。古人説理之文，至爲繁富，奚由能悉舉其辭。苟能擇其精義名言選録成書，則治博守約，不啻薈萃羣籍於一編矣。大抵唐以前書，説理爲多，今所存經傳諸子皆是也。率以立意爲宗，而精要之言甚簡。至於引申發揮之語，連篇累牘而不已。良以發揮不盡，則理有難明，故不惜反復引申而推論之。觀其取材之途，不外三例：引用舊言，一也；博徵往事，二也；廣設譬喻，三也。凡古人早有此言，則必援引以證吾説之有本；或前代遺事有可發明斯理者，必舉列以爲佐證；仍嫌不足，則又稱用日常事物以比喻之。有此三途，而説理之文，斯爲繁富矣。經傳諸子中文辭暢達而繁富者，無踰《孟子》七篇。觀其每説一理，恒舉古語、舊事以相證發；又或不盡，則因近取譬以曉喻之。使聞者無辭可駁，翕然推服。軻固長於辭説而善辯論者也，故其説理之文爲最勝。推之其他百家之言，莫不如此。儻能汰其引證之繁辭，但取其結論之精語，則其義固簡約而易守也。則語選之編，爲不可緩矣。

自韓昌黎《進學解》提出所謂“紀事者必提其要，纂言者必鉤其玄”之讀書法，於宋代學者治學之方，啟發極大。如黄震從歷代史中摘鈔而成《古今紀要》，即記事者必提其要之意也；洪邁於羣書皆有節本，從羣經諸子以至前漢，題爲《法語》；從後漢至唐，題爲《精語》；即纂言者必鉤其玄之意也。然而此一方法，實開自漢人，不自昌黎始也。《漢書·藝文志·諸子略》道家有《道家言》二篇，法家有《法家言》二篇，雜家有《雜家言》一篇，小説家有《百家》百三十九卷，皆古人讀諸子書時撮鈔羣言之作也。可知摘録精語以成一書，由來舊矣。《文心雕龍·諸子篇》亦言：“洽聞之士，宜撮綱要，覽華而食實，棄邪而採正。”證之《隋書·經籍志》、《唐書·藝文志》，梁庾仲容、沈約皆有《子鈔》。《直齋書録解題》有司馬温公《徽言》，乃温公讀諸子書時手鈔成册者也。

如漢隋史志所録諸家撮鈔羣言之書，雖不標語選之名，而實爲語選之體，知先賢已早爲之於前矣。顧其書皆不傳於後世，論者惜之。余治學好勤動筆，早歲讀周秦諸子，嘗撮録善言，别鈔成帙。後又推廣至於六藝經傳，經傳初無局限。有見之《十三經》，而屏置不録者，如《儀禮》、《周禮》、《公羊》、《穀梁》、《孝經》、《爾雅》是也；有不見於《十三經》而采録及之者，如《逸周書》、《國語》、《大戴禮記》是也。諸子之書，下訖於隋。唐以後新出雖廣，然言多枝葉，與立言殊科矣。古人立言垂世，不外修己、治人二者。修己，身内之事也；治人，身外之事也。致力於身内者，則尚志、敦品、篤學、立事皆屬焉；致力於身外者，則治國、安民、建功、成業皆屬焉。選録時分爲内編、外編以區處之，所以别其效用，俾不混雜耳。纂録既竟，置之案頭以備觀省。或拈出一言以檢束身心，或綜合羣語以會通理道，悠然有得，益我良多。蓋古人立言，不爲一時，今人讀之，亦有可資借鑑，取古語以爲今用者，比比是也。《易》曰：“君子以多識前言往行，以畜其德。”如能奉是編爲守約之書而常摩挲玩繹之，固進德修業之助矣。顧以後人讀古人書，貴在體會其意，而不可拘泥其辭。善學善用，斯爲得之耳。晚年衰頹日甚，猶强起寫定是書，亦欲用此爲温故之簡本，聊以自課云爾。

内　编

——修己部分

周　易

天行健，君子以自强不息。(《乾象》)

不易乎世，不成乎名；遯世无悶，不見是而無悶；樂則行之，憂則違之，確乎其不可拔。(《乾文言》)

庸言之信，庸行之謹。閑邪存其誠，善世而不伐，德博而化。(《乾文言》)

居上位而不驕，在下位而不憂，故乾乾因其時而惕，雖危无咎矣。(《乾文言》)

同聲相應，同氣相求。(《乾文言》)

本乎天者親上，本乎地者親下。(《乾文言》)

地勢坤，君子以厚德載物。(《坤象》)

積善之家，必有餘慶；積不善之家，必有餘殃。(《坤文言》)

君子敬以直内，義以方外，敬義立而德不孤。(《坤文言》)

括囊无咎无譽，蓋言謹也。(《坤文言》)

蒙以養正，聖功也。(《蒙彖》)

君子以果行育德。(《蒙象》)

君子以儉德辟難，不可榮以祿。(《否象》)

天道下濟而光明，地道卑而上行。天道虧盈而益謙，地道變盈而流謙，鬼神害盈而福謙，人道惡盈而好謙。謙尊而光，卑而不可踰，君子之終也。(《謙彖》)

謙謙君子，卑以自牧也。(《謙象》)

君子以嚮晦入宴息。(《隨象》)

不事王侯，高尚其事。(《蠱上九爻辭》)

剛健篤實輝光，日新其德。(《大畜彖》)

君子以多識前言往行，以畜其德。(《大畜象》)

君子以慎言語，節飲食。(《頤象》)

君子以獨立不懼，遯世无悶。(《大過象》)

君子以虛受人。(《咸象》)

天地之道，恒久而不已也。(《恒彖》)

君子以立不易方。(《恒象》)

君子以非禮弗履。(《大壯象》)

君子以自昭明德。(《晉象》)

女正位乎内，男正位乎外，男女正，天地之大義也。家人有嚴君焉，父母之謂也。(《家人彖》)

君子以言有物而行有恒。(《家人象》)

君子以同而異。(《睽象》)

君子以反身修德。(《蹇象》)

見險而能止，智矣哉。(《蹇彖》)

君子以懲忿窒欲。(《損象》)

君子以見善則遷，有過則改。(《益象》)

君子以順德，積小以高大。(《升象》)

困而不失其所亨，其唯君子乎。(《困彖》)

君子以致命遂志。(《困象》)

君子以正位凝命。(《鼎象》)

君子以恐懼修省。（《震象》）

時止則止，時行則行，動静不失其時，其道光明。（《艮象》）

君子以思不出其位。（《艮象》）

日中則昃，月盈則食，天地盈虚，與時消息。而況於人乎？況於鬼神乎？（《豐彖》）

君子以朋友講習。（《兑象》）

君子以行過乎恭，喪過乎哀，用過乎儉。（《小過象》）

君子以思患而豫防之。（《既濟象》）

知周乎萬物，而道濟天下。（《繫辭上》）

樂天知命，故不憂。（《繫辭上》）

仁者見之謂之仁，知（智）者見之謂之知。（《繫辭上》）

君子之道，或出或處，或默或語。（《繫辭上》）

勞而不伐，有功而不德，厚之至也。（《繫辭上》）

謙也者，致恭以存其位者也。（《繫辭上》）

慢藏誨盜，冶容誨淫。（《繫辭上》）

幾事不密則害成。（《繫辭上》）

備物致用，立成器以爲天下利，莫大乎聖人。（《繫辭上》）

探賾索隱，鈎深致遠。（《繫辭上》）

書不盡言，言不盡意。（《繫辭上》）

形而上者謂之道，形而下者謂之器。（《繫辭上》）

神而明之，存乎其人；默而成之，不言而信，存乎德行。（《繫辭上》）

尺蠖之屈，以求信（伸）也；龍蛇之蟄，以存身也。（《繫辭下》）

君子藏器於身，待時而動。（《繫辭下》）

善不積，不足以成名；惡不積，不足以滅身。小人以小善爲无益而弗爲也，以小惡爲无傷而弗去也，故惡積而不可揜，罪大而不可解。（《繫辭下》）

德薄而位尊，知（智）小而謀大，力小而任重，鮮不及矣。（《繫辭下》）

君子上交不諂，下交不瀆。（《繫辭下》）

君子知微知彰，知柔知剛，萬夫之望。（《繫辭下》）

物不可窮也，故受之以未濟終焉。（《序卦》）

毛　詩

我心匪石，不可轉也；我心匪席，不可卷也；威儀棣棣，不可選也。（《邶風・柏舟》）

百爾君子，不知德行；不忮不求，何用不臧。（《邶風・雄雉》）

善戲謔兮，不爲虐兮。（《衛風・淇奥》）

如月之恒，如日之升。（《小雅・天保》）

它山之石，可以爲錯。它山之石，可以攻玉。（《小雅・鶴鳴》）

赫赫師尹，民具爾瞻。（《小雅・節南山》）

具曰予聖，誰知烏之雌雄。（《小雅・正月》）

謂天蓋高，不敢不局；謂地蓋厚，不敢不蹐。（《小雅・正月》）

黽勉從事，不敢告勞。（《小雅・十月之交》）

凡百君子，各敬爾身。（《小雅・雨無正》）

維邇言是聽，維邇言是爭，如彼築室于道謀，是用不潰于成。（《小雅・小旻》）

戰戰兢兢，如臨深淵，如履薄冰。（《小雅・小旻》）

夙興夜寐，無忝爾所生。（《小雅・小宛》）

温温恭人，如集于木；惴惴小心，如臨于谷；戰戰兢兢，如履薄冰。（《小雅・小宛》）

君子無易由言，耳屬于垣。（《小雅·小弁》）

先民有言，詢于芻蕘。（《大雅·板》）

靡不有初，鮮克有終。（《大雅·蕩》）

慎爾出話，敬爾威儀，無不柔嘉。白圭之玷，尚可磨也；斯言之玷，不可爲也。（《大雅·抑》）

相在爾室，尚不愧于屋漏。（《大雅·抑》）

既明且哲，以保其身。（《大雅·烝民》）

日就月將，學有緝熙于光明。（《周頌·敬之》）

尚　書

慎厥身，修思永。（《皋陶謨》）

寬而栗，柔而立，愿而恭，亂而敬，擾而毅，直而温，簡而廉，剛而塞，彊而義。（《皋陶謨》）

無起穢以自臭。（《盤庚中》）

凡厥庶民，有猷、有爲、有守。（《洪範》）

沈潛剛克，高明柔克。（《洪範》）

五福：一曰壽，二曰富，三曰康寧，四曰攸好德，五曰考終命。（《洪範》）

人，無於水監，當於民監。（《酒誥》引古人語）

節性，惟日其邁。（《召誥》）

君子所其無逸。先知稼穡之艱難，乃逸，則知小人之依。（《無逸》）

如有一介臣，斷斷猗無他技。其心休休焉，其如有容。人之有技，若己有之。人之彦聖，其心好之，不啻若自其口出。是能容之，以保我子孫黎民，亦職有利哉。人之有技，冒疾以惡之；人之彦聖，而違之俾不達。是不能容，以不能保我子孫黎民，亦曰殆哉。（《秦誓》）

邦之杌隉，曰由一人；孝之榮懷，亦尚一人之慶。(《秦誓》)

僞古文尚書

晚出古文《尚書》之僞，早成定讞。發其疑者，始於宋人；論證而判斷之者，則爲清人；已無可翻之案矣。然今通行本《尚書》所存諸僞篇中，格言名訓，猶甚不少。有如方苞所云："言及古文《尚書》，則疑其文明暢易曉。必秦漢間儒者得古文原本，苦其奥澀，而稍以顯易之辭更之，其大體則固經之本文。"(見《文集·讀古文尚書》)此通達之論也！吾人如能降低時代去讀，則雖目爲出諸魏晋人手，固猶千數百年前古人遺言也。故今仍擇取其可垂訓後世者，録之於下。

滿招損，謙受益，時乃天道。(《大禹謨》)

作善，降之百祥；作不善，降之百殃。(《伊訓》)

欲敗度，縱敗禮，以速戾于厥躬。天作孽，猶可違；自作孽，不可逭。(《太甲中》)

非知之艱，行之惟艱。(《説命中》)

學于古訓乃有獲。(《説命下》)

惟斆學半。(《説命下》)

惟天地萬物父母，惟人萬物之靈。(《泰誓上》)

同力度德，同德度義。(《泰誓上》)

吉人爲善，惟日不足；凶人爲不善，亦惟日不足。(《泰誓中》)

樹德務滋，除惡務本。(《泰誓下》)

玩人喪德，玩物喪志。不矜細行，終累大德；爲山九仞，功虧一簣。(《旅獒》)

作德，心逸日休；作僞，心勞日拙。(《周官》)

必有忍，其乃有濟；有容，德乃大。(《君陳》)

世祿之家，鮮克由禮。(《畢命》)

逸周書

於安思危，於始思終，於邇思備，於遠思近，於老思行。(《程典》)

若農之服田，務耕而不耨，維草其宅之；既秋而不穫，維禽其饗之。人而獲飢，云誰哀之。(《大開武》)

天道尚左，日月西移；地道尚右，水道東流；人道尚中，耳目役心。(《武順》)

無轉其信，雖危不動。貞信以昭，其乃得人。上危而轉，下乃不親。(《大戒》)

謚者，行之迹也；號者，功之表也；車服者，位之章也。是以大行受大名，細行受細名。行出於己，名生於人。(《謚法》)

惟禍發於人之攸忽，於人之攸輕。(《芮良夫》)

以言取人，人飾其言；以行取人，人竭其行。飾言無庸，竭行有成。(《芮良夫》)

敬思以德，備乃禍難。難至而悔，悔將安及。(《芮良夫》)

文之美也，而以身剝；自謂智也者，故不足。(《周祝》)

肥豕必烹，甘泉必竭，直木必伐。(《周祝》)

春秋左傳

大義滅親。(《隱公四年傳》)

儉，德之共也；侈，惡之大也。(《莊公二十四年傳》)

男女之别，國之大節也。(《莊公二十四年傳》)

公家之利，知無不爲，忠也。（《僖公九年傳》）

量力而動，其過鮮矣。善敗由己，而由人乎哉！（《僖公二十年傳》）

言，身之文也。身將隱，焉用文之。（《僖公二十四年傳》）

詩書，義之府也；禮樂，德之則也。德義，利之本也。（《僖公二十七年傳》）

敬，德之聚也。能敬必有德。（《僖公三十三年傳》）

忠，德之正也；信，德之固也；卑讓，德之基也。（《文公元年傳》）

孝，禮之始也。（《文公二年傳》）

華而不實，怨之所聚也；犯而聚怨，不可以定身。（《文公五年傳》）

以私害公，非忠也。（《文公六年傳》）

君子之不虐幼賤，畏于天也。（《文公十五年傳》）

禮，身之幹也；敬，身之基也。（《成公十三年傳》）

民受天地之中以生，所謂命也。是以有動作禮義威儀之則，以定命也。能者養之以福，不能者敗以取禍。是故君子勤禮，小人盡力。勤禮莫如致敬，盡力莫如敦篤。敬在養神，篤在守業。（《成公十三年傳》）

禍福無門，唯人所召。（《襄公二十三年傳》）

太上有立德，其次有立功，其次有立言。雖久不廢，此之謂不朽。（《襄公二十四年傳》）

言以足志，文以足言。不言誰知其志；言之無文，行而不遠。（《襄公二十五年傳》）

君子之行，思其終也，思其復也。（《襄公二十五年傳》）

服美不稱，必以惡終。（《襄公二十七年傳》）

善人富謂之賞，淫人富謂之殃。（《襄公二十八年傳》）

君子有遠慮。小人從邇，飢寒之不恤，誰遑其後。（《襄公二十八年傳》）

學而後入政，未聞以政學者。（《襄公三十一年傳》）

君子務知大者遠者，小人務知小者近者。（《襄公三十一年傳》）

君子在位可畏，施舍可愛，進退可度，周旋可則，容止可觀，作事可法，德行可象，聲氣可樂，動作有文，言語有章，以臨其下，謂之有威儀也。（《襄公三十一年傳》）

不義而彊，其斃必速。（《昭公元年傳》）

君子能知其過，必有令圖。令圖，天所贊也。（《昭公元年傳》）

聖人有明德者，若不當世，其後必有達人。（《昭公七年傳》）

君子之言，信而有徵，故怨遠於其身；小人之言，僭而無徵，故怨咎及之。（《昭公八年傳》）

凡有血氣，皆有爭心，故利不可强，思義爲愈。義，利之本也。（《昭公十年傳》）

夫學，殖也；不學將落。（《昭公十八年傳》）

夫禮，天之經也，地之義也，民之行也。天地之經，而民實則之。（《昭公二十五年傳》）

禮，上下之紀，天地之經緯也，民之所以生也。是以先王尚之。故人之能自曲直以赴禮者，謂之成人。（《昭公二十五年傳》）

甚美必有甚惡。（《昭公二十八年傳》）

夫有尤物，足以移人，苟非德義，則必有禍。（《昭公二十八年傳》）

君子動則思禮，行則思義，不爲利回，不爲義疚。或求名而不得，或欲蓋而名章，懲不義也。（《昭公三十一年傳》）

富而不驕者鮮。驕而不亡者，未之有也。（《定公十三年傳》）

樹德莫如滋，去疾莫如盡。(《哀公元年傳》)

國　語

夫人性陵上者也，不可蓋也。求蓋人，其抑下滋甚，故聖人貴讓。(《周語上》)

惟善人能受盡言。(《周語下》)

動莫若敬，居莫若儉，德莫若讓，事莫若咨。(《周語下》)

不厚其棟，不能任重。重莫如國，棟莫如德。(《魯語上》)

君子能勞，後世有繼。(《魯語下》)

民勞則思，思則善心生；逸則淫，淫則忘善，忘善則惡心生。沃土之民不材，淫也；瘠土之民莫不嚮義，勞也。(《魯語下》)

夫敬，德之恪也。恪於德以臨事，其何不濟。(《晉語五》)

剛而主能，不本而犯，怨之所聚也。(《晉語五》)

不忘恭敬，社稷之鎮也。(《晉語五》)

賢者寵至而益戒，不足者爲寵驕。(《晉語六》)

擇福莫若重，擇禍莫若輕。(《晉語六》)

天道無親，惟德是授。夫德，福之基也。無德而福隆，猶無基而厚墉也，其壞也無日矣。(《晉語六》)

夫事君者，量力而進，不能則退。(《晉語九》)

人之有學也，猶木之有枝葉也。木有枝葉猶庇廕人，而況君子之學乎！(《晉語九》)

君子能勤小物，故無大患。(《晉語九》)

禮　記

甘受和，白受采。忠信之人，可以學禮。苟無忠信之人，則

禮不虛道，是以得其人之爲貴也。(《禮器》)

親親、尊尊、長長、男女之有别，人道之大者也。(《喪服小記》)

問品味，曰："子亟食於某乎?"問道藝，曰："子習於某乎?子善於某乎?"(《少儀》)

執虛如執盈，入虛如有人。(《少儀》)

玉不琢，不成器；人不學，不知道。是故古之王者，建國君民，教學爲先。(《學記》)

雖有嘉肴，弗食，不知其旨也；雖有至道，弗學，不知其善也。是故學然後知不足，教然後知困。知不足，然後能自反也；知困，然後能自强也。故曰：教學相長也。(《學記》)

君子之於學也，藏焉修焉，息焉遊焉。(《學記》)

大學之法，禁於未發之謂豫，當其可之謂時，不陵節而施之謂孫，相觀而善之謂摩。此四者，教之所由興也。(《學記》)

凡學之道，嚴師爲難。師嚴然後道尊，道尊然後民知敬學。是故君之所不臣於其臣者二：當其爲尸，則弗臣也；當其爲師，則弗臣也。大學之禮，雖詔於天子，無北面，所以尊師也。(《學記》)

善學者，師逸而功倍，又從而庸之；不善學者，師勤而功半，又從而怨之。善問者如攻堅木，先其易者，後其節目，及其久也，相説以解；不善問者反此。善待問者如撞鐘，叩之以小者則小鳴，叩之以大者則大鳴，待其從容，然後盡其聲；不善答問者反此。此皆進學之道也。(《學記》)

記問之學，不足以爲人師，必也其聽語乎！力不能問，然後語之；語之而不知，雖舍之可也。(《學記》)

大德不官，大道不器，大信不約，大時不齊。察於此四者，可以有志於學矣。(《學記》)

作者之謂聖，述者之謂明。明聖者，述作之謂也。(《樂記》)

大樂必易，大禮必簡。(《樂記》)

君子有三患：未之聞，患弗得聞也；既聞之，患弗得學也；既學之，患弗能行也。(《雜記下》)

孝子之有深愛者，必有和氣；有和氣者，必有愉色；有愉色者，必有婉容。孝子如執玉，如奉盈，洞洞屬屬然，如弗勝，如將失之。嚴威儼恪，非所以事親也，成人之道也。(《祭義》)

福者，備也，備者，百順之名也。無所不順者謂之備，言內盡於己，而外順於道也。(《祭統》)

孝者，畜也。順於道，不逆於倫，是之謂畜。(《祭統》)

清明在躬，氣志如神，嗜欲將至，有開必先，天降時雨，山川出雲。(《孔子閒居》)

善則稱人，過則稱己，則民不爭；善則稱人，過則稱己，則怨益亡；善則稱人，過則稱己，則民讓善；善則稱君，過則稱己，則民作忠；善則稱親，過則稱己，則民作孝。(《坊記》)

君子戒慎乎其所不睹，恐懼乎其所不聞，莫見乎隱，莫顯乎微，故君子慎其獨也。(《中庸》)

中也者，天下之大本也；和也者，天下之達道也。(《中庸》)

道之不行也，我知之矣。知者過之，愚者不及也。道之不明也，我知之矣。賢者過之，不肖者不及也。人莫不飲食也，鮮能知味也。(《中庸》)

君子和而不流，强哉矯！中立而不倚，强哉矯！國有道，不變塞焉，旨哉矯！國無道，至死不變，强哉矯！(《中庸》)

素隱行怪，後世有述焉，吾弗爲之矣。(《中庸》)

君子依乎中庸，遯世不見知而不悔，唯聖者能之。(《中庸》)

夫婦之愚，可以與知焉；及其至也，雖聖人亦有所不知焉。夫婦之不肖，可以能行焉；及其至也，雖聖人亦有所不能焉。天地之大也，人猶有所憾。故君子語大，天下莫能載焉；語小，天下莫能破焉。(《中庸》)

庸德之行，庸言之謹。有所不足，不敢不勉，有餘不敢盡。言顧行，行顧言。（《中庸》）

君子之道，辟如行遠必自邇，辟如登高必自卑。（《中庸》）

天之生物，必因其材而篤焉。故栽者培之，傾者覆之。（《中庸》）

或生而知之，或學而知之，或困而知之，及其知之一也；或安而行之，或利而行之，或勉强而行之，及其成功一也。（《中庸》）

好學近乎知，力行近乎仁，知恥近乎勇。知斯三者，則知所以修身；知所以修身，則知所以治人；知所以治人，則知所以治天下國家矣。（《中庸》）

博學之，審問之，慎思之，明辨之，篤行之。（《中庸》）

人一能之，己百之；人十能之，己千之。果能此道矣，雖愚必明，雖柔必强。（《中庸》）

君子尊德性而道問學，致廣大而盡精微，極高明而道中庸。温故而知新，敦厚以崇禮。（《中庸》）

居上不驕，爲下不倍。國有道，其言足以興；國無道，其默足以容。（《中庸》）

愚而好自用，賤而好自專，生乎今之世，反古之道，如此者，裁及其身者也。（《中庸》）

君子之道，闇然而日章；小人之道，的然而日亡。（《中庸》）

君子内省不疚，無惡於志。君子所不可及者，其唯人之所不見乎！（《中庸》）

君子不失足於人，不失色於人，不失口於人。是故君子貌足畏也，色足憚也，言足信也。（《表記》）

忘身之老也，不知年數之不足也，俛焉日有孳孳，斃而後已。（《表記》）

君子不以其所能者病人，不以人之所不能者愧人。（《表記》）

君子之接如水，小人之接如醴。君子淡以成，小人甘以壞。（《表記》）

可言也，不可行，君子弗言也；可行也，不可言，君子弗行也。（《緇衣》）

小人溺於水，君子溺於口，大人溺於民，皆在其褻也。（《緇衣》）

凡生天地之間者，有血氣之屬，必有知；有知之屬，莫不知愛其類。今是大鳥獸，則失喪其羣匹；越月踰時焉，則必反巡過其故鄉；翔回焉，鳴號焉，蹢躅焉，踟蹰焉，然後乃能去之。小者至於燕雀，猶有啁噍之頃焉，然後乃能去之。故有血氣之屬者，莫知於人，故人於其親也，至死不窮。（《三年問》）

儒有席上之珍以待聘，夙夜强學以待問，懷忠信以待舉，力行以待取。（《儒行》）

難進而易退也，粥粥若無能也。（《儒行》）

愛其死以有待也，養其身以有爲也。（《儒行》）

不祈多積，多文以爲富。（《儒行》）

委之以貨財，淹之以樂好，見利不虧其義；劫之以衆，沮之以兵，見死不更其守。（《儒行》）

可親而不可劫也，可近而不可迫也，可殺而不可辱也。其居處不淫，其飲食不溽，其過失可微辨而不可面數也。（《儒行》）

今人與居，古人與稽；今世行之，後世以爲楷。（《儒行》）

讒諂之民，有比黨而危之者，身可危也，而志不可奪也；雖危，起居竟信其志，猶將不忘百姓之病也。（《儒行》）

不臨深而爲高，不加少而爲多。世治不輕，世亂不沮，同弗與，異弗非也。（《儒行》）

博學以知服。（《儒行》）

不隕穫於貧賤，不充詘於富貴。（《儒行》）

古之欲明明德於天下者，先治其國；欲治其國者，先齊其

家；欲齊其家者，先修其身；欲修其身者，先正其心；欲正其心者，先誠其意；欲誠其意者，先致其知；致知在格物。(《大學》)

君子有諸己，而后求諸人；無諸己，而后非諸人。所藏乎身不恕，而能喻諸人者，未之有也。(《大學》)

言悖而出者，亦悖而入；貨悖而入者，亦悖而出。(《大學》)

門内之治，恩揜義；門外之治，義斷恩。(《喪服四制》)

大戴禮記

同聲則異而相應，意合則未見而相親。(《保傅》)

君子攻其惡，求其過，彊其所不能；去私欲，從事於義，可謂學矣。君子愛日以學，及時以行，難者弗辟，易者弗從，唯義所在；日旦就業，夕而自省思，以殁其身，亦可謂守業矣。(《曾子立事》)

君子既學之，患其不博也；既博之，患其不習也；既習之，患其無知也；既知之，患其不能行也；既能行之，貴其能讓也。君子之學，致此五者而已矣。(《曾子立事》)

君子博學而孱守之，微言而篤行之。行必先人，言必後人。(《曾子立事》)

行無求數有名，事無求數有成。身言之，後人揚之；身行之，後人秉之。(《曾子立事》)

君子不絶小，不殄微也。行自微也，不微人。人知之，則願也；人不知，苟吾自知也。(《曾子立事》)

君子禍之爲患，辱之爲畏。見善，恐不得與焉；見不善者，恐其及己也；是故君子疑以終身。(《曾子立事》)

君子見利思辱，見惡思詬，嗜慾思恥，忿怒思患。(《曾子立事》)

君子己善，亦樂人之善也；己能，亦樂人之能也。己雖不

能，亦不以援人。(《曾子立事》)

可言而不信，寧無言也，君子終日言不在尤之中。小人一言，終身爲罪。(《曾子立事》)

太上樂善，其次安之，其下亦能自彊。仁者樂道，智者利道，愚者從，弱者畏。不愚不弱，執誣以彊，亦可謂棄民矣。(《曾子立事》)

太上不生惡，其次而能夙絶之也，其下復而能改也。復而不改，殞身覆家，大者傾覆社稷。(《曾子立事》)

先憂事者後樂事，先樂事者後憂事。(《曾子立事》)

蓬生麻中，不扶自直；白沙在泥，與之皆黑。(《曾子制言上》)

人之相與也，譬如舟車然相濟達也。己先則援之，彼先則推之。是故人非人不濟，馬非馬不走，土非土不高，水非水不流。(《曾子制言上》)

富以苟，不如貧以譽；生以辱，不如死以榮。辱可避，避之而已矣；及其不可避也，君子視死若歸。(《曾子制言上》)

良賈深藏如虛，君子有盛教如無。(《曾子制言上》)

不能則學，疑則問，欲行則比賢，雖有險道，循行達矣。今之弟子，病下人不知事賢，恥不知而又不問，欲作則其知不足，是以惑闇。惑闇終其世而已矣，是謂窮民也。(《曾子制言上》)

君子進則能達，退則能靜。豈貴其能達哉？貴其有功也；豈貴其能靜哉？貴其能守也。(《曾子制言中》)

君子直言直行，不宛言而取富，不屈行而取位。(《曾子制言中》)

鷹鶽以山爲卑，而曾巢其上；魚鼈黿鼉以淵爲淺，而蹷穴其中。卒其所以得之者，餌也。是故君子苟無以利害義，則辱何由至哉！(《曾子疾病》)

君子尊其所聞，則高明矣；行其所聞，則廣大矣。高明廣

大，不在於他，在加之志而已矣。(《曾子疾病》)

與君子游，苾乎如入蘭芷之室，入而不聞，則與之化矣；與小人游，貸乎如入鮑魚之次，久而不聞，則與之化矣；是故君子慎其所去就。與君子游，如長日加益而不自知也；與小人游，如履薄冰，每履而下，幾何而不陷乎哉！(《曾子疾病》)

敬勝怠者吉，怠勝敬者滅，義勝欲者從，欲勝義者凶。凡事不强則枉，弗敬則不正。枉者滅廢，敬者萬世。(《武王踐阼》)

安樂必敬。(《武王踐阼》)

無行可悔。(《武王踐阼》)

與其溺於人也，寧溺於淵。溺於淵，猶可游也；溺於人，不可救也。(《武王踐阼》)

言之善者，在所日聞；行之善者，在所能爲。(《子張問入官》)

人情莫不有過，過而改之，是不過也。(《盛德》)

論　語

人不知，而不愠。(《學而》)

行有餘力，則以學文。(《學而》)

君子不重則不威，學則不固；主忠信，無友不如己者；過則勿憚改。(《學而》)

君子食無求飽，居無求安；敏於事而慎於言，就有道而正焉，可謂好學也已。(《學而》)

不患人之不己知，患不知人也。(《學而》)

父母唯其疾之憂。(《爲政》)

今之孝者，是謂能養。至於犬馬，皆能有養；不敬，何以別乎？(《爲政》)

視其所以，觀其所由，察其所安，人焉廋哉，人焉廋哉！

(《爲政》)

温故而知新，可以爲師矣。(《爲政》)

君子不器。(《爲政》)

君子周而不比，小人比而不周。(《爲政》)

學而不思，則罔；思而不學，則殆。(《爲政》)

知之爲知之，不知爲不知，是知也。(《爲政》)

多聞闕疑，慎言其餘，則寡尤；多見闕殆，慎行其餘，則寡悔。(《爲政》)

人而無信，不知其可也。大車無輗，小車無軏，其何以行之哉！(《爲政》)

見義不爲，無勇也。(《爲政》)

唯仁者能好人，能惡人。(《里仁》)

富與貴，是人之所欲也，不以其道得之，不處也；貧與賤，是人之所惡也，不以其道得之，不去也。君子去仁，惡乎成名。君子無終食之間違仁。造次必於是，顛沛必於是。(《里仁》)

士志於道，而恥惡衣惡食者，未足與議也。(《里仁》)

君子之於天下也，無適也，無莫也，義之與比。(《里仁》)

不患無位，患所以立；不患莫己知，求爲可知也。(《里仁》)

君子喻於義，小人喻於利。(《里仁》)

見賢思齊焉，見不賢而内自省也。(《里仁》)

古者言之不出，恥躬之不逮也。(《里仁》)

以約失之者鮮矣。(《里仁》)

君子欲訥於言，而敏於行。(《里仁》)

事君數，斯辱矣；朋友數，斯疏矣。(《里仁》)

敏而好學，不恥下問。(《公冶長》)

子産，有君子之道四焉：其行己也恭，其事上也敬，其養民也惠，其使民也義。(《公冶長》)

晏平仲善與人交，久而敬之。(《公冶長》)

甯武子，邦有道則知，邦無道則愚。其知可及也，其愚不可及也。(《公冶長》)

伯夷叔齊，不念舊惡，怨是用希。(《公冶長》)

吾未見能見其過，而内自訟者也。(《公冶長》)

質勝文則野，文勝質則史。文質彬彬，然後君子。(《雍也》)

中人以上，可以語上也；中人以下，不可以語上也。(《雍也》)

君子博學於文，約之以禮，亦可以弗畔矣夫！(《雍也》)

夫仁者己欲立而立人，己欲達而達人。(《雍也》)

德之不修，學之不講，聞義不能徙，不善不能改，是吾憂也。(《述而》)

志於道，據於德，依於仁，游於藝。(《述而》)

富而可求也，雖執鞭之士，吾亦爲之；如不可求，從吾所好。(《述而》)

飯疏食，飲水，曲肱而枕之，樂亦在其中矣。不義而富且貴，於我如浮雲。(《述而》)

三人行，必有我師焉。擇其善者而從之，其不善者而改之。(《述而》)

多聞，擇其善者而從之，多見而識之，知之次也。(《述而》)

奢則不孫，儉則固；與其不孫也，寧固。(《述而》)

君子坦蕩蕩，小人長戚戚。(《述而》)

君子所貴乎道者三：動容貌，斯遠暴慢矣；正顏色，斯近信矣；出辭氣，斯遠鄙倍矣。(《泰伯》)

士不可以不弘毅，任重而道遠。仁以爲己任，不亦重乎！死而後已，不亦遠乎！(《泰伯》)

如有周公之才之美，使驕且吝，其餘不足觀也已。(《泰伯》)

篤信好學，守死善道；危邦不入，亂邦不居；天下有道，則見，無道則隱；邦有道，貧且賤焉，恥也；邦無道，富且貴焉，

恥也。(《泰伯》)

不在其位，不謀其政。(《泰伯》)

學如不及，猶恐失之。(《泰伯》)

後生可畏，焉知來者之不如今也。四十五十而無聞焉，斯亦不足畏也已。(《子罕》)

主忠信，毋友不如己者，過則勿憚改。(《子罕》)

三軍可奪帥也，匹夫不可奪志也。(《子罕》)

不忮不求，何用不臧。(《子罕》)

歲寒，然後知松柏之後彫也。(《子罕》)

知者不惑，仁者不憂，勇者不懼。(《子罕》)

居則曰："不吾知也。"如或知爾，則何以哉？(《先進》)

非禮勿視，非禮勿聽，非禮勿言，非禮勿動。(《顔淵》)

出門如見大賓，使民如承大祭；己所不欲，勿施於人；在邦無怨，在家無怨。(《顔淵》)

仁者，其言也訒。爲之難，言之得無訒乎！(《顔淵》)

君子不憂不懼。内省不疚，夫何憂何懼。(《顔淵》)

君子成人之美，不成人之惡，小人反是。(《顔淵》)

君子於其所不知，蓋闕如也。(《子路》)

行己有恥。(《子路》)

言必信，行必果。(《子路》)

不得中行而與之，必也狂狷乎！狂者進取，狷者有所不爲也。(《子路》)

君子泰而不驕，小人驕而不泰。(《子路》)

剛毅木訥，近仁。(《子路》)

邦有道，穀；邦無道，穀；恥也。(《憲問》)

士而懷居，不足以爲士矣。(《憲問》)

邦有道，危言危行；邦無道，危行言孫。(《憲問》)

有德者，必有言；有言者，不必有德。仁者必有勇，勇者不

必有仁。(《憲問》)

貧而無怨，難；富而無驕，易。(《憲問》)

見利思義，見危授命，久要不忘平生之言，亦可以爲成人矣。(《憲問》)

其言之不怍，則爲之也難。(《憲問》)

君子上達，小人下達。(《憲問》)

古之學者爲己，今之學者爲人。(《憲問》)

不患人之不己知，患其不能也。(《憲問》)

賢者辟世，其次辟地，其次辟色，其次辟言。(《憲問》)

君子固窮；小人窮，斯濫矣。(《衛靈公》)

言忠信，行篤敬，雖蠻貊之邦行矣；言不忠信，行不篤敬，雖州里行乎哉？(《衛靈公》)

可與言而不與言，失人；不可與言而與之言，失言。知者不失人，亦不失言。(《衛靈公》)

志士仁人，無求生以害仁，有殺身以成仁。(《衛靈公》)

居是邦也，事其大夫之賢者，友其士之仁者。(《衛靈公》)

人無遠慮，必有近憂。(《衛靈公》)

已矣乎！吾未見好德如好色者也。(《衛靈公》)

躬自厚而薄責於人，則遠怨矣。(《衛靈公》)

羣居終日，言不及義，好行小慧，難矣哉！(《衛靈公》)

君子義以爲質，禮以行之，孫以出之，信以成之。(《衛靈公》)

君子病無能焉，不病人之不己知也。(《衛靈公》)

君子疾没世而名不稱焉。(《衛靈公》)

君子求諸己，小人求諸人。(《衛靈公》)

君子矜而不爭，羣而不黨。(《衛靈公》)

君子不以言舉人，不以人廢言。(《衛靈公》)

巧言亂德，小不忍則亂大謀。(《衛靈公》)

人能弘道，非道弘人。（《衛靈公》）

過而不改，是謂過矣。（《衛靈公》）

吾嘗終日不食，終夜不寢，以思，無益。不如學也。（《衛靈公》）

君子不可小知，而可大受也；小人不可大受，而可小知也。（《衛靈公》）

當仁不讓於師。（《衛靈公》）

有教無類。（《衛靈公》）

道不同，不相爲謀。（《衛靈公》）

辭達而已矣。（《衛靈公》）

益者三友，損者三友。友直，友諒，友多聞，益矣；友便辟，友善柔，友便佞，損矣。（《季氏》）

益者三樂，損者三樂。樂節禮樂，樂道人之善，樂多賢友，益矣；樂驕樂，樂佚遊，樂宴樂，損矣。（《季氏》）

侍於君子有三愆：言未及之而言，謂之躁；言及之而不言，謂之隱；未見顏色而言，謂之瞽。（《季氏》）

君子有三戒：少之時，血氣未定，戒之在色；及其壯也，血氣方剛，戒之在鬭；及其老也，血氣既衰，戒之在得。（《季氏》）

生而知之者，上也；學而知之者，次也；困而學之，又其次也。困而不學，民斯爲下矣。（《季氏》）

君子有九思：視思明，聽思聰，色思温，貌思恭，言思忠，事思敬，疑思問，忿思難，見得思義。（《季氏》）

唯上知與下愚不移。（《陽貨》）

禮云禮云，玉帛云乎哉？樂云樂云，鐘鼓云乎哉？（《陽貨》）

色厲而内荏，譬諸小人，其猶穿窬之盜也與！（《陽貨》）

鄉原，德之賊也。（《陽貨》）

道聽而塗説，德之棄也。（《陽貨》）

鄙夫可與事君也與哉？其未得之也，患得之；既得之，患失

之；苟患失之，無所不至矣。（《陽貨》）

巧言令色，鮮矣仁。（《陽貨》）

惡紫之奪朱也，惡鄭聲之亂雅樂也，惡利口之覆邦家者。（《陽貨》）

天何言哉！四時行焉，百物生焉。（《陽貨》）

日知其所亡，月無忘其所能，可謂好學也已矣。（《子張》）

博學而篤志，切問而近思，仁在其中矣。（《子張》）

小人之過也必文。（《子張》）

君子有三變：望之儼然，即之也温，聽其言也厲。（《子張》）

大德不踰閑，小德出入可也。（《子張》）

紂之不善，不如是之甚也。是以君子惡居下流，天下之惡皆歸焉。（《子張》）

君子之過也，如日月之食焉。過也，人皆見之；更也，人皆仰之。（《子張》）

文武之道，未墜於地。在人，賢者識其大者，不賢者識其小者，莫不有文武之道焉。（《子張》）

孟　子

古之君子，過則改之；今之君子，過則順之。古之君子，其過也如日月之食，民皆見之；及其更也，民皆仰之。今之君子，豈徒順之，又從爲之辭。（《公孫丑下》）

居天下之廣居，立天下之正位，行天下之大道。得志，與民由之；不得志，獨行其道。富貴不能淫，貧賤不能移，威武不能屈，此之謂大丈夫。（《滕文公下》）

惟仁者宜在高位。不仁而在高位，是播其惡於衆也。（《離婁上》）

有不虞之譽，有求全之毁。（《離婁上》）

人之患，在好爲人師。(《離婁上》)

人有不爲也，而後可以有爲。(《離婁下》)

言人之不善，當如後患何?(《離婁下》)

仲尼不爲已甚者。(《離婁下》)

大人者，言不必信，行不必果，惟義所在。(《離婁下》)

大人者，不失其赤子之心者也。(《離婁下》)

博學而詳説之，將以反説約也。(《離婁下》)

以善服人者，未有能服人者也；以善養人，然後能服天下。(《離婁下》)

言無實不祥。不祥之實，蔽賢者當之。(《離婁下》)

聲聞過情，君子恥之。(《離婁下》)

可以取，可以無取，取傷廉；可以與，可以無與，與傷惠；可以死，可以無死，死傷勇。(《離婁下》)

君子有終身之憂，無一朝之患。(《離婁下》)

禹思天下有溺者，由己溺之也；稷思天下有飢者，由己飢之也。(《離婁下》)

志士不忘在溝壑，勇士不忘喪其元。(《萬章下》)

頌其詩，讀其書，不知其人可乎?是以論其世也。(《萬章下》)

生，亦我所欲也；義，亦我所欲也；二者不可得兼，舍生而取義者也。(《告子上》)

先立乎其大者，則其小者不能奪也。(《告子上》)

大匠誨人，必以規矩，學者亦必以規矩。(《告子上》)

夫道若大路然，豈難知哉！人病不求耳。(《告子下》)

天將降大任於是人也，必先苦其心志，勞其筋骨，餓其體膚，空乏其身，行拂亂其所爲，所以動心忍性，曾益其所不能。人恒過，然後能改；困於心，衡於慮，而後作；徵於色，發於聲，而後喻。入則無法家拂士，出則無敵國外患者，國恒亡。然

後知生於憂患，而死於安樂也。(《告子下》)

教亦多術矣。予不屑之教誨也者，是亦教誨之而已矣。(《告子下》)

求則得之，舍則失之，是求有益於得也，求在我者也；求之有道，得之有命，是求無益於得也，求在外者也。(《盡心上》)

人不可以無恥，無恥之恥，無恥矣。(《盡心上》)

不恥不若人，何若人有。(《盡心上》)

古之人，得志，澤加於民；不得志，修身見於世。窮則獨善其身，達則兼善天下。(《盡心上》)

待文王而後興者，凡民也。若夫豪傑之士，雖無文王猶興。(《盡心上》)

人之有德慧術知者，恒存乎疢疾。獨孤臣孽子，其操心也危，其慮患也深，故達。(《盡心上》)

君子有三樂，而王天下不與存焉。父母俱存，兄弟無故，一樂也；仰不愧於天，俯不怍於人，二樂也；得天下英才而教育之，三樂也。(《盡心上》)

有爲者，辟若掘井。掘井九軔，而不及泉，猶爲棄井也。(《盡心上》)

食而弗愛，豕交之也；愛而不敬，獸畜之也。恭敬者，幣之未將者也。恭敬而無實，君子不可虛拘。(《盡心上》)

天下有道，以道殉身；天下無道，以身殉道；未聞以道殉乎人者也。(《盡心上》)

於不可已而已者，無所不已；於所厚者薄，無所不薄也。其進鋭者其退速。(《盡心上》)

知者無不知也，當務之爲急；仁者無不愛也，急親賢之爲務。堯舜之知而不徧物，急先務也；堯舜之仁不徧愛人，急親賢也。(《盡心上》)

盡信書，則不如無書。吾於武成，取二三策而已矣。仁人無

敵於天下，以至仁伐至不仁，而何其血之流杵也。(《盡心下》)

梓匠輪輿，能與人規矩，不能使人巧。(《盡心下》)

身不行道，不行於妻子；使人不以道，不能行於妻子。(《盡心下》)

賢者以其昭昭,使人昭昭;今以其昏昏,使人昭昭。(《盡心下》)

説大人，則藐之，勿視其巍巍然。堂高數仞，榱題數尺，我得志，弗爲也；食前方丈，侍妾數百人，我得志，弗爲也；般樂飲酒，驅騁田獵，後車千乘，我得志，弗爲也。在彼者皆我所不爲也，在我者皆古之制也，吾何畏彼哉！(《盡心下》)

養心莫善於寡欲。其爲人也寡欲，雖有不存焉者寡矣；其爲人也多欲，雖有存焉者寡矣。(《盡心下》)

韓詩外傳

仁道有四，磏爲下。有聖仁者，有智仁者，有德仁者，有磏仁者。上知天，能用其時；下知地，能用其財；中知人，能安樂之；是聖仁者也。上亦知天，能用其時；下知地，能用其財；中知人，能使人肆之；是智仁者也。寬而容衆，百姓信之；道所以至，弗辱以時；是德仁者也。廉潔直方，疾亂不治，惡邪不匡。雖居鄉里，若坐塗炭；命入朝廷，如赴湯火。非其民不使，非其食不嘗，疾亂世而輕死；弗顧弟兄，以法度之，比於不祥；是磏仁者也。(卷一)

傳曰：山鋭則不高，水徑則不深。仁磏，則其德不厚。志與天地擬者，其人不祥。是伯夷、叔齊、卞隨、介子推、原憲、鮑焦、袁旌目、申徒狄之行也。其所受天命之度，適至是而亡，弗能改也，雖枯槁弗捨也。磏仁雖下，然聖人不廢者，匡民隱括有在是中者也。(卷一)

道二：常之謂經，變之謂權。懷其常道而挾其變權，乃得爲

賢。（卷二）

君子有主善之心，而無勝人之色；德足以君天下，而無驕肆之容；行足以及後世，而不以一言非人之不善。故曰：君子盛德而卑，虚己以受人。旁行不流，應物而不窮。雖在下位，民願戴之。雖欲無尊，得乎哉！（卷二）

易有一道，大足以守天下，中足以守其國家，近足以守其身，謙之謂也。夫天道虧盈而益謙，地道變盈而流謙，鬼神害盈而福謙，人道惡盈而好謙。是以衣成則必缺衽，宫成則必缺隅，屋成則必加拙。示不成者，天道然也。（卷三）

蠒之性爲絲。弗得女工，燔以沸湯，抽其統理，不成爲絲。卵之性爲雛。不得良雞，覆伏孚育，積日累久，則不成爲雛。夫人性善，非得明王聖主扶攜，内之以道，則不成爲君子。（卷五）

春秋繁露

君子知在位者之不能以惡服人也，是故簡六藝以贍養之。詩書序其志，禮樂純其養，易春秋明其知。六學皆大而各有所長。詩道志，故長於質；禮制節，故長於文；樂詠德，故長於風；書著功，故長於事；易本天地，故長於數；春秋正是非，故長於治人。能兼得其所長，而不能偏舉其詳也。故人主太節則知闇，太博則業厭，二者異失同貶，其傷必至，不可不察也。（《玉杯》第二）

天不重與，有角不得有上齒。故已有大者，不得有小者，天數也。夫已有大者，又兼小者，天不能足之，況人乎！（《度制》第二十七）

管　子

小謹者，不大立。（《形勢》）

伐矜好專，舉事之禍也。(《形勢》)

疑今者，察之古；不知來者，視之往。萬事之生也，異趣而同歸，古今一也。(《形勢》)

察其所好惡，則其長短可知也；觀其交游，則其賢不肖可察也。(《權修》)

事者，生於慮，成於務，失於傲。不慮則不生，不務則不成，不傲則不失。(《乘馬》)

言有辯而非務者，行有難而非善者。故言必中務，不苟爲辯；行必思善，不苟爲難。(《法法》)

矜物之人，無大士焉。彼矜者滿也，滿者虛也。滿虛在物，在物爲制也。矜者，細之屬也。(《法法》)

日益之而患少者，惟忠；日損之而患多者，惟欲。(《樞言》)

無根而固者，情也。(《戒》)

聞一言以貫萬物，謂之知道。多言而不當，不如其寡也。(《戒》)

澤其四經而誦學者，是亡其身者也。(《戒》)

以善勝人者，未有能服人者也；以善養人者，未有不服人者也。(《戒》)

在於身者孰爲利？氣與目爲利。(《小稱》)

甚富不可使，甚貧不知恥。(《侈靡》)

思之思之，不得，鬼神教之；非鬼神之力也，其精氣之極也。(《心術下》(《内業》略同))

善氣迎人，親如弟兄；惡氣迎人，害於戈兵。(《心術下》)

不言之言，聞於雷鼓；金心之形，明於日月。(《心術下》)

凡人之生也，必以平正；所以失之，必以喜怒憂患。是故止怒莫若詩，去憂莫若樂，節樂莫若禮，守禮莫若敬，守敬莫若静。内静外敬，能反其性，性將大定。(《内業》(《心術下》略同))

適身行義，儉約恭敬，其唯無福，禍亦不來矣；驕傲侈泰，離度絶理，其唯無禍，福亦不至矣。(《禁藏》)

凡言與行，思中以爲紀。古之將興者，必由此始。(《弟子職》)

晏子春秋

諸侯並立，能終善者爲長；列士並學，能終善者爲師。(《内篇·諫上》(《問下》同))

昔者上帝以人之死爲善，仁者息焉，不仁者伏焉。(《内篇·諫上》)

君正臣從謂之順，君僻臣從謂之逆。(《内篇·諫上》)

所謂和者，君甘則臣酸，君淡則臣鹹。(《内篇·諫上》)

君子無禮，是庶人也；庶人無禮，是禽獸也。夫臣勇多則弑其君，子力多則弑其長。然而不敢者，維禮之謂也。禮者，所以御民也。(《内篇·諫下》)

稱財多寡而節用之，富無金藏，貧不假貸，謂之嗇；積多不能分人，而厚自養，謂之吝；不能分人，又不能自養，謂之愛。故夫嗇者，君子之道；吝、愛者，小人之行也。(《内篇·問下》)

聖人千慮，必有一失；愚人千慮，必有一得。(《雜下》)

爲者常成，行者常至。常爲而不置，常行而不休者，故難及也。(《雜下》)

古之能行道者，道用與世樂業，不用有所依歸。不以傲上華世，不以枯槁爲名。(《内篇·問下》)

微事不通，粗事不能者必勞；大事不得，小事不爲者必貧；大者不能致人，小者不能至人之門者必困。(《外篇·重而異者》)

能足以贍上益民而不爲者，謂之不仁。(《外篇·重而異者》)

有良鄰，則日見君子。(《外篇·不合經術者》)

墨　子

士雖有學，而行爲本焉。是故置本不安者，無務豐末；近者不親，無務來遠；親戚不附，無務外交；事無終始，無務多業；舉物而闇，無務博聞。(《修身》)

君子之道也，貧則見廉，富則見義，生則見愛，死則見哀。四行者，不可虛假，反之身者也。(《修身》)

藏於心者，無以竭愛；動於身者，無以竭恭；出於口者，無以竭馴。(《修身》)

志不彊者，智不達；言不信者，行不果。據財不能以分人者，不足與友；守道不篤、徧物不博、辨是非不察者，不足與游。(《修身》)

務言而緩行，雖辯必不聽；多力而伐功，雖勞必不圖。慧者心辯而不繁説，多力而不伐功，此以名譽揚天下。(《修身》)

名不可簡而成也，譽不可巧而立也。(《修身》)

爲賢之道將奈何？曰：有力者疾以助人，有財者勉以分人，有道者勸以教人。(《尚賢下》)

雖有深谿博林幽澗無人之所，施行不可以不謹，有鬼神視之。(《明鬼下》)

言有三法，三法者何也？有本之者，有原之者，有用之者。於其本之也，考之天鬼之志，聖王之事；於其原之也，徵以先王之書；用之奈何，發而爲刑政；此言之三法也。(《非命中》(《非命下》略同))

平，同高也。(《經上》)

中，同長也。(《經上》)

仁，體愛也。(《經上》)

義，利也。(《經上》)

禮，敬也。（《經上》）

孝，利親也。（《經上》）

任，士損己而益所爲也。（《經上》）

勇，志之所以敢也。（《經上》）

功，利民也。（《經上》）

損，偏去也。（《經上》）

愛人不外己，己在所愛之中。己在所愛，愛加於己，倫列之愛己，愛人也。（《大取》）

聖人惡疾病，不惡危難。正體不動，欲人之利也，非惡人之害也。（《大取》）

愛尚世與愛後世，一若今之世也。（《大取》）

貴爲天子，其利人不厚於匹夫。（《大取》）

有諸己不非諸人，無諸己不求諸人。（《小取》）

言足以復行者常之，不足以舉行者勿常。不足以舉行而常之，是蕩口也。（《耕柱》）

古之善者則述之，今之善者則作之，欲善之益多也。（《耕柱》）

老子

天下皆知美之爲美，斯惡已；皆知善之爲善，斯不善已。（二章）

富貴而驕，自遺其咎，功遂身退天之道。（九章）

飄風不終朝，驟雨不終日，孰爲此者？天地。天地尚不能久，而況於人乎！（二十三章）

企者不立，跨者不行。自見者不明，自是者不彰，自伐者無功，自矜者不長。（二十四章）

重爲輕根，静爲躁君。（二十六章）

知其雄，守其雌，爲天下谿；知其白，守其黑，爲天下式；知其榮，守其辱，爲天下谷。（二十八章）

上德不德，是以有德；下德不失德，是以無德。（三十八章）

知足不辱，知止不殆，可以長久。（四十四章）

禍莫大於不知足，咎莫大於欲得，故知足之足常足矣。（四十六章）

天道無親，常與善人。（七十九章）

民之從事，常於幾成而敗之。愼終如始，則無敗事。（六十四章）

莊　子

天下皆知求其所不知，而莫知求其所已知者。皆知非其所不善，而莫知非其所已善者。（《胠篋》）

世俗之人，皆喜人之同乎己，而惡人之異於己也。同於己而欲之，異於己而不欲者，以出乎衆爲心也。夫以出乎衆爲心者，曷嘗出乎衆哉？因衆以寧，所聞不如衆技衆矣。（《在宥》）

世之所貴道者，書也。書不過語，語有貴也。語之所貴者意也，意有所隨。意之所隨者，不可以言傳也，而世因貴言傳書。世雖貴之，我猶不足貴也，爲其貴非其貴也。故視而可見者，形與色也；聽而可聞者，名與聲也。悲夫！世人以形色名聲爲足以得彼之情。夫形色名聲果不足以得彼之情，則知者不言，言者不知，而世豈識之哉。（《天道》）

夫六經，先王之陳迹也。豈其所以迹哉！今子之所言猶迹也。夫迹，履之所出。而迹豈履哉？（《天運》）

古之所謂得志者，非軒冕之謂也，謂其無以益其樂而已矣。（《繕性》）

可以言論者，物之粗也；可以意致者，物之精也。言之所不

能論，意之所不能察致者，不期精粗焉。(《秋水》)

人能虛己以遊世，其孰能害之。(《山木》)

自伐者無功。功成者墮，名成者虧。(《山木》)

君子之交淡若水，小人之交甘若醴。君子淡以親，小人甘以絶。彼無故以合者，則無故以離。(《山木》)

全其形生之人，藏其身也，不厭深眇而已矣。(《庚桑楚》)

知止乎其所不能，知至矣。(《庚桑楚》)

夫尊古而卑今，學者之流也。(《外物》)

仁義，先王之蘧廬也，止可以一宿，而不可以久處。(《天運》)

人上壽百歲，中壽八十，下壽六十。除病瘐死喪憂患，其中開口而笑者，一月之中，不過四五日而已矣。(《盜跖》)

真者，精誠之至也。不精不誠，不能動人。故强哭者，雖悲不哀；强怒者，雖嚴不威；强親者，雖笑不和。真悲無聲而哀，真怒未發而威，真親未笑而和。真在内者，神動於外，是所以貴真也。(《漁父》)

古之得道者，窮亦樂，通亦樂。所樂非窮通也，道得於此，則窮通爲寒暑風雨之序矣。(《讓王》)

知其不可奈何而安之若命，唯有德者能之。(《德充符》)

形勞而不休則弊，精用而不已則勞，勞則竭。水之性不雜則清，莫動則平，鬱閉而不流，亦不能清，天德之象也。故曰：純粹而不雜，静一而不變；惔而無爲，動而以天行，此養神之道也。(《刻意》)

人之所取畏者，衽席之上，飲食之間，而不知爲之戒者，過也。(《達生》)

凡外重者内拙。(《達生》)

其耆欲深者，其天機淺。(《大宗師》)

列子

天地無全功，聖人無全能，萬物無全用。(《天瑞》)

生者，理之必終者也。終者不得不終，亦如生者之不得不生。(《天瑞》)

物，損於彼者盈於此，成於此者虧於彼。(《天瑞》)

人未必無獸心，禽獸未必無人心。(《黄帝》)

一體之盈虚消息，皆通於天地，應於物類。(《周穆王》)

務外游不知務内觀，外游者求備於物，内觀者取足於身。(《仲尼》)

可以生而生，天福也；可以死而死，天福也。(《力命》)

善治外者，物未必治，而身交苦；善治内者，物未必亂，而性交逸。(《楊朱》)

人而無義，唯食而已，是雞狗也；彊食靡角，勝者爲制，是禽獸也。爲雞狗禽獸矣，而欲人之尊己，不可得也。人不尊己，則危辱及之矣。(《説符》)

色盛者驕，力盛者奮，未可以語道也。(《説符》)

鶡冠子

德萬人者謂之雋，德千人者謂之豪，德百人者謂之英。德音者，所謂聲也。未聞音出而響過其聲者也。(《博選》)

夫君子者，易親而難狎，畏禍而難却。嗜利而不爲非，時動而不苟作。體雖安之，而弗敢處，然後禮生；心雖欲之，而弗敢信，然後義生。夫義節欲而治，禮反情而辨者也，故君子弗徑情而行也。(《著希》)

德與身存亡者，未可以取法也。(《天則》)

有一日之命，有一年之命；有一時之命，有終身之命。終身之命，無時成者也。（《環流》）

陰陽不同氣，然其爲和，同也；酸鹹甘苦之味相反，然其爲善，均也；五色不同采，然其爲好，齊也；五聲不同均，然其可喜，一也。（《環流》）

氣故相利相害也，類故相成相敗也。（《環流》）

凡可無學而能者，唯息與食也。（《道端》）

欲知來者，察往；欲知古者，察今。（《近迭》）

凡問之要，欲近知而遠見，以一度萬也。（《度萬》）

禍乎，福之所倚；福乎，禍之所伏。禍與福如糾纏，渾沌錯紛，其狀若一，交解形狀，孰知其則。（《世兵》）

夸者死權，自貴矜容，列士徇名，貪夫徇財。（《世兵》）

賢不必得時也，不肖不必失命也。是故賢者守時，而不肖者守命。（《備知》）

不提生於弗器，賤生於無所用。中河失船，一壺千金。貴賤無常，時使物然。（《學問》）

人莫不蔽於其所不見，隔於其所不聞，塞於其所不開，詘於其所不能，制於其所不勝。世俗之衆，籠乎此五也。（《天權》）

凡事者，生於慮，成於務，失於驚。（《天權》）

荀　子

學不可以已。（《勸學》）

君子博學而日參省乎己，則知明而行無過矣。（《勸學》）

不登高山，不知天之高也；不臨深谿，不知地之厚也；不聞先王之遺言，不知學問之大也。（《勸學》）

神莫大於化道，福莫長於無禍。（《勸學》）

君子生非異也，善假於物也。（《勸學》）

蓬生麻中，不扶而直。(《勸學》)

榮辱之來，必象其德。(《勸學》)

鍥而舍之，朽木不折；鍥而不舍，金石可鏤。(《勸學》)

無冥冥之志者，無昭昭之明；無惛惛之事者，無赫赫之功。(《勸學》)

聲無小而不聞，行無隱而不形。(《勸學》)

真積力久則入，學至乎没而後止也。(《勸學》)

君子之學也，入乎耳，箸乎心，布乎四體，形乎動静，端而言，蝡而動，一可以爲法則。小人之學也，入乎耳，出乎口；口耳之間，則四寸耳。曷足以美七尺之軀哉！(《勸學》)

古之學者爲己，今之學者爲人。君子之學也，以美其身；小人之學也，以爲禽犢。(《勸學》)

學莫便乎近其人。(《勸學》)

未可與言而言謂之傲，可與言而不言謂之隱，不觀氣色而言謂之瞽。(《勸學》)

非我而當者，吾師也；是我而當者，吾友也；諂諛我者，吾賊也。故君子隆師而親友，以致惡其賊。(《修身》)

人無禮則不生，事無禮則不成，國家無禮則不寧。(《修身》)

凡治氣養心之術，莫徑由禮，莫要得師，莫神一好。(《修身》)

身勞而心安爲之，利少而義多爲之。(《修身》)

良農不爲水旱不耕，良賈不爲折閱不市，士君子不爲貧窮怠乎道。(《修身》)

勞苦之事則爭先，饒樂之事則能讓。(《修身》)

行而供冀，非漬淖也；行而俯項，非擊戾也；偶視而先俯，非恐懼也。然夫士欲獨修其身，不以得罪於比俗之人也。(《修身》)

驥一日而千里；駑馬十駕，則亦及之矣。(《修身》)

道雖邇，不行不至；事雖小，不爲不成。其爲人也多暇日者，其出入不遠矣。(《修身》)

君子貧窮而志廣，富貴而體恭，安燕而血氣不惰，勞勧而容貌不枯。怒不過奪，喜不過予。(《修身》)

君子行不貴苟難，説不貴苟察，名不貴苟傳，唯其當之爲貴。(《不苟》)

君子易知而難狎，易懼而難脅，畏患而不避義死，欲利而不爲所非，交親而不比，言辯而不辭，蕩蕩乎其有以殊於世也。(《不苟》)

君子寬而不僈，廉而不劌，辯而不爭，察而不激，寡立而不勝，堅彊而不暴，柔從而不流，恭敬謹慎而容，夫是之謂至文。(《不苟》)

君子崇人之德，揚人之美，非諂諛也；正義直指，舉人之過，非毁疵也；言己之光美，擬於舜禹，參於天地，非夸誕也；與時屈伸，柔從若蒲葦，非懾怯也；剛強猛毅，靡所不信，非驕暴也。以義變應，知當曲直故也。(《不苟》)

君子養心莫善於誠，致誠則無它事矣。(《不苟》)

天不言而人推高焉，地不言而人推厚焉，四時不言而百姓期焉，夫此有常以至其誠者也。君子至德嘿然而喻。未施而親，不怒而威，夫此順命以慎其獨者也。(《不苟》)

見其可欲也，則必前後慮其可惡也者；見其可利也，則必前後慮其可害也者。而兼權之，孰計之，然後定其欲惡取舍，如是則常不失陷矣。凡人之患，偏傷之也。見其可欲也，則不慮其可惡也者；見其可利也，則不顧其可害也者。是以動則必陷，爲則必辱，是偏傷之患也。(《不苟》)

盜名不如盜貨。(《不苟》)

與人善言，煖於布帛；傷人之言，深於矛戟。(《榮辱》)

自知者不怨人，知命者不怨天；怨人者窮，怨天者無志。失

之己，反之人，豈不迂乎哉！（《榮辱》）

君子道其常，而小人道其怪。（《榮辱》）

人有三不祥：幼而不肯事長，賤而不肯事貴，不肖而不肯事賢，是人之三不祥也。人有三必窮：爲上則不能愛下，爲下則好非其上，是人之一必窮也；鄉則不若，偝則謾之，是人之二必窮也；知行淺薄，曲直有以相縣矣，然而仁人不能推，知士不能明，是人之三必窮也。人有此三數行者，以爲上則必危，爲下則必滅。（《非相》）

以近知遠，以一知萬，以微知明。（《非相》）

君子賢而能容罷，知而能容愚，博而能容淺，粹而能容雜，夫是之謂兼術。（《非相》）

信信，信也；疑疑，亦信也。貴賢，仁也；賤不肖，亦仁也。言而當，知也；默而當，亦知也。故知默猶知言也。（《非十二子》）

高上尊貴，不以驕人；聰明聖知，不以窮人；齊給速通，不爭先人；剛毅勇敢，不以傷人。不知則問，不能則學。雖能必讓，然後爲德。（《非十二子》）

遇君則修臣下之義，遇鄉則修長幼之義，遇長則修子弟之義，遇友則修禮節辭讓之義，遇賤而少者，則修告導寬容之義。無不愛也，無不敬也，無與人爭也，恢然如天地之苞萬物。如是則賢者貴之，不肖者親之。（《非十二子》）

君子能爲可貴，不能使人必貴己；能爲可信，不能使人必信己；能爲可用，不能使人必用己。故君子恥不修，不恥見汙；恥不信，不恥不見信；恥不能，不恥不見用。是以不誘於譽，不恐於誹，率道而行，端然正己，不爲物傾側，夫是之謂誠君子。（《非十二子》）

知者之舉事也，滿則慮嗛，平則慮險，安則慮危，曲重其豫，猶恐及其禍，是以百舉而不陷也。（《仲尼》）

有俗人者，有俗儒者，有雅儒者，有大儒者。（《儒效》）

知之曰知之，不知曰不知，内不自以誣，外不自以欺，以是尊賢畏法而不敢怠傲，是雅儒者也。（《儒效》）

不聞不若聞之，聞之不若見之，見之不若知之，知之不若行之，學至於行之而止矣。（《儒效》）

積土而爲山，積水而爲海，旦暮積謂之歲，至高謂之天，至下謂之地，宇中六指謂之極，涂之人百姓，積善而全盡，謂之聖人。彼求之而後得，爲之而後成，積之而後高，盡之而後聖。故聖人也者，人之所積也。（《儒效》）

志忍私，然後能公；行忍情性，然後能脩；知而好問，然後能才。（《儒效》）

水火有氣而無生，草木有生而無知，禽獸有知而無義。人有氣有生有知，亦且有義，故最爲天下貴也。（《王制》）

仁者必敬人。凡人非賢，則案不肖也。人賢而不敬，則是禽獸也；人不肖而不敬，則是狎虎也。禽獸則亂，狎虎則危，災及其身矣。故仁者必敬人，敬人有道，賢者則貴而敬之，不肖者則畏而敬之；賢者則親而敬之，不肖者則疏而敬之。其敬一也，其情二也。（《臣道》）

得衆動天，美意延年，誠信如神，夸誕逐魂。（《致士》）

知莫大乎棄疑，行莫大乎無過，事莫大乎無悔。事至無悔而止矣，成不可必也。（《議兵》）

凡百事之成也，必在敬之；其敗也，必在慢之。故敬勝怠則吉，怠勝敬則滅；計勝欲則從，欲勝計則凶。（《議兵》）

人莫貴乎生，莫樂乎安。所以養生安樂者，莫大乎禮義。人知貴生樂安而棄禮義，辟之是猶欲壽而刎頸也，愚莫大焉。（《彊國》）

積微，月不勝日，時不勝月，歲不勝時。凡人好敖慢小事，大事至然後興之務之。如是，則常不勝夫敦比於小事者

矣。(《彊國》)

天不爲人之惡寒也輟冬，地不爲人之惡遼遠也輟廣，君子不爲小人之匈匈也輟行。(《天論》)

心意脩，德行厚，知慮明，主於今而志乎古，則是其在我者也。故君子敬其在己者，而不慕其在天者。小人錯其在己者，而慕其在天者。君子敬其在己者而不慕其在天者，是以日進也；小人錯其在己者而慕其在天者，是以日退也。故君子之所以日進，與小人之所以日退，一也。君子小人之所以相縣者，在此耳。(《天論》)

萬物爲道一偏，一物爲萬物一偏，愚者爲一物一偏，而自以爲知道，無知也。(《天論》)

禮有三本：天地者，生之本也；先祖者，類之本也；君師者，治之本也。無天地惡生？無先祖惡出？無君師惡治？三者偏亡焉無安人。故禮上事天，下事地，尊先祖而隆君師，是禮之三本也。(《禮論》)

凡生乎天地之間者，有血氣之屬必有知，有知之屬莫不愛其類。今夫大鳥獸，則失亡其羣匹，越月踰時，則必反沿過故鄉，則必徘徊焉，鳴號焉，躑躅焉，踟躕焉，然後能去之也。小者是燕爵，猶有啁噍之頃焉，然後能去之。故有血氣之屬，莫知於人；故人之於其親也，至死無窮。(《禮論》)

凡人之患，蔽於一曲，而闇於大理。(《解蔽》)

農精於田，而不可以爲田師；賈精於市，而不可以爲賈師；工精於器，而不可以爲器師。有人也，不能此三技，而可使治三官。曰：精於道者也，精於物者也。精於物者以物物，精於道者兼物物。(《解蔽》)

學也者，固學止之也。惡乎止之？曰：止諸至足。曷謂至足？曰：聖也。(《解蔽》)

無稽之言，不見之行，不聞之謀，君子慎之。(《正名》)

塗之人可以爲禹。(《性惡》)

禍與福鄰，莫知其門。(《大略》)

歲不寒無以知松柏，事不難無以知君子。(《大略》)

盡小者大，積微者著，德至者色澤洽，行盡而聲問遠。(《大略》)

學問不厭，好士不倦，是天府也。(《大略》)

韓非子

世之愚學，皆不知治亂之情，讘誺多誦先古之書，以亂當世之治。智慮不足以避穽井之陷，又妄非有術之士。愚學之人，比有術之士，猶螘垤之比大陵也，其相去遠矣。(《姦劫弑臣》)

夫嬰兒相與戲也，以塵爲飯，以塗爲羹，以木爲胾，然至日晚必歸饟者，塵飯塗羹，可以戲而不可食也。夫稱上古之傳，頌辯而不慤，道先王仁義而不能正國者，此亦可以戲而不可以爲治也。(《外儲説左上》)

孔墨之後，儒分爲八，墨離爲三，取舍相反不同，而皆自謂真孔墨。孔墨不可復生，將誰使定後世之學乎？孔子、墨子俱道堯舜，而取舍不同，皆自謂真堯舜。堯舜不復生，將誰使定儒墨之誠乎？殷周七百餘歲，虞夏二千餘歲，而不能定儒墨之真。今乃欲審堯舜之道於三千歲之前，意者其不可必乎？無參驗而必之者愚也，弗能必而據之者誣。故明據先王必定堯舜者，非愚則誣也。(《顯學》)

吕氏春秋

夫水之性清，土者扫之，故不得清；人之性壽，物者扫之，故不得壽。物也者，所以養性也；非所以性養也。今世之人，惑

者多以性養物，則不知輕重也。不知輕重，則重者爲輕，輕者爲重矣。若此，則每動無不敗。(《本生》)

貴富而不知道，適足以爲患，不如貧賤。貧賤之致物也難，雖欲過之，奚由。(《本生》)

凡生之長也，順之也。使生不順者欲也，故聖人必先適欲。(《重己》)

道之真，以持身。其緒餘以爲國家，其土苴以治天下。(《貴生》)

天生人而使有貪有欲。欲有情，情有節。聖人修節以止欲，故不過行其情也。(《情欲》)

秋早寒則冬必煖矣；春多雨則夏必旱矣。天地不能兩，而況於人類乎！(《情欲》)

流水不腐，户樞不螻，動也。形氣亦然。形不動，則精不流；精不流，則氣鬱。(《盡數》)

不疾學而能爲魁士名人者，未之嘗有也。(《勸學》)

教也者，義之大者也；學也者，知之盛者也。義之大者，莫大於利人，利人莫大於教；知之盛者，莫大於成身，成身莫大於學。(《尊師》)

物固莫不有長，莫不有短。人亦然。故善學者，假人之長，以補其短。(《用衆》)

智所以相過，以其長見與短見也。今之於古也，猶古之於後世也；今之於後世，亦猶今之於古也。故審知今則可知古，知古則可知後。古今前後，一也。故聖人上知千歲，下知千歲也。(《長見》)

以貴富有人易，以貧賤有人難。(《介立》)

石可破也，而不可奪堅；丹可磨也，而不可奪赤。堅與赤，性之有也。性也者，所受於天也，非擇取而爲之也。豪士之自好者，其不可漫以汙也，亦猶此也。(《誠廉》)

知美之惡，知惡之美，然後能知美惡矣。(《去尤》)

太上知之，其次知其不知。不知則問，不能則學。不知而自以爲知，百禍之宗也。(《謹聽》)

有道之士未遇時，隱匿分竄，勤以待時。時至，有從布衣而爲天子者，有從千乘而得天下者，有從卑賤而佐三王者，有從匹夫而報萬乘者，故聖人之所貴唯時也。水凍方固，后稷不種。后稷之種必待春。故人雖智，而不遇時，無功。方葉之茂美，終日采之而不知。秋霜既下，衆林皆羸。事之難易，不在小大，務在知時。(《首時》)

良農辯土地之宜，謹耕耨之事，未必收也。然而收者必此人也，始在於遇時雨。遇時雨，天地也，非良農所能爲也。(《長攻》)

凡遇合也時，不合，必待合而後行。夫不宜遇而遇者，則必廢；宜遇而不遇者，此國之所以亂，世之所以衰也。(《遇合》)

君子之自行也，敬人而不必見敬；愛人而不必見愛。敬愛人者，己也；見敬愛者，人也。君子必在己者，不必在人者也。必在己，無不遇矣。(《必己》)

譬之若登山。登山者處已高矣，左右視，尚巍巍焉山在其上。賢者之所與處，有似於此。身已賢矣，行已高矣，左右視，尚盡賢於己。(《觀世》)

君子之自行也，動必緣義，行必誠義，俗雖謂之窮，通也；行不誠義，動不緣義，俗雖謂之通，窮也。然則君子之窮通，有異乎俗者也。(《高義》)

命也者，不知所以然而然者也，人事智巧以舉錯者，不得與焉。故命也者，就之未得，去之未失。國士知其若此也，故以義爲之決而安處之。(《知分》)

仁於他物，不仁於人，不得爲仁；不仁於他物，獨仁於人，猶若爲仁。仁也者，仁乎其類者也。故仁人之於民也，可以便

之，無不行也。(《愛類》)

義者，百事之始也，萬利之本也，中智之所不及也。以義動，則無曠事矣。(《無義》)

夫驥驁之氣，鴻鵠之志，有喻乎人心者，誠也。人亦然，誠有之，則神應乎人矣。言豈足以喻之哉！此謂不言之言也。(《士容》)

精而熟之，鬼將告之；非鬼告之也，精而熟之也。(《博志》)

淮南子

夫精神氣志者，静而日充者，以壯；躁而日秏者，以老。是故聖人將養其神，和弱其氣，平夷其形，而與道沉浮俛仰。(《原道》)

神越者，其言華；德蕩者，其行僞。至精亡於中，而言行觀於外，此不免以身役物矣。(《俶真》)

天地之道，至紘以大。尚猶節其章光，愛其神明。人之耳目，曷能久熏勞而不息乎！精神何能久馳騁而不既乎！(《精神》)

著於竹帛，鏤於金石，可傳於人者，其粗也。五帝三王，殊事而同指，異路而同歸。晚世學者不知道之所一體，德之所總要，取成之迹，相與危坐而説之，鼓歌而舞之。故博學多聞，而不免於惑。(《本經》)

偏知萬物而不知人道，不可謂智；偏愛羣生而不愛人類，不可謂仁。仁者，愛其類也；智者，不可惑也。(《主術》)

心之精者，可以神化而不可以導人。(《繆稱》)

通於一伎，察於一辭，可與曲説，未可爲廣應也。(《繆稱》)

君子不謂小善不足爲也，而舍之；小善積而爲大善。不謂小不善爲無傷也，而爲之；小不善積而爲大不善。(《繆稱》)

察一曲者，不可與言化；審一時者，不可與言大。(《繆稱》)

道之有篇章形埒者，非至者也。嘗之而無味，視之而無形，不可傳於人。(《繆稱》)

矜僞以惑世，伉行以違衆，聖人不以爲民俗。(《齊俗》)

日月欲明，浮雲蓋之；河水欲清，沙石濊之；人性欲平，嗜欲害之。惟聖人能遺物而反己。(《齊俗》)

其見不遠者，不可與語大；其智不閎者，不可與論至。(《齊俗》)

世多稱古之人而高其行。並世有與同者，而弗知貴也。非才下也，時弗宜也。(《齊俗》)

百川異源，而皆歸於海；百家殊業，而皆務於治。(《氾論》)

東面而望，不見西牆；南面而視，不覩北方。唯無所嚮者，則無所不通。(《氾論》)

小謹者，無成功；訾行者，不容於衆。體大者，節疏；蹠距者，舉遠。自古及今，五帝三王，未有能全其行者也。(《氾論》)

蘭生幽谷，不爲莫服而不芳；舟在江海，不爲莫乘而不浮。君子行義，不爲莫知而止休。(《説山》)

謂學不暇者，雖暇亦不能學矣。(《説山》)

今以學者之有過而非學者，則是以一飽之故，絶穀不食；以一蹪之難，輟足不行；惑也。(《脩務》)

所謂言者，齊於衆而同於俗。今不稱九天之頂，則言黄泉之底，是兩末之端議，何可以公論乎！(《脩務》)

知人無務，不若愚而好學。自人君公卿至於庶人，不自彊而功成者，天下未之有也。(《脩務》)

世俗之人，多尊古而賤今。故爲道者必託之於神農黄帝而後能入説。亂世闇主，高遠其所從來，因而貴之。爲學者蔽於論而尊其所聞，相與危坐而稱之，正領而誦之，此見是非之分不明。(《脩務》)

夫事有易成者，名小；難成者，功大。君子脩美，雖未有

利，福將在後至。（《脩務》）

夫徹於一事，察於一辭，審於一伎，可以曲說，而未可廣應也。（《泰族》）

治身，太上養神，其次養形。（《泰族》）

夫聖人之屈者，以求伸也；枉者，以求直也。故雖出邪辟之道，行幽昧之塗，將欲以直大道，成大功。猶出林之中，不得直道；拯溺之人，不得不濡足也。（《泰族》）

不學之與學也，猶瘖聾之比於人也。凡學者能明於天人之分，通於治亂之本，澄心清意以存之，見其終始，可謂知略矣。（《泰族》）

百川並流，不注海者不爲川谷；趨行蹐馳，不歸善者不爲君子。故善言歸乎可行，善行歸乎仁義。（《泰族》）

知道德而不知世曲，則無以耦萬方。（《要略》）

法言

學，行之上也；言之次也；教人又其次也。咸無焉，爲衆人。（《學行》）

學者，所以修性也。視、聽、言、貌、思，性所有也。學則正，否則邪。（《學行》）

師者，人之模範也。模不模，範不範，爲不少矣。（《學行》）

一鬨之市，不勝異意焉；一卷之書，不勝異説焉。一鬨之市，必立之平；一卷之書，必立之師。（《學行》）

視日月而知衆星之蔑也，仰聖人而知衆説之小也。（《學行》）

學者，所以求爲君子也。求而不得者有矣夫！未有不求而得之者也。睎驥之馬，亦驥之乘也；睎顔之人，亦顔之徒也。（《學行》）

大人之學也爲道，小人之學也爲利。（《學行》）

百川學海，而至於海；丘陵學山，不至于山；是故惡夫畫也。(《學行》)

觀書者，譬諸觀山及水。升東岳而知衆山之峛崺也，況介丘乎！浮滄海而知江河之惡沱也，況枯澤乎！舍舟航而濟乎瀆者末矣，舍五經而濟乎道者末矣。棄常珍而嗜乎異饌者，惡覩其識味也；委大聖而好乎諸子者，惡覩其識道也。山岠之蹊，不可勝由矣；向牆之户，不可勝入矣。(《吾子》)

好書而不要諸仲尼，書肆也；好説而不要諸仲尼，説鈴也。(《吾子》)

多聞則守之以約，多見則守之以卓。寡聞則無約也，寡見則無卓也。(《吾子》)

君子之道有四易：簡而易用也；要而易守也；炳而易見也；法而易言也。震風陵雨，然後知夏屋之爲帡幪也；虐政虐世，然後知聖人之爲郛郭也。(《吾子》)

萬物紛錯，則縣諸天；衆言淆亂，則折諸聖。(《吾子》)

好大而不爲大，不大矣；好高而不爲高，不高矣。(《修身》)

仁，宅也；義，路也；禮，服也；知，燭也；信，符也。處宅、由路、正服、明燭、執符，君子不動，動斯得矣。(《修身》)

取四重，去四輕，則可謂之人。重言，重行，重貌，重好。言重則有法，行重則有德，貌重則有威，好重則有觀。言輕則招憂，行輕則招辜，貌輕則招辱，好輕則招淫。(《修身》)

實無華則野，華無實則賈，華實副則禮。(《修身》)

或曰：莊周有取乎？曰：少欲。(《問道》)

或曰：經可損益歟？曰：易始八卦，而文王六十四，其益可知也。詩、書、禮、春秋，或因或作而成於仲尼，其益可知也。故夫道非天然應時而造者，損益可知也。(《問神》)

或問聖人之經，不可使易知與？曰：不可。天俄而可度，則其覆物也淺矣；地俄而可測，則其載物也薄矣。大哉！天地之爲

萬物郭，五經之爲衆説郛。(《問神》)

或問五經有辯乎？曰：惟五經爲辯。説天者莫辯乎易，説事者莫辯乎書，説體者莫辯乎禮，説志者莫辯乎詩，説理者莫辯乎春秋。(《寡見》)

或問天地簡易，而聖人法之。何五經之支離？曰：支離，蓋其所以爲簡易也。已簡已易，焉支焉離。(《五百》)

莊、楊蕩而不法，墨、晏儉而廢禮，申、韓險而無化，鄒衍迂而不信。(《五百》)

或問周官，曰：立事。左氏，曰：品藻。太史遷，曰：實錄。(《重黎》)

通天地人，曰儒；通天地而不通人，曰伎。(《君子》)

君子忠人，況己乎？小人欺己，況人乎？(《君子》)

有人則作，無人則輟之謂僞。觀人者，審其作輟而已矣。(《孝至》)

不爲名之名，其至矣乎！爲名之名，其次也。(《孝至》)

天下通道五，所以行之一，曰勉。(《孝至》)

論　衡

操行有常賢，仕宦無常遇。賢不賢，才也；遇不遇，時也。才高行潔，不可保以必尊貴；能薄操濁，不可保以必卑賤。(《逢遇》)

至言棄捐，聖賢距逆，非憎聖賢，不甘至言也。聖賢務高，至言難行也。(《逢遇》)

春種穀生，秋刈穀收。求物得物，作事事成，不名爲遇。不求自至，不作自成，是名爲遇。(《逢遇》)

修身正行，不能來福；戰栗戒慎，不能避禍。禍福之至，幸不幸也。故曰：得非己力，故謂之福；來不由我，故謂之

禍。(《累害》)

情性者，人治之本，禮樂所由生也。故原情性之極，禮爲之防，樂爲之節。性有卑謙辭讓，故制禮以適其宜；情有好惡喜怒哀樂，故作樂以通其敬。禮所以制、樂所爲作者，情與性也。(《本性》)

孟軻言人性善者，中人以上者也；孫卿言人性惡者，中人以下者也；揚雄言人性善惡混者，中人也。(《本性》)

孔子，道德之祖；諸子之中最卓者也。(《本性》)

儒生之業五經也，南面爲師，旦夕講授章句，滑習義理，究備於五經可也。五經之後，秦漢之事，無不能知者，短也。夫知古不知今，謂之陸沉，然則儒生所謂陸沉者也。五經之前，至於天地始開，帝王初立者，主名爲誰，儒生又不知也。夫知今不知古，謂之盲瞽。五經比於上古，猶爲今也。徒能説經，不曉上古，然則儒生所謂盲瞽者也。(《謝短》)

人之遊也，必欲入都，都多奇觀也；入都必欲見市，市多異貨也。百家之言，古今行事，其爲奇異，非徒都邑大市也。遊於都邑者心厭，觀於大市者意飽，況遊於道藝之際哉。(《别通》)

大川旱不枯者，多所疏也；潢汙兼日不雨泥輒見者，無所通也。是故大川相間，小川相屬，東流歸海，故海大也。海不通於百川，安得巨大之名？夫人含百家之言，猶海懷百川之流也。不謂之大者，是謂海小於百川也。夫海大於百川也，人皆知之。通者明於不通，莫之能别也。(《别通》)

或以説一經爲是，何須博覽。夫孔子之門，講習五經；五經皆習，庶幾之才也。(《别通》)

耕夫多殖嘉穀，謂之上農夫；其少者，謂之下農夫。學士之才，農夫之力，一也。能多種穀，謂之上農；能博學問，謂之上儒。(《别通》)

能説一經者爲儒生；博覽古今者爲通人；采掇傳書以上書奏

記者爲文人；能精思著文連結篇章者爲鴻儒。故儒生過俗人，通人勝儒生，文人踰通人，鴻儒超文人，故夫鴻儒，所爲超而又超者也。(《超奇》)

俗好高古而稱所聞。前人之業，菜果甘甜；後人新造，蜜酪辛苦。(《超奇》)

大器晚成，寶貨難售也。不崇一朝輒成賈者，菜果之物也。(《狀留》)

圓物投之於地，東西南北無之不可。策杖叩動，纔微輒停。方物集地，壹投而止；及其移徙，須人動舉。賢儒，世之方物也。其難轉移者，其動須人也。(《狀留》)

述事者好高古而下今，貴所聞而賤所見。辨士則談其久者，文人則著其遠者。近有奇而辨不稱，今有異而筆不記。(《齊世》)

畫工好畫上代之人，秦漢之士功行譎奇不肯圖。今世之士者，尊古卑今也。貴鵠賤雞，鵠遠而雞近也。使當今說道，深於孔、墨，名不得與之同；立行崇於曾、顔，聲不得與之鈞。何則？世俗之性，賤所見，貴所聞也。有人於此，立義建節，實核其操，古無以過。爲文書者，肯載於篇籍，表以爲行事乎？作奇論，造新文，不損於前人。好事者肯舍久遠之書而垂意觀讀之乎？揚子雲作《太玄》，造《法言》，張伯松不肯一觀。與之併肩，故賤其言；使子雲在伯松前，伯松以爲金匱矣。(《齊世》)

世俗之性，好褒古而毀今，少所見而多所聞。(《齊世》)

儒者說五經，多失其實。前儒不見本末，空生虛說。後儒信前師之言，隨舊述故，滑習辭語。苟名一時之學趨，爲師教授；及時蚤仕，汲汲競進。不暇留精用心，考實根核。故虛說傳而不絕，實事没而不見，五經並失其實。(《正說》)

俗好珍古不貴今，謂今之文不如古書。夫古今一也，才有高下，言有是非，不論善惡而徒貴古，是謂古人賢今人也。(《案書》)

善才有淺深，無有古今；文有真僞，無有故新。(《案書》)

五經之興，可謂作矣；太史公書，劉子政序，班叔皮傳，可謂述矣；桓君山《新論》，鄒伯奇《檢論》，可謂論矣。今觀《論衡》、《政務》，桓鄒之二論也，非所謂作也。(《對作》)

潛夫論

索物於夜室者，莫良於火；索道於當世者，莫良於典。典者，經也，先聖之所制。先聖得道之精者，以行其身；欲賢人自勉以入於道。故聖人之制經，以遺後賢也，譬猶巧倕之爲規矩準繩以遺後工也。昔倕之巧，目茂圓方，心定平直，又造規繩矩墨以誨後人。試使奚仲、公班之徒釋此四度，而傚倕自制，必不能也。(《讃學》)

凡欲顯勳績、揚光烈者，莫良於學矣。(《讃學》)

象以齒焚身，蚌以珠剖體。匹夫無辜，懷璧其罪。(《遏利》)

財賄不多，衣食不贍，聲色不妙，威勢不行，非君子之憂也；行善不多，申道不明，節志不立，德義不彰，君子恥焉。(《遏利》)

寵位不足以尊我，而卑賤不足以卑己。(《論榮》)

君子未必富貴，小人未必貧賤。或潛龍未用，或亢龍在天，從古以然。(《論榮》)

苟有大美，可尚於世，則雖細行小瑕，曷足以爲累乎！(《論榮》)

世有大難者四，而人莫之能行也。一曰恕，二曰平，三曰恭，四曰守。夫恕者，仁之本也；平者，義之本也；恭者，禮之本也；守者，信之本也。四者並立，四行乃具；四行具存，是謂真賢。四本不立，四行不成；四行無一，是謂小人。(《交際》)

上智與下愚之民少，而中庸之民多。中民之生世也，猶鑠金

之在鑪也。從笵變化，惟冶所爲；方圓薄厚，隨鎔制爾。(《德化》)

申　鑒

仲尼作經，本一而已。古今文不同，而皆自謂真本經。古今先師，義一而已。異家別説不同，而皆自謂古今。仲尼邈而靡質，昔先師歿而無聞，將誰使折之者。秦之滅學也，書藏於屋壁，義絶於朝野，逮至漢興，收摭散滯，固已無全學矣。文有磨滅，言有楚夏，出有先後。或學者先意，有所借定；後進相友，彌以滋蔓。故一源十流，天水違行，而訟者紛如也。(《時事》)

或曰：至德要道約爾。典籍甚富，如而博之以求約也。語有之曰：有鳥將來，張羅待之。得鳥者一目也，今爲一目之羅，無時得鳥矣。道雖要也，非博無以通矣。博其方，約其説。(《時事》)

或問曰：君子曷敦夫學？曰：生而知之者寡矣，學而知之者衆矣。悠悠之民，泄泄之士，明明之治，汶汶之亂，皆學廢興之由，敦之不亦宜乎！(《雜言上》)

或問守，曰：聖典而已矣。若夫百家者，是謂無守。莫不爲言，要其至矣；莫不爲德，元其奥矣；莫不爲道，聖人其宏矣。聖人之道，其中道乎！(《雜言下》)

中　論

學猶飾也。器不飾，則無以爲美觀；人不學，則無以有懿德。有懿德，故可以經人倫；爲美觀，故可以供神明。(《治學》)

學者如登山焉，動而益高；如寤寐焉，久而愈足。(《治學》)

君子之於學也，其不懈猶上天之動，猶日月之行。終身亹亹，没而後已。故雖有其才，而無其志，亦不能興其功也。志者，學之師也；才者，學之徒也。學者不患才之不贍，而患志之不立。是以爲之者億兆，而成之者無幾，故君子必立其志。(《治學》)

學者，所以總羣道也。羣道統乎己心，羣言一乎己口，唯所用之。(《治學》)

六籍者，羣聖相因之書也。其人雖亡，其道猶存。今之學者勤心以取之，亦足以到昭明而成博達矣。(《治學》)

凡學者，大義爲先，物名爲後，大義舉而物名從之。然鄙儒之博學也，務於物名，詳於器械，矜於詁訓，摘其章句，而不能統其大義之所極，以獲先王之心。此無異乎女史誦詩，内豎傳令也。(《治學》)

禮也者，敬之經也；敬也者，禮之情也。無敬，無以行禮；無禮，無以節敬。(《法家》)

君子不恤年之將衰，而憂志之有倦。不寢道焉，不宿義矣。(《脩本》)

君子修德，始乎笄丱，終乎鮐背；創乎夷原，成乎喬嶽。(《脩本》)

路不險，則無以知馬之良；任不重，則無以知人之德。君子自强其所重以取福，小人日安其所輕以取禍。(《脩本》)

世之治也，行善者獲福，爲惡者得禍。及其亂也，行善者不獲福，爲惡者不得禍，變數也。知者不以變數疑常道，故循福之所自來，防禍之所由至也。遇不遇，非我也，其時也。夫施吉報凶謂之命，施凶報吉謂之幸，守其所志而已矣。(《脩本》)

以歲之有凶穰而荒其稼穡者，非良農也；以利之有盈縮而棄其資貨者，非良賈也；以行之有禍福而改其善道者，非良士也。(《脩本》)

君子必貴其言。貴其言則尊其身，尊其身則重其道，重其道

所以立其教。言費則身賤，身賤則道輕，道輕則教廢。故君子非其人則弗與之言。(《貴言》)

良農不患疆埸之不修，而患風雨之不節；君子不患道德之不建，而患時世之不遇。(《爵祿》)

人物志

凡人之質量，中和最貴矣。中和之質，必平淡無味，故能調成五材，變化應節。是故觀人察質，必先察其平淡，而後求其聰明。(《九徵》)

人情莫不欲處前，故惡人之自伐。自伐，皆欲勝之類也。是故自伐其善，則莫不惡也。(《八觀》)

好聲而實不充則恢，好辯而理不至則煩，好法而思不深則刻，好術而計不足則僞。(《八觀》)

精欲深微，質欲懿重，志欲弘大，心欲嗛小。(《七繆》)

心小志大者，聖賢之倫也；心大志大者，豪傑之儁也；心大志小者，傲蕩之類也；心小志小者，拘懦之人也。(《七繆》)

善以不伐爲大，賢以自矜爲損。(《釋爭》)

卑讓降下者，茂進之遂路也；矜奮侵陵者，毀塞之險途也。是以君子舉不敢越儀準，志不敢凌軌等；内窮己以自濟，外謙讓以敬懼。是以怨難不在於身，而榮福通於長久也。(《釋爭》)

抱朴子外篇

正經爲道義之淵海，子書爲增深之川流。仰而比之，則景星之佐三辰也；俯而方之，則林薄之裨嵩嶽也。雖津塗殊闢，而進德同歸。雖離於舉趾，而合於興化。故通人總原本以括流末，操綱領而得一致焉。(《尚博》)

貴遠而賤近者，常人之用情也；信耳而疑目者，古今之所患也。是以秦王歎息於韓非之書，而想其爲人；漢武慷慨於相如之文，而恨不同世。及既得之，終不能拔。或納讒而誅之，或放之乎宂散。此蓋葉公之好僞形，見真龍而失色也。(《廣譬》)

顏氏家訓

上智不教而成，下愚雖教無益，中庸之人，不教不知也。(《教子》)

君子之不親教其子也，《詩》有諷刺之詞，《禮》有嫌疑之誡，《書》有悖亂之事，《春秋》有衺僻之譏，《易》有備物之象，皆非父子之可通言，故不親授爾。(《教子》)

凡有一言一行取於人者，皆顯稱之。不可竊人之美，以爲己力，雖輕雖賤者，必歸功焉。竊人之財，刑辟之所處；竊人之美，鬼神之所責。(《慕賢》)

人生在世，會當有業。農民則計量耕稼，商賈則討論貨賄，工巧則致精器用，伎藝則沈思法術，武夫則慣習弓馬，文士則講議經書。多見士大夫恥涉農商，羞務工伎，射則不能穿札，筆則纔記姓名，飽食醉酒，忽忽無事，以此銷日，以此終年。或因家世餘緒，得一階半級，便是爲足，全忘脩學。及有吉凶大事，議論得失，蒙然張口，如坐雲霧。公私宴集，談古賦詩，塞默低頭，欠伸而已。有識傍觀，代其入地，何惜數年勤學，長受一生愧辱哉！(《勉學》)

夫明六經之指，涉百家之書，縱不能增益德行，敦厲風俗，猶爲一藝，得以自資；父兄不可常依，鄉國不可常保，一旦流離，無人庇廕，當自求諸身爾。諺曰：積財千萬，不如薄伎在身。伎之易習而可貴者，無過讀書也。世人不問愚智，皆欲識人之多，見事之廣，而不肯讀書，是猶求飽而嬾營饌，欲暖而惰裁

衣也。(《勉學》)

生而知之者上，學而知之者次。所以學者，欲其多知明達爾。必有天才，拔羣出類，爲將則闇與孫武、吳起同術，執政則懸得管仲、子產之教，雖未讀書，吾亦謂之學矣。(《勉學》)

夫所以讀書學問，本欲開心明目，利於行爾。未知養親者，欲其觀古人之先意承顏，怡聲下氣，不憚劬勞，以致甘腝，惕然慙懼，起而行之也；未知事君者，欲其觀古人之守職無侵，見危授命，不忘箴諫，以利社稷，惻然自念，思欲效之也；素驕奢者，欲其觀古人之恭儉節用，卑以自牧，禮爲教本，敬者身基，瞿然自失，斂容抑志也；素鄙吝者，欲其觀古人之貴義輕財，少私寡慾，忌盈惡滿，賙窮卹匱，赧然悔恥，積而能散也；素暴悍者，欲其觀古人之小心黜己，齒弊舌存，含垢藏疾，尊賢容衆，苶然沮喪，若不勝衣也；素怯懦者，欲其觀古人之達生委命，彊毅正直，立言必信，求福不回，勃然奮厲，不可恐懾也。歷茲以往，百行皆然，縱不能淳，去泰去甚，學之所知，施無不達。今世人讀書者，但能言之，不能行之。(《勉學》)

夫學者，所以求益爾。見人讀數十卷，便自高大，凌忽長者，輕慢同列，人疾之如讎敵，惡之如鴟梟，如此以學自損，不如無學也。(《勉學》)

古之學者爲己，以補不足也；今之學者爲人，但能說之也。古之學者爲人，行道以利世也；今之學者爲己，脩身以求進也。(《勉學》)

夫學者，猶種樹也，春玩其華，秋登其實。講論文章，春華也；脩身利行，秋實也。(《勉學》)

夫聖人之書，所以設教。但明練經文，粗通注義，常使言行有得，亦足爲人。何必仲尼居，即須兩紙疏義；燕寢講堂，亦復何在。以此得勝，寧有益乎！(《勉學》)

學問有利鈍，文章有巧拙。鈍學累功，不妨精熟；拙文研

思，終歸蚩鄙。但成學士，自足爲人；必乏天才，勿强操筆也。(《文章》)

上士忘名，中士立名，下士竊名。忘名者，體道合德，享鬼神之福祐，非所以求名也；立名者，脩身慎行，懼榮觀之不顯，非所以讓名也；竊名者，厚貌深姦，干浮華之虛稱，非所以得名也。(《名實》)

人足所履，不過數寸。然而咫尺之途，必顛蹶於崖岸；拱把之梁，每沈溺於川谷者何哉？爲其傍無餘地故也。君子之立己，抑亦如之。至誠之言，人未能信；至潔之行，物或致疑；皆由言行聲名無餘地也。(《名實》)

士君子之處世，貴能有益於物爾。不徒高談虛論，左琴右書，以費人君祿位也。(《涉務》)

吾見世中文學之士，品藻古今，若指諸掌；及有試用，多無所堪。居承平之世，不知有喪亂之禍；處廊廟之下，不知有戰陣之急；保俸祿之資，不知有耕稼之苦；肆吏民之上，不知有勞役之勤；故難可以應世經務也。(《涉務》)

銘金人云：無多言，多言多敗；無多事，多事多患。至哉斯戒也！能走者奪其翼，善飛者減其指，有角者無上齒，豐後者無前足，蓋天道不使物有兼焉也。古人云：多爲少善，不如執一。鼫鼠五能，不成伎術。(《省事》)

禮云：欲不可縱，志不可滿。宇宙可臻其極，情性不知其窮。唯在少欲知足，爲立涯限爾。(《止足》)

天地鬼神之道，皆惡滿盈。謙虛沖損，可以免害。(《止足》)

中　説

九師興而易道微，三傳作而春秋散。白黑相渝，能無微乎？是非相擾，能無散乎？故齊韓毛鄭，詩之末也；大戴小戴，禮之

衰也。書殘於古今，詩失於齊魯。(《天地》)

古之史也辯道，今之史也耀文。古之文也約以達，今之文也繁以塞。(《事君》)

詩書盛而秦世滅，非仲尼之罪也；虛玄長而晉室亂，非老莊之罪也；齋戒修而梁國亡，非釋迦之罪也。《易》不云乎：苟非其人，道不虛行。(《周公》)

好成者，敗之本也；願廣者，狹之道也。(《周公》)

處貧賤而不懾，可以富貴矣；僮僕稱其恩，可以從政矣；交遊稱其信，可以立功矣。(《問易》)

火炎上而受制於水，水趨下而得志於火，故君子不欲多上人。(《魏相》)

外　編
——治人部分

周　易

君子終日乾乾，夕愓若厲，無咎。（《乾九三爻辭》）

亢龍有悔，盈不可久也。（《乾象》）

亢之爲言也，知進而不知退，知存而不知亡，知得而不知喪。知進退存亡而不失其正者，其唯聖人乎。（《乾文言》）

以貴下賤，大得民也。（《屯象》）

能以衆正，可以王矣。（《師彖》）

君子以容民畜衆。（《師象》）

開國承家，小人勿用。（《師象》）

先王以建萬國，親諸侯。（《比象》）

君子以辨上下，定民志。（《履象》）

天地交而萬物通也，上下交而其志同也。（《泰彖》）

内陽而外陰，内健而外順。（《泰彖》）

内君子而外小人，君子道長，小人道消也。（《泰彖》）

后以財成天地之道，輔相天地之宜，以左右民。（《泰象》）

無往不復，天地際也。（《泰象》）

唯君子爲能通天下之志。(《同人彖》)

類族辨物。(《同人象》)

君子以遏惡揚善，順天休命。(《大有象》)

君子以裒多益寡，稱物平施。(《謙象》)

勞謙君子，萬民服也。(《謙象》)

天地以順動，故日月不過，而四時不忒。聖人以順動，則刑罰清而民服。(《豫彖》)

君子以振民育德。(《蠱象》)

君子以教思無窮，容保民無疆。(《臨象》)

觀天之神道而四時不忒，聖人以神道設教而天下服。(《觀彖》)

先王以省方觀民設教。(《觀象》)

剛柔分動而明，雷電合而章。(《噬嗑彖》)

先王以明罰敕法。(《噬嗑象》)

觀乎天文，以察時變；觀乎人文，以化成天下。(《賁彖》)

君子以明庶政，無敢折獄。(《賁象》)

先王以至日閉關，商旅不行，后不省方。(《復象》)

先王以茂對時育萬物。(《無妄象》)

天地養萬物，聖人養賢以及萬民。(《頤彖》)

天險不可升也，地險山川丘陵也，王公設險以守其國。(《坎彖》)

日月麗乎天，百穀草木麗乎土，重明以麗乎正，乃化成天下。(《離彖》)

大人以繼明照于四方。(《離象》)

天地感而萬物化生，聖人感人心而天下和平。觀其所感而天地萬物之情可見矣。(《咸彖》)

日月得天，而能久照；四時變化，而能久成；聖人久於其

道，而天下化成。觀其所恒，而天地萬物之情可見矣。(《恒象》)

君子以遠小人，不惡而嚴。(《遯象》)

君子以莅衆，用晦而明。(《明夷象》)

君子以赦過宥罪。(《解象》)

君子以施祿及下，居德則忌。(《夬象》)

后以施命誥四方。(《姤象》)

君子以除戎器，戒不虞。(《萃象》)

君子以勞民勸相。(《井象》)

天地革而四時成。湯武革命，順乎天而應乎人，革之時大矣哉。(《革彖》)

君子以治曆明時。(《革象》)

君子以折獄致刑。(《豐象》)

君子以明慎用刑而不留獄。(《旅象》)

君子以申命行事。(《巽象》)

説以先民，民忘其勞；説以犯難，民忘其死。(《兑彖》)

先王以享于帝立廟。(《渙象》)

天地節而四時成。節以制度，不傷財，不害民。(《節彖》)

君子以制數度，議德行。(《節象》)

君子以議獄緩死。(《中孚象》)

君子以慎辨物居方。(《未濟象》)

顯諸仁，藏諸用。(《繫辭上》)

言出乎身，加乎民；行發乎邇，見乎遠。言行，君子之樞機。樞機之發，榮辱之主也。言行，君子之所以動天地也，可不慎乎！(《繫辭上》)

君子安而不忘危，存而不忘亡，治而不忘亂，是以身安而國家可保也。(《繫辭下》)

聖人南面而聽天下，嚮明而治。(《説卦》)

尚　書

允釐百工，庶績咸熙。（《堯典》）

明明揚側陋。（《堯典》）

在璿璣玉衡以齊七政。（《堯典》）

同律度量衡。（《堯典》）

敷奏以言，明試以功，車服以庸。（《堯典》）

惟刑之恤哉！（《堯典》）

闢四門，明四目，達四聰。（《堯典》）

三載考績。三考，黜陟幽明。（《堯典》）

在知人，在安民。（《皋陶謨》）

知人則哲，能官人；安民則惠，黎民懷之。（《皋陶謨》）

無教逸欲有邦，兢兢業業，一日二日萬幾。無曠庶官。天工，人其代之。（《皋陶謨》）

天聰明，自我民聰明；天明畏，自我民明威。（《皋陶謨》）

元首明哉，股肱良哉，庶事康哉！又歌曰：元首叢脞哉，股肱惰哉，萬事墮哉！（《皋陶謨》）

古我先王，亦惟圖任舊人共政。（《盤庚上》）

若網在綱，有條而不紊；若農服田力穡，乃亦有秋。（《盤庚上》）

人惟求舊；器非求舊，惟新。（《盤庚上》引遲任）

邦之臧，惟汝衆；邦之不臧，惟予一人有佚罰。（《盤庚上》）

古我前后，罔不惟民之承。（《盤庚中》）

八政：一曰食，二曰貨，三曰祀，四曰司空，五曰司徒，六曰司寇，七曰賓，八曰師。（《洪範》）

天子作民父母，以爲天下王。（《洪範》）

惟辟作福，惟辟作威，惟辟玉食。臣無有作福作威玉食。

(《洪範》)

人、無於水監，當於民監。(《酒誥》引古人)

僞古文尚書

嘉言罔攸伏，野無遺賢，萬邦咸寧。稽于衆，舍己從人。不虐無告，不廢困窮。(《大禹謨》)

任賢勿貳，去邪勿疑，疑謀勿成。(《大禹謨》)

罔違道以干百姓之譽，罔咈百姓以從己之欲。(《大禹謨》)

德惟善政，政在養民。水、火、金、木、土、穀，惟修；正德、利用、厚生，惟和。(《大禹謨》)

臨下以簡，御衆以寬。罰弗及嗣，賞延于世。宥過無大，刑故無小。罪疑惟輕，功疑惟重。與其殺不辜，寧失不經。(《大禹謨》)

克勤于邦，克儉于家，不自滿假。(《大禹謨》)

汝惟不矜，天下莫與汝爭能；汝惟不伐，天下莫與汝爭功。(《大禹謨》)

人心惟危，道心惟微，惟精惟一，允執厥中。(《大禹謨》)

無稽之言勿聽，弗詢之謀勿庸。(《大禹謨》)

民可近，不可下。民惟邦本，本固邦寧。(《五子之歌》)

予臨兆民，懍乎若朽索之馭六馬。爲人上者，奈何不敬。(《五子之歌》)

内作色荒，外作禽荒，甘酒嗜音，峻宇雕牆，有一于此，未或不亡。(《五子之歌》)

威克厥愛，允濟；愛克厥威，允罔功。(《胤征》)

德懋懋官，功懋懋賞。(《仲虺之誥》)

德日新，萬邦惟懷；志自滿，九族乃離。(《仲虺之誥》)

以義制事，以禮制心。(《仲虺之誥》)

能自得師者王，謂人莫己若者亡。好問則裕，自用則小。(《仲虺之誥》)

慎厥終，惟其始。(《仲虺之誥》)

立愛惟親，立敬惟長。始于家邦，終于四海。(《伊訓》)

與人不求備，檢身若不及。(《伊訓》)

敢有恒舞于宮，酣歌于室，時謂巫風；敢有殉于貨色，恒于遊畋，時謂淫風；敢有侮聖言，逆忠直，遠耆德，比頑童，時謂亂風。惟茲三風十愆，卿士有一于身，家必喪；邦君有一于身，國必亡。(《伊訓》)

奉先思孝，接下思恭。視遠惟明，聽德惟聰。(《太甲中》)

惟天無親，克敬惟親；民罔常懷，懷于有仁；鬼神無常享，享于克誠。(《太甲下》)

若升高必自下，若涉遐必自邇。無輕民事，惟難；無安厥位，惟危；慎終于始。有言逆于汝心，必求諸道；有言遜于汝志，必求諸非道。(《太甲下》)

弗慮胡獲，弗爲胡成。一人元良，萬邦以貞。君罔以辯言亂舊政，臣罔以寵利居成功。(《太甲下》)

德惟一，動罔不吉；德二三，動罔不凶。(《咸有一德》)

德無常師，主善爲師；善無常主，協于克一。(《咸有一德》)

若金，用汝作礪；若濟巨川，用汝作舟楫；若歲大旱，用汝作霖雨；若藥弗瞑眩，厥疾弗瘳；若跣弗視地，厥足用傷。(《説命上》)

惟木從繩則正，后從諫則聖。(《説命上》)

官不及私昵，惟其能；爵罔及惡德，惟其賢。(《説命中》)

有其善，喪厥善；矜其能，喪厥功。(《説命中》)

若作酒醴，爾惟麴糵；若作和羹，爾惟鹽梅。(《説命下》)

建官惟賢，位事惟能。(《武成》)

不作無益害有益,功乃成;不貴異物賤用物,民乃足。(《旅獒》)

皇天無親，惟德是輔；民心無常，惟惠之懷。(《蔡仲之命》)

慎厥初，惟厥終，終以不困；不惟厥終，終以困窮。(《蔡仲之命》)

制治于未亂，保邦于未危。　明王立政，不惟其官，惟其人。　以公滅私，民其允懷。(《周官》)

無求備于一夫。(《君陳》)

政貴有恒，辭尚體要。(《畢命》)

逸周書

非本非標，非微非煇。壤非壤不高，水非水不流。(《文儆》)

不爲驕侈，不爲泰靡。不淫于美，括柱茅茨，爲民愛費。(《文傳》)

山林非時不升斤斧，以成草木之長；川澤非時不入網罟，以成魚鼈之長；不卵不蹼，以成鳥獸之長。(《文傳》)

天有四殃：水、旱、饑、荒。其至無時，非務積聚，何以備之。(《文傳》)

兵强勝人，人强勝天。能制其有者，則能制人之有；不能制其有者，則人制之。(《文傳》)

勝國若化，不動金鼓；善戰不鬬，故曰柔武；四方無拂，奄有天下。(《柔武》)

淵深而魚鼈歸之，草木茂而鳥獸歸之，稱賢使能、官有材、而士歸之，關市平、商賈歸之，分地薄斂，農民歸之。水性歸下，民性歸利。王若欲來天下民，先設其利而民自至。譬之若冬日之陽，夏日之陰，不召而民自來，此謂歸德。(《大聚》)

民歸于德，德則民戴；否德民讐。(《芮良夫》)

民至億兆，后一而已。寡不敵衆，后其危哉！(《芮良夫》)

王者所佩在德，德在利民，民在順上。(《王佩》)

不幸在不聞其過，福在受諫；基在愛民，固在親賢。(《王佩》)

尊在慎威，安在恭己。(《王佩》)

天下非一家之有也，有道者之有也。故天下者，唯有道者理之，唯有道者紀之，唯有道者宜久處之。(《殷祝》)

天地之間有滄熱，善用道者終不竭。(《周祝》)

春秋左傳

凡物不足以講大事，其材不足以備器用，則君不舉焉。君將納民於軌物者也，故講事以度軌量謂之軌，取材以章物采謂之物。不軌不物，謂之亂政。亂政亟行，所以敗也。(《隱公五年傳》)

不備不虞，不可以師。(《隱公五年傳》)

善不可失，惡不可長。長惡不悛，從自及也。雖欲救之，其將能乎！爲國家者，見惡如農夫之務去草焉，芟夷蘊崇之，絶其本根，勿使能殖，則善者信（音申）矣。(《隱公六年傳》)

禮，經國家，定社稷，序民人，利後嗣者也。(《隱公十一年傳》)

政以治民，刑以正邪。既無德政，又無威刑，是以及邪。(《隱公十一年傳》)

夫德、儉而有度，登降有數，文物以紀之，聲明以發之，以臨照百官。百官於是乎戒懼，而不敢易紀律。(《桓公二年傳》)

國家之敗，由官邪也；官之失德，寵賂章也。(《桓公二年傳》)

國家之立也，本大而末小，是以能固。(《桓公二年傳》)

君子不欲多上人。(《桓公五年傳》)

物莫能兩大。(《莊公二十二年傳》)

國將亡，本必先顛，而後枝葉從之。(《閔公元年傳》)

禮，國之幹也；敬，禮之輿也。不敬則禮不行，禮不行則上

下昏，何以長世。（《僖公十一年傳》）

國君而讎匹夫，懼者甚衆矣。（《僖公二十四年傳》）

庸勳、親親、暱近、尊賢，德之大者也；即聾、從昧、與頑、用嚚，姦之大者也；棄德崇姦，禍之大者也。（《僖公二十四年傳》）

禮以行義，信以守禮，刑以正邪。（《僖公二十八年傳》）

叛而不討，何以示威；服而不柔，何以示懷；非威非懷，何以示德；無德，何以主盟。（《文公七年傳》）

天生民而樹之君，以利之也。（《文公十三年傳》）

德、刑、政、事、典、禮、不易，不可敵也。德立刑行，政成事時，典從禮順，若之何敵之。（《宣公十二年傳》）

夫武，禁暴、戢兵、保大、定功、安民、和衆、豐財者也。（《宣公十二年傳》）

夫恃才與衆，亡之道也，商紂由之故滅。（《宣公十五年傳》）

唯器與名，不可以假人，君之所司也。（《成公二年傳》）

忠，社稷之固也，所蓋多矣。（《成公二年傳》）

非我族類，其心必異。（《成公四年傳》）

山澤林鹽，固之寶也。國饒，則民驕佚；近寶，公室乃貧。（《成公六年傳》）

聖人與衆同欲，是以濟事。（《成公六年傳》）

三代之令王，皆數百年保天之祿。夫豈無辟王，賴前哲以免也。（《成公八年傳》）

備豫不虞，善之大者也。（《成公九年傳》）

天下有道，則公侯能爲民干城，而制其腹心；亂則反之。（《成公十二年傳》）

唯聖人能外内無患。自非聖人，外寧必有内憂。（《成公十六年傳》）

衆怒難犯，專欲難成，合二難以安國，危之道也。（《襄公十

年傳》)

在上位者洒濯其心，壹以待人，軌度其信，可明徵也，而後可以治人。夫上之所爲，民之歸也。上所不爲，而民或爲之，是以加刑罰焉，而莫敢不懲。若上之所爲，而民亦爲之，乃其所也，又可禁乎！(《襄公二十一年傳》)

君子長國家者，非無賄之患，而無令名之難。夫令名，德之輿也；德，國家之基也。有基無壞，無亦是務乎。有德則樂，樂則能久。(《襄公二十四年傳》)

視民如子，見不仁者誅之，如鷹鸇之逐鳥雀也。(《襄公二十五年傳》)

政如農功，日夜思之。思其始而成其終，朝夕而行之。行無越思，如農之有畔，其過鮮矣。(《襄公二十五年傳》)

善爲國者，賞不僭而刑不濫。賞僭則懼及淫人，刑濫則懼及善人。若不幸而過，寧僭無濫。與其失善，寧其利淫。無善人，則國從之。(《襄公二十六年傳》)

天生五材，民並用之，廢一不可，誰能去兵。兵之設久矣，所以威不軌而昭文德也。聖人以興，亂人以廢。廢興存亡昏明之術，皆兵之由也。(《襄公二十七年傳》)

我聞忠善以損怨，不聞作威以防怨。(《襄公三十一年傳》)

有威而可畏，謂之威；有儀而可象，謂之儀。君有君之威儀，其臣畏而愛之，則而象之。故能有其國家，令聞長世。臣有臣之威儀，其下畏而愛之，故能守其官職，保族宜家。順是以下，皆如是，是以上下能相固也。(《襄公三十一年傳》)

國之大節有五：畏君之威，聽其政，尊其貴，事其長，養其親，五者所以爲國也。(《昭公元年傳》)

國於天地，有與立焉。不數世淫，弗能斃也。(《昭公元年傳》)

苟利社稷，死生以之。爲善者不改其度，故能有濟也。民不可逞，度不可改。(《昭公四年傳》)

君子作法於涼，其敝猶貪；作法於貪，敝將若之何！（《昭公四年傳》）

政不可不慎也，務三而已。一曰擇人，二曰因民，三曰從時。（《昭公七年傳》）

君子非無賄之難立，而無令名之患；爲國非不能事大字小之難，無禮以定其位之患。（《昭公十六年傳》）

君所謂可，而有否焉；臣獻其否，以成其可。君所謂否，而有可焉；臣獻其可，以去其否。是以政平而不干，民無爭心。（《昭公二十年傳》）

唯有德者，能以寬服民。其次莫如猛。夫火烈，民望而畏之，故鮮死焉；水懦弱，民狎而翫之，則多死焉；故寬難。（《昭公二十年傳》）

政寬則民慢，慢則糾之以猛；猛則民殘，殘則施之以寬。寬以濟猛，猛以濟寬，政是以和。（《昭公二十年傳》）

禮之可以爲國也久矣，與天地並。君令臣共，父慈子孝，兄愛弟敬，夫和妻柔，姑慈婦聽，禮也。（《昭公二十六年傳》）

夫舉無他，唯善所在，親疏一也。（《昭公二十八年傳》）

近不失親，遠不失舉，可謂義矣。（《昭公二十八年傳》）

禮也者，小事大、大字小之謂。事大在共其時命，字小在恤其所無。（《昭公三十年傳》）

苟有可以加於國家者，棄其邪可也。故用其道不棄其人。（《定公九年傳》）

國之興也，視民如傷，是其福也；其亡也，以民爲土芥，是其禍也。（《哀公元年傳》）

國　語

先王之於民也，懋正其德，而厚其性；阜其財求，而利其器

用。明利害之鄉，以文修之。使務利而避害，懷德而畏威，故能保世以滋大。（《周語上》）

防民之口，甚於防川。川壅而潰，傷人必多，民亦如之。是故爲川者決之使導，爲民者宣之使言。（《周語上》）

夫民慮之於心而宣之於口，成而行之，胡可壅也。若壅其口，其與能幾何？（《周語上》）

夫利，百物之所生也，天地之所載也，而或專之，其害多矣。天地百物，皆將取焉，胡可專也。（《周語上》）

民之大事在農。上帝之粢盛，於是乎出；民之蕃庶，於是乎生；事之供給，於是乎在；和協輯睦，於是乎興；財用蕃殖，於是乎始；敦龐純固，於是乎成。（《周語上》）

王事惟農是務，無有求利於其官以干農功。三時務農，而一時講武。故征則有威，守則有財。（《周語上》）

絶民用以實王府，猶塞川原而爲潢汙也，其竭也無日矣。（《周語下》）

善有章，雖賤賞也；惡有釁，雖貴罰也。（《魯語上》）

聖王之制祀也，法施於民則祀之；以死勤事則祀之；以勞定國則祀之；能禦大災則祀之；能扞大患則祀之。非是族也，不在祀典。（《魯語上》）

君也者，民之川澤也，行而從之。美惡皆君之由，民何能爲焉。（《魯語上》）

伐木不自其本，必復生；塞水不自其源，必復流；滅禍不自其基，必復亂。（《晉語一》）

欲人之愛己也，必先愛人；欲人之從己也，必先從人。無德於人，而求用於人，罪也。（《晉語四》）

國君而讎匹夫，懼者衆矣。（《晉語四》）

亂在内爲宄，在外爲姦。御宄以德，禦姦以刑。（《晉語六》）

國家之將興也，君子自以爲不足；其亡也，若有餘。（《晉語九》）

聲一無聽，物一無文，味一無果，物一不講。(《鄭語》)

夫君國者，將民之與處。民實瘠矣，君安得肥。(《楚語上》)

古者聚貨不妨民衣食之利，聚馬不害民之財用。(《楚語下》)

積貨滋多，蓄怨滋厚，不亡何待。夫民心之慍也，若防大川焉，潰而所犯必大矣。(《楚語下》)

禮　記

先王之制禮也，過之者，俯而就之；不至焉者，跂而及之。(《檀弓上》)

苛政猛於虎也。(《檀弓下》)

用民之力，歲不過三日。(《王制》)

凡使民，任老者之事，食壯者之食。(《王制》)

古之君子，舉大事必慎其終始，而衆安得不喻焉。(《文王世子》)

大道之行也，天下爲公。選賢與能，講信修睦。故人不獨親其親，不獨子其子。使老有所終，壯有所用，幼有所長，矜寡孤獨廢疾者皆有所養。男有分，女有歸。貨惡其棄於地也，不必藏於己；力惡其不出於身也，不必爲己。是故謀閉而不興，盜竊亂賊而不作，故外户而不閉，是謂大同。今大道既隱，天下爲家。各親其親，各子其子。貨力爲己，大人世及以爲禮，城郭溝池以爲固，禮義以爲紀。以正君臣，以篤父子，以睦兄弟，以和夫婦，以設制度，以立田里，以賢勇知，以功爲己。故謀用是作，而兵由此起。禹、湯、文、武、成王、周公，由此其選也。此六君子者，未有不謹於禮者也。以著其義，以考其信；著有過，刑仁講讓，示民有常。如有不由此者，在勢者去，衆以爲殃，是謂小康。(《禮運》)

禮者，君之大柄也，所以別嫌明微、儐鬼神、考制度、別仁

義，所以治政安君也。(《禮運》)

政者，君之所以藏身也。(《禮運》)

用人之知去其詐，用人之勇去其怒，用人之仁去其貪。(《禮運》)

唯聖人爲知禮之不可以已也，故壞國、喪家、亡人必先去其禮。故禮之於人也，猶酒之有蘗也，君子以厚，小人以薄。(《禮運》)

禮也者，義之實也。協諸義而協，則禮雖先王未之有，可以義起也。(《禮運》)

治國不以禮，猶無耜而耕也；爲禮不本於義，猶耕而弗種也；爲義而不講之以學，猶種而弗耨也；講之以學而不合之以仁，猶耨而弗穫也；合之以仁而不安之以樂，猶穫而弗食也；安之以樂而不達於順，猶食而弗肥也。(《禮運》)

先王之立禮也，有本有文。忠信，禮之本也；義理，禮之文也。無本不立，無文不行。(《禮器》)

禮、時爲大，順次之，體次之，宜次之，稱次之。(《禮器》)

禮有大、有小，有顯、有微。大者不可損，小者不可益，顯者不可揜，微者不可大也。(《禮器》)

聖人南面而聽天下，所且先者五，民不與焉。一曰治親，二曰報功，三曰舉賢，四曰使能，五曰存愛。五者一得於天下，民無不足、無不贍者；五者一物紕繆，民莫得其死。聖人南面而治天下，必自人道始矣。(《大傳》)

立權度量，考文章，改正朔，易服色，殊徽號，異器械，別衣服，此其所得與民變革者也。其不可得變革者則有矣，親親也，尊尊也，長長也，男女有別，此其不可得與民變革者也。(《大傳》)

國家靡敝，則車不雕幾，甲不組縢，食器不刻鏤，君子不履絲屨，馬不常秣。(《少儀》)

五帝殊時，不相沿樂；三王異世，不相襲禮。（《樂記》）

德成而上，藝成而下；行成而先，事成而後。是故先王有上有下，有先有後，然後可以有制於天下也。（《樂記》）

張而不弛，文武弗能也；弛而不張，文武弗爲也。一張一弛，文武之道也。（《雜記下》）

先王之所以治天下者五：貴有德，貴貴，貴老，敬長，慈幼。此五者，先王之所以定天下也。（《祭義》）

夫禮、禁亂之所由生，猶坊止水之所自來也。故以舊坊爲無所用而壞之者，必有水敗；以舊禮爲無所用而去之者，必有亂患。（《經解》）

凡爲天下國家有九經。曰：修身也，尊賢也，親親也，敬大臣也，體羣臣也，子庶民也，來百工也，柔遠人也，懷諸侯也。（《中庸》）

凡事豫則立，不豫則廢。言前定則不跲，事前定則不困，行前定則不疚，道前定則不窮。（《中庸》）

至誠之道，可以前知。國家將興，必有禎祥；國家將亡，必有妖孽。見乎蓍龜，動乎四體。禍福將至，善，必先知之；不善，必先知之；故至誠如神。（《中庸》）

萬物並育而不相害，道並行而不相悖。小德川流，大德敦化，此天地之所以爲大也。（《中庸》）

君民者，子以愛之，則民親之；信以結之，則民不倍；恭以涖之，則民有孫心。（《緇衣》）

下之事上也，不從其所令，從其所行。上好是物，下必有甚者矣。故上之所好惡，不可不慎也，是民之表也。（《緇衣》）

君以民存，亦以民亡。（《緇衣》）

所惡於上，毋以使下；所惡於下，毋以事上；所惡於前，毋以先後；所惡於後，毋以從前；所惡於右，毋以交於左；所惡於左，毋以交於右；此之謂絜矩之道。（《大學》）

財聚則民散，財散則民聚。(《大學》)

生財有大道：生之者衆，食之者寡；爲之者疾，用之者舒；則財恒足矣。(《大學》)

大戴禮記

上敬老則下益孝，上順齒則下益悌，上樂施則下益諒，上親賢則下擇友，上好德則下不隱，上惡貪則下恥爭，上強果則下廉恥。(《主言》)

上之親下也如腹心，則下之親上也，如保子之見慈母也。上下之相親如此，然後令則從，施則行。(《主言》)

政者正也，君爲正，則百姓從政矣。君之所爲，百姓之所從也。君所不爲，百姓何從。(《哀公問於孔子》)

古人爲政，愛人爲大。不能愛人，不有其身；不能有其身，不能安土；不能安土，不能樂天；不能樂天，不能成身。(《哀公問於孔子》)

禮有三本：天地者，性之本也；先祖者，類之本也；君師者，治之本也。無天地焉生，無先祖焉出，無君師焉治。(《禮三本》)

凡人之知，能見已然，不能見將然。禮者禁於將然之前，而法者禁於已然之後。是故法之用易見，而禮之所爲至難知也。(《禮察》)

無賢佐俊仕而能成功立名安危繼絶者，未之有也。是以國不務大，而務得民心；佐不務多，而務得賢臣。得民心者民從之，有賢佐者士歸之。(《保傅》)

同聲則異而相應，意合則未見而相親。(《保傅》)

無常安之國，無宜治之民。得賢者安存，失賢者危亡。自古及今，未有不然者也。(《保傅》)

明鏡者，所以察形也；往古者，所以知今也。夫知惡古之危亡，不務襲迹於其所以安存，則未有異於却走而求及於前人也。（《保傅》）

賢君良上，必自擇左右始。故佚諸取人，勞於治事；勞於取人，佚於治事。（《子張問入官》）

上者辟如緣木者，務高而畏下者滋甚。（《子張問入官》）

君子莅民，不臨以高，不道以遠，不責民之所不能。（《子張問入官》）

水至清則無魚，人至察則無徒。（《子張問入官》）

君子欲言之見信也者，莫若先虛其内也；欲政之速行也者，莫若以身先之也；欲民之速服也者，莫若以道御之也。（《子張問入官》）

刑罰之所從生有源。不務塞其源，而務刑殺之，是爲民設陷以賊之也。刑罰之源，生於嗜慾好惡不節。（《盛德》）

古者以法爲銜勒，以官爲轡，以刑爲筴，以人爲手，故御天下數百年而不懈墮。善御馬者，正銜勒，齊轡筴，均馬力，和馬心，故口無聲，手不搖，筴不用，而馬爲行也。善御民者，正其德法，飭其官而均民力，和民心，故聽言不出於口，刑不用而民治，是以民德美之。（《盛德》）

不能御民者，棄其德法，譬猶御馬棄轡勒，而專以筴御馬，馬必傷，車必敗。無德法而專以刑法御民，民心走，國必亡。（《盛德》）

富貴者，觀其禮施也；貧窮者，觀其有德守也；嬖寵者，觀其不驕奢也；隱約者，觀其不懾懼也。（《文王官人》）

其少觀其恭敬好學而能弟也，其壯觀其潔廉務行而勝其私也，其老觀其意憲慎、強其所不足而不踰也。（《文王官人》）

父子之間，觀其孝慈也；兄弟之間，觀其和友也；君臣之間，觀其忠惠也；鄉黨之間，觀其信憚也。（《文王官人》）

省其居處，觀其義方；省其喪哀，觀其貞良；省其出入，觀其交友；省其交友，觀其任廉。(《文王官人》)

考之，以觀其信；挈之，以觀其知；示之難，以觀其勇；煩之，以觀其治；淹之以利，以觀其不貪；藍之以樂，以觀其不寧；喜之以物，以觀其不輕；怒之，以觀其重；醉之，以觀其不失也；縱之，以觀其常；遠使之，以觀其不貳；邇之，以觀其不倦；探取其志，以觀其情；考其陰陽，以觀其誠；覆其微言，以觀其信；曲省其行，以觀其備成。(《文王官人》)

方與之言，以觀其志。志殷如深，其氣寬以柔，其色儉而不諂，其禮先人，其言後人，見其所不足，曰日益者也。如臨人以色，高人以氣，賢人以言，防其不足，伐其所能，曰日損者也。其貌直而不傷，其言正而不私，不飾其美，不隱其惡，不防其過，曰有質者也。其貌固嘔，其言工巧，飾其見物，務其小徵，以故自説，曰無質者也。喜怒以物而色不作，煩亂之而志不營，深道以利而心不移，臨慑以威而氣不卑，曰平心而固守者也。喜怒以物而變易知，煩亂之而志不裕，示之以利而易移，臨攝以威而易慑，曰鄙心而假氣者也。(《文王官人》)

華如誣，巧言令色，足恭，一也，皆以無爲有者也。(《文王官人》)

以其見，占其隱；以其細，占其大；以其聲，處其氣。(《文王官人》)

政善則民説，民説則歸之如流水，親之如父母。(《小辨》)

聖人之用兵也，以禁殘止暴於天下也。乃後世貪者之用兵也，以刈百姓危國家也。(《用兵》)

論　語

道千乘之國，敬事而信，節用而愛人，使民以時。(《學而》)

爲政以德。譬如北辰，居其所、而衆星共之。(《爲政》)

道之以政，齊之以刑，民免而無恥，道之以德，齊之以禮，有恥且格。(《爲政》)

舉直錯諸枉，則民服；舉枉錯諸直，則民不服。(《爲政》)

臨之以莊，則敬；孝慈，則忠；舉善而教不能，則勸。(《爲政》)

君使臣以禮，臣事君以忠。(《八佾》)

民可使由之，不可使知之。(《泰伯》)

聽訟，吾猶人也。必也使無訟乎！(《顔淵》)

政者，正也。子帥以正，孰敢不正。(《顔淵》)

君子之德風，小人之德草，草上之風必偃。(《顔淵》)

名不正，則言不順；言不順，則事不成；事不成，則禮樂不興；禮樂不興，則刑罰不中；刑罰不中，則民無所錯手足。故君子名之必可言也，言之必可行也。君子於其言，無所苟而已矣。(《子路》)

上好禮，則民莫敢不敬；上好義，則民莫敢不服；上好信，則民莫敢不用情。(《子路》)

其身正，不令而行；其身不正，雖令不從。(《子路》)

苟正其身矣，於從政乎何有？不能正其身，如正人何？(《子路》)

近者説，遠者來。(《子路》)

無欲速，無見小利。欲速，則不達；見小利，則大事不成。(《子路》)

君子和而不同，小人同而不和。(《子路》)

以不教民戰，是謂棄之。(《子路》)

無爲而治者，其舜也與！夫何爲哉？恭己正南面而已矣。(《衛靈公》)

衆惡之，必察焉；衆好之，必察焉。(《衛靈公》)

有國有家者，不患寡而患不均，不患貧而患不安。(《季氏》)

孟子

域民不以封疆之界，固國不以山谿之險，威天下不以兵革之利。得道者多助，失道者寡助。寡助之至，親戚畔之；多助之至，天下順之。(《公孫丑下》)

上有好者，下必有甚焉者矣。君子之德，風也；小人之德，草也；草上之風必偃。(《滕文公上》)

分人以財，謂之惠，教人以善，謂之忠，爲天下得人者，謂之仁。是故以天下與人易，爲天下得人難。(《滕文公上》)

愛人不親反其仁，治人不治反其智，禮人不荅反其敬。行有不得者，皆反求諸己。其身正而天下歸之。(《離婁上》)

人必自侮，然後人侮之；家必自毁，而後人毁之；國必自伐，而後人伐之。(《離婁上》)

桀紂之失天下也，失其民也；失其民者，失其心也。得天下有道，得其民，斯得天下矣；得其民有道，得其心，斯得民矣。得其心有道，所欲與之聚之，所惡勿施爾也。(《離婁上》)

存乎人者，莫良於眸子，眸子不能掩其惡。胸中正，則眸子瞭焉；胸中不正，則眸子眊焉。聽其言也，觀其眸子，人焉廋哉！(《離婁上》)

爲政者，每人而悦之，日亦不足矣。(《離婁下》)

用下敬上，謂之貴貴；用上敬下，謂之尊賢。貴貴尊賢，其義一也。(《萬章下》)

以佚道使民，雖勞不怨；以生道殺民，雖死不怨殺者。(《盡心上》)

民爲貴，社稷次之，君爲輕。(《盡心下》)

韓詩外傳

傳曰：水濁則魚喁，令苛則民亂。城峭則崩，岸峭則陂。故吳起削刑而車裂，商鞅峻法而支解。治國者譬若乎張琴然，大絃急則小絃絶矣。故急轡銜者，非千里之御也。有聲之聲，不過百里；無聲之聲，延及四海。故祿過其功者削，名過其實者損，情行合名，禍福不虚至矣。（卷一）

惟其無爲，能長生久視而無累於物矣。（卷一）

夫霜雪雨露，殺生萬物者也；天無事焉，猶之貴天也。執法厭文，治官治民者，有司也；君無事焉，猶之尊君也。夫闢土殖穀者后稷也，決江流河者禹也，聽獄執中者皋陶也，然而聖后者堯也。故有道以御之，身雖無能也，必使能者爲己用也。無道以御之，彼雖多能，猶將無益於存亡矣。（卷二）

上之人所遇，色爲先，聲音次之，事行爲後。故望而宜爲人君者容也；近而可信者色也，發而安中者言也，久而可觀者行也。故君子容色，天下儀象而望之。（卷二）

原天命，治心術，理好惡，適情性，而治道畢矣。原天命則不惑禍福，不惑禍福則動静脩；治心術則不妄喜怒，不妄喜怒則賞罰不阿；理好惡則不貪無用，不貪無用則不害物性；適情性則不過欲，不過欲則養性知足。四者不求於外，不假於人，反諸己而存矣。（卷二）

天設其高，而日月成明；地設其厚，而山陵成名；上設其道，而百事得序。（卷五）

春秋繁露

明王視於冥冥，聽於無聲，天覆地載，天下萬國莫敢不悉靖共職受命者，不示臣下以知之至也。故道同則不能相先，情同則不能相使，此其教也。由此觀之，未有去人君之權能制其勢者也，未有貴賤無差能全其位者也，故君子慎之。（《王道第六》）

天高其位而下其施，藏其形而見其光。高其位，所以爲尊也；下其施，所以爲仁也。藏其形所以爲神，見其光所以爲明。故位尊而施仁，藏神而見光者，天之行也。故爲人主者法天之行，是故內深藏所以爲神，外博觀所以爲明也；任羣賢所以爲受成，乃不自勞於事，所以爲尊也；汎愛羣生，不以喜怒賞罰，所以爲仁也。故爲人主者，以無爲爲道，以不私爲寶；立無爲之位，而乘備具之官。足不自動而相者導進，口不自言而擯者贊辭，心不自慮而羣臣效當，故莫見其爲之而功成矣，此人主所以法天之行也。（《離合根第十八》）

君人者，國之元。發言動作，萬物之樞機。樞機之發，榮辱之端也。失之豪釐，駟不及追。故爲人君者，謹本詳始，敬小慎微；志如死灰，形如委衣；安精養神，寂寞無爲。休形無見影，揜聲無出響。虛心下士，觀來察往。謀於衆賢，考求衆人。累日積久，何功不成。（《立元神第十九》）

天積衆精以自剛，聖人積衆賢以自强；天序日月星辰以自光，聖人序爵祿以自明。天所以剛者，非一精之力；聖人所以强者，非一賢之德也。故天道務盛其精，聖人務衆其賢。（《立元神第十九》）

爲人君者，其要貴神。神者，不可得而視也，不可得而聽也。是故視而不見其形，聽而不聞其聲。聲之不聞，故莫得其響；不見其形，故莫得其影。莫得其影，則無以曲直也；莫得其響，則無以清濁也。無以曲直，則其功不可得而敗；無以清濁，則其名不可得而度也。所謂不見其形者，非不見其進止之形也，言其所以進止不可得而見也；所謂不聞其聲者，非不聞其號令之聲也，言其所以號令不可得而聞也。不見不聞，是謂冥昏。能冥

則明，能昏則彰，能冥能昏，是謂神人。（《立元神第十九》）

爲人君者，居無爲之位，行不言之教。寂而無聲，静而無形。執一無端，爲國源泉。因國以爲身，因臣以爲心。（《保位權第二十》）

管　子

倉廩實則知禮節，衣食足則知榮辱。（《牧民》）

順民之經，在明鬼神，祇山川，敬宗廟，恭祖舊。不明鬼神，則陋民不悟；不祇山川，則威令不聞；不敬宗廟，則民乃上校；不恭祖舊，則孝悌不備。（《牧民》）

民惡憂勞，我佚樂之；民惡貧賤，我富貴之；民惡危墜，我存安之；民惡滅絶，我生育之。能佚樂之，則民爲之憂勞；能富貴之，則民爲之貧賤；能存安之，則民爲之危墜；能生育之，則民爲之滅絶。故知予之爲取者，政之寶也。（《牧民》）

錯國於不傾之地者，授有德也。（《牧民》）

天下不患無臣，患無君以使之。（《牧民》）

吝於財者失所親，信小人者失士。（《牧民》）

訾讆之人，勿與任大。譕臣者，可以遠舉；顧憂者，可與致道。（《形勢》）

衣冠不正，則賓者不肅；進退無儀，則政令不行。且懷且威，則君道備矣。（《形勢》）

莫樂之，則莫哀之；莫生之，則莫死之。（《形勢》）

得天之道，其事若自然；失天之道，雖立不安。其道既得，莫知其爲之；其功既成，莫知其釋之。藏之無形，天之道也。（《形勢》）

君之所審者三：一曰，德不當其位；二曰，功不當其祿；三曰，能不當其官。此三本者，治亂之原也。故國有德義未明於朝

者，則不可加以尊位；功力未見於國者，則不可授以重祿；臨事不信於民者，則不可使任大官。三本者審，則下不敢求。(《立政》)

度爵而制服，量祿而用財。……雖有賢身貴體，毋其爵，不敢服其服；雖有富家多資，毋其祿，不敢用其財。(《立政》)

一國之人，不可以皆貴。皆貴，則事不成而國不利也。爲事之不成、國之不利也，使無貴者，則民不能自理也。是故辨於爵列之尊卑，則知先後之序，貴賤之義矣。(《乘馬》)

智者知之，愚者不知，不可以教民；巧者能之，拙者不能，不可以教民。(《乘馬》)

實也，誠也，厚也，施也，度也，恕也，謂之心術；剛柔也，輕重也，大小也，實虛也，遠近也，多少也，謂之計數。布令必行，不知心術不可；舉事必成，不知計數不可。(《七法》)

威傷則重在下，重在下則令不行。(《七法》)

徧知天下，而不明於機數，不能正天下。徧知天下，審御機數，則獨行而無敵矣。(《七法》)

舉所美，必觀其所終；廢所惡，必計其所窮。(《版法》)

取人以己，成事以質。(《版法》)

修長在乎任賢，高安在乎同利。(《版法》)

民必得其所欲，然後聽上；聽上，然後政可善爲也。(《五輔》)

聖人博聞多見，畜道以待物。(《宙合》)

奮盛，苓落也。盛而不落者，未之有也。故有道者，不平其稱，不滿其量，不依其樂，不致其度。(《宙合》)

所賢美於聖人者，以其與變隨化也。(《宙合》)

苟大意得，不以小缺爲傷。千里之路，不可扶以繩；萬家之都，不可平以準；大人之行，不必以先帝常義立之謂賢。故爲上者之論其下也，不可以失此術也。(《宙合》)

辯於一言，察於一治，攻於一事者，可以曲説而不可以廣舉。聖人由此知言之不可兼也，故博爲之治而計其意；知事之不可兼也，故各爲之説而況其功。(《宙合》)

周者，不出於口，不見於色，一龍一蛇，一日五化之謂周。(《樞言》)

釜鼓滿，則人概之；人滿，則天概之；故先王不滿也。(《樞言》)

賤固事貴，不肖固事賢。貴之所以能成其貴者，以其貴而事賤也；賢之所以能成其賢者，以其賢而事不肖也。惡者，美之充也；卑者，尊之充也；賤者，貴之充也；故先王貴之。(《樞言》)

姦邪之所生，生於匱不足；匱不足之所生，生於侈；侈之所生，生於毋度。故曰：審度量，節衣服，儉財用，禁侈泰，爲國之急也。(《八觀》)

聖王之治人也，不貴其人博學也，欲其人之和同以聽令也。(《法禁》)

凡君國之重器，莫重於令。令重則君尊，君尊則國安；令輕則君卑，君卑則國危。故安國在乎尊君，尊君在乎行令，行令在乎嚴罰。罰嚴令行，百吏皆恐；罰不嚴，令不行，則百吏皆喜。故明君察於治民之本，本莫要於令。(《重令》)

天道之數，至則反，盛則衰；人心之變，有餘則驕，驕則緩怠。(《重令》)

聞賢而不舉，殆；聞善而不索，殆；見能而不使，殆；親人而不固，殆；同謀而離，殆；危人而不能，殆；廢人而復起，殆；可爲而不爲，殆；足而不施，殆；幾而不密，殆。(《法法》)

人主不周密，則正言直行之士危；正言直行之士危，則人主孤而毋內；人主孤而毋內，則人臣黨而成羣。使人主孤而毋內、人臣黨而成羣者，此非人臣之罪也，人主之過也。(《法法》)

君有三欲於民。三欲不節，則上位危。三欲者，何也？一曰求，二曰禁，三曰令。求必欲得，禁必欲止，令必欲行。求多者，其得寡；禁多者，其止寡；令多者，其行寡。求而不得，則威日損；禁而不止，則刑罰侮；令而不行，則下凌上。故未有能多求而多得者也，未有能多禁而多止者也，未有能多令而多行者也。故曰：上苛則下不聽。(《法法》)

民未嘗可與慮始，而可與樂成功。是故仁者、知者、有道者；不與大慮始。(《法法》)

令重於寶，社稷先於親戚；法重於民，威權貴於爵祿。故不爲重寶輕號令，不爲親戚後社稷，不爲愛民枉法律，不爲爵祿分威權。故曰：勢，非所以予人也。(《法法》)

政者，正也。正也者，所以正定萬物之命也。是故聖人精德立中以生正，明正以治國。故正者所以止過而逮不及也。(《法法》)

規矩者，方圜之正也。雖有巧目利手，不如拙規矩之正方圜也。故巧者能生規矩，不能廢規矩而正方圜。雖聖人能生法，不能廢法而治國。(《法法》)

舜之有天下也，禹爲司空，契爲司徒，皋陶爲李，后稷爲田。此四士者，天下之賢人也，猶尚精一德（注云：謂各精一事也），以事其君。今誣能之人，服事任官，皆兼四賢之能。自此觀之，功名之不立，亦易知也。(《法法》)

持社稷宗廟者，不讓事，不廣閒。(《大匡》)

管仲會國用，三分二在賓客，其一在國。(《中匡》)

舉賢良而後可以廢慢法鄙賤之民，是故先王必有置也，而後必有廢也。(《中匡》)

人君唯優與不敏爲不可。優則亡衆，不敏不及事。(《小匡》)

爭天下者，必先爭人。明大數者得人，審小計者失人。(《霸言》)

以天下之財，利天下之人，以明威之振。(《霸言》)

權者，神聖之所資也；獨明者，天下之利器也；獨斷者，微密之營壘也；此三者，聖人之所則也。(《霸言》)

聖人畏微，而愚人畏明。聖人之憎惡也內，愚人之憎惡也外。(《霸言》)

主尊臣卑，上威下敬，令行人服，理之至也。夫令不高，不行；不摶，不聽。(《霸言》)

立政出令，用人道；施爵祿，用地道；舉大事，用天道。(《霸言》)

摶國不在敦古，理世不在善政，霸王不在成曲。(《霸言》)

聖人上德而下功，尊道而賤物。道德當身，故不以物惑。(《戒》)

所謂德者，不動而疾，不相告而知，不爲而成，不召而至，是德也。故天不動，四時云下而萬物化；君不動，政令陳下而萬功成；心不動，使四肢耳目而萬物情。(《戒》)

寡交多親，謂之知人；寡事成功，謂之知用；聞一言以貫萬物，謂之知道。(《戒》)

以善勝人者，未有能服人者也；以善養人者，未有不服人者也。(《戒》)

爲人君者，修官上之道，而不言其中；爲人臣者，比官中之事，而不言其外。(《君臣上》)

天有常象，地有常形，人有常禮。一設而不更，此謂三常。兼而一之，人君之道也；分而職之，人臣之事也。君失其道，無以有其國；臣失其事，無以有其位。(《君臣上》)

論材量能，謀德而舉之，上之道也；專意一心，守職而不勞，下之事也。爲人君者，下及官中之事，則有司不任；爲人臣者，上共專於上，則人主失威。是故有道之君，正其德以蒞民，而不言智能聰明。智能聰明者，下之職也；所以用智能聰明者，上之道也。上之人明其道，下之人守其職。上下之分不同任，而

復合爲一體。是故：知善，人君也；身善，人役也。（《君臣上》）

爲人君者，坐萬物之原而官諸生之職者也。選賢論材而待之以法。舉而得其人，坐而收其福，不可勝收也。（《君臣上》）

上及下之事，謂之矯；下及上之事，謂之勝。爲上而矯，悖也；爲下而勝，逆也。（《君臣上》）

道也者，萬物之要也。爲人君者，執要而待之，則下雖有姦僞之心，不敢殺也。夫道者，虛設。其人在則通，其人亡則塞者也。（《君臣上》）

官人不官，事人不事，獨立而無稽者，人主之位也。（《君臣上》）

雖有明君，百步之外，聽而不聞；間之堵牆，窺而不見也。而名爲明君者，君善用其臣，臣善納其忠也。（《君臣上》）

始於患者，不與其事；親其事者，不規其道。是以爲人上者，患而不勞也；百姓，勞而不患也。君臣上下之分素，則禮制立矣。（《君臣下》）

主勞者方，主制者圓。圓者運，運者通，通則和。方者執，執者固，固則信。君以利和，臣以節信，則上下無邪矣。故曰：君人者制仁，臣人者守信，此言上下之禮也。（《君臣下》）

威無勢也，無所立。（《君臣下》）

身不善之患，毋患人莫己知。丹青在山，民知而取之；美珠在淵，民知而收之。是以我有過爲，而民毋過命。民之觀也察矣，不可遁逃，故先王畏民。（《小稱》）

善罪身者，民不得罪也；不能罪身者，民罪之。（《小稱》）

政教相似而殊方。（《侈靡》）

水平而不流，無源則遬竭，雲平而雨不甚，無委雲，雨則遬已。政平而無威，則不行；愛而無親，則流。（《侈靡》）

敬祖禰，尊始也；尊天地之理，所以論威也。（《侈靡》）

必辨於天地之道，然後功名可以殖；辨於地利，而民可富；

通於侈靡，而士可戚。（《侈靡》）

爲國者反民性，然後可以與民戚。民欲佚而教以勞，民欲生而教以死。勞教定而國富，死教定而威行。（《侈靡》）

天地不可留，故動，化故從新。是故得天者，高而不崩；得人者，卑而不可勝。（《侈靡》）

大道可安而不可説。（《心術上》）

心之在體，君之位也。九竅之有職，官之分也。心處其道，九竅循理。嗜欲充益，目不見色，耳不聞聲。故曰：上離其道，下失其事。毋代馬走，使盡其力；毋代鳥飛，使弊其羽翼。毋先物動，以觀其則。動則失位，静乃自得。（《心術上》）

虚無無形謂之道，化育萬物謂之德，君臣父子人間之事謂之義，登降揖讓，貴賤有等，親疏之體，謂之禮。（《心術上》）

天曰虚，地曰静，乃不伐。（《心術上》）

必知不言無爲之事，然後知道之紀。殊形異勢，不與萬物異理，故可以爲天下始。（《心術上》）

有道之君，其處也若無知，其應物也若偶之，静因之道也。（《心術上》）

心術者，無爲而制竅者也。（《心術上》）

無爲之道，因也。因也者，無益無損也。（《心術上》）

執一之君子，執一而不失，能君萬物。（《心術下》）

天不爲一物枉其時，明君聖人亦不爲一人枉其法。（《白心》）

思索精者明益衰，德行修者王道狹，卧名利者寫生危，知周於六合之内者，吾知生之有爲阻也。持而滿之，乃其殆也；名滿天下，不若其已也；名進而身退，天之道也。滿盛之國，不可以仕任；滿盛之家，不可以嫁子；驕倨傲暴之人，不可與交。（《白心》）

卑也者，道之室，王者之器也。（《水地》）

成功之道，嬴縮爲寶。事若未成，毋改其形，毋失其

始。(《勢》)

聖君任法而不任智，任數而不任説，任公而不任私，任大道而不任小物，然後身佚而天下治。(《任法》)

君臣者，天地之位也；民者，衆物之象也。各立其所職以待君令，羣臣百姓，安得各用其心而立私乎？故遵主令而行之，雖有傷敗，無罰；非主令而行之，雖有功利，罪死。(《任法》)

所謂治國者，主道明也；所謂亂國者，臣術勝也。夫尊君卑臣，非計親也，以勢勝也。(《明法》)

主釋法而以譽進能，則臣離上而下比周矣。以黨舉官，則民務交而不求用矣。(《明法》)

爲人君者，莫貴於勝。所謂勝者，法立令行之謂勝。法立令行，故羣臣奉法守職，百官有常，法不繁匿，萬民敦愨，反本而儉力。故賞必足以使，威必足以勝，然後下從。(《正世》)

治國之道，必先富民。民富則易治也，民貧則難治也。奚以知其然耶？民富，則安鄉重家；安鄉重家，則敬上畏罪；敬上畏罪，則易治也。民貧，則危鄉輕家；危鄉輕家，則敢陵上犯禁；陵上犯禁，則難治也。故治國常富，而亂國常貧。是以善爲國者，必先富之，然後治之。(《治國》)

道也者，口之所不能言也，目之所不能視也，耳之所不能聽也，所以修心而正形也。(《内業》)

天主正，地主平，人主安静。春秋冬夏，天之時也；山陵川谷，地之枝也；喜怒取予，人之謀也。是故聖人與時變而不化，從物而不移。能正能静，然後能定。定心在中，耳目聰明，四枝堅固，可以爲精舍。(《内業》)

執一不失，能君萬物；君子使物，不爲物使。(《内業》)

凡道必周必密，必寬必舒，必堅必固。(《内業》)

法者，所以興功懼暴也；律者，所以定分止爭也；令者，所以令人知事也。法律政令者，吏民規矩繩墨也。夫矩不正，不可以求方；繩不信，不可以求直。法令者，君臣之所共立也；權勢者，人主之所獨守也。故人主失守則危，臣吏失守則亂。罪決於吏則治，權斷於主則威，民信其法則親。是故明主審法慎權，下上有分。(《七臣七主》)

衆人者，多營於物，而苦其力，勞其心，故困而不贍。(《禁藏》)

安徐而静，柔節先定，虚心平意以待須。(《九守（主位）》)

目貴明，耳貴聰，心貴智。以天下之目視，則無不見也；以天下之耳聽，則無不聞也，以天下之心慮，則無不知也。輻凑並進，則明不塞矣。(《九守（主明）》)

聽之術曰：勿望而距，勿望而許。許之則失守，距之則閉塞。高山仰之，不可極也；深淵度之，不可測也；神明之德，正静其極也。(《九守（主聽）》)

心不爲九竅，九竅治；君不爲五官，五官治。爲善者，君予之賞；爲非者，君予之罰。君因其所以來，因而予之，則不勞矣。聖人因之，故能掌之；因之修理，故能長久。(《九守（主因）》)

人主不可不周。人主不周，則羣臣下亂。寂乎其無端也，外内不通，安知所怨；闗閈不開，善否無原。(《九守（主周）》)

主者，人之所仰而生也。能寬裕純厚而不苛忮，則民人附。(《形勢解》)

人主，天下之有威者也。得民則威立，失民則威廢。(《形勢解》)

人主，天下之有勢者也。深居則人畏其勢。人主去其門而迫於民，則民輕之而傲其勢。(《形勢解》)

天之裁大，故能兼覆萬物；地之裁大，故能兼載萬物；人主之裁大，故容物多而衆人得比焉。(《形勢解》)

海不辭水，故能成其大；山不辭土石，故能成其高；明主不厭人，故能成其衆。(《形勢解》)

明主之官物也，任其所長，不任其所短。故事無不成，而功無不立。(《形勢解》)

人主之所以制臣下者，威勢也。故威勢在下，則主制於臣；威勢在上，則臣制於主。威勢獨在於主而不與臣共。(《明法解》)

晏子春秋

先王之立愛，以勸善也；其立惡，以禁暴也。昔者三代之興也，利於國者愛之，害於國者惡之。故明所愛而賢良衆，明所惡而邪僻滅。是以天下治平，百姓和集。(《諫上》)

財屈力竭，下無以親上；驕泰奢侈，上無以親下。上下交離，君臣無親，此三代之所以衰也。(《諫上》)

國有三不祥：有賢而不知，一不祥；知而不用，二不祥；用而不任，三不祥也。(《諫下》)

禮者，民之紀；紀亂則民失。亂紀失民，危道也。(《諫下》)

合升斗之微，以滿倉廩；合疏縷之綈，以成幃幕。太山之高，非一石也；累卑然後高。夫治天下者，非用一士之言也。固有受而不用，惡有拒而不受者哉！(《諫下》)

明君必務正其治，以事利民，然後子孫享之。(《諫下》)

古之人君，其宮室節，不侵生民之居；臺榭儉，不殘死人之墓。(《諫下》)

爲政尚相利，故下不以相害；行教尚相愛，故民不以相惡爲名。(《問上》)

昔三代之興也，謀必度其義，事必因於民。(《問上》)

通則視其所舉，窮則視其所不爲，富則視其所不取。夫上士，難進而易退也；其次，易進易退也；其下，易進難退也。以此數物者取人，其可乎！(《問上》)

爲君節養其餘以顧民，則君尊而民安；爲臣忠信而無踰職

業，則事治而身榮。(《問上》)

爲政患善惡之不分。(《問上》)

羞問之君，不能保其身。(《問上》)

其政任賢，其行愛民；其取下節，其自養儉；在上不犯下，在治不傲窮；從邪害民者有罪，進善舉過者有賞。其政刻上而饒下，赦過而救窮；不因喜以加賞，不因怒以加罰；不從欲以勞民，不修怒而危國。上無驕行，下無諂德；上無私義，下無竊權；上無朽蠹之藏，下無凍餒之民；不事驕行而尚同，其民安樂而尚親；賢君之治國如此。(《問上》)

古者百里而異習，千里而殊俗，故明王修道，一民同俗。上愛民爲法，下相親爲義，是以天下不相遺，此明王教民之理也。(《問上》)

地不同生，而任之以一種，責其俱生不可得。人不同能，而任之以一事，不可責徧成。責焉無已，智者有不能給；求焉無饜，天地有不能贍也。故明王之任人，諂諛不邇乎左右，阿黨不治乎本朝。任人之長，不彊其短；任人之工，不彊其拙；此任人之大略也。(《問上》)

節欲則民富，中聽則民安。(《問下》)

意莫高於愛民，行莫厚於樂民。(《問下》)

順愛不懈，可以使百姓；彊暴不忠，不可以使一人。(《問下》)

墨　子

入國而不存其士，則亡國矣；見賢而不急，則緩其君矣。非賢無急，非士無與慮國。緩賢忘士，而能以其國存者，未曾有也。(《親士》)

太上無敗，其次敗而有以成，此之謂用民。(《親士》)

非無安居也,我無安心也;非無足財也,我無足心也。(《親士》)

爲其所難者，必得其所欲焉；未聞爲其所欲，而免其所惡者也。(《親士》)

偪臣傷君，諂下傷上。君必有弗弗之臣，上必有詻詻之下。(《親士》)

今有五錐，此其銛，銛者必先挫；有五刀，此其錯，錯者必先靡。是以甘井近竭，喬木近伐；靈龜近灼，神蛇近暴。是故比干之殪，其抗也；孟賁之殺，其勇也；西施之沉，其美也；吳起之裂，其事也；故彼人者，寡不死其所長。故曰：太盛難守也。(《親士》)

雖有賢君，不愛無功之臣；雖有慈父，不愛無益之子。是故不勝其任而處其位，非此位之人也；不勝其爵而處其祿，非此祿之主也。(《親士》)

良弓難張，然可以及高入深；良馬難乘，然可以任重致遠；良才難令，然可以致君見尊。是故江河不惡小谷之滿已也，故能大。聖人者，事無辭也，物無違也，故能爲天下器。(《親士》)

江河之水，非一川之源也；千鎰之裘，非一狐之白也。夫惡有同方取、不取不同而已者乎？蓋非兼王之道也。(《親士》)

天地不昭昭，大水不潦潦，大火不燎燎，王德不堯堯者，乃千人之長也。(《親士》)

其直知矢，其平如砥，不足以覆萬物。(《親士》)

谿陜者速涸，游淺者速竭，墝埆者其地不育。王者淳澤不出宮中，則不能流國矣。(《親士》)

善爲君者，勞於論人而佚於治官。不能爲君者，傷形費神，愁心勞意。然國逾危，身逾辱。(《所染》)

財不足，則反之時；食不足，則反之用。故先民以時生財，固本而節用，則財足。(《七患》)

儉節則昌，淫佚則亡。夫婦節而天地和，風雨節而五穀孰，

衣食節而肌膚和。(《辭過》)

古者聖王之爲政，列德而尚賢。雖在農與工肆之人，有能則舉之。高予之爵，重予之祿，任之以事，斷予之令。曰：爵位不高，則民弗敬；蓄祿不厚，則民不信；政令不斷，則民不畏。舉三者授之賢者，非爲賢賜也，欲其事之成。故當是時，以德就列，以官服事，以勞殿賞。量功而分祿，故官無常貴，而民無終賤。有能則舉之，無能則下之。舉公義，辟私怨。(《尚賢上》亦見《尚賢中》)

貪於政者，不能分人以事；厚於貨者，不能分人以祿。(《尚賢中》)

古者之置正長也，將以治民也。譬之若絲縷之有紀而罔罟之有綱也。將以連收天下，禁其淫暴，而一同其義也。(《尚同中》)

古者上帝鬼神之建設國都立正長也，非高其爵，厚其祿，富貴佚而錯之也，將以爲萬民興利除害、富貧衆寡、安危治亂也。(《尚同中》)

夫唯能使人之耳目助己視聽，使人之吻助己言談，使人之心助己思慮，使人之股肱助己動作。助之視聽者衆，則其所聞見遠矣；助之言談者衆，則其德音之所撫循者博矣；助之思慮者衆，則其謀度速得矣；助之動作者衆，則其舉事速成矣。(《尚同中》)

聖人之拊覆也，仁而無利愛。(《大取》)

聖人之爲天下也，其類在追迷。(《大取》)

或壽或卒，其利天下也相若。(《大取》)

商君書

疑行無成，疑事無功。(《更法》)

有高人之行者，固見負於世；有獨知之慮者，必見驁於民。(《更法》)

拘禮之人，不足與言事；制法之人，不足與論變。(《更法》)

聖人明君者，非能盡其萬物也，知萬物之要也。故其治國也，察要而已矣。(《更法》)

國富則淫，淫則有蝨，有蝨則弱。(《説民》)

農則樸，樸則安其居而惡出。(《算地》)

有土者，不可以言貧；有民者，不可以言弱。地誠任，不患無財；民誠用，不畏强暴。(《錯法》)

兵起而程敵，政不若者勿與戰，食不若者勿與久。敵衆勿爲客，敵盡不如擊之勿疑。故曰：兵大律在謹。(《戰法》)

凡人臣之事君也，多以主所好事君。君好法也，則臣以法事君；君好言也，則臣以言事君。(《修權》)

聖人有必信之性，又有使天下不得不信之法。(《畫策》)

國皆有法，而無使法必行之法；國皆有禁姦邪、刑盜賊之法，而無使姦邪盜賊必得之法。(《畫策》)

人主使其民，信此如日月，則無敵矣。(《弱民》)

聖人爲法，必使之明白易知。(《定分》)

慎 子

古者立天子而貴之者，非以利一人也。曰：天下無一貴，則理無由通，通理以爲天下也。(《威德》)

天道因則大，化則細。因也者，因人之情也。人莫不自爲也，化而使之爲我，則莫可得而用矣。是故先王見不受祿者，不臣；祿不厚者，不與入難。(《因循》)

大君者，太上也；兼畜下者也。下之所能不同，而皆上之用也。是以大君因民之能爲資，盡包而畜之，無能去取焉。是故不設一方以求於人，故所求者無不足也。大君不擇其下，故足；不擇其下，則易爲下矣。易爲下，則莫不容；莫不容，故多下；多

下之謂太上。(《民雜》)

君臣之道，臣事事而君無事，君逸樂而臣任勞。臣盡智力以善其事，而君無與焉，仰成而已；故事無不治，治之正道然也。人君自任，而務爲善以先下，則是代下負任蒙勞也，臣反逸矣。故曰：君人者好爲善以先下，則下不敢與君爭爲善以先君矣。皆私其所知以自覆掩，有過則臣反責君，逆亂之道也。(《民雜》)

君之智，未必最賢於衆也。以未最賢而欲以善盡被下，則不贍矣。若使君之智最賢，以一君而盡贍下則勞，勞則有倦，倦則衰，衰則復反於不贍之道也。是以人君自任而躬事，則臣不事事，是君臣易位也。謂之倒逆，倒逆則亂矣。(《民雜》)

老子

聖人處無爲之事，行不言之教，萬物作焉而不辭，生而不有，爲而不恃，功成而弗居。夫唯弗居，是以不去。(二章)

聖人之治，虛其心，實其腹；弱其志，強其骨。常使民無知無欲，使夫智者不敢爲也。爲無爲，則無不治。(三章)

多言數窮，不如守中。(五章)

天長地久。天地所以能長久者，以其不自生，故能長生。是以聖人後其身而身先，外其身而身存。非以其無私邪！故能成其私。(七章)

聖人抱一，爲天下式。不自見，故明；不自是，故彰；不自伐，故有功；不自矜，故長。夫唯不爭，故天下莫能與之爭。古之所謂曲則全者，豈虛言哉！誠全而歸之。(二十二章)

以其終不自爲大，故能成其大。(三十四章)

柔弱勝剛強。魚不可脫於淵，國之利器，不可以示人。(三十六章)

道常無爲而無不爲。矦王若能守之，萬物將自化。(三十七章)

貴以賤爲本，高以下爲基。是以侯王自謂孤寡不穀，此非以賤爲本邪！（三十九章）

天下之至柔，馳騁天下之至堅，無有入無間，吾是以知無爲之有益。不言之教；無爲之益，天下希及之。（四十三章）

不出户，知天下；不闚牖，見天道。其出彌遠，其知彌少。是以聖人不行而知，不見而名，不爲而成。（四十七章）

爲學日益，爲道日損。損之又損，以至於無爲。無爲而無不爲。（四十八章）

圖難於其易，爲大於其細。天下難事，必作於易；天下大事，必作於細。是以聖人終不爲大，故能成其大。（六十三章）

江海所以能爲百谷王者，以其善下之，故能爲百谷王。是以欲上民，必以言下之；欲先民，必以身後之。是以聖人處上而民不重，處前而民不害，是以天下樂推而不厭。以其不爭，故天下莫能與之爭。（六十六章）

强大處下，柔弱處上。（七十六章）

天之道，其猶張弓與！高者抑之，下者舉之，有餘者損之，不足者補之。天之道，損有餘而補不足。人之道則不然，損不足以奉有餘。孰能有餘以奉天下？唯有道者。是以聖人爲而不恃，功成而不處，其不欲見賢。（七十七章）

天下莫柔弱於水，而攻堅强者，莫之能勝；以其無以易之。弱之勝强，柔之勝剛，天下莫不知，莫能行。（七十八章）

莊　子

夫道，有情有信，無爲無形。可傳而不可受，可得而不可見。（《大宗師》）

君子不得已而臨莅天下，莫若無爲。無爲也，而後安其性命之情。故貴以身於爲天下，則可以託天下；愛以身於爲天下，則

可以寄天下。(《在宥》)

有大物者，不可以物物。而不物，故能物物。(《在宥》)

無爲而尊者，天道也；有爲而累者，人道也。主者，天道也；臣者，人道也。(《在宥》)

古之君天下，無爲也，天德而已矣。(《天地》)

聖人之静也，非曰静也善，故静也；萬物無足以鐃心者，故静也。静則無爲。無爲也，則任事者責矣。(《天道》)

帝王之德，以天地爲宗，以道德爲主，以無爲爲常。無爲也，則用天下而有餘；有爲也，則爲天下用而不足；故古之人貴夫無爲也。上無爲也，下亦無爲也，是下與上同德。下與上同德，則不臣。下有爲也，上亦有爲也，是上與下同道。上與下同道，則不主。上必無爲而用天下，下必有爲爲天下用，此不易之道也。故古之王天下者，知雖落天地，不自慮也；辯雖彫萬物，不自説也；能雖窮海内，不自爲也。天不産而萬物化，地不長而萬物育，帝王無爲而天下功。(《天道》)

本在於上，末在於下；要在於主，詳在於臣。(《天道》)

夫尊卑先後，天地之行也，故聖人取象焉。天尊地卑，神明之位也；春夏先，秋冬後，四時之序也。天地至神而有尊卑先後之序，而況人道乎！(《天道》)

知道者必達於理，達於理者必明於權，明於權者不以物害己。(《秋水》)

天在内，人在外。(《秋水》)

衆小不勝爲大勝也。爲大勝者，唯聖人能之。(《秋水》)

天無爲以之清，地無爲以之寧，故兩無爲相合，萬物皆化。(《至樂》)

無譽無訾，一龍一蛇，與時俱化，而無肯專爲。一上一下，以和爲量，浮游乎萬物之祖，物物而不物於物。(《山木》)

天地有大美而不言，四時有明法而不議，萬物有成理而不

說。聖人者，原天地之美而達萬物之理。是故至人無爲，大聖不作，觀於天地之謂也。(《知北遊》)

丘山積卑而爲高，江河合水而爲大，大人合并而爲公。(《則陽》)

列　子

治大者不治細，成大功者不成小。(《楊朱》)

賢者任人，故年老而不衰，智盡而不亂。故治國之難，在於知賢，而不在自賢。(《說符》)

聖人恃道化而不恃智巧。(《說符》)

鶡冠子

天下之事，非一人之所能獨知也；海水廣大，非獨仰一川之流也。是以明主之治世也，急於求人，弗獨爲也。(《道端》)

進賢受上賞，則下不相蔽。(《道端》)

仁者，君之操也；義者，君之行也；忠者，君之政也；信者，君之教也；聖人者，君之師傅也。君道知人，臣術知事。(《道端》)

富者觀其所予，足以知仁；貴者觀其所舉，足以知忠；貧者觀其所不取，足以知廉；賤者觀其所不爲，足以知賢。(《道端》)

無道之君，任用么麽，動即煩濁；有道之君，任用俊雄，動則明白。(《道端》)

賢君循成法，後世久長；惰君不從，當世滅亡。(《道端》)

兵者，百歲不一用，然不可一日忘也。(《近迭》)

擇人而用之者王，用人而擇之者亡。(《近迭》)

守一道制萬物者，法也。法也者，守内者也；令也者，出制

者也。(《度量》)

法者，使去私就公。(《度量》)

影則隨形，響則應聲，故形聲者，天地之師也。(《泰錄》)

一目之羅，不可以得雀；籠中之鳥，空窺不出。(《世兵》)

衆人唯唯，安定禍福；憂喜聚門，吉凶同域；失反爲得，成反爲敗。(《世兵》)

天高而可知，地大而可宰。(《備知》)

尹文子

道不足以治，則用法；法不足以治，則用術；術不足以治，則用權；權不足以治，則用勢。勢用則反權，權用則反術，術用則反法，法用則反道，道用則無爲而自治。(《大道上》)

術者，人君之所密用，羣下不可妄窺；勢者，制法之利器，羣下不可妄爲。(《大道上》)

天下萬事，不可備能。責其備能於一人，則賢聖其猶病諸。設一人能備天下之事，則左右前後之宜，遠近遲疾之間，必有不兼者焉。苟有不兼，於治闕矣。全治而無闕者，大小多少，各當其分；農商工仕，不易其業。老農長商，習工舊士，莫不存焉。則處上者何事哉！(《大道上》)

所貴聖人之治，不貴其獨治，貴其能衆共治；貴工倕之巧，不貴其獨巧，貴其能與衆共巧也。今世之人，行欲獨賢，事欲獨能，辯欲出羣，勇欲絶衆。獨行之賢，不足以成化；獨能之事，不足以周務；出羣之辯，不可爲户説；絶衆之勇，不可與征陣。凡此四者，亂之所由生。是以聖人任道以夷其險，立法以理其差。使賢愚不相棄，能鄙不相遺。能鄙不相遺，則能鄙齊功；賢愚不相棄，則賢愚等慮；此至治之術也。(《大道上》)

圓者之轉，非能轉而轉，不得不轉也。方者之止，非能止而止，不得不止也。因圓之自轉，使不得止；因方之自止，使不得轉；何苦物之失分。(《大道上》)

仁、義、禮、樂、名、法、刑、賞。凡此八者，五帝三王治世之術也。故仁以道之，義以宜之，禮以行之，樂以和之，名以正之，法以齊之，刑以威之，賞以勸之。故仁者所以博施於物，亦所以生偏私；義者所以立節行，亦所以成華僞；禮者所以行恭謹，亦所以生惰慢；樂者所以和情志，亦所以生淫放；名者所以正尊卑，亦所以生矜篡；法者所以齊衆異，亦所以乖名分；刑者所以威不服，亦所以生陵暴；賞者所以勸忠能，亦所以生鄙爭。(《大道下》)

凡人富則不羨爵禄，貧則不畏刑罰。不羨爵禄者，自足於己也；不畏刑罰者，不賴存身也。二者爲國之所甚，而不知防之之術，故令不行而禁不止。若使令不行而禁不止，則無以爲治。無以爲治，是人君虚臨其國，徒君其民，危亂可立而待矣。今使由爵禄而後富，則人必爭盡力於其君矣；由刑罰而後貧，則人咸畏罪而從善矣。故古之爲國者，無使民自貧富。貧富皆由於君，則君專所制，民知所歸矣。(《大道下》)

荀　子

天地爲大矣，不誠則不能化萬物；聖人爲知矣，不誠則不能化萬民；父子爲親矣，不誠則疏；君上爲尊矣，不誠則卑。夫誠者，君子之所守也，而政事之本也。(《不苟》)

君子位尊而志恭，心小而道大。所聽視者近，而所聞見者遠，是何邪？則操術然也。(《不苟》)

公生明，偏生闇；端慤生通，詐僞生塞；誠信生神，夸誕生

惑。此六生者，君子愼之，而禹桀所以分也。(《不苟》)

兩貴之不能相事，兩賤之不能相使，是天數也。勢位齊而欲惡同，物不能贍則必爭，爭則必亂，亂則窮矣。先王惡其亂也，故制禮義以分之，使有貧富貴賤之等，足以相兼臨者，是養天下之本也。(《王制》)

君人者欲安，則莫若平政愛民矣；欲榮，則莫若隆禮敬士矣；欲立功名，則莫若尚賢使能矣；是君人者之大節也。三節者當，則其餘莫不當矣。三節者不當，則其餘雖曲當，猶將無益也。(《王制》)

足國之道，節用裕民，而善藏其餘。節用以禮，裕民以政。彼裕民故多餘，裕民則民富，民富則田肥以易；田肥以易，則出實百倍。上以法取焉，而下以禮節用之。餘若丘山，不時焚燒，無所藏之，夫君子奚患乎無餘。故知節用裕民，則必有仁義聖良之名，而且有富厚丘山之積矣。(《富國》)

禮者，貴賤有等，長幼有差，貧富輕重皆有稱者也。(《富國》)

人之生不能無羣，羣而無分則爭，爭則亂，亂則窮矣。故無分者，人之大害也；有分者，天下之本利也。而人君者，所以管分之樞要也。(《富國》)

治國有道，人主有職。若夫貫日而治詳，一日而曲列之，是所使夫百吏官人爲也，不足以是傷游玩安燕之樂。若夫論一相以兼率之，使臣下百吏，莫不宿道鄉方而務，是夫人主之職也。(《王霸》)

人主者，以官人爲能者也；匹夫者，以自能爲能者也。人主得使人爲之，匹夫則無所移之。今以一人兼聽天下，日有餘而治不足者，使人爲之也。大有天下，小有一國，必自爲之然後可，則勞苦秏顇莫甚焉。如是，則雖臧獲不肯與天子易勢業。(《王霸》)

取天下者，非負其土地而從之之謂也，道足以壹人而已矣。彼其人苟壹，則其土地且奚去我而適它。(《王霸》)

主道治近不治遠，治明不治幽，治一不治二。主能治近，則遠者理；主能治明，則幽者化；主能當一，則百事正。夫兼聽天下，日有餘而治不足者如此也，是治之極也。(《王霸》)

明主好要，而闇主好詳。主好要則百事詳，主好詳則百事荒。(《王霸》)

君人勞於索之，而休於使之。(《王霸》)

君者，民之原也。原清則流清，原濁則流濁。故有社稷者而不能愛民，不能利民，而求民之親愛己，不可得也；民不親不愛，而求其爲己用，爲己死，不可得也。民不爲己用，不爲己死，而求兵之勁，城之固，不可得也。兵不勁，城不固，而求敵之不至，不可得也。敵至而求無危削，不滅亡，不可得也。(《君道》)

君人者，愛民而安，好士而榮，兩者無一焉而亡。(《君道》)

君者何也？曰：能羣也。能羣也者何也？曰：善生養人者也，善班治人者也，善顯設人者也，善藩飾人者也。善生養人者人親之，善班治人者人安之，善顯設人者人樂之，善藩飾人者人榮之。四統者俱，而天下歸之，夫是之謂能羣。(《君道》)

明主有私人以金石珠玉，無私人以官職事業。(《君道》)

賞不欲僭，刑不欲濫。賞僭則利及小人，刑濫則害及君子。若不幸而過，寧僭無濫。與其害善，不若利淫。(《致士》)

凡兼人者有三術：有以德兼人者，有以力兼人者，有以富兼人者。(《議兵》)

人之命在天，國之命在禮。人君者，隆禮尊賢而王，重法愛民而霸，好利多詐而危，權謀傾覆幽險而亡。(《彊國》)

威有三：有道德之威者，有暴察之威者，有狂妄之威者。(《彊國》)

萬物各得其和以生，各得其養以成，不見其事而見其功，夫

是之謂神。(《天論》)

大巧在所不爲，大智在所不慮。(《天論》)

一物失稱，亂之端也。夫德不稱位，能不稱官，賞不當功，罰不當罪，不祥莫大焉。(《正論》)

禮起於何也？曰：人生而有欲，欲而不得，則不能無求；求而無度量分界，則不能不爭。爭則亂，亂則窮。先王惡其亂也，故制禮義以分之，以養人之欲，給人之求。使欲必不窮乎物，物必不屈於欲。兩者相持而長，是禮之所起也。(《禮論》)

昔者舜之治天下也，不以事詔而萬物成。處一危之，其榮滿側；養一之微，榮矣而未知。故道經曰：人心之危，道心之微。危微之幾，惟明君子而後能知之。(《解蔽》)

有兼聽之明，而無奮矜之容；有兼覆之厚，而無伐德之色。(《正名》)

水行者表深，使人無陷；治民者表亂，使人無失。禮者，其表也。(《大略》)

禮之生，爲賢人以下至庶民也，非爲成聖也。然而亦所以成聖也，不學不成。(《大略》)

禮以順人心爲本。故亡於禮經而順人心者，皆禮也。(《大略》)

有法者，以法行；無法者，以類舉。(《大略》)

主道知人，臣道知事。故舜之治天下，不以事詔而萬物成。農精於田而不可以爲田師，工賈亦然。(《大略》)

韓非子

愛臣太親，必危其身；人臣太貴，必易主位。(《愛臣》)

君無見其所欲。君見其所欲，臣將自雕琢。君無見其意。君見其意，臣將自表異。故曰：去好去惡，臣乃見素；去舊去智，

臣乃自備。(《主道》)

明君無爲於上，羣臣竦懼乎下。明君之道，使智者盡其慮，而君因以斷事，故君不窮於智；賢者敕其材，君因而任之，故君不窮於能；有功則君有其賢，有過則臣任其罪，故君不窮於名。是故不賢而爲賢者師，不智而爲智者正。臣有其勞，君有其成功，此之謂賢主之經也。(《主道》)

不謹其閉，不固其門，虎乃將存；不慎其事，不掩其情，賊乃將生。(《主道》)

人主之道，静退以爲寶。不自操事，而知拙與巧；不自計慮，而知福與咎。是以不言而善應，不約而善增。言已應則執其契，事已增則操其符。符契之所合，賞罰之所生也。故羣臣陳其言，君以其言授其事，事以責其功。功當其事，事當其言則賞；功不當其事，事不當其言則誅。(《主道》)

國無常强，無常弱。奉法者强，則國强；奉法者弱，則國弱。(《有度》)

今若以譽進能，則臣離上而下比周；若以黨舉官，則民務交而不求用於法。故官之失能者其國亂，以譽爲賞以毁爲罰也。則好賞惡罰之人，釋公行，行私術，比周以相爲也。忘主外交以進其與，則其下所以爲上者薄矣。(《有度》)

爲人主而身察百官，則日不足，力不給。且上用目，則下飾觀；上用耳，則下飾聲；上用慮，則下繁辭。先王以三者爲不足，故舍己能而因法數，審賞罰。先王之所守要，故法省而不侵。獨制四海之内，聰智不得用其詐，險躁不得關其佞，姦邪無所依。遠在千里外，不敢易其辭；勢在郎中，不敢蔽善飾非。朝廷羣下，直凑單微，不敢相踰越。故治不足而日有餘，上之任勢使然也。(《有度》)

以法治國，舉措而已矣。法不阿貴，繩不撓曲，法之所加，智者弗能辭，勇者弗敢爭。刑過不避大臣，賞善不遺匹夫。(《有度》)

明主之所導制其臣者，二柄而已矣。二柄者，刑德也。何謂刑德？曰：殺戮之謂刑，慶賞之謂德。爲人臣者，畏誅罰而利慶賞，故人主自用其刑德，則羣臣畏其威而歸其利矣。(《二柄》)

人主好賢，則羣臣飾行以要君欲，則是羣臣之情不效。羣臣之情不效，則人主無以異其臣矣。故越王好勇，而民多輕死；楚靈王好細腰，而國中多餓人；齊桓公妬而好内，故豎刁自宫以治内；桓公好味，易牙蒸其子首而進之；燕子噲好賢，故子之明不受國。故君見惡，則羣臣匿端；君見好，則羣臣誣能。人主欲見，則羣臣之情態得其資矣。(《二柄》)

權不欲見，素無爲也。事在四方，要在中央。聖人執要，四方來效。虚而待之，彼自以之。(《揚權》)

物者有所宜，材者有所施。各處其宜，故上下無爲。使雞司夜，令狸執鼠，皆用其能，上乃無事。上有所長，事乃不方。矜而好能，下之所欺。辯惠好生，下因其材。上下易用，國故不治。(《揚權》)

聖人之道，去智與巧。智巧不去，難以爲常。民人用之，其身多殃；主上用之，其國危亡。因天之道，反形之理，督參鞠之，終則有始。虚以静後，未嘗用己。(《揚權》)

主上不神，下將有因。其事不當，下考其常。若天若地，是謂累解；若地若天，孰疏孰親。能象天地，是謂聖人。(《揚權》)

主失其神，虎隨其後；主上不知，虎將爲狗。主施其法，大虎將怯；主施其刑，大虎自寧。法刑苟信，虎化爲人，復反其真。(《揚權》)

一家二貴，事乃無功。(《揚權》)

主用術，則大臣不得擅斷，近習不敢賣重。(《和氏》)

人主誠明於聖人之術，而不苟於世俗之言。循名實而定是非，因參驗而審言辭。左右安能以虚言惑主，而百官安敢以貪漁下。(《姦劫弑臣》)

人主者，非目若離婁乃爲明也，非耳若師曠乃爲聰也。不任其數，而待目以爲明，所見者少矣，非不弊之術也；不因其勢，而待耳以爲聰，所聞者寡矣，非不欺之道也。明主者，使天下不得不爲己視，使天下不得不爲己聽。故身在深宮之中，而明照四海之內，而天下弗能蔽弗能欺者何也？闇亂之道廢而聰明之勢興也。故善任勢者國安，不知因其勢者國危。（《姦劫弑臣》）

世之學術者，説人主不曰乘威嚴之勢以困姦衺之臣，而皆曰仁義惠愛而已矣。世主美仁義之名，而不察其實。是以大者國亡身死，小者地削主卑。（《姦劫弑臣》）

夫嚴刑者，民之所畏也；重罰者，民之所惡也。故聖人陳其所畏以禁其衺，設其所惡以防其姦，是以國安而暴亂不起。無威嚴之勢，賞罰之法，雖堯舜不能以爲治。（《姦劫弑臣》）

治國之有法術賞罰，猶若陸行之有犀車良馬也，水行之有輕身便檝也，乘之者遂得其成。（《姦劫弑臣》）

人主不可不加心於利己死者。故日月暈圍於外，其賊在內。備其所憎，禍在所愛。（《備内》）

視強則目不明，聽甚則耳不聰，思慮過度則智識亂。目不明，則不能決黑白之分；耳不聰，則不能別清濁之聲；智識亂，則不能審得失之地。書之所謂治人者，適動静之節，省思慮之費也。（《解老》）

事大衆而數搖之，則少成功；藏大器而數徙之，則多敗傷；烹小鮮而數撓之，則賊其宰；治大國而數變法，則民苦之。是以有道之君，貴虚静而重變法。（《解老》）

制在己曰重，不離位曰静。重則能使輕，静則能使躁。（《喻老》）

勢重者，人君之淵也。君人者，勢重於人臣之間，失則不可復得也。簡公失之於田成，晉公失之於六卿，而邦亡身死。故曰魚不可脱於深淵。（《喻老》）

賞罰者，邦之利器也。在君則制臣，在臣則勝君。君見賞，臣則損之以爲德；君見罰，臣則益之以爲威。人君見賞，而人臣用其勢；人君見罰，而人臣乘其威。故曰邦之利器不可以示人。(《喻老》)

聖人無常行。能並智，故曰不行而知；能並視，故曰不見而明。隨時以舉事，因資而立功。用萬物之能，而獲利其上。故曰不爲而成。(《喻老》)

釋法術而任心治，堯不能正一國；去規矩而妄意度，奚仲不能成一輪；廢尺寸而差短長，王爾不能半中。使中主守法術，拙匠執規矩尺寸，則萬不失矣。君人者，能去賢巧之所不能，守中拙之所萬不失，則人力盡而功名立。(《用人》)

夫有材而無勢，雖賢不能制不肖。故立尺材於高山之上，下臨千仞之谿，材非長也，位高也。桀爲天子，能制天下，非賢也，勢重也。堯爲匹夫，不能正三家，非不肖也，位卑也。千鈞得船則浮，錙銖失船則沉，非千鈞輕而錙銖重也，有勢之與無勢也。故短之臨高也以位，不肖之制賢也以勢。人主者，天下一力以共載之，故安；衆同心以共立之，故尊。(《功名》)

上不天，則下不徧覆；心不地，則物不畢載。太山不立好惡，故能成其高；江海不擇小助，故能成其富。故大人寄形於天地，而萬物備；歷心於山海，而國家富。(《大體》)

以身爲苦而後化民者，堯舜之所難也；處勢而驕下者，庸主之所易也。將治天下，釋庸主之所易，道堯舜之所難，未可與爲政也。(《難一》)

明主之道，一人不兼官，一官不兼事。卑賤不待尊貴而進，論大臣不因左右而見。百官修通，羣臣輻湊。有賞者君見其功，有罰者君知其罪。見知不悖於前，賞罰不弊於後。(《難一》)

桓公解管仲之束縛而相之。管仲曰：臣有寵矣，然而臣卑。公曰：使子立高國之上。管仲曰：臣貴矣，然而臣貧。公曰：使子有三歸之家。管仲曰：臣富矣，然而臣疏。於是立以爲仲父。霄略曰：管仲以賤爲不可以治國，故請高國之上；以貧爲不可以治富，故請三歸；以疏爲不可以治親，故處仲父。管仲非貪，以便治也。（《難一》）

物衆而智寡，寡不勝衆，智不足以徧知物，故因物以治物。下衆而上寡，寡不勝衆者，言君不足以徧知臣也，故因人以知人。是以形體不勞而事治，智慮不用而姦得。（《難三》）

人主之大法，非法則術也。法者，編著之圖籍，設之於官府，而布之於百姓者也。術者，藏之於胸中，以偶衆端，而潛御羣臣者也。故法莫如顯，而術不欲見。（《難三》）

申不害言術，而公孫鞅爲法。術者，因任而授官，循名而責實，操殺生之柄，課羣臣之能者也，此人主之所執也。法者，憲令著於官府，刑罰必於民心，賞存乎慎法而罰加乎姦令者也，此臣之所師也。君無術則弊於上，臣無法則亂於下。此不可一無，皆帝王之具也。（《定法》）

人主以一國目視，故視莫明焉；以一國耳聽，故聽莫聰焉。（《定法》）

人皆寐，則盲者不知；皆嘿，則喑者不知。覺而使之視，問而使之對，則喑盲者窮矣。不聽其言也，則無術者不知；不任其身也，則不肖者不知。聽其言而求其當，任其身而責其功，則無術不肖者窮矣。夫欲得力士而聽其自言，雖庸人與烏獲，不可別也。授之以鼎俎，則罷健效矣。故官職者，能士之鼎俎也，任之以事，而愚智分矣。（《六反》）

明主之行制也天，其用人也鬼。天則不非，鬼則不困。（《八經》）

力不敵衆，智不盡物。與其用一人，不如用一國，故智力敵而羣物勝。揣中則私勞，不中則任過。下君盡己之能，中君盡人之力，上君盡人之智。（《八經》）

明主其務在周密。是以喜見則德償，怒見則威分。故明主之言，隔塞而不通，周密而不見。(《八經》)

聖人不期修古，不法常可。論世之事，因爲之備。(《五蠹》)

古今異俗，新故異備。如欲以寬緩之政，治急世之民，猶無轡策而御駻馬，此不知之患也。(《五蠹》)

吕氏春秋

立官者，以全生也。今世之惑主，多官而反以害生，則失所爲立之矣。譬之若修兵者，以備寇也。今修兵而反以自攻，則亦失所爲修之矣。(《本生》)

天下，非一人之天下也，天下之天下也。陰陽之和，不長一類；甘露時雨，不私一物；萬民之主，不阿一人。(《貴公》)

處大官者，不欲小察，不欲小智。故曰：大匠不斲，大庖不豆，大勇不鬥，大兵不寇。(《貴公》)

智而用私，不若愚而用公。(《貴公》)

庖人調和而弗敢食，故可以爲庖。若使庖人調和而食之，則不可以爲庖矣。王伯之君亦然，誅暴而不私，以封天下之賢者，故可以爲王伯。若使王伯之君，誅暴而私之，則亦不可以爲王伯矣。(《去私》)

古之善爲君者，勞於論人而佚於官事，得其經也。不能爲君者，傷形費神，愁心勞耳目，國愈危，身愈辱，不知要故也。(《當染》)

水泉深，則魚鼈歸之；樹木盛，則飛鳥歸之；庶草茂，則禽獸歸之；人主賢，則豪傑歸之。故聖王不務歸之者，而務其所以歸。(《功名》)

彊令之笑，不樂；彊令之哭，不悲；彊令之爲道也，可以成小而不可以成大。(《功名》)

聖王成其身，而天下成；治其身，而天下治。故善響者，不於響於聲；善影者，不於影於形；爲天下者，不於天下於身。(《先己》)

無爲之道，曰勝天。勝天順性，順性則聰明壽長。(《先己》)

欲勝人者，必先自勝；欲論人者，必先自論；欲知人者，必先自知。(《先己》)

主道約，君守近。太上反諸己，其次求諸人。其索之彌遠者，其推之彌疏；其求之彌彊者，失之彌遠。(《論人》)

凡論人，通則觀其所禮，貴則觀其所進，富則觀其所養，聽則觀其所行，止則觀其所好，習則觀其所言，窮則觀其所不受，賤則觀其所不爲。喜之以驗其守，樂之以驗其僻，怒之以驗其節，懼之以驗其特，哀之以驗其人，苦之以驗其志。八觀、六驗，此賢主之所以論人也。論人者又必以六戚四隱。何謂六戚？父、母、兄、弟、妻、子。何謂四隱？交友、故舊、邑里、門郭。内則用六戚四隱，外則用八觀六驗，人之情僞，貪鄙美惡，無所失矣。(《論人》)

天道圜，地道方，聖王法之，所以立上下。何以説天道之圜也？精氣一上一下，圜周復雜，無所稽留，故曰天道圜。何以説地道之方也？萬物殊類殊形，皆有分職，不能相爲，故曰地道方。主執圜，臣處方，方圜不易，其國乃昌。(《圜道》)

天下無粹白之狐，而有粹白之裘，取之衆白也。夫取於衆，此三皇五帝之所以大立功名也。凡君之所以立，出乎衆也。立已定而舍其衆，是得其末而失其本。得其末而失其本，不聞安居。故以衆勇，無畏乎孟賁矣；以衆力，無畏乎烏獲矣；以衆視，無畏乎離婁矣；以衆知，無畏乎堯舜矣。夫以衆者，此君人之大寶也。(《用衆》)

道也者，視之不見，聽之不聞，不可爲狀。有知不見之見，不聞之聞，無狀之狀者，則幾於知之矣。道也者，至精也。不可

爲形，不可爲名。彊爲之，謂之太一。故一也者，制令；兩也者，從聽。先聖擇兩法一，是以知萬物之情。(《大樂》)

家無怒笞，則豎子嬰兒之有過也立見；國無刑罰，則百姓之悟相侵也立見；天下無誅伐，則諸侯之相暴也立見。故怒笞不可偃於家，刑罰不可偃於國，誅伐不可偃於天下。有巧有拙而已矣。(《蕩兵》)

衆正之所積，其福無不及也；衆邪之所積，其禍無不逮也。(《明理》)

衆之爲福也大，其爲禍也亦大。譬之若漁深淵，其得魚也大，其爲害也亦大。(《決勝》)

聖人南面而立，以愛利民爲心。號令未出，而天下皆延頸舉踵矣，則精通乎民也。故君子誠乎此而諭乎彼，感乎己而發乎人，豈必彊說乎哉！(《精通》)

名不徒立，功不自成，國不虛存，必有賢者。賢者之道，牟而難知，妙而難見。故見賢者而不聳，則不惕於心；不惕於心，則知之不深；不深知賢者之所言，不祥莫大焉。(《謹聽》)

凡舉人之本，太上以志，其次以事，其次以功，三者弗能，國必殘亡；羣孽大至，身必死殃。(《遇合》)

利不可兩，忠不可兼。不去小利，則大利不得；不去小忠，則大忠不至。故小利，大利之殘也；小忠，大忠之賊也。聖人去小取大。(《權勳》)

三代所寳莫如因，因則無敵。夫審天者，察列星而知四時，因也；推曆者，視月行而知晦朔，因也；禹之裸國，裸入衣出，因也；墨子見荆王，錦衣吹笙，因也；孔子道彌子瑕見釐夫人，因也；湯武遭亂世，臨苦民，揚其義，成其功，因也。故因則功，專則拙。(《貴因》)

治國無法則亂，守法而弗變則悖，悖亂不可以持國。世易時移，變法宜矣。譬之若良醫，病萬變藥亦萬變。病變而藥不變，嚮之壽民，今爲殤子矣。故凡舉事，必循法以動。變法者，因時而化，若此論則無過務矣。夫不敢議法者，衆庶也；以死守者，有司也；因時變法者，賢主也。是故有天下七十一聖，其法皆不同。非務相反也，時勢異也。（《察今》）

大智不形，大器晚成，大音希聲。禹之決江水也，民聚瓦礫。事已成，功已立，爲萬世利，禹之所見者遠也，而民莫之知。故民不可與慮化舉始，而可以樂成功。（《樂成》）

凡持國，太上知始，其次知終，其次知中。三者不能，國必危，身必窮。（《察微》）

得道者必静，静者無知。知乃無知，可以言君道也。故曰：中欲不出謂之扃，外欲不入謂之閉。既扃而又閉，天之用密。有準不以平，有繩不以正。天之大静，既静而又寧，可以爲天下正。（《君守》）

天無形而萬物以成，至精無象而萬物以化，大聖無事而千官盡能。此乃謂不教之教，無言之詔。（《君守》）

善爲君者無識，其次無事。有識，則有不備矣；有事，則有不恢矣。不備不恢，此官之所以疑而邪之所從來也。今之爲車者，數官然後成。夫國豈特爲車哉！衆智衆能之所持也，不可以一物一方安車也。（《君守》）

凡姦邪險陂之人，必有因也。何因哉？因主之爲。人主好以己爲，則守職者舍職而阿主之爲矣。阿主之爲，有過則主無以責之，則人主日侵而人臣日得。是宜動者静，宜静者動也。尊之爲卑，卑之爲尊，從此生矣。（《君守》）

人主以好暴示能，以好唱自奮；人臣以不争持位，以聽從取容；是君代有司爲有司也，是臣得後隨以進其業。君臣不定，耳雖聞不可以聽，目雖見不可以視，心雖知不可以舉，勢使之也。凡耳之聞也，藉於静；目之見也，藉於昭；心之知也，藉於理。君臣易操，則上之三官者廢矣。（《任數》）

去聽無以聞則聰，去視無以見則明，去智無以知則公。去三者不任則治，三者任則亂，以此言耳目心智之不足恃也。耳目心智，其所以知識甚闕，其所以聞見甚淺。以淺闕博居天下，安殊俗，治萬民，其説固不行。（《任數》）

古之王者，其所爲少，其所因多。因者，君術也；爲者，臣道也。爲則擾矣，因則静矣。因冬爲寒，因夏爲暑，君奚事哉。故曰：君道無知無爲，而賢於有知有爲，則得之矣。（《任數》）

夫君人而知無恃其能勇力誠信，則近之矣。凡君也者，處平静，任德化，以聽其要。（《勿躬》）

明君者，非徧見萬物也，明於人主之所執也。有術之主者，非一自行之也，知百官之要也。知百官之要，故事省而國治也。明於人主之所執，故權專而姦止。（《知度》）

有道之主，因而不爲，責而不詔，去想去意，静虚以待。不伐之言，不奪之事，督名審實，官復自司。以不知爲道，以奈何爲寳。（《知度》）

人主之患，必在任人而不能用之、用之而與不知者議之也。絶江者託於船，致遠者託於驥，霸王者託於賢。（《知度》）

權鈞則不能相使，勢等則不能相并，治亂齊則不能相正。故小大輕重，少多治亂，不可不察，此禍福之門也。（《慎勢》）

以大畜小吉，以小畜大滅；以重使輕從，以輕使重凶。自此觀之，夫欲定一世安黔首之命，功名著乎槃盂，銘篆著乎壺鑑。其勢不厭尊，其實不厭多。（《慎勢》）

位尊者其教受，威立者其姦止，此畜人之道也。故以萬乘令乎千乘易，以千乘令乎一家易，以一家令乎一人易。（《慎勢》）

王也者勢也，王也者勢無敵也。勢有敵，則王者廢矣。（《慎勢》）

聽羣衆人議以治國，國危無日矣。（《不二》）

爲國之本，在於爲身。身爲而家爲，家爲而國爲，國爲而天下爲。故曰：以身爲家，以家爲國，以國爲天下。此四者異位同本。故聖人之事，廣之則極宇宙，窮日月；約之則無出乎身者也。（《執一》）

人主出聲應容，不可不審。凡主有識，言不欲先。人唱我和，人先我隨。以其出爲之入，以其言爲之名。取其實以責其名，則說者不敢妄言，而人主之所執其要矣。（《審應》）

說與治之務，莫若誠。聽言哀者，不若見其哭也；聽言怒者，不若見其鬥也。說與治不誠，其動人心不神。（《具備》）

威不可無有，而不足專恃。（《用民》）

禮煩則不莊，業煩則無功，令苛則不聽，禁多則不行。（《適威》）

凡人主必信。信而又信，誰人不親。故《周書》曰：允哉允哉！以言非信則百事不滿也。故信之爲功大矣。（《貴信》）

天地之大，四時之化，而猶不能以不信成物，又況乎人事。（《貴信》）

以全舉人固難，物之情也。故君子責人則以人，自責則以義。責人以人則易足，易足則得人；自責以義則難爲非，難爲非則行飾；故任天地而有餘。不肖者則不然，責人則以義，自責則以人。責人以義則難贍，難贍則失親；自責以人則易爲，易爲則行苟。故天下之大而不容也，身取危，國取亡焉。尺之木必有節目，寸之玉必有瑕瓋，先王知物之不可全也，故擇務而貴取一也。（《舉難》）

聖人不能爲時，而能以事適時。事適於時者，其功大。（《召類》）

凡事之本在人主。人主之患，在先事而簡人。簡人則事窮矣。（《行論》）

亡國之主，必自驕，必自智，必輕物。自驕則簡士，自智則專獨，輕物則無備。無備召禍，專獨位危，簡士壅塞。欲無壅

塞，必禮士；欲位無危，必得衆；欲無召禍，必完備。三者，人君之大經也。(《驕恣》)

天下之賢主，豈必苦形愁慮哉？執其要而已矣。雪霜雨露時，則萬物育矣，人民修矣，疾病妖厲去矣。故曰：堯之容若委衣裘，以言少事也。(《察賢》)

强大未必王也，而王必强大。王者之所藉以成也何？藉其威與其利。非强大，則其威不威，其利不利。其威不威，則不足以禁也；其利不利，則不足以勸也。故賢主必使其威利無敵。故以禁則必止，以勸則必爲。(《壹行》)

民無道知天，民以四時寒暑日月星辰之行知天。四時寒暑日月星辰之行當，則諸生有血氣之類，皆爲得其處而安其産。人臣亦無道知主，人臣以賞罰爵禄之所加知主。主之賞罰爵禄之所加者宜，則親疏遠近賢不肖，皆盡其力而以爲用矣。(《當賞》)

冬與夏不能兩刑，草與稼不能兩成，新穀熟而陳穀虧，凡有角者無上齒，果實繁者木必庳，用智褊者無遂功，天之數也。故天子不處全，不處極，不處盈。全則必缺，極則必反，盈則必虧。先王知物之不可兩大，故擇務當而處之。(《博志》)

人主，太上喜怒必循理；其次不循理，必數更。雖未至大賢，猶足以蓋濁世矣。(《似順》)

世主之患，恥不知而矜自用，好愎過而惡聽諫，以至於危，恥莫大乎危者。(《似順》)

先王不能盡知，執一而萬物治。使人不能執一者，物感之也。(《有度》)

先王用非其有，如己有之，通乎君道者也。夫君也者，處虚素服而無智，故能使衆智也；智反無能，故能使衆能也；能執無爲，故能使衆爲也。無智無能無爲，此君之所執也。(《分職》)

細之安必待大，大之安必待小。細大賤貴交相爲贊，然後皆得其所樂。(《務大》)

淮南子

太上之道，生萬物而不有，成化像而弗宰。(《原道》)

無爲爲之而合于道，無爲言之而通乎德。恬愉無矜而得於和，有萬不同而便於性。(《原道》)

天下之事，不可爲也，因其自然而推之。萬物之變，不可究也，秉其要歸之趣。(《原道》)

井魚不可與語大，拘於隘也；夏蟲不可與語寒，篤於時也；曲士不可與語至道，拘於俗，束於教也。(《原道》)

得在時，不在爭；治在道，不在聖。土處下，不在高，故安而不危；水下流，不爭先，故疾而不遲。(《原道》)

聖人内修其本，而不外飾其末。保其精神，偃其智故，漠然無爲而無不爲也，澹然無治而無不治也。所謂無爲者，不先物爲也；所謂無不爲者，因物之所爲。所謂無治者，不易自然也；所謂無不治者，因物之相然也。(《原道》)

得道者志弱而事强，心虚而應當。所謂志弱而事強者，柔毳安静，藏於不敢，行於不能，恬然無慮，動不失時，與萬物回周旋轉，不爲先唱，感而應之。是故貴者必以賤爲號，而高者必以下爲基。(《原道》)

清静者，德之至也；而柔弱者，道之要也；虚無恬愉者，萬物之用也。(《原道》)

至道無爲，一龍一蛇；盈縮卷舒，與時變化。外從其風，内守其性；耳目不燿，思慮不營。(《俶真》)

以智爲治者，難以持國；唯通於太和而持自然之應者，爲能有之。(《覽冥》)

夫聖人者，不能生時，時至而弗失也。(《覽冥》)

人主之術，處無爲之事，而行不言之教。清静而不動，一度

而不摇，因循而任下，責成而不勞。(《主術》)

無爲者，道之宗。故得道之宗，應物無窮；任人之才，難以至治。(《主術》)

君人者不下廟堂之上，而知四海之外者，因物以識物，因人以知人也。故積力之所舉，則無不勝也；衆智之所爲，則無不成也。(《主術》)

古之爲車也，漆者不畫，鑿者不斲，工無二伎，士不兼官；各守其職，不得相姦。人得其宜，物得其安。是以器械不苦，而職事不嫚。夫責少者易償，職寡者易守，任輕者易權。上操約省之分，下效易爲之功，是以君臣彌久而不相厭。(《主術》)

人主之聽治也，清明而不闇，虚心而弱志，是故羣臣輻湊並進，無愚智賢不肖，莫不盡其能。(《主術》)

主道員者，運轉而無端，化育如神，虚無因循，常後而不先也；臣道員者，運轉而無方，論是而處當，爲事先倡，守職分明以立成功也。是故君臣異道則治，同道則亂。(《主術》)

權勢之柄，其以移風易俗矣。堯爲匹夫，不能仁化一里；桀在上位，令行禁止。由此觀之，賢不足以爲治，而勢可以易俗，明矣。(《主術》)

非澹薄無以明德，非寧静無以致遠，非寬大無以兼覆，非慈厚無以懷衆，非平正無以制斷。(《主術》)

有大略者，不可責以捷巧；有小智者，不可任以大功。(《主術》)

人主者以天下之目視，以天下之耳聽，以天下之智慮，以天下之力争，是故號令能下究而臣情得上聞。百官修同，羣臣輻湊。(《主術》)

無爲者，非謂其凝滯而不動也，以其言莫從己出也。(《主術》)

法律度量者，人主之所以執下。釋之而不用，是猶無轡銜而

馳也。羣臣百姓，反弄其上。是故有術則制人，無術則制於人。(《主術》)

君人者，無爲而有守也，有爲而無好也。有爲則讒生，有好則諛起。(《主術》)

有道之主，滅想去意，清虛以待。不伐之言，不奪之事，循名責實，使有司任而弗詔，責而弗教。以不知爲道，以奈何爲寶。(《主術》)

得勢之利者，所持甚小，其存甚大；所守甚約，所制甚廣。(《主術》)

凡人之論：心欲小而志欲大，智欲員而行欲方，能欲多而事欲鮮。(《主術》)

水下流而廣大，君下臣而聰明。君不與臣爭功，而治道通矣。(《繆稱》)

有聲之聲，不過百里；無聲之聲，施於四海。(《繆稱》)

驕溢之君無忠臣，口慧之人無必信。(《繆稱》)

察於一事，通於一伎者，中人也；兼覆蓋而并有之，度伎能而裁使之者，聖人也。(《繆稱》)

高不可及者，不可以爲人量；行不可逮者，不可以爲國俗。(《齊俗》)

道德之論，譬猶日月也。江南河北，不能易其指；馳騖千里，不能易其處。(《齊俗》)

禮樂未始有常也，故聖人制禮樂而不制於禮樂。治國有常，而利民爲本；政教有經，而令行爲上。苟利於民，不必法古；苟周於事，不必循舊。夫夏商之衰也，不變法而亡；三代之起，不相襲而王。故聖人法與時變，禮與俗化。衣服器械，各便其用；法度制令，各因其宜。故變古未可非，而循俗未足多也。(《氾論》)

聖人所由曰道，所爲曰事。道猶金石，一調不更；事猶琴瑟，每絃改調。故法制禮義者，治人之具也；而非所以爲治也。故仁以爲經，義以爲紀，此萬世不更者也。若乃人考其才，而時省其用，雖日變可也。天下豈有常法哉！（《氾論》）

聖人作法，而萬物制焉；賢者立禮，而不肖者拘焉。制法之民，不可與遠舉；拘禮之人，不可使應變。（《氾論》）

人君論其臣也，不計其大功，總其略行，而求其小善，則失賢之數也。故人有厚德，無問其小節；而有大譽，無疵其小故。夫人之情，莫不有所短。誠其大略是也，雖有小過，不足以爲累；若其大略非也，雖有閭里之行，未足大舉。（《氾論》）

論人之道：貴則觀其所舉，富則觀其所施，窮則觀其所不受，賤則觀其所不爲，貧則觀其所不取。視其更難，以知其勇；動以喜樂，以觀其守；委以財貨，以論其仁；振以恐懼，以知其節；則人情備矣。（《氾論》）

得道以御者，身雖無能，必使能者爲己用。不得其道，伎藝雖多，未有益也。（《詮言》）

天下之物博而智淺。以淺贍博，未有能者也。獨任其智，失必多矣。故好智，窮術也。（《詮言》）

聖人内藏，不爲物先倡。事來而制，物至而應。（《詮言》）

非易不可以治大，非簡不可以合衆。（《詮言》）

聖人之接物，千變萬軫，必有不化而應化者。（《詮言》）

江河所以能長百谷者，能下之也。夫惟能下之，是以能上之。（《説山》）

凡用人之道，若以燧取火。疏之則弗得，數之則弗中，正在疏數之間。（《説林》）

知天而不知人，則無以與俗交；知人而不知天，則無以與道遊。（《人間》）

得道之士，外化而内不化。外化，所以入人也；内不化，所以全其身也。故内有一定之操，而外能詘伸嬴縮卷舒，與物推

移，故萬舉而不陷。所以貴聖人者，以其能龍變也。(《人間》)

聖人之治天下，非易民性也；拊循其所有而滌蕩之。故因則大，化則細矣。(《泰族》)

治國，太上養化；其次正法。(《泰族》)

主術者，君人之事也，所以因作任督責，使羣臣各盡其能也。明攝權操柄以制羣下，提名責實，考之參伍，所以使人主秉數持要，不妄喜怒也。其數直施而正邪，外私而立公，使百官條達而輻湊，各務其業，人致其功，此主術之明也。(《要略》)

法 言

或問道。曰：道也者，通也。無不通也。(《問道》)

或問天。曰：吾於天與？見無爲之爲矣。或問彫刻衆形者匪天與？曰：以其不彫刻也。如物刻而彫之，焉得力而給諸？老子之言道德，吾有取焉耳。及搥提仁義，絶滅禮學，吾無取焉耳。(《問道》)

或問道，有因無因乎？曰：可則因，否則革。或問無爲，曰：奚爲哉？在昔虞夏襲堯之爵，行堯之道，法度彰，禮樂著，垂拱而視天下，民之阜也，無爲矣。紹桀之後，纂紂之餘，法度廢，禮樂虧，安坐而視天下，民之死，無爲乎！(《問道》)

或問何以治國？曰：立政。曰：何以立政？曰：政之本，身也。身立，則政立矣。(《先知》)

或曰：以往聖人之法治將來，譬猶膠柱而調瑟。有諸？曰：有之。曰：聖君少而庸君多，如獨守仲尼之道，是漆也。曰：聖人之法，未嘗不關盛衰焉。昔者，堯有天下，舉大綱，命舜禹，夏殷周屬其子，不膠者卓矣。唐虞象刑惟明，夏后肉辟三千，不膠者卓矣。堯親九族，協和萬國，湯武桓桓，征伐四克，由是言之，不膠者卓矣。禮樂征伐，自天子所出，春秋之時，齊晉實

予，不膠者卓矣。(《先知》)

或苦亂，曰：綱紀。曰：惡在於綱紀？曰：大作綱，小作紀。如綱不綱，紀不紀，雖有羅網，惡得一目而正諸！(《先知》)

聖人之道，譬猶日之中矣。不及則未，過則昃。(《先知》)

論　衡

能御驥騄者，必王良也；能臣禹稷皋陶者，必堯舜也。御百里之手，而以調千里之足，必有摧衡折軛之患；有接具臣之才，而以御大臣之知，必有閉心塞意之變。(《逢遇》)

治國之道，所養有二：一曰養德；二曰養力。養德者，養名高之人，以示能敬賢；養力者，養有力之士，以明能用兵。此所謂文武張設，德力且足者也。事或可以德懷，或可以力摧；外以德自立，内以力自備；慕德者不戰而服，犯德者畏兵而卻。(《非韓》)

至德純渥之人，稟天氣多，故能則天，自然無爲。稟氣薄少，不遵道德，不似天地，故曰不肖。不肖者，不似也。不似天地，不類聖賢，故有爲也。天地爲鑪，造化爲工，稟氣不一，安能皆賢。賢之純者，黄老是也。黄者，黄帝也；老者，老子也。黄老之操，身中恬澹，其治無爲。正身共己，而陰陽自和；無心於爲，而物自化；無意於生，而物自成。(《自然》)

《易》曰："黄帝堯舜，垂衣裳而天下治。"垂衣裳者，垂拱無爲也。孔子曰："大哉堯之爲君也！惟天爲大，惟堯則之。"又曰："巍巍乎舜禹之有天下也，而不與焉。"周公曰："上帝引佚。"上帝，謂舜禹也。舜禹承安繼治，任賢使能，恭己無爲而天下治。舜禹承堯之安，堯則天而行，不作功邀名，無爲之化自成。故曰："蕩蕩乎民無能名焉！"年五十者，擊壤於塗，不能知堯之德，蓋自然之化也。易曰："大人與天地合其德。"黄帝堯舜，大人也。其德與天地合，故知無爲也。天道無爲，故春不爲生，而夏不爲長，秋不爲成，冬不爲藏。陽氣自出，物自生長；陰氣自起，物自成藏。汲井決陂，灌溉園田，物亦生長；霈然而雨，物之莖葉根垓，莫不洽濡。程量澍澤，孰與汲井決陂哉？故無爲之爲，大矣！本不求功，故其功立；本不求名，故其名成。沛然之雨，功名大矣，而天地不爲也，氣和而雨自集。(《自然》)

潛夫論

國之所以治者君明也，其所以亂者君闇也。君之所以明者兼聽也，其所以闇者偏信也。是故人君通必兼聽，則聖日廣矣；庸説偏信，則愚日甚矣。(《明闇》)

治國之道，勸之使諫，宣之使言，然後君明察而治情通矣。(《明闇》)

國君之所以致治者公也，公法行則宄亂絶；佞臣之所以便身者私也，私術用則公法奪。(《潛歎》)

三代之廢興也，在其所積。積善多者，雖有一惡，是爲過失，未足以亡；積惡多者，雖有一善，是爲誤中，未足以存。(《慎微》)

爲國者，必先知民之所苦，禍之所起，然後設之以禁，故姦可塞，國可安矣。(《述赦》)

國無常治，又無常亂。法令行則國治，法令弛則國亂。法無常行，亦無常弛。君敬法則法行，君慢法則法弛。(《述赦》)

法令賞罰者，誠治亂之樞機也，不可不嚴行也。(《三式》)

夫積怠之俗，賞不隆則善不勸，罰不重則惡不懲。故凡欲變風改俗者，其行賞罰者也，必使足驚心破膽，民乃易視。(《三式》)

禮義生於富足，盜竊起於貧窮。富足生於寬暇，貧窮起於無

日。聖人深知力者乃民之本也，而國之基，故務省役而爲民愛日。(《愛日》)

立法之大要，必令善人勸其德而樂其政，邪人痛其禍而悔其行。(《斷訟》)

夫法令者，君之所以用其國也。君出令而不從，是與無君等。主令不從，則臣令行，國危矣。(《衰制》)

夫法令者，人君之銜轡箠策也，而民者，君之輿馬也。若使人臣廢君法禁而施己政令，則是奪君之轡策而己獨御之也。(《衰制》)

法令刑賞者，乃所以治民事而致整理爾，未足以興大化而升太平也。(《本訓》)

申鑒

凡政之大經，法教而已矣。教者，陽之化也；法者，陰之符也。仁也者，慈此者也；義也者，宜此者也；禮也者，履此者也；信也者，守此者也；智也者，知此者也。(《政體》)

明於治者，其統近。萬物之本在身，天下之本在家，治亂之本在左右，内正立而四表定矣。(《政體》)

通於道者，其守約。有一言而可常行者，恕也；有一行而可常履者，正也。恕者，仁之術也；正者，義之要也；至哉！此謂道根，萬化存焉爾。是謂不思而得，不爲而成。執之胸心之間，而功覆天下也。(《政體》)

民由水也。濟大川者，太上乘舟，其次泅。泅者勞而危，乘舟者逸而安，虛入水則必溺矣。以知能治民者，泅也，以道德治民者舟也。(《政體》)

睹孺子驅鷄也，而見御民之方。孺子驅鷄者，急則驚，緩則滯。方其北也，遽要之則折而過南；方其南也，遽要之則折而過

北。迫則飛，疎則放。志閑則比之，流緩而不安則食之。不驅之驅，驅之至者也。志安，則循路而入門。(《政體》)

高下失序則位輕，班級不固則位輕，禄薄卑寵則位輕，官職屢改則位輕，遷轉煩瀆則位輕。黜陟不明則位輕，待臣不以禮則位輕。夫位輕而政重者，未之有也。聖人之大寶曰位，輕則喪吾寶也。(《政體》)

中 論

登高而建旌，則其所視者廣；順風而振鐸，則其所聞者遠。非旌色之益明，鐸聲之益遠也，所託者然也。況居富貴之地而行其政令者也？故舜爲匹夫，猶民也；及其受終於文祖，稱曰予一人，則西王母來獻白環。周公之爲諸侯，猶臣也；及其踐明堂之祚，負斧扆而立，則越裳氏來獻白雉。故身不尊則施不光，居不高則化不博。(《爵禄》)

人君之大患也，莫大於詳於小事而略於大道，察其近物而闇於遠圖。故自古及今，未有如此而不亂也。(《務本》)

人 物 志

主德者,聰明平淡,總達衆材,而不以事自仕者也。(《流業》)

自見其美，不足也；不伐其能，有餘也。(《八觀》)

凡偏材之人，皆一味之美，故長於辦一官而短於爲一國。何者？夫一官之任，以一味協五味；一國之政，以無味和五味。(《材能》)

臣以自任爲能，君以用人爲能；臣以能言爲能，君以能聽爲能；臣以能行爲能，君以能賞罰爲能。所能不同，故能君衆材也。(《材能》)

聰明秀出謂之英，膽力過人謂之雄。徒英而不雄，則雄材不服也；徒雄而不英，則智者不歸往也。故雄能得雄，不能得英；英能得英，不能得雄。故一人之身，兼有英雄，乃能役英與雄。能役英與雄，故能成大業也。(《英雄》)

中 説

通變之謂道，執方之謂器。(《周公》)

雖天子必有師。然亦何常師之有，唯道所存。以天下之身，受天下之訓，得天下之道，成天下之務，民不知其由也。其惟明主乎！(《問易》)

清儒論學語録

張舜徽　纂輯

顧炎武

顧氏實開清代學術之宗風，名論紛綸，不可勝紀。兹特取其見於《亭林文集》、《日知錄》、《菰中隨筆》諸書者選錄如下：

竊歎夫百餘年以來之爲學者，往往言心言性，而茫乎不得其解也。命與仁，夫子之所罕言也；性與天道，子貢之所未得聞也；性命之理，著之易傳，未嘗數以語人。其答問士也，則曰行己有恥；其爲學，則曰好古敏求；其與門弟子言，舉堯舜相傳所謂危微精一之說一切不道，而但曰：允執其中，四海困窮，天祿永終。嗚呼！聖人之所以爲學者，何其平易而可循也，故曰：下學而上達。顏子之幾乎聖也，猶曰博我以文。其告哀公也，明善之功，先之以博學。自曾子而下，篤實無若子夏。而其言仁也，則曰：博學而篤志，切問而近思。今之君子則不然，聚賓客門人之學者數十百人，譬諸草木，區以別矣。而一皆與之言心言性，舍多學而識以求一貫之方；置四海之困窮不言，而終日講危微精一之說。是必其道之高於夫子，而其門弟子之賢於子貢，祧東魯而直接二帝之心傳者也，我弗敢知也。孟子一書，言心言性亦諄諄矣。乃至萬章、公孫丑、陳代、陳臻、周霄、彭更之所問，與孟子之所答者，常在乎出處去就辭受取與之間。以伊尹之元聖，堯舜其君其民之盛德大功，而其本乃在乎千駟一介之不視不取。伯夷伊尹之不同於孔子也，而其同者，則以行一不義殺一不辜而得天下不爲。是故性也、命也、天也，夫子之所罕言，而今之君子之所恒言也。出處去就辭受取與之辨，孔子孟子之所恒言，而今之君子所罕言也。謂忠與清之未至於仁，而不知不忠不清而可以言仁者，未之有也；謂不忮不求之不足以盡道，而不知終身於忮且求而可以言道者，未之有也；我弗敢知也。愚所謂聖人之道者如之何？曰：博學於文；曰：行己有恥。自一身以至天下國家，皆學之事也；自子臣弟友以至出入往來辭受取與之間，皆有恥之事也。恥之於人大矣，不恥惡衣惡食而恥匹夫匹婦之不被其澤。故曰：萬物皆備於我矣，反身而誠。嗚呼！士而不先言恥，則爲無本之人；非好古而多聞，則爲空虛之學。以無本之人，而講空虛之學，吾見其日從事於聖人而去之彌遠也。（《與友人論學書》）

天下之理無窮，而君子之志於道也，不成章不達。故昔日之得，不足以爲矜；後日之成，不容以自限。（《初刻日知錄自序》）

今之爲祿利者，其無藉於經術也審矣。窮年所習，不過應試之文，而問以本經，猶茫然不知爲何語。蓋舉唐以來帖括之淺而又廢之。其無意於學也，傳之非一世矣。矧納貲之例行，而目不識字者，可爲郡邑博士。惟貧而不能徙業者，百人之中，尚有一二讀書。而又皆躁競之徒，欲速成以名於世。語之以五經，則不願學；語之以白沙陽明之語錄，則欣然矣，以其襲而取之易也。其中小有才華者，頗好爲詩；而今日之詩，亦可以不學而作。吾行天下，見詩與語錄之刻，堆几積案，殆於瓦釜雷鳴，而叩以二南雅頌之義，不能說也。（《與友人論門人書》）

人之爲學，不日進則日退。獨學無友，則孤陋而難成。久處一方，則習染而不自覺。不幸而在窮僻之域，無車馬之資，猶當博學審問，古人與稽，以求其是非之所在，庶幾可得十之五六。若既不出户，又不讀書，則是面牆之士，雖子羔原憲之賢，終無濟於天下。子曰："十室之邑，必有忠信如丘者焉，不如丘之好學也。"夫以孔子之聖，猶須好學，今人可不勉乎！（《與友人書一》）

有一日未死之身，則有一日未聞之道。（《日知録六》）

君子博學於文。自身而至於家國天下，制之爲度數，發之爲音容，莫非文也。而謚法經緯天地曰文，與弟子之學詩書六藝之文，有深淺之不同矣。（《日知録七》）

人之爲學，不可自小，又不可自大。"得百里之地而君之，皆足以朝諸侯，有天下。"不敢自小也。"附之以韓魏之家，如其自視欿然，則過人遠矣。"不敢自大也。"予將以斯道覺斯民也。思天下之民，匹夫匹婦有不被堯舜之澤者，若己推而納之溝中。"則可謂不自小矣。"自耕稼陶漁以至爲帝，無非取於人者。"則可謂不自大矣。故自小，小也；自大，亦小也。今之學者，非自小則自大，吾見其同爲小人之歸而已。（《日知録七》）

"飽食終日，無所用心，難矣哉！"今日北方之學者是也。"羣居終日，言不及義，好行小慧，難矣哉！"今日南方之學者是也。（《日知録十三》）

天下無無書不讀之人，而有不必讀之書。（《菰中隨筆一》）

人要先除三見：門户之見，方隅之見，書生之見。（《菰中隨筆二》）

必有體國經野之心，而後可以登山臨水；必有濟世安民之識，而後可以考古證今。（《菰中隨筆三》）

右總論爲學

《注疏》刻於萬曆中年，但頒行天下，藏之學官，未嘗立法以勸人之誦習也。試問百年以來，其能通《十三經注疏》者幾人哉？以一家之學、有限之書、人間之所共有者，而猶苦其難讀也。況進而求之儒者之林，羣書之府乎！（《與友人論易書》）

經學自有源流，自漢而六朝而唐而宋，必一一攷究而後及於近儒之所著，然後可以知其異同離合之指。如論字者必本於《説文》，未有據隸楷而論古文者也。（《與人書四》）

三代六經之音，失其傳也久矣。其文之存於世者，多後人所不能通。以其不能通，而輒以今世之音改之，於是乎有改經之病。始自唐明皇改《尚書》，而後人往往效之。然猶曰舊爲某今改爲某，則其本文猶在也。至於近日，鋟本盛行，而凡先秦以下之書，率臆徑改，不復言其舊爲某，則古人之音亡而文亦亡，此尤可歎者也。（《答李子德書》）

學者讀聖人之經與古人之作，而不能通其音。不知今人之音不同乎古也，而改古人之文以就之，可不謂之大惑乎！（《答李子德書》）

愚以爲讀九經自考文始，考文自知音始。以至諸子百家之書，亦莫不然。（《答李子德書》）

詩三百篇，即古人之韻譜。經之與韻，本無二也。病在後之學者，執韻而論經；其不能通，則改經而就韻。夫道若大路然，安用此多歧乎！（《與人書四》）

讀書不通五經者，必不能通一經。（《日知錄十六》）

右論治經

理學之名，自宋人始有之。古之所謂理學，經學也，非數十年不能通也。故曰：君子之於《春秋》，没身而已矣。今之所謂理學，禪學也。不取之五經而但資之語錄，校諸帖括之文而尤易也。《論語》，聖人之語錄也。舍聖人之語錄而從事於後儒，此之

謂不知本矣。(《與施愚山書》)

今之言學者，必求諸語錄。語錄之書，始於二程，前此未有也。今之語錄，幾於充棟矣，而淫於禪學者實多。(《下學指南序》)

聖人之道，下學上達之方，其行在孝弟忠信，其職在灑掃應對進退，其文在《詩》《書》《三禮》《周易》《春秋》。其用之身，在出處辭受取與；其施之天下，在政令教化刑法；其所著之書，皆以爲撥亂反正，移風易俗，以馴致乎治平之用，而無益者不談；一切詩賦銘頌贊誄序記之文，皆謂之巧言而不以措筆。其於世儒盡性至命之説，必歸之有物有則、五行五事之常，而不入於空虛之論。僕之所以爲學者如此，以質諸大方之家，未免以爲淺近而不足觀。雖然，亦可以弗畔矣夫！(《答友人論學書》)

孔門弟子，不過四科。自宋以下之爲學者則有五科，曰語錄科。(《日知錄七》)

劉石亂華，本於清談之流禍，人人知之。孰知今日之清談，有甚於前代者。昔之清談談老莊，今之清談談孔孟。未得其精而已遺其粗，未究其本而先辭其末。不習六藝之文，不攷百王之典，不綜當代之務。舉夫子論學論政之大端，一切不問，而曰一貫，曰無言。以明心見性之空言，代修己治人之實學。股肱惰而萬事荒，爪牙亡而四國亂。神州蕩覆，宗社丘墟。昔王衍妙善玄言，自比子貢。及爲石勒所殺，將死，顧而言曰："嗚呼！吾曹雖不如古人，向若不祖尚浮虛，勠力以匡天下，猶可不至今日。"今之君子，得不有媿乎其言。(《日知錄七》)

南方士大夫晚年多好學佛，北方士大夫晚年多好學僊。夫一生仕宦，投老得閒，正宜進德修業，以補從前之闕。而知不能及，流於異端。其與求田問舍之輩，行事雖殊，而孳孳爲利之心，則一而已矣。(《日知錄十三》)

近世喜言心學，舍全章本旨，而獨論人心道心。甚者單摭道

心二字，而直謂即心是道，蓋陷於禪學而不自知，其去堯舜禹授受天下之本旨遠矣。(《日知錄十八》)

夫心所以具衆理而應萬事。正其心者，正欲施之治國平天下。孔門未有專用心於内之説也，用心於内，近世禪學之説耳。(《日知錄十八》)

右論空言心性之弊

昔之觀文字模金石者，必其好古而博物者也。今之君子，有世代之不知，六書之不辨，而旁搜古人之蹟疊而束之以飼蠹鼠者。(《西安府儒學碑自序》)

著述之家，最不利乎以未定之書傳之於人。(《與潘次耕書》)

孔子之删述六經，即伊尹太公救民於水火之心。而今之注蟲魚命草木者，皆不足以語此也。(《與人書三》)

嘗謂今人纂輯之書，正如今人之鑄錢。古人采銅於山，今人則買舊錢，名之曰廢銅以充鑄而已。所鑄之錢，既已粗惡；而又將古人傳世之寶，舂剉碎散，不存於後；豈不兩失之乎！(《與人書十》)

君詩之病，在於有杜；君文之病，在於有韓歐。有此蹊徑於胸中，便終身不脱依傍二字，斷不能登峰造極。(《與人書十七》)

宋史言劉忠肅每戒子弟曰："士當以器識爲先，一命爲文人，無足觀矣。"僕自一讀此言，便絶應酬文字，所以養其器識而不墮於文人也。(《與人書十八》)

君子之爲學，以明道也，以救世也。徒以詩文而已，所謂雕蟲篆刻，亦何益哉！(《與人書二十五》)

文之不可絶於天地間者，曰：明道也，紀政事也，察民隱也，樂道人之善也。若此者，有益於天下，有益於將來。多一篇，多一篇之益矣。若夫怪力亂神之事，無稽之言，勦襲之説，諛佞之文，若此者，有損於己，無益於人。多一篇，多一篇之損

矣。(《日知録十九》)

文以少而盛，以多爲衰。以二漢言之：東都之文，多於西京，而文衰矣。以三代言之：春秋以降之文，多於六經，而文衰矣。(《日知録十九》)

天下之事，有言在一時，而其效見於數十百年之後者。(《日知録十九》)

效《楚辭》者，必不如《楚辭》；效《七發》者，必不如《七發》。蓋其意中先有一人在前，既恐失之，而其筆力復不能自遂，此壽陵餘子學步邯鄲之説也。(《日知録十九》)

《後周書・柳虯傳》：時人論文體，有今古之異；虯以爲時有今古，非文有今古。此至當之論！夫今之不能爲二漢，猶二漢之不能爲《尚書》、《左氏》，乃勦取史漢中文法以爲古。甚者獵其一二字句用之於文，殊爲不稱。(《日知録十九》)

古人之會君臣朋友，不必人人作詩。人各有能有不能，不作詩何害。(《日知録二十一》)

三百篇之不能不降而楚辭，楚辭之不能不降而漢魏，漢魏之不能不降而六朝，六朝之不能不降而唐也，勢也。用一代之體，則必似一代之文而後爲合格。(《日知録二十一》)

右論著述文章之事

天下之事，有殺身以成仁者，有可以死可以無死，而死之不足以成我仁者。子曰：“吾未見蹈仁而死者也。”聖人何以能不蹈仁而死？時止則止，時行則行，而不膠於一。(《與李中孚書》)

夫子之論士曰：“行己有恥。”孟子曰：“人不可以無恥。無恥之恥，無恥矣。”又曰：“恥之於人大矣！爲機變之巧者，無所用恥焉。”所以然者，人之不廉而至於悖禮犯義，其原皆生於無恥也。故士大夫之無恥，是謂國恥。(《日知録十三》)

今日人情有三反，曰：彌謙彌僞，彌親彌汎，彌奢彌吝。

(《日知錄十三》)

巧召殺，忮召殺，吝召殺。(《日知錄十三》)

天下不仁之人有二：一爲好犯上好作亂之人，一爲巧言令色之人。自幼而不遜悌，以至於弑父與君，皆好犯上好作亂之推也；自脅肩諂笑，未同而言，以至於苟患失之，無所不至，皆巧言令色之推也。然而二者之人，常相因以立於世。(《日知錄十九》)

伊尹嚴一介之取，先嚴一介之與。與人者取人之捷徑，有以己之不廉，成己之不法；亦有以己之不法，成人之不廉。(《菰中隨筆一》)

右論行己

有亡國，有亡天下。亡國與亡天下奚辨？曰：易姓改號，謂之亡國；仁義充塞，而至於率獸食人，人將相食，謂之亡天下。(《日知錄十三》)

知保天下，然後知保其國。保國者，其君其臣，肉食者謀之；保天下者，匹夫之賤與有責焉耳矣。(《日知錄十三》)

漢人以名爲治，故人材盛；今人以法爲治，故人材衰。(《日知錄十三》)

今日所以變化人心、蕩滌污俗者，莫急於勸學獎廉二事。(《日知錄十三》)

古之治兵者必治賦，古之治民者必籌兵。而漢之太守，皆自爲將。自古守令將帥之不相爲用，未有如今日者也。(《菰中隨筆二》)

右論治人

目擊世趨，方知治亂之關，必在人心風俗。而所以轉移人心，整頓風俗，則教化紀綱爲不可闕矣。百年必世養之而不足，

一朝一夕敗之而有餘。(《與人書九》)

觀哀平之可以變而爲東京，五代之可以變而爲宋，則知天下無不可變之風俗也。(《日知錄十三》)

天下風俗最壞之地，清議尚存，猶足以維持一二。至於清議亡，而干戈至矣。(《日知錄十三》)

右論風俗

君子所求者，没世之名。今人所求者，當世之名。當世之名，没則已焉，其所求者，正君子之所疾也。(《答李紫瀾書》)

古之疑衆者，行僞而堅。今之疑衆者，行僞而脆。其於利害得失之際，且不能自持其是，而何以致人之信乎！故今日好名之人，皆不足患，直以凡人視之可爾。(《與人書十五》)

疾名之不稱，則必求其實矣。君子豈有務名之心哉！(《日知錄七》)

古人求没世之名，今人求當世之名。吾自幼及老，見人所以求當世之名者，無非爲利也。名之所在，則利歸之，故求之惟恐不及也。苟不求利，亦何慕名。(《日知錄七》)

古人好以己之著書假作他人，今人好以他人之書假作自己。(《菰中隨筆二》)

右論好名之害

黄宗羲

黄氏起于浙東，與顧炎武同時，有書問往還，論學大旨相同。著述甚富，其論學之語，多在《南雷文定》中。今擇取其精要者錄之：

《詩》之小序，《書》之今古文，《三傳》之義例，至今尚無定說。《易》以象數讖緯晦之於後漢，至王弼而稍霽，又以老氏之浮誕、魏伯陽陳摶之卦氣晦之；至伊川而欲明，又復以康節之圖書先後天晦之。禮經之大旨，爲郊社、禘祫、喪服、宗法、官制，言人人殊，莫知適從。士生千載之下，不能會衆以合一，由谷而之川，川以達於海，猶可謂之窮經乎？（《萬充宗墓誌銘》）

非通諸經，不能通一經；非悟傳注之失，則不能通經；非以經釋經，則亦無由悟傳注之失。（《萬充宗墓誌銘》）

古人著書，必有大儒爲之流別，而後傳遠。如蔡元定諸書，朱子言："造化微妙，唯深於理者能識之，吾與季通言而不厭也。"故元定之書，人皆敬信。陳澔之《禮記集説》，陳櫟之《禮記解》，吳草廬曰："二陳君之説《禮》，無可疵矣。"故後皆列之學宫。（《萬充宗墓誌銘》）

亡國之戚，何代無之。使過宗周而不憫黍離，陟北山而不憂父母，感陰雨而不念故夫，聞山陽笛而不懷舊友，是無人心矣。（《謝時符先生墓誌銘》）

今世之講學者，非墨守訓詁之習，則高談性命之理。大言炎炎，小言詹詹。有其聲而無宫角，寧當於琴瑟鐘鼓之調乎！（《兵部侍郎西山許先生墓誌銘》）

史之體有三：年經而人與事緯之者，編年也；以人經之者，列傳也；以事經之者，紀事也。其間自有次第。編年之法，春秋以來，未之有改也。有編年而後有列傳，故本紀以爲列傳之綱；有編年而後有紀事，故紀事爲通鑑之目。奈何今之作者，矢口遷固而不屑於悦宏。夫作者無乘傳之求，州郡鮮上計之集。不通知一代盛衰之始終，徒據殘書數本，諛墓單辭，便思抑揚人物，是猶兩造不備而定爰書也。（《談孺木墓表》）

古之君子，有死天下之心，而後能成天下之事；有成天下之心，而後能死天下之事。事功節義，理無二致。今之君子，以偷生之心，行嘗試之事，亦安有不敗乎！（《明名臣言行錄序》）

事功必本於道德，節義必原於性命。離事功以言道德，考亭

終無以折永康之論；賤守節而言中庸，孟堅究不能逃蔚宗之譏。(《明名臣言行録序》)

自科舉之學盛，而史學遂廢。昔蔡京、蔡卞當國，欲絶滅史學，即《資治通鑑》板，亦議毁之，然而不能。今未嘗有史學之禁，而讀史者顧無其人，由是而歎人才之日下也。(《補歷代史表序》)

自有宇宙以來，凡事無不可假。惟文爲學力，才禀所成，筆纔點牘，則底裏上露，不能以口舌貴賤，不可以時代束縛。故六朝脂粉之世，而有徐庾；西崑𩤸染之世，而有楊劉。即在黄茅白葦之中，未嘗掩其本色也。(《鄭禹梅刻稿序》)

先賢之學，如百川灌海，以異而同。(《天嶽禪師詩集序》)

夫道，一而已。修於身則爲道德，形於言則爲藝文，見於用則爲事功名節。豈若九流百家，人自爲家，莫適相通乎！(《餘姚縣重修儒學記》)

余觀古文自唐以後，爲一大變。唐以前字華，唐以後字質；唐以前句短，唐以後句長；唐以前如高山深谷，唐以後如平原曠野；蓋畫然若界限矣。然而文之美惡不與焉。其所變者詞而已，其不可變者，雖千古如一日也。得其所不可變者，唐以前可也，唐以後亦可也。不得其所不可變而以唐之前後較其優劣，則終於憒憒耳。(《庚戌集自序》)

學問之事，析之者愈精，而逃之者愈巧。(《留别海昌同學序》)

非尊德性，則不成問學；非道問學，則不成德性。故朱子以復性言學，陸子戒學者束書不觀。周程以後，兩者固未嘗分也。(《復秦燈巖書》)

十七史以來，止有儒林。以鄒魯之盛，司馬遷但言孔子世家、孔子弟子列傳、孟子列傳而已，未嘗加以道學之名也。儒林亦爲傳經而設，以處夫不及爲弟子者，猶之傳孔子之弟子也。歷代因之，亦是此意。周程諸子，道德雖盛，以視孔子，則猶然在弟子之列。入之儒林，正爲允當。今無故而出之爲道學，在周程未必加重，而於大一統之義乖矣。（《移史館論不宜立理學傳書》）

竊謂道學一門，所當去也。一切總歸儒林，則學術之異同，皆可無論，以待後之學者釋而取之。（《移史館論不宜立理學傳書》）

孔子歎顔回好學，今也則亡。其學不僅指讀書而言，然讀書亦學中之一事。今之天下，千百輩中求一讀書之人而不可得。聞其人有意於讀書矣，未幾，類有物以敗之。此無他，不好故也。（《前鄉進士澤望黄君壙誌》）

儒者之學，經緯天地，而後世乃以語錄爲究竟。僅附答問一二條於伊洛門下，便厠儒者之列，假其名以欺世。治財賦者，則目爲聚斂；開閫扞邊者，則目爲粗材；讀書作文者，則目爲玩物喪志；留心政事者，則目爲俗吏。徒以生民立極，天地立心，萬世開太平之闊論，鈐束天下。一旦有大夫之憂，當報國之日，則蒙然張口，如坐雲霧。世道以是潦倒泥腐，遂使尚論者以爲建功立業，别是法門，而非儒者之所與也。（《贈編修弁玉吴君墓誌銘》）

今夫一代之立法，不能無過不及。所藉奉法者爲之裁量於其間，使聖賢之精微，常流行於事物，故足以開物成務，此非嵬瑣小儒之所能知也。（《通議大夫兵部職方司郎中太垣靳公傳》）

今人好議論前人。四書纔畢，即辨朱陸異同；今古未分，即爭漢宋優劣。（《范道原詩序》）

昔之學者，學道者也；今之學者，學駡者也。（《七怪》）

道之未融，謂之名節；名節已融，謂之道；非有二也。（《壽徐蘭生七十序》）

志道德者，不屑於功名；志功名者，不屑於富貴。藉富貴以成功名，其功名爲邂逅；藉富貴以談道德，其道德爲虚假。天生豪傑，爲斯世所必不可無之人。本領闊大，不必有所附麗而起。一片田地，赤手可以製造，無論富貴與不富貴，皆非附麗也。（《陳夔獻五十壽序》）

錢謙益

錢氏雖在明末已爲達官，入清仍居顯仕，爲論者所呰。然藏書既富，學有本原，爲閻若璩所推重，取與顧、黄並論，又嘗列其名居十四聖人之首。其議論之見於《初學集》、《有學集》者，多有識之言，自是清初一大家也。與顧、黄所言，如出一轍。今亦選其要語存之：

《十三經》之有傳注箋解義疏也，肇于漢晉，稡于唐，而是正于宋。歐陽子以謂諸儒章句之學，轉相講述而聖道粗明者也。熙寧中，王介甫憑藉一家之學，創爲新義，而經學一變；淳熙中，朱元晦折衷諸儒之學，集爲傳注，而經學再變。介甫之學，未百年而熸；而朱氏遂孤行于世。然而再變之後，漢唐章句之學，或幾乎滅熄矣。（《初學集·新刻十三經注疏序》）

漢儒謂之講經，而今世謂之講道。聖人之經，即聖人之道也。離經而講道，賢者高自標目，務勝于前人；而不肖者汪洋自恣，莫可窮詰；則亦宋之諸儒掃除章句者導其先路也。（《初學集·新刻十三經注疏序》）

修宋史者，分儒林、道學爲兩傳，儒林則所謂章句之儒也，道學則所謂得不傳之學者也。儒林與道學分，而古人傳注箋解義疏之學轉相講述者，無復遺種，此亦古今經術升降絶續之大端也。經學之熄也，降而爲經義；道學之偷也，流而爲俗學。（《初學集·新刻十三經注疏序》）

近代之僞爲古文者，其病有三：曰僦，曰剽，曰奴。（《初學集·鄭孔肩文集序》）

經義之敝，流而爲帖括；道學之敝，流而爲語錄。是二者源流不同，皆所謂俗學也。俗學之弊，能使人窮經而不知經，學古而不知古。窮老盡氣，盤旋于章句佔畢之中，此南宋以來之通弊也。（《初學集·贈別方子玄進士序》）

讀書之法無他，要在考信古人，箴砭俗學而已。（《初學集·頤志堂記》）

自唐宋以迄於國初，其間爲古學之蠹者有兩端焉：曰，制科之習比於俚，道學之習比於腐，斯二者皆俗學也。（《初學集·答唐訓導汝諤論文書》）

六經之學，淵源於兩漢，大備於唐宋之初。其固而失通，繁而寡要，誠亦有之。然其訓故，皆原本先民，而微言大義，去聖賢之門猶未遠也。學者之治經也，必以漢人爲宗主。漢不足，求之於唐；唐不足，求之於宋；唐宋皆不足，然後求之近代。庶幾聖賢之門仞可窺，儒先之鈐鍵可得也。（《初學集·與卓去病論經學書》）

有歐陽公之才，然後可以黜繁辭；有朱子之學，然後可以補大學。（《初學集·與卓去病論經學書》）

史學之失，未有如今日者也。吾嘗爲之説曰：難言史，天下無史矣；易言史，天下亦無史矣。（《有學集·玉劍尊聞序》）

夫子贊《易》，刪《詩》、《書》，修《春秋》，因仍舊典，未嘗自爲書。孔子之弟子皆無書。故曰："述而不作，信而好古。"又曰："不易乎世，不成乎名，遯世不見知而不悔。"此孔子之家法也。（《有學集·顔子疏解敘》）

古今類纂之書，通有二門：一曰詞章家，唐歐陽氏、虞氏、白氏之書是也；一曰典制家，唐杜氏、宋鄭氏、馬氏之書是也。（《有學集·瑯環類纂敘》）

曹子桓云："文章以氣爲主。"李文饒舉以爲論文之要。而余取韓李之言參之，退之曰："氣，水也；言，浮物也。水大而物之浮者，大小畢浮；氣盛則言之短長與聲之高下者皆宜。”此氣之溢於言者也。習之曰：“義深則意遠，意遠則理辨，理辨則氣直，氣直則詞盛，詞盛則文工。”此氣之根於志者也。根於志，溢於言，經之以經史，緯之以規矩，而文章之能事備矣。不養氣，不尚志，翦刻花葉，儷門蟲魚，徒足以傭耳借目，是豈可以言文哉！(《有學集·周孝逸文稿序》)

《六經》，史之宗統也。《六經》之中皆有史，不獨《春秋》三傳也。《六經》降而爲二史，班馬其史之經乎！(《有學集·再答蒼略書》)

末學之失，其病有二：一則蔽於俗學，一則誤於自是。(《有學集·答徐巨源書》)

李顒

李氏講求明體適用之學，重在躬行，不標門户。於程朱陸王，悉采其長而實踐之，卒爲關中大儒。隱居土室，不赴徵召。顧氏游關中時，特往訪之，欽其高節。顧氏在《廣師篇》中所云“堅苦力學，無師而成”，自愧不如者也。其議論多見於《二曲全集》中，分立多題，或出自著，或由門人所記，要言不煩，多可取者：

吾人學苟知本，實體於躬，則爲道德，而不知所謂道德也；宣之於言，則爲文章，初非有心於文章也；見之於事，則爲功業，初非有心於功業也；不幸值變，則爲氣節，初非有心於氣節也。亦猶水之隨在得名，不期然而然耳。(《二曲全集·靖江語要》)

陸之教人，一洗支離錮蔽之陋，在儒中最爲儆切，令人於言下爽暢醒豁，有以自得。朱子之教人，循循有序，恪守洙泗家法，中正平實，極便初學。要之二先生均大有功於世教人心，不可以輕低昂者也。若中先入之言，抑彼取此，亦未可謂善學也。

(《二曲全集·靖江語要》)

大丈夫無心於斯世則已，苟有心斯世，須從大根本大肯綮處下手，則事半而功倍，不勞而易舉。夫天下之大根本，莫過於人心；天下之大肯綮，莫過於提醒天下之人心。然欲醒人心，惟在明學術，此在今日爲匡時第一要務。(《匡時要務》)

德合三才之謂儒。天之德主於發育萬物，地之德主於資生萬物，士頂天履地而爲人，貴有以經綸萬物。果能明體適用而經綸萬物，則與天地生育之德合矣。命之曰儒，不亦宜乎。(《盩厔答問》)

儒者之學，明體適用之學也。秦漢以來，此學不明，醇厚者牿於章句，俊爽者流於浮詞。獨洛閩諸大老，始慨然以明體適用爲倡，於是遂有道學俗學之别。其實道學即儒學，非於儒學之外，别有所謂道學也。(《盩厔答問》)

明體而不適於用，便是腐儒；適用而不本明體，便是霸儒；既不明體，又不適用，徒滅裂於口耳伎倆之末，便是異端。(《盩厔答問》)

吾儒之教，原以經世爲宗。自宗傳晦而邪説横，於是一變而爲功利之習，再變而爲訓詁之習，浸假至今，則又以善筆札工講誦爲儒，當然愈趨愈下，而儒之所以爲儒，名存而實亡矣。(《盩厔答問》)

君子爲學，貴博不貴雜。洞修己治人之機，達開物成務之略，如古之伊、傅、周、召，宋之韓、范、富、馬，推其有足以輔世而澤民，而其流風餘韻猶師範來哲於無窮，此博學也。名物象數，無賾不探；典故源流，纖微必察。如晉之張華、陸澄，明之升菴、弇山，扣之而不竭，測之而益深。見聞雖富，致遠則乖，此雜學也。自博雜之辨不明，士之繙故紙泛窮索者，便侈然以博學自命，人亦翕然以博學歸之。殊不知役有用之精神，親無用之瑣務，内不足以明道存心，外不足以經世宰物，亦衹見其徒

勞而已矣。(《富平答問》)

僕學兼採衆長，未嘗專主一家。非區區阿其所好，私一姚江。而真是真非之所在，實難自昧。(《答范彪西徵君》)

余初茫不知學，泛濫於羣籍，汲汲以撰述辨訂爲事，自勵勵人，以爲學在是矣。三十以後，始悟其非，深悔從前自誤誤人，罪何可言。自此鞭辟着裏，與同人以返觀默識相切砥。雖居恒不廢羣籍，而内外本末之辨，則晰之甚明。不敢以有用之精神，爲無用之汲汲矣。(《聖學指南小引》)

昔胡澹庵以詩人薦朱子，朱子堅辭不應，懼人之以詩文小技目己也。與其爲一時春華之王楊盧駱，何如爲千古卓犖之韓范富歐。(《答梁質人》)

經天緯地之謂文，非雕章繪句之末也。子以四教，文爲最先。誠以進德修業，非文無從；開來繼往，非文不傳；黼黻皇猷，非文不著；承道統，立人極，非文不振。則文之爲文，顧不重哉！(《學文堂記》)

陸世儀

陸氏在清初提倡正學，闇然自修。雖宗主程朱，而亦不廢陸王。各取所長，以會歸於一。於門户之爭，闢之尤力。鑒於明末空疏之失，故於象緯、律曆、兵農、禮樂，以及當代刑政、河漕、鹽屯諸務，無不肆力講求。故其學有體有用，不空不泛。論學論治之語，除見諸《桴亭文集》、《論學酬答》外，尤薈萃於《思辨錄》中，今選取其精要者存之：

吾輩爲學，只是真切二字。真則得其本心，切則不離日用。得其本心，則居敬之道得矣；不離日用，則窮理之功密矣。能居敬窮理，學問更有何事耶？(《文集·答陳介夫書》)

夫吾所謂才者，其氣足以配道義，其力足以任事功，其聰明

才辨足以上下古今而推倒一世。然後鎔之以學問，深之以義理，此則聖賢之資而凝道之器也。(《答江上沙介臣請執贄書》)

凡經皆體，凡史皆用。不知經，內聖之學不明；不讀史，外王之道不具；二者不可偏廢也。(《讀史筆記自序》)

儒治之所以不同於吏治者，只爲一起手便不同。儒治從教化上做起，吏治從刑政上做起。秦以前，儒治也；秦以後，吏治也。(《論學酬答・答郁儀臣論學校書》)

古今聖賢之道，德與業盡之。德者其體，業者其用也。有用而無體，內聖之學不成；有體而無用，外王之道不著。(《答顧殷仲體用問》)

古人謂三不朽爲立德立功立言。夫立言，豈特如今之刊刻詩文爲一己身名地耶？德不可見，功無由成，不得已而託之空言，亦以爲當世後世苟有行吾言者，是即我之德我之功也。且我亦何心之有，當世後世苟有行吾言而德自人立，功自人成，使天下後世得被其澤，即於我毫無所與，亦我之心也。(《答吴門陳皇士書》)

天下無講學之人，此世道之衰；天下皆講學之人，亦世道之衰也。(《思辨錄・大學類》)

近世講學，多似晉人清談，清談甚害事。孔門無一語不教人就實處做。《論語》曰："君子欲訥於言而敏於行。"又曰："敏於事而慎於言。"又曰："君子先行其言而後從之。"又曰："君子恥其言而過其行。"都是恐人言過其實。(《思辨錄・大學類》)

讀書不能窮理，俱是玩物喪志。若能窮理，即記誦亦不妨，愈熟愈妙。(《思辨錄・大學類》)

古之學聖賢易，今之學聖賢難。只如讀書一節，書籍之多，千倍於古。學者苟欲學爲聖賢，非博學不可。然苟欲博學，則此汗牛充棟者將何如耶？偶思得一讀書法，欲將所讀之書，分爲三節：自五歲至十五，爲一節，十年誦讀；自十五歲至二十五，爲一節，十年講貫；自二十五至三十五，爲一節，十年涉獵。使學有漸次，書分緩急，則庶幾學者可由此而程功，朝廷亦可因之而試士矣。(《思辨録·大學類》)

孔子動稱周家法度，雖周公制作之善，亦從周故也。予每怪後儒學孔子，亦動稱周家法度。而於昭代之制，則廢而不講，亦不善學孔子者。(《思辨録·大學類》)

或曰：人之有文章，猶天地之有花草。若文章不藻麗，是花草無色也。予曰：與其爲花草，毋寧爲五穀。教民稼穡，古者稱爲聖人；若種植花草，則場師而已矣。(《思辨録·大學類》)

四六文竟不必作。唐文所以爲四六者，束於功令耳。今則未嘗有功令，何苦取青儷白。即使能工，亦記室之才耳。(《思辨録·大學類》)

三都兩京，是天地間第一種無用文字。即古人有用賦以諷諫者，終是諷一勸百，亦無所取。(《思辨録·大學類》)

古文濫觴於魏晉，如《七啟》、《七發》、連珠之類，俱是天地間無用文字。如文選者，即不讀亦不妨。(《思辨録·大學類》)

君子之於天下，功不必自己出，名不必自己成。苟吾書得行，吾言得用，使天下識一分道理，享一分太平，則君子之心畢矣。(《思辨録·大學類》)

張履祥

張氏學宗程朱，踐履篤實。在清初諸儒中，最爲醇樸。讀書窮理之外，不廢耕耘。所補農書，大有裨於民生日用。至於論及飭躬治學，高論尤多，俱見於楊園先生全集五十四卷中。識議通達，不可勝紀。兹特選録其尤切要者，分類存之，聊以見其學術之大。以其名言繁富，區分爲四大端：一曰立身行己之要，二曰博文，三曰約禮，四曰治人接物之理。每類之中，又各析標細目，庶有條不紊，分錄下方：

一、立身行己之要

自古聖賢多生亂世。天地之心，至於剝之上九，便有來復之幾。豪傑生此，動心忍性，以爲斯道之寄。(《與俞賡之書》)

賢者生於天下，不患不得志，患得志而無以自見，與不得志而無以自立。(《與許祥伯書》)

方今之日，名譽不可太高，居實不可或厚。乾之上九，龍德也。不免亢悔者，進不知退也。今古豪傑，惟是名韁利鎖不能牽制，故於得喪存亡之際，游刃綽綽也。張文節公居相位，自奉如河陽掌書記時；邵康節先生詩云："美酒飲教微醉後，好花看到半開時。"名言懿節，可爲百世之師也。(《與薛楚玉書》)

吾人生於天地之間，當爲可有不可無之人。以一家而論，一家不可無；一鄉而論，一鄉不可無；以至一國天下皆然。所謂其生也榮，其死也哀，方不負父母生我之意。今人志卑氣弱，説及此際，則以爲必非人之所能爲。噫！人特不爲耳。(《答顏孝嘉書》)

凡人不可以不知勞。孟子曰："天將降大任於是人也，必先苦其心志，勞其筋骨，餓其體膚，空乏其身，行拂亂其所爲，所以動心忍性，增益其所不能。"蓋天之於人，猶父母於子。父母於子，欲其他日克家，必須使其苦慣。若是愛以姑息，美衣甘食，所求而無不得，所欲而無不遂，養成膏粱紈袴氣體，稼穡艱難，有所不知。一與之大任，必有不克荷負者矣。所以勞苦種種，正以爲動忍地也；動心忍性，所以爲大任地也。吾人生此亂世，兼以孤苦憂患之心，如何不切直須從百苦中打鍊出一副智力，然後此身不爲無用。外可以濟天下，内可以承先人。(《答顏孝嘉書》)

吾人今日困窮，乃其常分。特欲不失所亨，以見志力耳。

(《與吳汝典書》)

富貴福澤，有生之厚，未必非天之所薄；貧賤憂戚，賦命之薄，未必非天之所厚。古之人從此勘入，故能不失所亨也。易之困卦，剛德爲善，義可見矣。(《與沈敬夫書》)

家貧親老之語，每見世之勇爲不義者，多以此藉口。夫家貧則有固守之誼，親老則有志養之文，聖賢遺訓，至爲昭明。未聞身之不郵，而郵其家；子實爲之，而歸過於親者也。(《答董載臣書》)

天下事非膏粱子弟所能爲，亦非輕浮疎略者所能爲。孟子言將降大任，必先苦其心志，勞其筋骨，餓其體膚，空乏其身，行拂亂其所爲。直是磨鍊他一副精堅强忍智力出來，爲天下萬世之用。但人須能動心忍性，方不負此意。(《願學記二》)

追琢以成器，藥石以已病。人之與人，愛之固有以害之，害之固有以成之。(《備忘錄一》)

右論堅忍

天地之理不滅息，則不生息；吾人之學不去故，則不能取新。(《答吳仲木書》)

將樹穀者，必去其草；將具食者，必滌其釜；將學者必離其舊習之污。(《願學記一》)

學問到自知不是時，須是全副拋下，從新做起。若只是去泰去甚，留些根在，他日仍復長起，適足以成其文過飾非之習，不濟得事也。(《願學記二》)

樂善改過，所以修身；修身所以成大業也。古之成大業者，莫不以此。(《願學記二》)

天地之道，無一息不去故而趨新。蓋故者不去，則新者如何得來。學問之道，亦須如此。(《願學記二》)

學問之益，須是月異而歲不同。若今日是此人，明日仍是此人；今年是此人，來年仍是此人；如何得長進！豈特不得長進而已，不日進則日退，無中止之理。日知所亡，月無忘所能，斯有日新之益。（《初學備忘上》）

右論日新

山至阻也，而人梯之；海至險也，而人航之。志之所前，何往不濟。（《願學記一》）

萬里之行，始於足下；百世之計，定於一日。諸君何難遂立此志。（《願學記一》）

大凡爲學，先須立志。志大而大，志小而小。有有志而不遂者矣，未有無志而有成者也。（《初學備忘上》）

少年立志要遠大，持身要緊嚴。立志不高，則溺於流俗；持身不嚴，則入於匪辟。（《初學備忘上》）

富貴福澤，厚予之生；貧賤憂辱，玉汝於成。吾人生於亂世，正如草木之遇秋冬。貧賤憂辱，義無所辭。但當刻厲自求，使志氣不爲摧落。古人少年窮困，不一而足。倪寬爲弟子都養；范文正日食齏粥二塊；陳布衣半日賣油，半日讀書；楊忠愍牛一頭，麥一器；欲如吾人今日窮困，尚不可得。乃其所立俱如何？常將此等榜樣自況，則志氣自能激發。（《初學備忘下》）

右論立志

大都學問之患，非是畏難而苟安，即是進鋭而退速。若鼓行不休，何不濟之有。（《願學記一》）

大抵學問之道，只恒久便有益。《易》曰："日月得天而能久照，四時變化而能久成。"日月四時，萬古如此，只是有恒。一晝了一夜，一寒了一暑。無鋭進亦無速退，無間斷亦無增加。天地所以歲功成，萬物所以正性命也。反其所常，則爲異矣。吾人功夫果然有恒，如四時日月，豈有不能日新又新之理。故曰：久

於其道，而天下化成也。(《願學記二》)

學問之事，最貴有恒，最忌輕躁。人即昏惰，豈無一時奮發之意。但此意思不能久長，旋已忘却，終是無益。雖是資性過人，進鋭退速，同歸於廢而已。(《初學備忘上》)

右論有恒

局量褊淺，規模狹隘，即能自好，未免爲鄉人也。(《願學記一》)

上天下地，吾處其中，豈非廣居。(《願學記一》)

邪世不能亂，此謂豪傑之士。(《願學記二》)

天無日不生，地無日不長，賢人君子未嘗絶於世。謂世無人者，由於己之隘。(《願學記二》)

御下之道，包荒與精察二者須並行而不悖。不包荒，則使人無容足，所謂水清無魚是也。不精察，則羣相蒙蔽，所謂大不見邱山近不見眉睫是也。(《備忘錄二》)

學者先觀其德器。德器淺薄，終罕成就，雖成亦小。諸如易喜易怒、不堪拂逆、疾惡太深、進鋭退速之類，皆由於淺；如露才揚己、一得自矜、貴人太重、悻悻自好之類，皆由於薄。(《備忘錄二》)

有容德乃大。器小量窄之人，在朝在野，俱足敗類，君子不取。(《備忘錄三》)

儒者立心，便以四海九州爲量；其功夫則自克勤小物做來。(《備忘錄四》)

右論器識

學者須實下進德修業工夫。不然，終日講學，道聽塗説而已。(《願學記一》)

致知者，所以爲力行也。今人言致知，多不及力行，豈非好

言精微反遺却平實。(《願學記一》)

虛名有損實學，不可不戒。(《願學記一》)

學問不可不試之以事。不然，無處得力也。(《願學記一》)

仰觀俯察，不離於日用飲食之間。(《願學記一》)

高之入蒼天，深之入重淵，却不知身在何處，近代學者多坐此患。莫不飲食，鮮能知味，子思所以作《中庸》。(《願學記二》)

學之不講，聖人所憂。竊疑今日之患，正與古不同。古之人所病者，行不著，習不察，由之而不知。今則反是，著之而不行焉，察矣而不習焉，終身言之而不由其道者衆也。(《願學記三》)

工夫愈切實，則心愈虛；心虛而後能從善。(《備忘錄二》)

學者固不可不讀書，然不可流而爲學究；固須留心世務，然不可遂入於功利。修諸身，見諸行事，可以刑家，可以範俗；窮達一致，終始一節；方不失爲聖賢之徒。(《備忘錄三》)

言高便遺却卑，言遠便遺却近。今之學者，莫不如此，所以輕自大而卒無得。(《備忘錄四》)

學者肯實去做功夫，方是學。如學耕須去習耕，學醫須去習醫，中心悦而安之。(《備忘錄四》)

右論實踐

自古人士，未有讀書而不能耕者。唐宋而降，學者崇於浮文，力田之業，遂以目之農夫細民之所爲，士君子罕顧而問焉。然未至以耕爲恥如本朝之甚者也。(《題劉忠宣公遺事》)

畔上論田，終於苗何濟，不如實從事於耕芸也。(《願學記一》)

飲食之間，不可有忘民力。(《願學記一》)

稼穡之艱，學者尤不可不知。食者，生民之原，天下治亂、國家廢興存亡之本也。古之人自天子以至於庶人，未有不知耕

者。今雖農家之子，有不能秉耒耜者矣，有不能辨菽麥者矣。(《初學備忘上》)

夫能稼穡，則可無求於人；可無求於人，則能立廉恥。知稼穡之艱，則不妄求於人；不妄求於人，則能興禮讓。廉恥立，禮讓興，而人心可正，世道可隆矣。(《初學備忘上》)

吳康齋先生講濂洛之學，率弟子以躬耕；劉忠宣公教子讀書兼力農；何粹夫官歸，闢後圃種菜；俱可爲百世之師也。許魯齋有言："學者以治生爲急。"愚謂治生以稼穡爲先，舍稼穡無可爲治生者。(《初學備忘上》)

無財非貧，忘稼穡爲貧；無官非賤，廢詩書爲賤。(《備忘録一》)

吳康齋先生從胼手胝足中充養得睟面盎背，斯振古豪傑也。(《備忘録二》)

人言耕讀不能相兼，非也。農功有時，多只半年。諺曰："農夫半年閒。"況此半年之中，一月未嘗無幾日之暇，一日未嘗無幾刻之息。以是開卷誦習，講求義理，不已多乎！竊謂心逸日休，誠莫過此。(《備忘録三》)

耕與讀不可偏廢。讀而廢耕，饑寒交至；耕而廢讀，禮義遂亡。又不可虛有其名而無其實。耕焉而田疇就蕪，讀焉而詩書義塞。故家子弟，坐此通病，以至喪亡隨之。古人耕必曰力耕，學必曰力學。天之生人，俱有心思智慮，俱有耳目手足，苟能盡力從事，何患恒心或失而世業弗永乎！(《訓子語上》)

近世以耕爲恥，只緣制科文藝取士，故競趨浮末，遂至恥非所恥耳。若漢世孝悌力田爲科，人即以爲榮矣。實論之，耕則無游惰之患，無饑寒之憂，無外慕失足之虞，無驕侈黠詐之習。但因而廢學，一任蚩頑，則不可耳。(《訓子語上》)

右論耕讀

道猶路也。道者，日用事物當然之理；道者，天下古今之所共由。夫子朝聞夕死之言，只爲人不知道者而發，猶所謂誰能出不由户，何莫由斯道也。猶孟子所謂行之而不著焉，習矣而不察焉，終身由之而不知其道者衆也。不是日用當行之外，别有一物，可以生時將得來，死時將得去，如異端所謂末後一着也。（《答沈德孚書》）

世儒學術之際，此是彼非，究之只成一副私心，非好勝不能相下，則溺於習見習聞，皆私也。道，公物也。何所容其私？出其所見以相商榷可耳。若此私心尚不能克治，更從何處商量學問乎！（《答沈德孚書》）

道理本天下萬世之所公共，非一人二人之所得而私。亦百姓與能，極爲平淡，初非有驚奇可喜之處，足以震耀世人之耳目。中庸末簡所以反覆於闇然的然之際，而以内省不疚、無惡於志，爲學者程功用力之地也。（《與嚴穎生書》）

今日言學者，往往有人。約而言之，兩種而已。重致知者，薄躬行爲無足取，此則所謂窮深極微，而不可以入堯舜之道者也；尊踐履者，忽窮理爲不足事，此則所謂淺陋固滯，而不能進於高明之域者也。二者互相非詆，而邪説由之以生；甚則交相水火，而暴行因之以作。（《與王寅旭書》）

學問之士，素位而行。處富厚，從富厚做功夫；處貧困，從貧困做功夫。方是實用其力，方見有得力處；否則道理終只在書册上也。（《答吴汝典書》）

學問之事，必由讀書有得，方能無敝。陸象山雖云若不識一字，也要做堂堂正正之人，此爲泛讀書而不知修身者言之可耳。豈知人不識字，做人縱有可取，錯失處多，看義理終是偏枯不中正也。聖人、人倫之至，事無大小，俱有成法。不讀書，何由得其成法而循之，不失之過與不及乎？醫卜種植之類，尚不能廢先傳，而况其大者。（《與沈敬夫書》）

吾人平日爲學大指，專守孔門博文約禮之訓以終身而已。讀書窮理，博文之事也；切實踐履，約禮之事也。(《與徐重威書》又見《備忘錄四》)

右論理道

二、博文

讀書，學問之一事。就讀書而言，經其本根，史其枝葉也。史至後代，尤枝葉之枝葉矣。大約三患均有：事失情實，一也；是非不足勸戒，二也；淫詞蕪説，三也。昔人所言鴻鵠所以高飛，六翮而已。若夫腹背毳毛，增一把不爲多，減一把不爲少。竊謂人誠有之，書亦然也。(《與何商隱書》)

古人著書，動關世道，正如衣裳飲食，舟車宫室，在天地間一日不可已，故久傳而不敝。雖一種文字，亦其人之精誠不可泯滅，故後世如新。三百年以來，詖淫邪遁之書，真不啻汗牛充棟。究竟不可少者，幾種而已；其能不泯滅者，要亦不多也。豈但三百年爲然，魏晉以降，著書漸多，其得傳於後不遂泯滅者，千百之十一而已。此亦據今所傳而言，若天下後世并今日所傳之十一亦復不傳，可知也。(《與何商隱書》)

先儒義理之書，意味深長，而言辭平淡。正如太羹玄酒，雖有天下之至味，莫以加也。然而始學之士，未有所得，則不免以爲平平。正有如子貢所言不得其門而入，不見宗廟之美，百官之富者也。(《與吳裒仲書》)

儒先之書固須看，然看本朝諸儒書，不若細讀宋儒之書。要之以四書五經爲主，看得四書五經道理貫穿，此外儘無事也。諸儒之書，特其梯磴而已。史書不可不看，亦不必多看，讀史只以驗經而已。(《與孫爾大書》)

人之患，莫大於無志；有志矣，患趨向之不正。學問莫先於窮理，窮理以讀書爲先。然不可作空言看。(《寄姚仲聞書》)

經之與史，雖有緩急輕重之序，亦難截然分而爲二。蓋經以立其本，史以驗其用，理則一也，宜乎並進其功。人之心思，本自靈通，固不可使其泛用，亦不可使之滯於一隅、局於一節二節也。古人課程，不獨朝暮經史，厭飫優游，雖至詩文詞賦，皆藉爲游藝之資，以涵泳其情性，陶淑其耳目知思。未有孤行一意，使讀書之日生趣索如也。(《答姚攻玉書》)

學問之事，最忌是泛，又忌是雜。泛則不誠，雜則不一，終身於學而無所成者以此。(《備忘錄一》)

理惟一是而已。求理之是，於儒家有何不足，而欲假途二氏耶？吾於二氏之書，概從屏棄。非唯不敢，亦不暇也。(《備忘錄二》)

讀書大忌：一曰文弱，一曰嬾惰；(原注：二者勤事則無之)一曰矜驕，一曰自是；(二者謙謹則無之)一曰虛浮，一曰飾詐。(二者誠實則無之)(《備忘錄二》)

書籍惟六經諸史，先儒理學，以及歷代奏議、有關修己治人之書，不可不珍重護惜。下此則醫藥卜筮種植之書，皆爲有用。其諸子百家、近代文集，雖無可也。(《訓子語下》)

右論本末

古人窮經，將以致用，故得志則行之；今人窮經，將以干祿，故得志則棄之。(《願學記二》)

凡治一經，必兼通他經，而後一經始得通曉。蓋文義有彼此觸發者，亦有詳略體用互爲條貫者。若耳目逼窄，心思也便推廣不去。譬諸行路，容足之外，俱無所用，然行路者必就周行。若徑僅可容足，鮮不躓矣。又如舟行，容楫之外，均無所用，然乘舟者必濟巨川。若港僅足容刀，鮮不膠矣。(《初學備忘上》)

朱子於天下古今事理，無不精究而詳說之。三代以下，羣言淆亂，折衷於朱子而可矣。今之學者，動好指摘朱子，此是何等

心術。(《備忘録一》)

無常師，則學可大；與人同，則學可久。(《願學記一》)

今人率詆漢儒附會經傳，漢人於經之義理雖有未當，然每事猶知準以經義，殊不如而今一概蔑棄典文也。(《備忘録三》)

右論治經

解而同乎古之人，則可以不作；若將求異乎古之人，則已自蹈不知妄作之病，陷於惑世誣民之罪。古人有言曰：前有千古，後有萬年，不可不慎也。誠使此言與身俱朽，則亦已矣。使其身死而言傳，窮鄉末學無知之子，爲其惑亂者有之，何足當知言君子之鄙棄誅責哉！(《答陳乾初書》)

大抵古人著書，多因斯道不明，不得已而有言，以補天地之憾。若道理已無餘剩，而吾之所學，未足以信諸今而傳諸後，則兢兢乎不欲發爲文辭。書所謂非惟不敢，亦不暇也。(《與唐灝儒書》)

且人亦顧所學之何如耳。使所學果足信諸今而傳諸後也，即不著述，亦不容於不傳。如其不足以信諸今而傳諸後也，即多著述，誠何益於多少之數。幸而傳之不遠，則不過如匹夫匹婦牆陰之私語，人罔聞知而已。不幸而傳，則小者見嗤於君子，大則適以成其罪案而已矣。(《與唐灝儒書》)

先民有言：道之顯者謂之文。又有云：文者載道之器；言者心聲。文字，言之精者也。出之本於心術之微，傳之遂爲世教所繫，著作不可不慎也。言之無文，既不足論；有文而不幾乎道，内以病己，外以害人，爲罪不已大乎！(《與徐敬可書》)

萬事萬理，俱經古人發揮，無有餘賸闕欠。善學者擇而識之，以畜其德可也。偶有一得，沾沾自喜，殊不知久爲簡編間舊物矣。甚者，前人之所唾棄，而己方寶而私之，多見其陋而已。(《備忘録二》)

經書從先儒發明，已極詳盡。但能擇其善者而從之，優柔厭飫，期於自得，不當復有著述。徒亂人意，無益於學也。好立文字，是學人一種通病。（《備忘錄二》）

古以躬行君子爲儒，後世以能著述善講説爲儒。天下無道，言有枝葉，正此謂也。雖是有德者必有言，若竟以言爲德，則失之矣。（《備忘錄三》）

右論注述

不讀史，則不知事變，不能盡小人之情僞，見應事之得失。今之人猶古之人，今之事猶古之事也。（《備忘錄一》）

本朝可云無史。野史家乘，既不足信；國史存乎實錄。實錄者，飾虛之尤也。即如高皇帝實錄，建文朝修之，永樂朝修之，其後又再修之。有所修必有所廢，毋論好惡是非不得其實，其事之真僞，豈足信乎？即一朝而他朝可知已。夫居史職者，固已多非其人；而又非得之耳聞目見。所見所聞者，又以避忌愛憎之私亂之，而又非成於一人之手，定於一時之論。雖使邱明復生，其將何以傳信乎？（《願學記二》）

史書失實，不可盡信。又況傳者不及百之一二乎？文集亦視集之之人如何，儘有因所集而失其人之本末者矣。學者所以貴乎知言也。能知言，方可讀書論世。（《備忘錄一》）

自古史書多不足信，至本朝史尤不足信。本朝至建文、永樂間史，全不足信。蓋緣秉筆邪佞之臣，凡在建文者，曲加醜詆；凡在永樂者，妄加諂諛；十無一真也。當時屠戮之慘，亘古所無。在野之人，無論不敢觸忌諱以記其事，亦何敢稱述其事以傳後人。四五十年之久，遺老已盡，迨乎論定，禁網稍寬，則又有若夫子所謂文獻皆不足徵矣。又何由而知之哉？有識之士，闕疑而不爲所誣誑可也。（《備忘錄二》）

右論讀史

文詞訓詁之習，未能脱去，似未足爲深病，但不可以是溺其志耳。若不爲所溺，則文者載道之器，未嘗非游藝一種功夫也。（《與吴裒仲書》）

圖學今全廢，是以名物制度，一概茫然。古人左圖右書，書只是發明圖義。非圖，義安從明？且如《易》、《書》若不看圖，卦、爻、象之辭，如何得明？今人徒學空言，所以無事於圖。若要實做，便知少不得。（《初學備忘上》）

右論圖學

三、約禮

陰陽得其正，則萬物豐樂；違節，則萬物耗瘁；人心之剛柔亦然。（《願學記一》）

剛中而柔外，雖處亂世可以無患，但當以妄悦爲戒。（《備忘録一》）

柔弱之人，既不能興起；乃質性剛强者，又多偏執己見，自以爲是，不肯遜心從善，其流至於果敢而窒。學問之道，可與有爲者，真不易得也。（《備忘録一》）

右論剛柔

凡人氣傲而心浮，象之不仁，朱之不肖，只坐傲之一字。人不忠信，則事皆無實，爲惡則易，爲善則難。傲則爲戾爲狠，浮則必薄必輕，論其質，固中人以下者也。傲則不肯屈下，浮則義理不能入。不肯屈下，則自以爲是，順之必喜，拂之必怒，所喜必邪佞，所怒必正直；義理不能入，則中無定主，習之即流，誘之即趨，有流必就下，有趨必從邪，此見病之勢有然者也。（《與何商隱書》）

晉人風流，坐致中原陸沉。文士習氣，可以敗常亂俗，吾人當痛以爲戒。（《與吕無貳書》）

大概做先生，極是有損無益。蓋主人以及學子，多是承順顔色而無逆耳之言，最易養成矜驕自足之氣。(《與錢晦仲書》)

惑處不辨，終身自以爲是。(《願學記一》)

爲學最喜是實，最忌是浮。《記》曰："甘受和，白受采；忠信之人，可以學禮。"忠信只一實字。故敬曰篤敬，信曰篤信，行曰篤行，好曰篤好，無所往而不用是實也。其爲人也，厚而重，君子之徒也，本於一實。其爲人也，輕而薄，小人之徒也，本於一浮。程子曰："未有不誠而可以爲善者也。"(《初學備忘上》)

學問之道，惟虚受最有益。譬之一器，虚則凡物皆能入之；若先置一物於中，更何物能入。(《初學備忘上》)

舜，大聖人也，而曰："舍己從人。"顔淵，大賢人也，而曰："以能問於不能，以多問於寡，有若無，實若虚。"而況吾人本庸愚之流乎？然非誠有欿然不足之心，惟恐人之告之有所不盡，終亦不能相入。若有一毫自足自是之見存於胸中，則聲音笑貌之際，已有形之而不能隱者矣。此亦孟子所謂拒人於千里之外者也，最是學者大患。《説命》曰："惟學遜志。"未有不遜志而能長益者也。醫家亦以中滿爲難治之疾，蓋膏粱藥石俱不能進，則死亡無日矣。(《初學備忘上》)

虚則明，實則暗，物理如此。(《備忘録一》)

右論浮傲

未有好名而能誠者。(《願學記二》)

世路雖崎嶇，本誠恕以行之，但覺其坦直。(《願學記二》)

今人好以僞之一字抹煞人曰：某雖有是美，然某事某事破綻，卻全是僞也。予謂但當取其美而勉其所未能，則天下多完人矣。(《願學記三》)

自初學至聖賢，只有擇善二字。擇人而交，擇書而讀，擇言

而聽，擇行而從。吾人終身功夫，如是而已，而要本於一誠。(《答徐重威書》)

右論誠恕

古人有言："民生在勤，勤則不匱。"非特不匱而已，勤則不驕，勤則不淫，勤則不多言，勤則不生機智而干餘事。男子婦人皆然，而婦人尤甚。(《與陸孝垂書》)

讀書治家，一道也。不勤則落，俱不可不努力。農人早作夜思，不離疆埸，則必有秋成之望。等而上之，勤勞當益甚也。少年歲月無幾，轉盼成衰暮，真可懼也。(《與陸孝垂書》)

今世極多遊民，是以風俗日惡，民生日蹙。雖其業在四民者，莫不中幾分惰遊之習，而士益甚。飽食終日，無所用心而已；羣居終日，言不及義而已。究其爲害，更甚於遊民也。今宜蚤作夜思，求其所未知者，與夫所未能者。將終其身而有皇皇不及矣，亦何暇博弈飲酒遊談浪走哉！(《初學備忘上》)

右論勤惰

程子見人靜坐，輒歎善學。特爲初學之士，終日馳逐而無休息之期，故假是以爲收斂身心之資，而非謂靜坐之足以盡學也。試思在家則有父母兄弟妻子僕御之人，與夫仰事俯育之事。推而達之鄉黨，則有鄉黨之人；朋友則有朋友之事。其自親戚宗族以至朝廷邦國，此身之酬應有一日可謝去否？不可謝去，可得靜坐否？若必以靜坐而後得靜，方其視聽言動時，將終無所謂靜乎？此周子所以有"動而無動，靜而無靜"之言，而復斷之曰"無欲故靜"也。無欲則一於理，一於理則山林市朝一也，獨居羣處一也。終日視而未嘗視也，終日聽而未嘗聽也，終日言動而未嘗言動也。如是，則任物之來，而莫不有以順應之，又何精粗大小之別乎！《大易》所謂"動靜不失其時，其道光明"，蓋以此也。不

知出此而欲却動以求静，非至於桎梏而使其心冥頑不靈，則有危厲薰心之患，所謂非徒無益而又害之也。(《答姚林友書》)

養生之説，自昔堯舜禹湯文武周孔思孟，未聞爲之，愚不敢學也。程子有言："夏葛冬裘，飢食渴飲；節嗜慾，定心氣。"僕平生服膺，惟是而已，然已有所不能。何敢效山林枯槁之士遺棄人羣，自私有盡之形軀爲哉！(《答徐重威書》)

右論動静

古來聖賢豪傑，其精力必是過人，非必稟賦之異，其所以養之者然也。究其所以養之之方，非有他也。不過節飲食，慎寒暑，薄嗜慾，適起居而已。觀程子以忘身殉欲爲深恥，可推也。精力一衰，百事不堪，雖生猶死耳。古之人用其心於如臨淵如履冰之際，雖不言養而養在其中矣。(《與許元龍書》)

古人居常終日静默，甚是有意。不特可免口過，亦是養心之助。(《願學記二》)

人好異説，只是不肯服行常道。如節嗜慾，定心氣，本可却疾永年。今於服食導引之説樂從之者，多因嗜慾動於内，或是往事莫追，希望奇功速效也。(《初學備忘下》)

右論存養

聞人之善而疑，聞人之惡而信；與人同處，見其過處，不見其是處；皆由於存心之薄，君子不如是也。(《備忘録二》)

土薄則易崩，器薄則易壞，酒醴厚則能久藏，布帛厚則堪久服。存心厚薄，固壽夭禍福之分也。厚之與否，要當察於用心之際。(《訓子語上》)

凡做人須有寬和之氣。處家不論貧富，亦須有寬和之氣。此是陽春景象，百物由以生長，所謂天地之盛德氣也。若一向刻急煩細，雖所執未爲不是，不免秋殺氣象，百物隨以凋殞，感召之

理有然。天道人事，常相依也。（《訓子語上》）

右論和厚

高節奇行，聖人不取，君子不由，以不可爲法天下傳於後世也。（《備忘錄二》）

平生不敢高談性命，只就“庸言之信，庸行之謹，有所不足，不敢不勉，有餘不敢盡”處做功夫，已不能庶幾萬一，何況其他。要之性命之理，豈外乎此！（《備忘錄三》）

右論中庸

放僻邪侈放爲首，驕奢淫佚驕爲首，克伐怨欲克爲首。人心驕縱，總由好勝不肯屈下一念爲之根。將來勢便，無所不至。所以君子修身，只有敬謹。（《初學備忘下》）

知命者不立於巖牆之下。巖牆處處有之，不必登高臨深。即飲食寢興，失其當然，無非巖牆也。古人集木臨谷，所以無時不然。（《備忘錄一》）

右論敬謹

四、治人接物之理

治天下只行其所無事而已。若操切一分，便入申韓；若減損一分，即入黄老。居敬行簡，乃能行所無事。（《願學記二》）

聖人於天下之理，非必一一而知之；於天下之事，非必一一而能之。但其德至虚至明，虚則能受，明則能别，是以天下之知皆其知，天下之能皆其能，而無所遺也。觀孔子孟子及《尚書》中稱舜處可見。（《備忘錄二》）

右論無爲

在上則進賢才，在下則育賢才，無非爲天下國家。（《願學記

二》）

天之生才不易，人之成才亦甚難。國家不知愛惜保護，以爲子孫黎民之計，乃反從而摧折敗壞之，不亦逆天之理乎！逆天理者，天命去之何疑。（《備忘錄三》）

天下大道，與天下共由之；天下賢才，與天下共友之；豈非莫大之樂。（《備忘錄三》）

成就人才，最是樂事。（《備忘錄三》）

右論愛才

富者田連阡陌，貧者無立錐，以至游民日衆，陵暴横行，雖有堯舜，無以使老有所終，壯有所養，幼有所長，有王者起，田制必當變。學校不以孝弟忠信造士，而相率爲浮文以壞亂其心術，學校必當變。取士不以實行，而專以藝文，不足以得賢才，科舉必當變。自一命以下，至於雜流，俱命自朝廷，雖舜禹爲選司，無以知人，銓法必當變。職事相牽制，雖有才能，不能展舒，官制必當變。入仕之後，無論賢不肖，一概資格序轉，賢者壅於上達，不肖者優游以取高位，資格必當變。養兵以病民，而兵不足用，軍政必當變。一州之土物，自足養一州之人民，而使西北必仰給於東南，賦法必當變。士人不知法令，他日無以守官；掾史世其家，得以因緣爲奸。當仿進士觀政、監生歷事之例，自京朝以至郡邑，使生員貢士主文移獄訟錢穀之事，而去其吏員掾史等而下之，衙役必當變。（《願學記三》）

右論變法

讀書少則自賢，索居多則自是。（《備忘錄一》）

察言觀色，小人以之逢人，君子以之省己。（《備忘錄二》）

君子之德，莫大乎與人爲善；小人之惡，莫大乎與人爲不善。（《備忘錄二》）

高於自待，不免卑於視人。聖賢之心不如是，此病吾人宜猛省而勇治之。(《備忘録二》)

卑以自牧，虛以下人，方有學問可言。(《備忘録二》)

人不可孤立，孤立則危。天子之尊，至於一夫而亡，況其下乎！(《訓子語上》)

古者選士於鄉，以鄉黨耳目至近至衆，其爲賢不肖，如鑑之照物，不可掩也。蓋一人之愛憎喜怒，則莫不私；衆人之是非好惡，則莫不公。吾人立身，欲考在己之得失，借鑑於鄉黨；其觀人取友，采聽之鄉黨；可以鮮失。(《訓子語上》)

右論樂羣

風水之説，於古無有，亂世之書也。(《喪祭雜説》)

日家推算禄命，此決無驗。(《日家説》)

居移氣，養移體，相其庶幾乎！然陽貨似孔子，至人不相，古有言矣。是以古來惟有觀其德行，至春秋戰國之間，方有相術，然亦非如今之人之誣也。禄命之説，昌於晉宋以來亂世之徒，作爲詭邪以惑愚俗，君子不取。(《日家説》)

方技之中，惟醫爲不可少。要須平日擇其術精而心良者，與之往還。若星命風水之徒，誕妄妖惑，空亂人意，甚者構成禍害，不可近也。(《訓子語下》)

自古方士禍人家國何限。貧賤，彼無所慕而不來；富貴之日，非嚴絶之不可。其納身最巧，其逢人最工，陰邪傾變，隨所嚮而售。既容入門，鮮不爲惑，惑則身家之禍至矣。(《訓子語下》)

僧道邪術。子孫愚，不可延其徒以資福；子孫慧，不可讀其書以求道。二者害有淺深，惑則均也。(《訓子語下》)

右論闢邪

楊園之學，吾無間然。在明末清初諸儒中，最爲醇正通達。爲人不立崖岸，治學不標門户。惟致謹於庸言庸行，篤實不欺，自是清初一大宗師也。惟以闇然自修，無慕於外，又不屑從事於空言著述，故知之者稀，未得與顧、黄諸家比重。然其識見高遠，議論透闢。大至治國理民，小至耕田耨地，以及讀書窮理、博文約禮之事，箴砭俗陋，深中肯綮。每有所言，無不切理厭心，發人猛省。而闢袪邪端，破除迷信，尤有裨世道人心。宜加表章，以昭正學。余撰述《清儒學記》，即爲之特立專記。至其嘉言明訓，幾於字字珠璣。故今所選錄者爲最多云。

劉獻廷

劉氏學問博大，於天文、輿地、史乘、音律，皆詣其微。徒以不好著述，知之者罕。今可考見其識議之一二者，惟《廣陽雜記》五卷耳。兹選錄其論學之語如下，以見其志行之一斑焉。

昔人五岳之遊，於以開擴其胸襟眼界，以增其識力，實與讀書、學道、交友、歷事相爲表裏。吾輩登一名山，覽一奇境，而自審其胸襟眼界，依然吳下阿蒙。又何苦費時日，喪精神，勞僕夫之筋骨，而登降上下爲耶？（《廣陽雜記卷二》）

余觀世之小人，未有不好唱歌看戲者，此性天中之《詩》與《樂》也；未有不看小説聽説書者，此性天中之《書》與《春秋》也；未有不信占卜祀鬼神者，此性天中之《易》與《禮》也。聖人《六經》之教原本人情，而後之儒者，乃不能因其勢而利導之，百計禁止遏抑，務以成周之芻狗茅塞人心，是何異壅川使之不流，無怪其決裂潰敗也。夫今之儒者之心，爲芻狗之所塞也久矣，而以天下大器，使之爲之，爰以圖治，不亦難乎！（《廣陽雜記卷二》）

戲文小說，乃明王轉移世界之大樞機。聖人復起，不能舍此而爲治也。(《廣陽雜記卷二》)

今之學者，率知古而不知今，縱使博極羣書，亦衹算半個學者，然知今之學甚難也。(《廣陽雜記卷三》)

苟非迴出人情之外，必不能成大計。若夫王道本人情之言，爲天下人言之也。(《廣陽雜記卷三》)

《管子》雖不全出敬仲之手，而其經世允爲一家之言，自是宇宙間不可少之大章句。三代而後經綸天下者，俱不能出其範圍。儒者過信孟軻氏之言，束之高閣。不思仲尼以仁許管仲，是何意旨，可歎也。(《廣陽雜記卷三》)

《管子》雖不純乎一家言，自是經世奇書。三代而後，欲經綸天下者，非穎上遺言，何從着手。諸葛孔明爲千古一人，其學術全從此書出。(《廣陽雜記卷三》)

古書有注復有疏，疏以補注之不逮而通其壅滯也。酈道元《水經注》，無有疏之者，蓋亦難言之矣。予不自揣，蚊思負山，欲取酈注從而疏之。魏以後之沿革事蹟，一一補之；有關於水利農田攻守者，必考訂其所以而論之。以《二十一史》爲主，而附以諸家之說，以至於今日。後有人興西北水利者，使有所考正焉。(《廣陽雜記卷四》)

古之諸侯，即今之土司也。後之儒者，以漢、唐、宋之眼目看夏、商、周之人情，宜其言之愈多而愈不合也。(《廣陽雜記卷四》)

爲學先須開拓其心胸，務令識見廣闊爲第一義。次則於古今興廢沿革禮樂兵農之故，一一淹貫，心知其事，庶不愧於讀書。若夫尋章摘句，一技一能，所謂雕蟲之技，壯夫恥爲者也。(《廣陽雜記卷四》)

歷代史册，浩繁極矣。苟不提挈其綱領，便如一屋散錢，無從着手。如《春秋》、《通鑑目錄》、《大事紀》，皆苦其太略。而朱子之《綱目》，又多書迂闊不切之事；關係重大者，反多遺漏。前人之書，縱極盡善，不經我手，如觀他家寶，與予無益也。予最愛《竹書紀年》，有絶人之識。《春秋》而外，別爲一家。久思取《竹書》以後迄于有明，照例勒成一書以備遺忘。年來奔走四方，無一日之寧，更有十倍於此者，亦皆置之高閣，況此考訂編輯之業乎。(《廣陽雜記卷四》)

邵廷采

浙東之學，繼黃宗羲而起者有邵廷采。其志主於經世，世徒以理學目之，末矣；善化唐氏撰學案小識，乃列之心宗，抑末之末矣。觀其議論風發，實與顧、黃、顏、李諸家有相合者，讀其《思復堂文集》而可知也。因擇取其精語錄存之：

世之論王子者，概之以事功，不知其事功由學而出。王子之事功，斯真事功；真事功，斯真學也。論劉子者，概之以節義，不知其節義本學而成。劉子之節義，斯真節義；真節義，斯真學也。士之生各隨其世，故孔孟皇皇游聘，程朱亦事科舉；王劉二賢，並起進士，爲時名臣。顧王子當明世之隆，爲其弟子者，遵遺教謹取與進退而已。劉子際末流，守死善道，其弟子之出而仕者，多以生死明學術。蓋以言明道，不若以身明道之爲能真知而實踐也。(《劉門弟子傳序》)

明儒雖衆，必推王劉爲一代程朱。王近明道，劉近晦庵，而功勳節義過之。朱王之學，得劉而流弊始清，精微乃見。(《復友人書》)

昔南宋之世，儒者盛於東南。國統中微，斯文彌烈。晦庵朱子，集諸儒之成，傳《四書》、《詩》、《易》，修《通鑑綱目》，老佛之流息，孔子之道著。猶窮河源者溯崑崙，沿江漢者放東海。

到於今五百餘歲，未有跨而越之者，良由體大而思精，力全而用博也。(《姚江書院傳》)

夫運關興廢之際，雖上聖不能以力争；而生死進退之大閑，則匹夫之志，要自不可以奪。(《贈陶克幾先生序》)

古之建大業者，其立身也尚嚴，其御人也尚寬。嚴以致寬，則理達而政成，民畏懷之。鄭侯之載其清静，武侯之用法嚴峻，要於成治，各不相襲。(《壽河南巡撫王公序》)

元人修《宋史》，於儒林外，别立道學傳，此後遂爲定名，專家似當去之。吾道一貫，孰非道學中事。而以此立儒家標幟乎！(《候毛西河先生書》)

嘗讀逸書，吴興老生沈仲固有言：道學之末流，至寶祐開慶間幾不可問。見治財賦者，則目爲聚斂；開閫者，則目爲粗才；讀書作文者，則目爲玩物喪志；留心政事者，則目爲俗吏。所讀止《四書》、《近思録》、《通書》、《太極圖》、《東西銘》、《語録》數種。不爲其説，即立身如温國，文章氣節如坡仙，亦置之格外。其在朝惟以敝冠衣、端跬步爲事。求如正公之規折枝，文公之斥和議，則無之矣。賈似道利其結舌寒蟬，不致掣己之肘，故用之列布津要，禍不在典午清談下。吾始詫仲固言，今而不能無疑。蓋崇性命，薄事功，矯揉偏重，其弊乃至於是。(《候毛西河先生書》)

陽明之所云致知者，攝于約禮之内，始學即審端一貫。朱子之所云致知者，散于博文之中，銖銖而稱，兩兩而積，其後乃豁然貫通焉。此同歸中有殊途之别。世之學者，不究其同歸，而喜摘其殊途。所以從朱從陸，杳無定見。去聖愈遠，畢累世而不能相合也。(《答蠡吾李恕谷書》)

夫經學與心性之學，本出一原。聖人作經，皆以發揮心性。《易》道陰陽易簡，《書》記政事，《詩》别勸懲好惡，《禮》順秩敘，《樂》滌邪穢而蕩渣滓，《春秋》辨是非。今于經學之外，别

有心性，則道無統紀，而不得聖人之心。于是乎逐事物，溯源流，求同異，解愈繁而經愈晦。(《答蠡吾李恕谷書》)

凡是極盛，自難爲繼。六經既明，而有美新；四書既出，而有訓詁；經義制科，而有講章；道學實繁，而有名士。今之修飾邊幅號主講席者，皆名士也。若并惡道學，則不可矣。(《宋中遺吳門友人書》)

古人晚而著書，非關世道，決不苟作。故凡内之不足，而假于外；道之不勤，而爭于文。此在先哲有以爲恥者，不可與文士言也。(《答陶聖水書》)

學校之敝，未有如今日之甚；而今日學校之敝，未有如講學之甚。士息講學而務返其本于孝弟忠信，則人心漸醇，浮言虛譽無所用而流競消。天下方有實行真品，而治化可興，聖道可明矣。(《學校論上》)

今之講學者，患在喜于語上，而所以由之者疎，故吾欲以夫子之四教糾而正之。自宋以後語錄諸書，一切且束勿觀，而惟從事于六經孔顔曾孟之教。(《學校論下》)

明經將以致用。漢儒一生第窮一經，立朝服官大節，皆取足其中。令人不惟其用之爲，徒貪多務得，思攫取詞藻，雷同勦説而已。才力薄而見聞漁獵之富，或反過乎古人。乃如之人盡身通六藝者也，可謂之明經乎！(《詩經兒課小引》)

王　源

大興王氏《居業堂文集》雖僅二十卷，而議論駿發，足以興起人；而文筆雄放，令人讀之神旺。語之精者，自可立懦，故選錄其要如下：

古今有致治之才，有戡亂之才，二者恆不可得兼，而國家往往以二者之盛衰爲安危强弱。然當承平無事，戡亂之才多無用；

而盜賊外侮非常之變作，又或非致治者所能辦。所以宋之理學，正直名臣過於漢唐，而禁暴誅亂，則以韓范之才，不能制元昊之猖獗。陵夷以至靖康，終其世而莫能以自振。總之，文事武備，原自異用。士大夫既置武事不講，懵然不知兵法何物，一遇軍興當大敵，即束手莫知所措，無怪也。(《與王吏部書》)

丈夫建功名耳。功在社稷生民謂之功，名垂千百世不泯謂之名。布衣可以建功名，宰相無能，不過富貴，今所謂功名，率以富貴當之，陋矣。然君子豈特區區欲成一己之名，而無所利益於天下。名成而功不就，終君子之恨。(《與湯西厓書》)

文人者，士之賊。士不必爲文人，以文人稱，不失爲君子。蓋無幾而禍朝廷、流毒人心風俗者，古今來殆不可勝數。行誼者，士之本；廉恥者，士之防；才略者，士之用。文人則曰：天下獨有文耳。吾文矣，孰有出吾右者。志卑識陋，冒天下之大不韙，不辭喪身辱名，不顧干進嗜利，固寵之外無經濟。而一遇變故，視君父敝屣矣。(《復陸紫宸書》)

忍天下之小忿者，始可以成大功；忍大辱者，始可以雪天下之大恥。故《書》曰："必有忍，其乃有濟；有容德乃大。"孔子曰："小不忍則亂大謀。"黄石公曰："柔能制剛，弱能制强。"自古未有寬柔容衆而不成，卞躁狹隘而不敗者也。(《與周生書》)

今天下之尊程朱、詆姚江，侈然一代大儒自命而不僞者幾人哉！行符其言者，真也；言不顧行者，僞也。真則言或有偏，不失爲君子；僞則其言愈正，愈成其爲小人。彼朱陸各行其是，以修身而明聖人之道，狂爾狷爾，皆真儒也。論其所見之偏，不能無過不及；而論其得，則皆聖人之一體，烏得是此非彼，立門户於其間，若水火之不可以並立者。且夫對君父而無慚，置其身於貨利之塲、死生禍福之際，而不亂其内行，質之幽獨而不愧。播其文章議論於天下，而人人信其無欺。則其立説，程朱可也，陸王可也。不必程朱，不必陸王，而自言其所行，亦可也。(《與朱

字綠書》）

夫所貴乎學者，當出吾心之真是真非，以考三王，俟百世，不宜持拘迂之見，守異同之成説，膠錮束縛，老死章句之中，而不能以自拔也。（《與朱字綠書》）

孟子没後，千數百年全體大用，才堪王佐之儒，惟諸葛忠武、王文成兩人而已。漢唐之儒，章句訓詁。宋儒見聖人之體，而不能全其用，知經不知權。爲治世之良臣有餘，戡天下大亂不足，爲奸雄竊笑久矣。求其德行中正，純粹無疵累，而因時制宜，仁至義盡，不失之迂；陽施陰設，不流於詐。極天下之權奇奸暴，不足當其鋒，而禮樂教化可直追乎三代，則忠武而外，舍文成可再得乎！（《與朱字綠書》）

生平最服姚江，以爲孟子之後一人。聖人之道，體不異而用則因時以制變。征誅之變揖讓，時耳。假令孔孟生漢唐以後，其所以禁奸而禦暴者，必不肯泥三代之成規，持迂闊之腐論。晉之清言，宋之理學，爲奸雄竊笑久矣。蓋宋儒之學，能使小人肆行其凶而無所忌，束縛沮抑天下之英雄不能奮然以有爲。故使程朱遭宸濠之亂，必不能定之掌握之上。而濠以梟雄之姿，挾藩王之重，負異志既久，擁衆二十萬，一旦竊發，順流直掩金陵。乃不終日而談笑平之，是豈徒言文字者所能辦！乃今之謗之者，謂其事功聖人所不屑也；其學術爲異端，不若程朱之正也。其心不過欲蔑其事功，以自解其庸闒無能爲之醜。尊程朱，以見己之學問切實而陰以飾其卑陋不可對人之生平。内以自欺，外以欺乎天下。孰知天下之人之不可欺，而祇自成其爲無忌憚之小人哉！（《與李中孚先生書》）

後世之治天下，當首嚴詐僞之禁。如太公之誅華士，孔子之誅少正卯，凡爲虚言以欺天下而盗名者，悉焚其書而寘之法。明先王之道，教天下不言而躬行。卿大夫率於上，士民遵於下，摯愨果毅，敦篤乎倫常，而講求經濟實學，一洗語言文字惡習，反

風俗於淳樸，則三代庶可復乎！（《與李中孚先生書》）

僕從來不談理學，以近日考亭陽明兩派，各持門户，相争如水火，竊疑君子亦仁而已矣，何必同。然程朱之篤學操修雖可法，而迂闊實不足以有爲。陽明之經濟，雖無慚於道德，而學入於禪，未免天下詬病。欲判其一而宗之，既不可；欲合兩家而同之，又不可。不得已所以置身其外，將格物致知心性天命之説，概不敢道。但求德行無虧，以經濟文章自見而已。（《與壻梁仙來書》）

陽明既顯雜於佛氏，程朱亦隱壞於佛氏。静坐觀道，非禪而何哉？源所以不得已而置道學之説，但欲以忠孝廉節爲本，而以經濟文章立門户。上之北面武鄉而希其萬一，下則與陳同甫並驅而爭先，此則區區之夙志也。（《與方靈皋書》）

紫陽先生讀書博矣，豈後人所敢望。然博之中安能無誤？誤亦何傷，知其誤而正之，此正前賢之望於後人而不以爲嫌者。若懵然因其誤以爲誤，與己不能正其誤，又禁他人校正其誤，而使之終於誤。此踵謁襲謬之弊所由來，豈先儒待後之意哉！（《再與康孟謀論修郃志書》）

從來無不受善之聖賢，無不虚心之學者。乃後人則反爲之諱，以爲斷非無據，斷不可輕議一字。是直爲古人愚，而爲識者所竊笑也。讀書考古之識安在乎！（《再與康孟謀論修郃志書》）

君子之爲學也，心欲廣欲虚欲細。不廣則其見有限，不虚則不能受益，不細則不足以知立言之意而得其要。三者嘗相因，廣則虚，虚則細。細則愈虚愈廣，而日造於高明。既高且明，而其心愈廣愈虚愈細矣。（《再與康孟謀論修郃志書》）

慨自孟子殁而學術分，戡亂者以權奇，致治者以文具。所謂隨陸無武，絳灌無文者，特以章句爲文，兵戎爲武，曾何足語於戡亂致治之數。唐虞三代之取才，聖人之教人，大約不外德、行、藝三者。内以治己，外以治人，而戡亂致治之具，即不外此。故其人才迥非後世所敢望。及先王之道喪，傑士徒知有功利。而儒者高則談性命，卑則事訓詁，最下從事於詞章。然則後世治日少而亂日多，非天之生才不逮於古，亦學術得其偏而不能通其變耳。(《復姚梅友書》)

吾甚有感於後世僞學之亂天下也，以爲孔孟以著書傳於前，先儒以稱述孔孟傳於後，則儒者之能事，著書而已爾，稱述而已爾。於是稽載籍，考羣言，發爲論説，著爲文章。顧以之别同異，分門户，期以自遂其私，雖百世之公有不顧，而悍然立異説以文其辭。於是即先儒之説，取其一二浮辭以示其同，而没其全體大用之實學。摘其言語微疵，而極詆其學術之偏以明其異。久之，亦遂悍然自以爲直追孔孟。而門人奉之，黨與稱之。而不知其的然日亡，不旋踵而敗矣。(《修辭立誠論》)

予嘗以謂德行、言語、政事、文學四者，足盡儒者之能事。德行，體也；言語、政事，用也；文學，所以明其體與用也。自孟子殁而道術裂，要皆不出四者之分，而流弊遂不知其所底。宋儒一歸於德行，反經以救人心之陷溺，功可不謂宏焉！顧用有不逮，則經有餘，權不足；修己有餘，治人不足；化善有餘，禦暴亂不足；正誼明道有餘，利天下成大功不足。(《大學辨業序》)

附：

《清儒論學語錄》原稿本題辭

清代學者，有開國時之大師，有乾嘉時之通儒，言論多可垂教後世。大之可以開拓心胸，次亦可以端正蹊徑，固百世之師模也。余每讀其遺書，輒撮鈔其粹語。初取顧亭林、黄南雷、邵念魯、李恕谷、王崑繩、劉繼莊，以及錢竹汀、戴東原、段懋堂、翁覃溪、姚姬傳、汪孟慈等十二家之言，裒爲一册，題爲清儒粹語前編。後又甄錄錢牧齋、李二曲、陸桴亭、張楊園，以及章實齋、紀曉嵐諸家之言，成爲清儒粹語後編。其言論尤多者，則各爲類鈔以條理之，若張、章二家之書是也。余原欲合此二編，成爲《清儒論學語錄》，以與《清儒論學文選》相輔而行，重加理董，即可刊之以公諸世。歲月蹉跎，近數十年來，述造紛繁，乃無餘力及此矣。尚念此數寫本，悉余壯歲時所書，力求工整，幸免草率，不忍捐棄，聊復存之。一九九二年重陽日，藾翁張舜徽記。

《清儒論學語錄》原稿本中之按語

所謂前編、後編，非謂諸家時世之早晚，乃隨纂錄之先後以標目耳。此稿本如欲寫定，可重新次第之，合而爲一，總名爲《清儒論學語錄》，可與《清儒論學文選》相輔而行，不必再題前後編之目也。一九九二年重陽後一日張舜徽補記。

《清儒論學語錄》原稿本跋

余以友人之約，遠涉大庸，居窮山中，甚無聊，講授之暇，惟覽誦書卷以自遣。行笈自羣經説文外，但攜四庫提要一部自隨。閒餘輒取觀之，日盡二卷，自春徂夏，百日而畢。涉覽時擷其精粹之言，隨筆鈔之，迨寫畢而書已積寸，不忍棄之，顏曰提要日鈔，留備省覽可也。辛巳（一九四一年）夏五月既望舜徽記，時年三十。

《清儒論學文選》原稿本題辭

余昔在壯歲，好讀清人文集。每遇識議卓然足以啓迪後學者，輒規識其上，或別鈔存之。所選既多，非一手所能遍寫，或自鈔之，或分屬及門鈔之，故字迹大小工拙不一，未暇計也。初爲活葉，後乃分裝爲三大冊，藏之匧衍，亦既多年，而三百年間諸儒論學之篇，其可存者多在其中。余初擬編目分類，付書局刊行，顏曰清儒論學文選，言其實用，似在湖海文傳之上。雖欲取此以公諸世，而精力衰頹，不暇及此矣。姑存其寫本於此，亦聊以志早年治學功力之一端耳。一九九二年十月一日，無逸老人張舜徽識，時年八十有二。

註：

《清儒論學語錄》和《清儒論學文選》是先君舜徽先生的兩部遺稿，共柒厚册，現存湖南圖書館。

從舜徽先生分别在一九九二年重陽日，一九九二年重陽後一日和一九九二年十月一日爲這兩部稿子寫的題辭、按語共三則可以看出，先生不僅對這兩部稿子很重視，而且有意加以整理。從先生遺墨中，還發現先生已經把《清儒論學語錄》原稿本中的十八位學者，擴展爲二十位學者："顧亭林、黄南雷、錢牧齋、李二曲、邵念魯、李恕谷、王崑繩、劉繼莊、陸桴亭、張楊園，以上十家俱清初大師；錢竹汀、戴東原、段懋堂、焦理堂、紀曉嵐、姚姬傳、章實齋、翁覃溪、阮伯元、汪孟慈，以上十家俱乾嘉通儒。"這説明先生已經認真重新構思。

實際上，舜徽先生已經開始了對這部稿子的整理工作，并已撰定約叁萬字的稿子。現在發表的，就是這已經寫定的部分。從這一部分稿子中，可以看出先生這一工作的體例和對所選語錄的思想傾向，而且也已達到欲選學者的人數的一半，故將其刊發，仍有其意義。

一九九二年十一月二十七日凌晨，先生猝然逝世於家中，使對《清儒論學語錄》的整理工作未能完成，《清儒論學文選》的整理工作則更尚未開始，這都是很令人遺憾的事。張君和謹識。

佚文輯錄

張舜徽　撰

重印《諸子學述》序

湖湘先正之學，以經史植其基，而旁及諸子百家，規爲浩大，與江浙異趣。王船山經説史論，獨有千古；而於諸子，若《老》、《莊》、《吕覽》、《淮南》皆有新釋。著述之豐，發明之廣，殆已超越亭林、梨洲及並世諸儒而莫之與京也。後人無以爲繼，習焉各擇其性之所近，僅得其一體耳。其理董周秦諸子者，非校勘字句、採集衆説之難，而出自新悟、暢通大義之爲不易也。自道、咸以來，若魏默深之《老子本義》，曹鏡初之《墨子箋》，皆重在闡明指要，主於發幽表微，固勝於爲集解、集注之業者遠矣。顧專説一家尚易，綜論百家則難。故昔人鮮有鈎玄提要以辨章學術自任者。有之，則自羅庶丹先生之《諸子學述》始。先生博洽諸子，新獲實多。此書雖爲講學上庠時所編講稿，而條理分明，如裘挈領。迨上編《總論》、中編《各論》寫成，而下編《結論》（即《周秦學説平議》）未及屬草，先生遽已謝世。論者惜之。先生既殁，其友朋始取上編、中編之已成者，題爲《諸子學述》，於一九三五年交商務印書館出版。沾溉士林，爲遠近所誦習。今去出版之時將六十載，久已無從得書，而求之者乃益衆。先生之女書慎女士，優於文學，能讀父書。年近八十，猶抱守遺書，謀所以永壽其親者，亟亟以重印是書爲念。既以紹承家學，亦欲廣其傳以應學者之求，意至善也。書將重印，屬余爲序其端。余因叙及湘學源流與此書之尤不可及處。俾學者知夫綱舉目張、條分縷析之書，非有本有源之學，不足以語乎此。所謂由博返約者，於是乎在。誠能善學而善法之，則治學之道，不俟旁求，豈特諸子之學而已哉！一九九二年四月，張舜徽書於武昌。

《二十五史三編》序

余往在壯齡，筋力方强，每喜趁寒暑休暇之時，赴京、滬、寧、杭各大圖書館讀未見書，事畢乃歸。所謂讀未見書，非如昔人飽覽宋元舊槧以資校勘已也。意在博訪古今名哲未刊之稿，或有刊本而流傳不廣、外間不易得見者，得以擴吾識見增益所學耳。國内藏書之盛，京師第一，而滬、寧、杭次之。但就京師言，自北京圖書館外，各大學圖書館收藏亦富，非他處所能比，故余赴京尤數。滬、宋、杭則間歲一往。往則賃居圖書館旁，以與其專職保管者素相識，因得入珍本室流覽借觀。寫本琳琅，驚爲富美。每嘆四部未刊之書，多集於是，倘得有大力者舉而刊印行世，嘉惠士林，夫豈淺鮮。固勝于糾合衆力、編輯大部圖書遠甚矣。此吾於往歲開明書店輯印《二十五史補編》，所爲贊嘆而稱道之也。

《二十五史》爲書多矣，而猶不免於缺漏，端賴後人補之。有補本書志傳表譜之闕者，有補舊注之簡者，有重新疏證舊注者，有抽出單篇加注者，有通讀全書而作札記者，有專考訓詁音讀或地理制度者，作述紛起，皆足以補苴罅漏，裨益前修。往世此類書篇帙較短，或附刊叢書之中，或藏稿未曾付梓，單刻本既少，故世人難見其書。自《二十五史補編》出，則凡可以補正史者，多在其中，有利於治史者大矣，此其功所以不可没也。

惟載籍極博，記事之書，特其中之一類耳。推之群經、諸子、别集，何莫不可以此法廣甄而合刊之。自《兩經解》、《南菁書院叢書》之后，匯印經説者甚少，而從事撰述者轉多。舉凡雜志、專刊所載，考古説經之義，今盛於昔，自可依篇帙而編定之。至於諸子之新注，别集之精品，自當有人爲之審定高下，擇其可傳者傳之，名之爲“群經新義”、“諸子補編”、“别集叢刊”，亦何不可。亦猶之《二十五史補編》之意也。余懷此有年，而無力以圖之。一九九一年秋，岳麓書社夏劍欽同志來至武昌，與余謀及匯印群書事，余慫恿其輯印《二十五史三編》以續成《補編》未竟之業。夏君欣然以爲可行，爰議及採訪遺書，甄别高下諸端，并爲向各大圖書館分函紹介，俾與洽談，而鄢琨同志奔走襄助之力爲多。分赴各地，不辭勞瘁。未幾而諸事就緒，即可蕆事。計搜羅之未刊稿與稀見書，凡一百五十餘種，匯印成書，蔚然大觀。而夏君擘畫組織之力，與鄢君審擇採訪之勤，皆可欽也。協助之者，尚有吳澤順、曾主陶、石洪運諸君，亦皆黽勉從事，共竟厥功，理宜并錄，以示後來。諸君以兹事爲余創議，必欲余爲之序以發其意。余故書此以爲諸君成事之祝。然而此特其嚆矢耳，今後致力之端，猶大有事在也。

一九九二年十月二十四日　張舜徽

《資治通鑑全譯》序

曠觀數千年中華史學界堪稱震鑠古今之大著作，必有雄偉的氣魄，龐大的規模，創新的體例，審密的剪裁，而行之以暢達之文筆，必具備了這些條件，然後可以傳之久遠，爲後世不磨之書。自古至今，作者雖多，真能達到這一境地的，自推漢宋兩司馬的成就爲最大。

遠在二千年以前，司馬遷寫成了一百三十篇、五十二萬六千五百字的巨著《史記》。通貫古今，包羅萬象。同時也是一部百科全書式的知識寶庫。漢武帝以前的社會變化和自然變化，都被記録下來了。這樣的一部大著作，後世無以爲繼，没有第二個人，敢於全面地紹承它的體式，來通貫古今以續其書的。後之作者，僅能得其一體，變爲專史；或具體而微，變爲斷代史。氣魄規模，便小多了。

至於按歲時月日來紀事的編年史，遠者如《春秋》，文字極其簡短樸素，後來出現文辭繁富并擁有高度修辭技術的新編年體如《左傳》。漢末荀悦，删汰《漢書》的繁富，成爲編年體《漢紀》，專紀西漢一代之事。司馬光效其體而衍爲貫通歷代之書，上起戰國，下終五代，將一千三百六十二年大事，按年記載，一氣銜接。使自漢末、兩晉、南北朝學者所纂各朝斷代編年之書，一變而爲聯續古今的大編年史，誠然是中國史學界的一大創作。在《資治通鑒》没有成書以前，學術界是看不到這樣一部二百九十四卷的弘編巨製的。由此可見《史記》和《資治通鑒》所以能稱古今大著作，自有其不可及處。

司馬光（公元1019—1086年），字君實，北宋陝州夏縣（今屬山西）涑水鄉人。寶元進士，仁宗末年，仕天章閣待制兼侍講知諫院。他在當時，即立志編撰《通志》，作爲封建統治的借鑒。治平三年，撰成戰國迄秦的八卷，上之於朝。英宗命設局續修，神宗時賜書名爲《資治通鑒》。神宗用王安石行新法，司馬光與之不合，乃退居洛陽，以書局自隨，繼續編述《通鑒》，至元豐七年成書。他從發凡起例至删削定稿，都親自動筆。勞精疲神，歷十九年而後成。元豐八年，哲宗即位，召他入京主國政，整頓綱紀，廢除新法。歷事數朝，實爲宋之名臣。所以他的一生，不僅是北宋時的大史學家，也是一位大政治家。

司馬光修《資治通鑒》，得力於找到了幾個好助手。一是劉恕（字道原），二是劉攽（字貢父），三是范祖禹（字淳甫）。他在與范氏手帖中説過："隋以前與貢父，梁以後與道原，足下止修武德以後，天祐以前（此帖所云，與邵伯温《聞見録》所載，略有不同）。可知當日整理史料的分工情形是：自漢至隋歸劉攽，自梁至周（五代）歸劉恕，唐代歸范祖禹。這三人都精熟舊事，各用所長。把材料預備好了，寫成底本，司馬光再加删改潤色的工夫。當日在修書的總過程中，分爲叢目、長編兩個準備階段，這是助手們的工作。叢目所以比次異聞，好像工廠中的原料品；長編便已加工制造，成了工廠中的粗制品。到司馬光筆削成書的時候，才由粗制品變成精制品。例如范祖禹所爲《唐紀》長編，原爲六百卷，司馬光將它删定爲八十卷，假若不是長於識斷，善於别擇去取，又何能有此精約的剪裁。

大抵編述一部大書，剪裁和熔鑄的工夫，最爲重要。所謂剪裁，便是對叢雜猥多的材料進行審别後，判定哪些材料要，哪些材料不要，不惜大刀闊斧，割去那些不需要的東西，這便是剪裁。關係到豐富資料的取舍和全書義例的純駁，至爲重大。至於熔鑄，則是將各種不同的材料，整齊其筆法，使成爲前后暢通的文體。如司馬遷採自不同時間、不同空間的材料，加以熔鑄，而成爲用漢代語言文字寫成的一百三十篇書。司馬光自《十七史》外，博搜雜書稗史三百餘家，加以熔鑄，而成爲用宋代語言文字寫成的二百九十四卷書。這却是兩大史學家的絶大本領！

一部大史書的取材，首先必有個總的原則。什麽樣的人，什麽樣的事，才寫進去；哪些人、哪些事，不寫進去。必有别擇去取，才能體現本書的寫作義例。南宋晁公武《郡齋讀書志》有云：

> 公武心好是書，學之有年矣。見其大抵不採俊偉卓異之事，如屈原懷沙自沉，四皓羽翼儲君，嚴光足加帝腹，姚崇十事開説之類，皆削去不録。然後知公忠信有餘蓋陋子長之愛奇也。

清初顧炎武《日知録》復謂：

> 李因篤語予：《通鑒》不載文人。如屈原之爲人，太史公贊之，謂與日月争光，而不得書於《通鑒》；杜子美若非出師未捷一詩爲王叔文所吟，則姓名亦不登於簡牘矣。予答之曰：此書本以資治，何暇録及文人。

這都是過去學者細心讀書，從《通鑒》中找出來的通例，是一個有價值的發現。

屈原雖爲自古詞賦之宗，而其内容不外憂愁抑鬱，自傷不遇。假若天下的人都是這樣，勢必成爲悲憤痛哭的社會，哪還有人辦天下事？所以《通鑒》既以"資治"爲目的，故對這樣的人，值不得加以表揚和提倡。《淮南子·齊俗篇》説過："矜僞以惑世，伉行以違衆，聖人不以爲民俗。"這確是自古治國理民的人對一般人行爲衡量輕重的準則。大約“庸言之信，庸行之謹”，可爲群衆師模的，加以提倡；至於立崖岸，行奇詭，以嘩衆駭俗的，必加貶抑。古之讓王者，如許由、務光之所爲，竟不見稱於孔孟；清遠絶俗者，如屈原、嚴光之行事，復不見載於《通鑒》；這里面是有原因的。

《通鑒》的記人記事，原則性很强。凡是有關國家興衰、生民休戚的重要事件，和那些才德並高、有能力辦事、積極替國家作出了貢獻的人物，都叙述詳明。作爲當時的榜樣和後世的借鑒。至於無關國計民生的事，以及那些孤高自賞，抑鬱終生，消極對待一切，遺世獨立的人，都是《通鑒》所不記載或很少記載的。以爲這種人在天地間，有一個不多，無一個不少，其行己立身之道，不是群衆所要學習的。所以修《通鑒》的人，也就不加理睬。前人只知道《通鑒》不採卓異之事和不載文人，都是它的特點，而忽略了它所不記載的人和事還很多。

晉宋時代的陶潛（陶淵明），可算是一個有名的詩人、高士和隱者。在《通鑒》中，也没有看到他的姓名。這是由於他一生樂天安命，陶醉於酒，和那些積極有爲的精神，格格不入；他的某些消極頽放、及時行樂的思想，對當時和後世，流毒也不小。白居易説他的詩“篇篇勸我飲，此外無所云”。所以他的一生，不外詩酒二字。倘人人皆如此，則普天之下，都變成頽放自適、整天喝酒的人了。《通鑒》不載陶潛於晉宋禪代之際，這是比之屈原，同爲不足楷式後世之人，所以同樣被摒除了。

自來儒家教人行己立身，恒以庸言庸行爲重，强調言行歸於中庸的重要。不可太過，也不可不及。所以古代有高見卓識的政治家，理民之要，只獎勸庸言庸行之美，以敦化厲俗。對那些矯世行怪的人，便十分鄙棄。凡是歷史上所記躬行敦篤、足爲群倫表率的人物，雖在幽僻之地，值動亂之時，《通鑒》也必書之以示後。如漢桓帝延熹二年，錄徐穉、姜肱、袁閎、韋著、李曇五處士。七年，録郭泰、茅容、孟敏、申屠蟠諸人。獻帝建安十二年，録司馬徽、龐德公二人。此乃由於這些人雖不必有益於治道，而甚有裨於風化。能用自己好的言行，影響到社會許多人，所以特加記録以表章之。

《通鑒》不載文人，只是指那些無裨國計民生的文士，但以吟詩爲文見長，而没有致治興邦的識議。這樣的文士，正如恒河沙數，不可勝記。如果發現善寫文章的績學之士，果有真知灼見，足以裨益治道，《通鑒》對其人其文，十分加以重視。不過甄採其文，仍取其有關治國理民的大理論，而省汰其無關弘旨的閑雜話，經過一番剪裁工夫，然後收入《通鑒》。例如《樂毅報燕惠王書》、《李斯諫逐客書》、《董仲舒賢良策》這些大文章，都經過了節删的，而不是原文鈔録。又如唐代陸贄的奏議，本以駢儷名世。《通鑒》録文，是原則上不採駢儷，但因陸氏奏議，有關民生國計之大，不得不破例收了幾篇。由此可見《通鑒》中搜録遺文，也自有權衡取舍。善讀其書者，貴能心知其意，而因以增進吾人之識見。

司馬光是北宋時代一位學識淵博的大學者，又是一位剛正不阿的政治家。他所編述的這部大書，是爲當時政治服務的，是一部政治性很强的書。凡是對國家成敗興衰關係不大的人和事，雖正史有記載，可以從省；相反，對那些關系天下興亡很大的人和事，雖正史無記載，也要從其他雜書稗史中搜採出來補入此書。例如《通鑒》卷三十一，記載漢成帝寵趙飛燕，淖方成唾曰："此禍水也，滅火必矣。"這材料是從《趙飛燕外傳》中取來的。又如《通鑒》卷二百十六，記載張彖斥楊國忠爲冰山，這材料是從《開元天寶遺事》中取來的。司馬光看到歷代后妃、外戚之禍天下，爲害甚烈。所以特别將這些事記録下來，以爲帝王之炯戒。凡是不見正史的人和事，而必取之他書以補充者，都是有原因的。

人們看到《通鑒》是編年體，以爲是專以正史本紀爲中心而寫作的，而忽略了它已將志傳内的材料，也同時編入了此書。由於取材的極廣，因之所包含的内容，也就特別豐富。這一點，在元代胡三省作《通鑒注》時，早已説過。《通鑒》卷二百十二，《唐紀》開元十二年注云：

温公作《通鑒》，不特紀治亂之迹而已。至於禮樂歷數，天文地理，尤致其詳。讀《通鑒》如飲河之鼠，各充其量而已。

《胡注》雖僅在此處發其凡，推之全書，莫不如此。宋高似孫《緯略》曾説：

今學者觀《通鑒》，往往以爲編年之法。然而一事用三四出處纂成，其爲功大矣。不觀正史精熟，未易决《通鑒》之功迹也。《通鑒》採正史之外，其用雜史諸書，凡三百二十二家。

胡三省在《通鑒注序》中又説：

温公遍閲舊史，旁採小説，抉擿幽隱，薈萃爲書，勞矣！

可知司馬光當日所投下的精力，後來學者是充分肯定了的。

司馬光編述《通鑒》的精神和魄力，是值得繼承和學習的。首先便是面對那些紛紜復雜、錯亂重沓的材料，如何整齊之，融合之，條理之，連貫之，却是煞費苦心的事。其中理董兩晉南北朝紛亂時的史實，最爲繁劇。自稱到洛八年，僅了得晉、宋、齊、梁、陳、隋六代，可知當日用力之艱苦。後來朱熹在《語類》卷百三十四中，也曾指出，《南北史》除了《通鑒》所取者，其餘只是一部好笑底小説。可知其剪裁熔鑄之功，早已爲學者所欽服。他在《進書表》中所云：

研精極慮，窮竭所有。日力不足，繼之以夜……臣今骸骨癯瘁，目視昏迷，齒牙無幾，神識衰耗。目前所爲，旋踵遺忘。臣之精力，盡於此書。

假若他没有堅持終始、矢志不渝的任事精神，他何由成此盛業？

特别應該指出的，此書草稿，當日留在洛陽的盈兩屋。相傳黄庭堅閲數百卷，訖無一字草字。事實也確是如此，元初余姚徐氏藏有温公修永昌通鑒草一紙，柳貫見而跋之，謂紙上凡四百五十三字，無一筆作草。黄溍也有跋云："作字方整，未嘗爲縱逸之態。"這份珍貴手稿，記載了東晉元帝永昌元年的史實，一直傳到現在九百多年了。已於1961年由文物出版社影印出版。除保存了珍貴文物外，更爲重要的是能啓發後人觀摩學習之心。大家都推尊當日修書絲毫不苟的工作態度，是一種高度負責，恪盡己職的崇高典範。

有人誦習《通鑒》，以爲其中闕漏猶多，不足以稱全備。不悟古人著書，各有義例。於材料之取舍，尤爲慎重。大抵符合於作書義例者載之，不合者棄之。有所取必有所遺，非可盡其所有而悉録之。《通鑒》一書，體大物博。而明末嚴衍，深致不滿。在《通鑒補自序》中指出：

> 温公於朝綱國政，輯之每詳；而家乘世譜，輯之或略。偉論宏議，記之較備；而只行微言，記之或少。觀其所載之人，則顯榮者多，而遺逸則鮮；方正者多，而俠烈則鮮；丈夫者多，而婦女則更鮮矣；方内者多，而方外者絶不及矣。

嚴氏有感及此，因發憤補修之。積歷多年，搜採諸史所有而《通鑒》不載的材料，撰成《資治通鑒補》數百卷。此實心勤事左，大可不作。清初王應奎《柳南隨筆》，至譏嚴氏此書爲"漲膀通鑒"。雖有清末盛氏活字印本行世，而觀覽之者絶少。嚴氏治史功力至深，而所爲如此，這是由於不知古人著書體要的緣故。所以每讀一書，必先知其義例，而後可以評斷其是非得失。這是治學的首要問題。

方今國家勵精圖治，積極發揚民族傳統文化。於是整理古籍的工作，開展很快。務使難於理解的古書，都有今注今譯的本子，成爲人人可以看懂的普及讀物，這是極有意義的重要工作。各出版社都爭先恐後地出了不少新書，對振興文化、提高民智，是有很大效益的。貴州人民出版社，乃欲組織人力，從事於《資治通鑒》的標點、注譯工作。1991年春，其主事者數君，來至武昌，謀其事於余，余既贊成其議，復爲鳩集華中師範大學中國歷史文獻學研究所諸同事，以及所外同志數人，分工合作，期以二年成之。諸同志群策群力，夙夜勤事，至翌年冬而初稿成，匯交出版社進行審核出版。社中主事者，必欲余爲一序以冠其首。余平生喜讀《通鑒》，略有窺悟。因稱舉其編述義例及成書之艱苦，以告讀者。庶於前人著作體要，有所理解，收獲一定是很大的。　　　　　　　　　　（1992年11月）

跋《六書故》

戴侗，字仲達，永嘉人，乃宋元之際名儒。精於字學，惟不拘泥於許氏《説文》一家之義，敢於創新，自抒己見。此書三十三卷，分爲數、天文、地理、人、動物、植物、工事、雜、疑，共九大類，一破許書五百四十部之分類法。解説文字，有引申許義加以發明者，有駁正許説者，有自立新解者，而創獲特見不少。至於依據唐本《説文》訂正當時通行本之譌誤，精詣尤多，信乎其有深造自得之實也。乾嘉諸儒，治文字者已盛，而鮮齒及此書。一則由於傳本甚稀，見者彌少；二則由於清儒治學，鄙棄宋元，置諸高閣，不之顧耳。余往者新注《説文》，甄採此書獨多。亦欲學者廣攬兼收，以不没前人之長也。

跋批校本《説文解字段氏注》

余前後手批之《説文段注》，凡有三本：一爲少時閲讀之本，乃湖北崇文書局所刊，書品寬大，而天頭甚高，宜於批記，此本散亡最早。二爲中年移硯入隴，復得崇文本於臯蘭，倉卒南歸，飛行不能多攜取，隨他書物失之矣。三爲晚年居武昌時所得崇文本，喜其紙白如新，批記最多而最勤，即吾新注《説文》之底本也。全書每册之首，皆有“沱漢堂”三字印，乃舊藏此書者鈐記也。余於段氏之注，誦習最早，服膺最深，粗解文字，實受益於段書，惟不滿於其逞臆武斷耳。晚歲撰定《約注》，採錄段説之精者爲最多。於其違舛，復加訂正，不敢護前人之短，亦所以求是也。全書自首至尾，批注於上下四方皆滿。其後《約注》雖成付刊，而此本仍別存之，摩挲反覆，不忍棄捐也。

跋《説文解字義證》

余始治《説文》，細讀段注，服其精博；又欽其發凡起例之言，信多善者。惟以其臆斷爲病，擅改原書，心勿慊然也。其後復通讀桂馥、王筠、嚴可均、錢坫諸家書，然後知清代之通治許書者，以桂氏《義證》最爲媕謹；而功力深厚，非他家所能逮也。觀其援據浩博，有爲疏證一字而徵引至數十百條者，辭雖繁富，而條理秩如。所採經傳子史及故書雅記，悉由數十年細心讀書輯録而成。其時尚無《經籍纂詁》一類之書，可資獵取；雪鈔露纂，全出自得，此其所以難也。讀其書者，不深惟其掇拾之艱辛，而轉病其收羅之弘廣，遽儕諸類書之班，而没其考核之用。知德者希，可勝慨耶！善夫王筠之言曰："桂氏書徵引雖富，脈絡貫通。前説未盡，則以後説補苴之；前説有誤，則以後説辨正之。凡所稱引，皆有次第，取足達許説而止。故專臚古籍，不下己意也。讀者乃視爲類書，不已眯乎！"（見《説文釋例自序》）王氏自首至尾，嘗精究其書，故能知其淺深耳。可悟桂氏於所不知，不輕下己意，自不失矜慎之意。以視段氏妄逞胸臆，武斷支離，相去遠矣。余之所以尊重其書，非偶然也。此本爲靈石楊氏連筠簃原刻本，刊校甚精，句讀分明，尤堪珍異也。

跋《説文段注鈔案》

清末琉璃廠書肆，有無名氏手鈔書一卷，乃讀《説文段注》者隨手摘鈔之筆記也。篇幅簡短，原無書名。偶爲藏書家葉德輝所見，以賤值得之。爲取高價出售，乃不惜作僞以欺世。重爲裝治，補題曰《説文段注鈔案》，謂爲桂馥所撰，并爲之跋以張之。以示於衆，詫爲驚人祕籍，後竟爲人印入《稷香館叢書》矣。考桂氏卒於嘉慶十年，而段氏《説文注》刻於嘉慶二十年。兩人所居異地，終身未曾謀面。桂氏没後十年，段書始有傳本。桂氏何從得見段氏之書？有此一端，足以證作僞者之愚拙矣。而昔之修《清史稿·藝文志》者，於經部小學類著録《説文解字義證》五十卷之下，復繫以《説文段注鈔案》一卷、補一卷，並題桂馥撰。豈不可笑！近年張其昀等重編《清史》，乃亦仍而不改。可知簿録羣籍與夫輯印叢書，皆必具有高識，而後能審定鑑别，不爲僞品所欺也。

跋宋刊本《爾雅疏》

《爾雅》之學，往世惟郭景純最稱婷謹；近代則邵二雲爲文無害；郝蘭皋非其匹也。邢疏有存古捃逸之功，究不可廢。乙亥（一九三五年）長夏，於坊間得此書於《四部叢刊續編》殘卷中，乃宋刊影印本也。窮晝夜讀之，三日而畢，因抒所見以題其後。

跋《爾雅正義》

余初治《爾雅》，即讀郝氏《義疏》。籀繹既竟，嘗爲長跋以質疑義，時年方十七耳。後覽邵氏《正義》，服其精博。而考證嚴謹，穆然有唐人正義遺風，非郝氏所能逮。及觀梁啟超論述清學，言及二書，乃謂："《義疏》後於邵書且四十年，郝氏於義例無所發明，其内容亦襲邵氏之書十有六七，實不應别撰一書。《義疏》之作，勦説掠美，百辭莫辯。"（梁説見《清代學者整理舊學之總成績》）深喜先賢所見，實獲我心。蓋郝書之不能及邵，非一人之私言已。邵氏早歲有上錢竹汀先生書，自言"近思撰《爾雅正義》，先取陸氏《釋文》是正文字；繼取九經《注疏》爲邢氏删其勦襲，補其缺漏；次及於佚書古義、周秦諸子，暨許、顧、陸、丁小學諸書"（見《南江文鈔》卷八）。可知其專力致精，用心邃密，故能超逸舊疏，成此佳作也。清人爲羣經新疏者，以此書爲最早，草創伊始，不免疏略；後人繼起，續有補苴。余早歲有意搜錄後出精義，益以己説，就是書從事訂補。蹉跎未成，亦憾事也。

跋《尚書古文疏證》

此書單刻初行本，皆題《尚書古文疏證》；而後之稱及是書者，率改爲《古文尚書疏證》。雖二者無甚區分，而原名要自不可輕更也。觀其子閻詠序其書有曰：“家大人徵君先生著《尚書古文疏證》若干卷。首曰《尚書》，尊經也；次曰古文，傳疑也。”可知當日標題，“尚書”二字在上，“古文”二字在下，原自有所取義，不容率爾顛倒也。自漢以來，“古文尚書”、“今文尚書”之名，熟於人人之口耳，習俗遂以“古文尚書”代“尚書古文”，約定俗成，相沿不改。蓋自《四庫全書總目》著錄之標題及《提要》考辨之語，皆稱之爲《古文尚書疏證》。此後論及清代學術之書，涉及此著，莫不沿用斯稱，莫之或改矣。余遍檢清人著述，惟長沙皮氏《經學通論》中論及是書，仍稱《尚書古文疏證》，治學謹嚴，力矯俗謬，固非常人所能逮也。此本乃嘉慶初吳氏天津刻本，前有桂馥題簽足稱善本。余平生稱引是書，仍用原名，所以存其真耳。

跋《詩緝》

誦《詩》與治《尚書》、《三禮》不同。《尚書》、《三禮》，非從事考覈，不能明其制度、器數、廢興隆殺之故。若夫《詩》三百篇，吟詠情性，每託意於詞表。故治《詩》貴能以情度情，而超出於名物、度數、訓詁之外，慎思以通其意。此則宋賢之所長，而清儒之所短也。宋賢説《詩》之書，余最服膺嚴粲《詩緝》。原本舊義，兼錄時人説《詩》之言，無適無莫，實事求是，鎔鑄漢唐以來諸家之説，爲一家言。而自出新意，有所發明者尤多；故《四庫提要》亟稱之。余早歲治《詩》，奉是書爲守約之編。此乃味經堂刊本，字大悦目，尤爲難得。早歲得之燕市，保藏至今，與共朝夕，蓋六十年於兹矣。自顧衰頽已甚，而此書猶整潔如新。人壽固難與書卷比短長也。可慨也夫！

跋《詩毛氏傳疏》

余少時讀三百篇，即籀繹陳碩甫《詩毛氏傳疏》，病其膠固。獨喜其所爲《毛詩傳義類》十九篇，檃栝有條例，與《爾雅》相表裏，實不刊之作也。陳氏治《詩》，自言："初仿《爾雅》，編作《義類》，凡聲音訓詁之用，天地山川之大，宫室衣服制度之精，鳥獸草木蟲魚之細，分別部居，各爲探索。久乃劖除條例章句，揉成作《疏》（見《敘錄》）。由於先有《義類》之作，故撰疏時左右逢原，足以旁稽互證，彼此發揮也。儒先功力之迹，足爲多士式矣。其後朱駿聲之撰《説雅》，即出於此也。

跋《大戴禮記》

自唐初修《五經正義》，而《小戴禮記》在其中。爲世所重，由來久矣。《大戴禮記》以無漢人作注，又不列之於經，其書寖微，亡佚亦甚。今所存者，若《孔子三朝記》七篇、《曾子》十篇，名言嘉訓，最於飭躬有益。若《本命》、《易本命》諸篇，則語關造化，綜括羣類，益非《小戴禮記》所能有矣。今日讀書，不可拘泥於五經、九經、十三經之名，而必推廓其範圍，慎勿置此書於高閣也。余平生誦習《大戴記》，較小戴尤爲精熟。博觀諸家訓説，有志自作新注，而未克有成。此編乃平日摩挲之本，不忍棄也。

跋殿本《十三經注疏》

近百餘年來，言及《十三經注疏》版本，莫不推阮刻爲最善。張香濤《書目荅問》又從而稱道之曰："阮本最於學者有益。凡有關校勘處，旁有一圈，依圈檢之，精妙全在於此。"登高一呼，而學者靡然從之矣。不悟阮本刻於江西，皆幕僚爲之校勘。刻未竣，而阮氏移撫河南，校書之人，不能細心，其中錯字甚多。有監本、毛本不誤而新刻反誤者，故阮氏亦不自以此刻爲善本也。其子阮福在《雷塘盦弟子記》中言之甚詳。世俗相與推重其書，此與耳食何異。余早歲所讀《注疏》，乃家藏阮刻本；中年後始得此殿本。白紙大字，且有句讀；行格疏朗，尤利老眼。晚歲温經，未能須臾離也。嘗謂欲求《注疏》善本，惟殿本可定一尊。遇有疑難，可檢阮刻及他家校記參稽之。苟非專治一經，固不必字字推敲耳。

跋《經籍籑詁》

儀徵阮氏編書刻書之業盛矣。在浙江編成《經籍籑詁》，在江西刻《十三經注疏》，在廣東刊《皇清經解》，此其犖犖大者，甚有裨於士林。其開創風氣之功，不可没也。顧衆手修書，勘對未審，倉卒編成，易致闕遺或舛誤。即以《經籍籑詁》而論，其中譌謬實多。後人引用，率未覈之原書。以譌傳譌，爲害不淺。而黠者得之，乃反奉爲鈔書之底本矣。觀夫乾嘉諸儒之治小學者，若邵晉涵之於《爾雅》，王念孫之於《廣雅》，桂馥、段玉裁之於《説文》，其時尚無《經籍籑詁》之作。諸家搜採羣書，悉由自得，故其功力所至，卓爾不凡。迨此書行世已久，於是考證文字故訓者，但據斯編以資獵取，謬誤相沿，莫之省悟。道咸以來之從事考證者，多坐此病。違於乾嘉篤實之學風，固已遠矣。故今日治學，於此等工具書，可備翻檢，不可全恃。如欲取用，尤宜勤於覈對原書，庶幾可以寡過耳。

跋《周書》校本

余籀繹《周書》，前後凡校讀三本。一九四二年，居湘之藍田，課士餘暇，取孔晁注反覆推究，於發凡疏滯補闕訂譌之跡，略有窺悟，嘗爲之跋以抒所得。一九四六年秋，移硯入隴，飛行不能多攜書，余又得一本再讀之。此二本皆遍施丹黄，批識殆滿，亦時時有新義。其後往來南北，不能以書自隨，生平校讀之書，散失已多。其後稅駕武昌，得崇文書局所刊大本《逸周書集訓校釋》，復從徐氏桐風廎假讀諸家校注之書，重加温尋，轉苦艱鈍。凡所羅致之書，倍增於前；而讀書心得之處，已減於昔。不徒心力就衰，亦志意不專之徵也。昔人稱“年一過往，何可攀援”，緬想此言，惟有永歎。一九五五年萛春記

跋曹耀湘《墨子箋》

墨子之學，沉晦千載。近三百年，乃有注者。疏釋故訓，惟孫仲容用力最勤；揭揚大誼，以曹鏡初所得爲多。餘子碌碌，悉無功於墨學也。一九四九年冬日，得曹氏箋於長沙書坊，竭十日之力，校讀一過，服其邃密。間亦自抒心悟，記之簡端，未能盡也。曹氏此箋，與魏默深《老子本義》，俱主於闡幽表微，發明義理，視夫徒校文字異同，致詳名物情狀者，固不可同日語。而後之治諸子者，鮮齒及之，以其書流布不廣，見者甚稀耳。此本乃湖南官書報局排印，譌誤綦多。異日儻得有力者爲之精刊多印以廣其傳，亦盛德不朽事也。

跋手批《中論》

余早歲所覽《中論》，乃《漢魏叢書》本；後始得此《四部叢刊》景印明刊本。喜其本小字大，細心讀之。籀其義理，繹其訓詁，隨所領悟，即批注之，書之上下四方皆滿。一九四六年，余撰《中論注》，即以此爲底本。《注》成，後刊入《舊學輯存》。昔賢未有注《中論》者，有之，固自我始。此本則又作注之初稿也，彌足珍矣。

跋手批《史通》

劉子玄嘗箴規六代諸史之失，於《敘事篇》亟言其病曰："其爲文也，大抵編字不隻，捶句皆雙。修短取均，奇偶相配。故應以一言蔽之者，輒足爲二言；應以三句成文者，必分爲四句。彌漫重沓，不知所裁。"然觀《史通》全書，亦重在修辭鍊句。凡四字可盡者，必足成八言；一句能畢者，輒聯爲二語。累牘連篇，靡不然矣。使子玄當日自成一史，亦未必能黜華崇實，屏絶綺語，而反之三代兩漢也。蓋自南朝以逮唐初，三百年間，斯風未替。故雖著述之士，亦染駢儷之習。若《顔氏家訓》、《文心雕龍》諸書，皆辭旨典麗，文句多偶。隋初雖有李諤上書請正文體，而彼所上書，固猶駢儷也。唐初所修《晉書》，則全編皆四六文體，時爲之耳。大抵評定得失，論人則易，度己實難。若子玄徇時爲文，而偏好上議前哲。笑他人之多醜，忘己事之未工。亦當時風尚所濡，不必苛責之也。

跋《章氏遺書》

余少時即喜讀章實齋《文史通義》、《校讎通義》二書，服膺其立論之宏通，足以矯乾嘉諸儒專治訓詁名物之弊，别開風氣，自是一時豪傑之士也。近世若孫德謙、張爾田諸家論學，咸推尊之，非偶然已。及吳興劉氏裒刻其已刻未刻之稿，成《章氏遺書》，余又遍觀而細讀之。以爲賢者識大，不賢識小。若乾嘉諸儒精治天文、地理、經訓、器用、文字、聲韻之學，詣精造微，專家輩出，然皆不越於識小之科耳。然如實齋所論列，能發人之所未發，大可救當時補苴襞績之失，獨排狂瀾，尤見識解毅力之爲不可及也。余平生推重章學，在其識力過人。至於考證疏略，記憶偶誤，要非通人之病耳。

跋《資治通鑑》

吾家舊有胡克家覆元刊《資治通鑑》初刻本，爲先大父太僕公官京師時所得。太僕公好讀書，退直後，輒與同年執友瞿鴻機、張百熙相約讀《通鑑》，日盡一卷，偶有所悟，輒記之於書眉，惟着墨不多耳。其後吾父讀之，吾少時又讀之，皆用此本。後值亂離，歷經兵燹，書亦散亡矣。余初讀是書，年猶未冠，奮厲以學，七月而畢，稍能舉大事，明要義，未遑精熟也。迨復得蘇州局補胡刻本於燕市，始自定温史課程，每十年之後，必温習《通鑑》一過。五十後勞於著述，則温《鑑》之課，亦中輟矣。故平生讀《鑑》，自首至尾，僅四遍耳。早歲居湘，聞鄉先輩王補先生讀《通鑑》凡十二周。以余視之，愧赧何極。今留此本常置案頭，亦以志吾惰廢之過而内自訟也。

跋《通志》

太史公書包羅弘廓，獨有千古，後遂無繼之而起者。有之，亦特各得其一體耳。鄭漁仲起于南宋之初，乃以紹承司馬之緒自任，其志氣可謂雄矣。卒以一人之力，所營已廣。閉户讀書三十年，開門出游又十年，歸而既老且病，年未六十而殁。齎志以終，論者惜之。今所存《通志》二百卷，倉卒成書，乃未完之作。其中惟《二十略》可觀。至於紀傳部分，多鈔取歷代史而成，病中未及翦裁，固非漁仲始意止於此也。後世但當諒其稟命不融，而哀其有志未遂耳。與杜佑、馬端臨之書體製不同，又不必强加比合，論評高下也。至其自敘論及所爲《二十略》，謂惟禮、職官、選舉、刑法、食貨五略，漢唐諸儒所得而聞；其十五略，漢唐諸儒所不得而聞也。勞者自歌，不無矜詡之意。然而夷考其實，確有自闢門類，特創新例者。即如校讎一略，開辨章學術、考鏡原流之先。由是校讎乃成專門之學，所以啟導後人沾溉儒林者，至無窮盡。其他諸略，亦復同之矣。

跋《文獻通考·經籍考》

今之稽考羣籍源流得失者，咸奉《四庫全書總目提要》爲依據，幾乎家有其書矣。當乾隆以前未有此書時，學者則以《文獻通考·經籍考》爲依據。故在明弘治中已有單行刻本行世，見重士林久矣。其書採錄衆家之説，羅列於前；而後低一格自抒所見及考證之語於下。自南宋以來學者著書考古，其體式然也。此書既名爲考，自與諸史經籍志不同，遂開簿錄羣書之一體。其後如朱彝尊之《經義考》，謝啟昆之《小學考》，皆沿斯體，而作者日繁矣。馬貴與生值宋末元初，聞見廣博。非特可取此書以與晁、陳諸家之書對勘，復可取與《宋史·藝文志》校其異同。余舊有志從事於此，並略加辨析，述爲箋正。今老矣，不能成也，書此以待後賢。

跋《安序堂文鈔》

清初毛際可，以順治進士，歷官知縣。生長浙江，與毛奇齡齊名。學雖不逮奇齡之博，而文章簡嚴有法，則非奇齡所能及。惟其平日論文，黜華崇實。故於駢儷之文，酬應之詩，皆所不屑。觀其爲《陳其年文集序》有曰："余素不嫺駢體之文。以爲文者，性情之所發，雕刻愈工，則性情愈漓。嘗見某公《贈廣陵遊子序》，炳曜鏗鏘，美言可市。適余友有西陵之行，遂戲易廣陵爲西陵，并稍更其竹西歌吹等語，則全篇皆可移贈。因歎此道雷同倚附，蓋千手如一律也。至若《七啟》、《七命》，古人已踞其勝。乃復取宫室遊獵聲色之盛，以相踵襲，毋論其不似古人；即似古人矣，古人已往，亦何必復有我耶？"又於《陳山堂詩序》中亟言模擬爲詩之病，論皆透闢，足洗世俗輕薄衰靡之習。其在當時，亦可謂鳳鳴朝陽者矣。此乃康熙己巳原刻本，爲書三十卷。《四庫存目》所著錄者但二十卷。

跋《賴古堂集》

是集卷首有魏禧一序，稱周亮工博極羣書，而未嘗好徵引故實，以自侈其富。筆之所至，浩浩瀚瀚，若江河之放，一曲千里而不可止。每命一文，必深思力索，戛戛乎務去其陳言習見，而皆衷於理義。無詭僻矯激之辭，以驚世駭俗云云。若禧所言不誣，則亮工之文，必氣積勢盛，辭旨繁富，有使人讀之不可以已者。今觀是集二十四卷所載文字，短篇爲多，殊與禧言不類。蓋亮工晚而自焚其著述，今所存者，僅其殘篇賸簡，不足以概其全也。

跋《改亭集》

自古雄俊之士，多出於國破家亡之日。吳江計東，順治舉人，少負奇氣，中年出遊四方，遍覽山川之勝。詩文日富，後乃折節讀書。嘗從湯斌講學，又因斌而獲奉手於孫奇逢，復從汪琬受歐曾古文義法，故其爲文具有本原。顧不欲以詩文自見，居恒以古之王猛、馬周相況，自許有經世救時之略，而未得一試用於當時，抑鬱憂愁，自傷坎壈。甲申之變，有《籌南論》五篇：一論先固東南要害，二論應天根本，三論兩淮門户，四論全楚形勢，五論四川要害，俱載是集卷十一。洋洋巨篇，非洞究形勢險要，熟悉歷代用兵之蹟者不能爲。惜乎持此以謁史可法，可法奇之而不能用也。在清初文家中，自不失爲才氣縱横之士。始商邱宋犖未顯時，東一見許爲偉人，犖愕不敢應。及東没後二十年，犖開府江南，聲望赫然，世皆稱東爲知人。犖竟爲刻其文集以行世，時爲康熙三十二年所刊，即此本也。

跋《菉邨文集》

是集作者計默，東之子也。濡染家學，以詩文遊四方。今觀集中文字，指斥世俗文士模擬剽竊之習，至爲嚴峻，深中當時病痛。故其所爲詩文，率自出機杼，不相因襲。雖才力不逮其父之大，而識議通核或過之。惜其一生衣食奔走，餬口四方，未克專志於學，底於大成。觀是集卷四《與友人書》，以經史實學厚相勖勉，知其平生汲汲，亦頗有志於根原之地。而卒不能竭心力以赴之者，蓋處境困厄有以限之耳。默存時，稿多散佚。道光中其族裔光炘搜輯遺篇，編爲詩六卷，文六卷，於咸豐八年付刊，始有傳本行世。（附記：以上廿四篇書跋，爲舜徽先生親自謄正稿。以下六篇的文字和標點則是由我核定的。張君和謹識。）

跋《暾蔗全集》

是集作者餘姚張羲年，字淳初，號潛亭，初以拔貢爲於潛訓導。值乾隆三十七八年間四庫館開，羲年以大吏薦，入館司校勘，旋得國子監助教銜俸，擢總目協勘官。會稽章學誠，以乾隆四十年入都，始識羲年於邵晉涵家。越二年丁酉，同舉順天鄉試，自是往來日密。及羲年會試下第，竟以館閣修書之勞，詔許一體殿試。羲年未及殿試，以暴疾死。論者惜之。章學誠爲《庚辛之間亡友列傳》，取羲年行事與顧九苞、羅有高、參伍並列，其見重於時如此。（學誠所撰傳載《章氏遺書》十九文集四）羲年在四庫館時，實與修《全書總目提要》。今文集卷四所載《宋朝事實提要》、《孫燭湖集提要》、《庸菴集提要》等篇是也。章學誠嘗稱羲年在四庫館行走八年，校勘書籍，不下數百種。大約史集兩門序錄簽檔，多出其手。（章氏所言實提要篇首眉批）然則當時提要初稿，爲羲年所撰述者，實甚不少。今僅存此三篇，未足以窺其學詣也。余嘗取此三篇與四庫提要對勘，所不同者甚鮮，惟間有字句增減耳。此中潤色，蓋出總纂紀昀之手。從知當日提要，實由衆手修成，自非數人之力所能任。昔人但謂經部屬之戴震，史部屬之邵晉涵，子部屬之周永年，皆各集所長。（李慈銘《越縵堂日記》有此說）似以其書之成，不越此數君子之手，豈其然耶？義年敬恭桑梓，有意表章。文集卷二、卷三所錄諸傳，大抵敘述鄉先正遺事。卷四有疆域、城池、山川、湖陂、災祥、食貨、風俗、物産、學校、古蹟、祠祀、官師、徵聘、鄉舉、進士、名臣、理學、忠節、文苑、隱逸、孝義、方技、流寓、仙釋、列女諸志小序二十五篇，蓋擬《餘姚縣志》之底稿，雖篇幅不豐，亦足以覘其史裁也。至其論文之語有曰："文無古今，一也，凡以道吾之性情而已。其有不同者，曰體、曰時。闡理之文，不同於紀事；駢偶之文，不同於散體。魏晉唐宋，不能爲兩漢；兩漢不能爲三代；雖有聖者，不能强而同也。"（文集卷四《衡河草堂製義序》）論及刻書，有四："刻書濫觴唐末，後唐明宗以馮道言刊九經，自是雕刻日繁。棗梨之禍，至明而極。有明三百年士大夫别集，不下五千餘家。以余觀之，其無用者與有用者相參，蓋十之九一而已。綜核百家，上下今古，考鏡治亂得失之林，瞭如指掌，如天文、地理、星官、歷律、農田、水利，切於民生日用之務者，謂之有用之書。若徒以詞章記誦，或高談不根，與勦説雷同者，君子弗取也。"（同卷《捐刻水道提綱序》）此皆要言不煩，可以鍼砭俗學。惜其涉及學術之文，存者不多，莫由考見其識議之全耳，是集乃其曾孫錫恩於清末付諸鉛印者。錫恩跋是集，稱義年生平著述，多散亡於京邸。以余觀此文集八卷，亦皆零篇佚稿，大抵由身後自友朋處輯錄而成，故應俗之文爲多。餘八卷爲古今體詩，未附喪禮詳考，周官隨筆二種，亦非完帙也。

跋《五硯齋文鈔》

是集作者仁和沈赤然，字韞山，號梅邨。乾隆三十三年舉人，歷官平鄉、南欒、南宫、豐潤、大城等縣知縣，以强項名。於學博涉多通，與章學誠、吴錫麒交甚密。故治學爲文，往往得友朋切磋之益。迨遊宦歸，而居室甚樸陋，因其故而補葺之，榜其室曰寄傲軒。置書焚香，吟咏其中。敝衣疏食，怡如也。（詳是集卷二《更生道人自序》）嘗曰："天地大矣，終身處之而不驚其寬；卧榻小矣，終夜安之而不苦其窄。何也？意有所忘而情有所適也。意有所忘，故天地不以爲寬，況小於天地者乎？情有所適，故卧榻不以爲窄，況大於卧榻者乎？"（是集卷一《陋室論》）即此可以覘其固窮處約之操矣。赤然志尚既卓，不屑措意於世俗窮通顯晦。故其言又曰："事有操之天者，人不得而强之，富與貴是也。方其殫心思，竭材力，老將至矣，忽忽若忘，宜有所得矣，而竟不獲償其願者，十常八九焉。有操之己者，人不得而禁之，以文傳，以詩名，是也。方其顛跌撼頓救死不暇，屠狗履豨之人，亦得而侮之，宜無所伸矣。及其名著當時，妒之者不得而掩，毁之者不得而爭，又十常四五焉。以操之天者若彼，而操之己者若此，人奈何不求其在己者，而必强所不能於天。卒之，天終不可强，而在己者復一無可恃，亦足惜矣。"（是集卷一《壓烏山房詩集序》）可知赤然之志，欲以詩文傳世，故汲汲以圖不朽。嘗謂：“爲詩之道有三：一曰、抒寫性情；二曰、字句質樸；三曰、寄託諷諭而已。不如此，不足以言詩。”（是集卷七《篋存集序》）又自言文之所不爲者有三：“一曰、故爲艱澀以託於古奥；二曰、摭拾浮艷以破壞法度；三曰、刻意規橅以失吾本真。僕之爲文，辭達而已矣，不鄙俚，不失體裁而已矣。”（是集卷五《答吳縠人論文書》）故其所爲詩文，皆自出機杼，不屑寄古人籬下以求貌似也。抑赤然於詩文之外，又喜博覽。余往者讀其所撰《寄傲軒讀書隨筆》、《續筆》、《三筆》，而彌服其論證明確，考核多精。樸質無華，非文士所能出。章學誠《文史通義》始成，即寄示之。赤然乃歎：“漢唐以來未有窺此祕者，足使大師結舌，經生失步矣。志乘諸論議，亦足補劉子玄《史通》所不逮。然見少多怪，恐急索解人不得耳。”又云：“‘講韓歐之法者，不可以升馬班之堂；深馬班之學者，豈復顧韓歐之筆。’初亦不能無疑，又讀至‘文士撰文，惟恐不自己出；史家之文，惟恐出之於己’數語，又聞所未聞，何論之奇而確也！夫人情貴遠而賤近，此書一出，譏彈者必多，然天下大矣，安知無如桓譚者其人在乎？”（見是集卷三《與章實齋書》）自來評價《文史通義》者，要以赤然爲最先，不失爲章氏知己也。赤然自詩鈔、文鈔外，尚有《讀書隨筆》、《續筆》、《三筆》、《寒夜叢談》及《公羊穀梁異同合評》諸書，合刻爲《五硯齋全集》云。

跋《私艾齋文集》

是集作者吳江吳育，字山子。嘉慶初，以諸生僑居常州，與李兆洛、丁履恒、陸繼輅、董士錫交最密，以學問文章相砥礪。育之爲學，植基於小學故訓，嘗謂："欲讀古書，必先識古人之字。許氏《説文解字》者，乃教人識字之書。考其形以定其聲，而隸、而艸、而八分，討其源流，觀其會通，以知其典要，于文字乃庶幾焉。"（是集卷一《段氏〈説文解字注〉後記》）又謂："不通乎六書，不足以知天地事物之統，不明其條貫，不足以知音聲訓故之原；不别籀篆二物，不足以知質文遞嬗之故。"（卷一《鈕匪石段氏〈説文解字注〉訂序》）其篤信許氏之書，可謂至矣。惟其用力較勤，故於並世諸儒之治許學者，能道其得失利病，觀其評騭段氏之注有曰："金壇段氏，以奧衍宏通之學，潛心數十寒暑，鈎稽考索，窮其條貫，爲之注，信非一世之業。然於更易文字，使人不能無駭，若因其舊而臚其説以爲宜然者，不亦善乎。夫古人學既極博，必折衷於至當，質之於師，直而勿有，抑著述之體宜爾也。"（亦見鈕氏《〈説文段注〉訂序》）此亦平正通達，足爲段君諍友矣。常州諸儒，若李兆洛、陸繼輅輩，俱以善爲古文辭名於世。育則謂："爲文之事有三：曰理、曰典、曰事。理足以究天人之際，典通古今之故，事周萬物之情，三者備而後言可立。”（卷一《書震川文錄目錄後》）今觀育所爲文，有物有序，無浮泛之辭，無虚衍之氣，與兆洛、繼輅輩取徑不同，而所造卓爾。集中有代兆洛執筆者多篇，知其文辭之工，因見重於養一齋也。是集卷一爲論説、書後，卷二爲贈序、書札、序記，卷三以下，爲碑誌傳誄之文。若卷五《丁履恒傳》、《董士錫傳》，可補儒林文苑之遺。而《鄧生傳》、《僕射山樵傳》，於鄧石如、錢伯坰兩家書法，表章甚至，與包世臣之論所見大同矣。是集刻印俱精，而流傳不廣。繆荃孫在清末，最爲博雅。嘗訪求此書不得，乃裒輯育所爲文僅賦一首、書後一首、游記三首、祠堂記一首、傳五首、墓誌三首，共文十四篇，題爲《吳山子遺文》，祇一卷。刊入《烟畫東堂小品》中，以視此本，才十之一耳。（是集錄文百四十篇）是集之末，附刊《寧古塔記略》一卷，乃育曾祖桭臣所撰。桭臣之父漢槎，以順治丁酉科場案遣戍寧古塔，至康熙辛酉始獲贖還，居塞外二十四年。桭臣生長邊垂，習其民風土俗，凡艸木、鳥獸、被服、飲食、制作、生殖、禮俗，事爲悉與中土殊異。桭臣就其目之所遭，身之所歷，洪纖畢載，庶物靡遺，長至萬餘言，亦考鏡東北舊俗者參證之資也。

跋《舊香居文稿》

是集作者太倉王寶仁，字研雲。嘉慶二十四年舉人，官六安州學訓導。交葛其仁、張履、陳瑑爲最密。與其仁爲僚壻，同舉於鄉，又嘗共治《小爾雅》，故情誼尤篤。寶仁之學，與此數家途轍爲近。雖窮禮之功，不及張氏，而規模廣於陳氏，文筆高於葛氏，固亦當時朋輩中之佼佼者也。寶仁不善説理，若是集卷一《性論》、《讀書論》、《文論》、《學官篇》、《名論》諸篇，多襲陳言，俱無新意。且短於才辨，文無長篇。惟是集卷二《答友人〈論小爾雅書〉》，篇幅較廣，亦最言之有物。其時宋氏《訓纂》、葛氏《疏證》，皆已成書。寶仁所論，雖未免雷同，要亦不失爲翔實之作也。所可惜者，寶仁雖有志樸學，而入焉不深。嘗自言早歲潛心舉業，及交葛其仁、錢詹事、王光禄之緒論，泛觀博采，斐然興著述之思。又以制舉之業，作輟多間云云。（詳是集卷二《復綜秋士書》）則其功力所届，信未足以語乎專精，故雖有意爲錢、王之學，而終莫由逮也。顧其識議，亦時有佳者。既日覩當時學風之弊，嘗慨然發憤而道曰："六經之旨，有學者而始明，亦有學者而旋晦。妄儒向壁虛造，固不足論。其有覃心稽古，抗志窮經，薈萃羣編，欲名一藝。網羅衆説，莫定一中。因而才釋兩言，文成數萬，意求炫博，其失也支。更有古誼沉滯，前儒存疑，舊本刓殘，今茲襲謬。必思藉訓詁以傅會，破文字以曲全。既乖實事求是之衷，亦昧不知闕如之義。名雖爲通，其失也鑿。鑒斯二者，猶有慮焉。一字之微，互相駁難；一家之守，各自黨同。辨若肆口，形同攘臂。試揆本旨，無當微言。此又見理之不明，養氣之未豫也。”（見是集卷二《與張淵甫書》）斯則持論侃侃，切中乾嘉以來學者説經病痛，信足以矯一世之枉。黟縣俞正燮，爲嘉道間淹博之士，一生困於場屋，南北十四試而始獲一舉。家有老母，束脩不足致養，衣食奔走，不遑寧處。長寶仁十數歲，以道光二年春闈連號舍，一見引爲知己。及俞氏累上春官不遇，偃蹇以終。寶仁深閔其高才績學，而不見知於當世。是集卷十《書〈癸巳類稿〉後》篇中，反覆憐惜，不能自已。令人誦之，增友朋之重。從知寶仁一生，從義服善，篤於風義，固亦性情真摯人也。非俗士有學無行者所能及矣。是集前四卷爲論、説、書、札、序、記之文；卷五以下，皆傳、誌、哀誄；卷十爲書後、題跋。傳誌中以家傳爲多，世系相承，有似譜牒，究以别行爲宜，不當入集也。觀卷三所載羣書序，知寶仁自著之書，尚有《韓詩所見錄》、《周官參證》、《夏小正訓解》、《古官制考》、《説文引詩考》諸種。蓋當時皆第錄存以備省覽，未曾付梓者也。

跋《通介堂文集》

是集作者番禺徐灝，字子遠，自號靈洲山人。同治間官慶遠府知府，而讀書著述不廢。學問博贍，於經史、小學、樂律、音韻、天算、輿地，皆涉其藩。咸豐四年，曾刊行《通介堂經説》五卷；其子紹楨後復刊成《通介堂經説》三十七卷，《樂律考》二卷，《説文解字注箋》二十八卷。而《説文注箋》尤爲一生經意之作。凡訂段、申段、補段之處，考證審密，卓有發明。自來匡益段注之書，要必推灝所論爲最精。灝自少與陳澧、鄒伯奇爲學問交。是集《與陳蘭甫論燕樂書》、《論四聲清濁表書》、《與鄒特夫論諸乘方書》諸篇，諍論齗齗，持之有故，信非湛涂樂律音韻者不能發。他若《斗建論》、《諸曜隨天左旋説》、《日月食説》、《地球説》、《海潮説》、《算學提綱序》、《周髀算經跋》，復能剖析入微，理無可奪。又徵其於天算輿地，亦多精詣。在咸同間，自不失爲績學之士。顧灝一生從事考證之學，而仍不廢義理。其言有曰："今之君子，不患不能考證，而患不達義理。大抵考證之事有三：一曰佐證，援引分明，事有確據者也；二曰比例，一隅三反，理無拘閡者也；三曰引申，因端竟委，義可擴充者也。其弊亦有三：一曰曲徇，阿私所好，不辨是非者也；二曰穿鑿，鑽研過深，以辭害意者也；三曰武斷，學識未至，率爾論定者也。此三事三弊，皆協於義理而得，不協於義理而失焉耳矣。是故墨守傳記，則三代世表，堯舜皆黄帝之子孫，而同姓爲婚矣。墨守注疏，則孔穎達、賈公彦皆以爲祭地之服，與祀天同。遂致盛暑服裘，事有難行，因而廢禮者矣。其害可勝言哉！子曰：'學而不思則罔，思而不學則殆。'學者，考證之本也；思者，義理之歸也。博學而慎思之，一準於義理，則無罔無殆矣。夏殷之禮，杞宋文獻不足，雖聖人猶不敢言之，此考證之可貴也。百氏之書，傳聞異辭，加以臆見謬解，難免歧誤。故孟子曰：'盡信書不如無書。'此義理之當覈也。夫義理者，非忖度之之謂也。舍考證而言義理，亦不可也。善爲學者，一以貫之矣。"（見是集《考證論》）觀灝此論，可以知其一生治學宗尚，固不徒在訓詁名物間。即治訓詁名物，亦不規規於一家之義，而以求是爲歸。故其言又曰："古人立言，千慮容有一失。吾讀其書，心有所疑，闕之可也，苟有確據，正之可也。若明知其非，有意回護，且爲之旁徵博引以彌縫其闕，是爲古人文過飾非，而又愚蔽後學，兩失之矣。大抵爲此蔽者，以漢儒家法之説誤之也。以爲吾奉一師之學，不如是則爲葉落不歸其本，狐死不首其丘，蓋以孔賈經疏，謹循舊説，無所糾正，故其言如此。久之，遂成牢不可破之陋例矣。不知孔賈之書，奉敕所撰，彼以正義名其書，故於傳注不參異説。然同一康成之言，在《詩》、《禮》則申鄭，而於《春秋》又駁鄭矣。此非沖遠之拘於功令者乎？唐人有云：寧言周孔誤，不道鄭服非。在孔賈猶有説也，後之人則徒爲門户之私而已。"此識此議，足箴當時儒林之膏肓，發經生之墨守。與陳澧論學之旨，若合符契。自乾嘉盛時，英碩蔚起，若惠氏之治《易》，王氏孫氏之治《書》，陳氏之治《詩》，謹守經師家法，皆不免失之膠固。道咸以降，學者始由褊隘轉爲滙通，物窮則變，理勢然也。觀灝一生説經解字，能越出前人畛域，而所得獨多，斯又學貴融貫之驗矣。灝一生雖沉研樸學，而詩文素所擅長。同治三年，嘗刊行《靈洲山人詩》六卷。文集則身後由其子紹楨所裒輯，僅録文四十餘篇。蓋其一生涉及經義之作，已盡入《通介堂經説》中矣。

跋《瀞園集》

是集作者湘潭趙啟霖，字芷蓀，號瀞園。光緒十八年進士，授翰林院編修，轉御史，官至四川提學使。一九三五年卒，年七十六。啟霖官御史時，剛正敢言。光緒三十三年，奏劾署撫段芝貴及慶親王父子，直聲動天下。先是段芝貴於上年充當具子載振隨員，前往東三省購女伶楊翠喜獻之，又以十萬金爲奕劻壽禮，乃自道員擢至黑龍江巡撫。其媚事奕劻父子以求高官，已爲事實。而奕劻貪婪，細大不捐，尤時人所共知。故啟霖首揭其奸，而嚴辭以糾彈之曰："奕劻、載振父子，以親貴之位，蒙倚畀之事，惟知廣收賂遺，置時艱於不問，置大計於不顧，尤可謂無心肝。不思東三省爲何等重要之地；他族逼處，爲何等危迫之時；改設巡撫，爲何等關係之事，此而交通賄賂，欺罔朝廷，明目張膽，無復顧忌，真孔子所謂是可忍，孰不可忍者矣。旬日以來，京 師士大夫晤談，未有不首先及段芝貴而交口鄙之者。若任其濫綰疆符，誠恐增大局之阽危，貽外人之訕笑。"（是集卷一《劾署撫段芝貴及慶親王父子摺》）清末朝政腐敝，賄賂公行，於斯可見一斑。人言鑿鑿，殆非虛構。啟霖之疏既上，清廷乃不得不免段芝貴職，以平公憤。復以污衊親貴重臣名節，褫啟霖職。雖經江春霖、陸寶忠、趙炳麟抗疏力争，未幾即行開復，而啟霖用世之志，無復昔時矣。是集凡奏疏一卷、文三卷、詩二卷，皆啟霖手自編定。所爲文以壽序、傳誌二屬最多，大抵皆還山後所作也。

跋《問琴閣文録》

《問琴閣文録》二卷，富順宋育仁撰，自刻本。育仁字芸子，光緒十二年進士，官至湖北候補道。育仁雅善儷辭，是集録文不多而皆駢體。卷一爲賦，卷二爲碑、銘、序、啓等雜文。其中佳者，若《藝風書院文鈔序》，推原文章之本易，比部《詩序》，發明詩歌之用，皆窮極道要，語關名理，非徒文辭之倚麗而已。至於《渡海至天津寄兄姊書》，述海洋驚濤駭浪之狀，風雲畢見，無物不顯，藻繪之功，可云精緻。皆斯編之上乘也。抑育仁道古今才士之遭遇，有曰："夫生世之境有涯，而文章之流逾遠。故金石方楬姓名，翳如文藻所傳，英華靡絶。然頑豔累志，鐫思靡骨，多才憎命，異方同揆。是以賈生絶音於鵩鳥，禰衡興歎於鸚鵡，而避影者息陰，尋聲者臻響，良以一世俯仰，營周身之務，千載遥集，發思古之情，甘辛殊旨，趣舍異路，龔生致泣於叢蘭，孝標發悲於秋草。"（是集卷二《劉舍人遺集序》）若此所言，則又説儘千古文人之奇厄，尤哀惻令人不能卒讀也。（附記：本篇書跋係根據舜徽先生遺稿謄正，標點是我加的。張君和謹識。）

積微居文集別録

《積微居文録》三卷（一九三一年商務印書館鉛印本）

《積微居小學金石論叢》五卷（一九三七年商務印書館鉛印本）

《積微居小學述林》七卷（一九五四年中國科學院出版）

長沙楊樹達撰。樹達字遇夫，清季諸生。少攻經史，曾問業於蘇輿、葉德輝諸家之門。既冠，遊學日本，治歐洲語言及諸雜學。辛亥後歸國，始以英國文字施教於長沙各中學。旋棄去，走京師，重理故書雅記。歷任師範大學、清華大學教授。晚歲還湘，主講湖南大學。一九五六年卒，年七十二。樹達終身篤學不倦，於讀書外無他嗜好。斗室中手一編，數十年如一日。生平持論，謂讀古書當通訓詁，審詞氣。二者如車之兩輪，不可或缺。通訓詁者，昔人所謂小學也；審詞氣者，今人所謂文法之學也。又謂訓詁治其實，文法求其虚，清儒善説經者，首推高郵王氏。其所著書，如《廣雅疏證》，徵實之事也。《經傳釋詞》，搗虚之事也。其《讀書雜志》、《經義述聞》，則交會虚實而成者。念王氏兼治虚實，學乃絶人，故一生服膺王氏無異辭（詳《尚書正讀序》、《詞詮自序》、《小學金石論叢自序》）。始在東京，治歐西文字，於文法之學素所究心。歸國後，亦嘗以文法設教，於馬建忠所撰《文通》，不慊於懷，乃爲書刊其誤。復爲《高等國文法》、《詞詮》諸書，以自抒所得，於是文法三書成。乃瘁心力於訓詁之學，初讀章炳麟《文始》，病其説多不根古義；又謂形字聲不含義，則又疑之。樹達則謂文字未立，言語先之。文字起而代言，肖其聲則傳其義。中土文書以形聲字爲夥，謂形聲字聲不寓義，是直謂中土語言不含義也。遂發憤求形聲字之説（詳《小學金石論叢自序》）。今觀《小學金石論叢》及《小學述林》所載，説字之文百數十篇，暢述形聲字聲中有義，字義同源於語源同之旨，至爲詳盡。而發明形聲聲類有假借，尤見精闢。蓋其學由聲類，以探語源，因語源而得條貫。雖所論未必盡是，而其用力之勤，致思之密，不可誣也。其後復博治金文、甲骨，先後撰成《金文説》、《甲文説》，刊布於世，足與是集相表裏。然而暮年精力就衰，凡所述造，無復前此之精邃矣。樹達一生治學，步趨高郵王氏而恢張之。故於明訓詁、審詞氣二者，用力爲深，而所得爲大。王氏長於校勘，樹達亦好理董子史，於《淮南子》有《證聞》，於《鹽鐵論》有《校注》，於《漢書》有《窺管》，發疑正讀，皆有透過前人處。一生讀《漢書》尤精熟，所得亦視諸書爲夥。觀《文錄》中所載《漢書釋例》、《漢書所據史料考》諸篇，可以知其功力之深也。至於比輯羣言，述而不作，若其早歲所爲《周易古義》、《老子古義》、《論語古義》諸書（《論語古義》後又廣之爲《論語疏證》），則又仿儀徵阮氏輯詩書古訓之例而成者。蓋其一生治學之方，最于揚州諸儒爲近，而持論通核亦復似之。其所爲文，早歲嘗撰輯一九三一年以前之作，得文三十六篇，編爲《文錄》三卷。一九三六年續裒所爲文百餘篇，爲《小學金石論叢》五卷（後又取《文錄》與《論叢》略加芟汰，合爲一書，釐爲六卷，共文百三十九篇，名《增訂本小學金石論叢》，由科學出版社印行）。一九五四年後，出版《小學述林》七卷。此二種皆《文錄》之續編，其中亦有經史諸子考證之作，以及序、跋、雜文，而但以《小學金石》標題者，取其多者言之耳。至於《金文説》、《甲文説》，本爲專著，早已别行，與《文録》之體稍殊矣。（附記：《積微居文集别録》，是舜徽先生遺文中的一篇，與此文體例相類似的文章共有三十餘篇，被冠以總題目《清儒文集别録附》。由此可以推斷，此文寫於一九六〇年左右。因爲初版于一九六三年的《清人文集别録》一書，原定名爲《清儒文集别録》，出版前纔改爲現名的。

本文題目中的“文集”二字，是“文集”、“筆記”、“專著”這一組概念中所應有的含義，而不是一九八三年上海古籍出版社編輯并陸續出版的《楊樹達文集》中“文集”二字的含義。

本文没有載入《清人文集别録》的原因，可能與入選於該書的“清人”的界定有關。觀《别録》一書，所論者逝世最晚的是胡玉縉（一九四〇年卒，年八十二）、羅振玉（一九四〇年卒，年七十五），他們大部分時間生長於清代，又任職於清政府。另如梁啓超、章太炎，不僅去世年代又早一些，而且對於清末政治、思想的影響又非常重大，故將評論他們文集的文字，載入《别録》一書是相宜的。楊樹達先生不僅大部分時間生活在辛亥以後，而且學術成就亦産生於辛亥以後，或許這是該文未載入《别録》一書的原因。爲主要學術成就産生於辛亥以後，逝世纔幾年的現代學者的文集撰寫《别録》，這是迄今發現的惟一一篇。原稿無題目無標點，現在的題目和標點都是我加的。張君和謹識。）

中國歷史文獻研究會第十届年會開幕辭

各位領導、各位來賓、同志們、朋友們：

嘉定學術文化研討會暨中國歷史文獻研究會第十届年會，現在開幕了。我們大家齊集一堂，參加這個盛會，意義是非常重大的：首先，嘉定在過去是個有名的古城，在今天是上海市的組成部分，經濟繁榮，文化水平很高，成爲了我國内地的精華地區，值得我們來此參觀學習。從歷史上看，自明清以來，長江流域出現了兩大重要城市，一是揚州，一是嘉定。由於交通方便，與外界接觸最早，所以這兩地的人，最活躍，最有英武之氣。所謂"揚州十日，嘉定三屠"，爲什麽偏在這兩地開刀？這是由於兩地人民抗清英氣高，有作爲的人多，最爲滿族貴族所忌，必征服之而後快。像十六歲從容就義的夏完淳，不獨是民族英雄，而且是個很成熟的學者，便是今天的上海市人。這樣的人，在揚州、嘉定二地出現不少，這不是偶然的。經過那次大屠殺以後，清政府又大行文字獄，一般學者便把精力集中於考證經史，而乾嘉樸學以興，亦以兩地人才爲盛。揚州如王念孫父子、汪中、焦循，嘉定如錢大昕、王鳴盛都是當時第一流的專家和通人。足以證明這兩地的人，是最聰明、最有創造力的了。我對嘉定的清代學者，了解最深，例如錢大昕。我個人既對嘉定學術文化有比較深切的感情，這次和同志們一起來這里召開第十屆年會，主要是要通過學術文化的研討，宣揚嘉定的傳統文化，學習嘉定的實幹精神。來此以後，受到嘉定縣委、縣政府和有關部門同志的熱情接待，並給與召開年會許多指導和幫助，我在此謹代表中國歷史文獻研究會，向嘉定縣委、縣政府領導同志以及機關幹部、招待所的工作人員和服務人員致以衷心的感謝和崇高的敬意。

同志們！中國歷史文獻研究會是全國性的學術團體，是一九七九年四月在桂林成立的。到現在已經十年了。在這十年之中，經過同志們的共同努力，由小到大，由少到多，由最初二三十人的組織已發展成爲五百多會員的大團體了。經過每年召開年會，共同交流經驗，互相觀摩學習，集體從事寫作，培養出許多的優秀人才和專家學者。我們爲着進行實地考察和發揚傳統文化，研究著名的歷代重要人物，走遍了十個省。第一次年會在武漢召開，第二次在杭州，第三次在蘭州，第四次在開封，第五次在長春，第六次在南京，第七次在山西夏縣，第八次在昆明，第九次在厦門，今年第十次便到了嘉定。我們的同志通過這樣的鍛鍊，取得了很大的成績。據了解國家對現有的幾百個學術團體，肯定我們的研究會在前十名之列，而海外對大陸出版的學報肯定我會的集刊是十一種最佳出版物之一，這都是從艱難奮鬬中取得的，這種成績來之不易，我們要珍惜它，發揚它，更進一步把它推向前進。

從創立之日起，我受到群衆的信任，主持會務已經整整十年了，由於年老力衰，早就要退居二綫，這次恰值十周年之際，也就是改選之期，我特地提出改選賢能繼任此職，經過常務會議幾天的醞釀、考慮、討論，終於照顧我的心願，我是非常滿意的。（下略）（附記：本文是根據舜徽先生的圓珠筆草稿謄錄的。有字迹漫漶處。張君和謹識。）

美成在久　日進無疆

——爲紀念《華中師範大學學報》百期刊成而作

時間過的真快，從 1955 年華中師大創辦學報以來，已經快四十年了。在這悠長的歲月里，由於學校黨政領導的重視，全校師生員工的支持，服務其間的全體工作同志們的共同努力，終於由小到大，由低級到高級，按時出版一期，到今天已有一百期向社會發行了。這一百期刊物的出版，非有毅力、恒心，不能做到幾十年没有間斷，并且精益求精，一天天走上健康發展、日新月異的道路。據校内外讀者的反應，認爲這一刊物的質量，是隨着國家的興旺發達，時代的飛躍前進而變化發展的。所以人們都肯定它，推崇它。這一成績的取得，却不是一件偶然的事！

從内容實質來看，這一百期的連續性刊物，可説是一部華中師大近四十年發展過程的歷史記録，亦就是華師的發展史。每期寫作既多，内容豐富，有反映領導上辦學思想、精神的；有反映老師教學、科研成績的；有反映學生意志、活動的。綜合起來加以分析研究，便可看出現代高等師範教育取得成績的必由之路；以及華中師大歷年爲國家培養出不少專門人才的成功之道；都可在這里面找出答案，那這一套一百期的《學報》，便成爲至可寶貴的文獻資料了。古人云："美成在久。"大凡天地間一種好的事迹的出現，常常是由于它的時間久長而取得的。我對《華中師範大學學報》，也是這一看法。祝它在今后日進無疆，發出更大的光芒！

《説文解字約注》引用諸家説姓氏略[①]

李陽冰　字少温，唐趙郡人，官至將作監。大曆間，嘗刊定《説文》多出新説，與許立異，然亦有可取者。其書不傳，散見於二徐書中者，尚數十條。

唐玄度　唐開成中，官翰林待詔，撰《九經字樣》一卷。《小學彙函》本。

徐　鉉　字鼎臣，宋浙江會稽人。仕南唐，官至吏部尚書；入宋，爲太子率更令，累官散騎常侍。嘗受詔校定《説文》。與弟鍇，同有名於江左，號二徐。鉉稱大徐，鍇稱小徐。

徐　鍇　字楚金，鉉弟。在南唐時，累官内史舍人，早卒。著有《説文解字繫傳》、《説文解字韻譜》。

張次立　宋嘉祐中，官至殿中丞。嘗撰《説文繫傳補》。今《繫傳》中有“臣次立案”者，是也。

沈　括　字存中，嘉祐進士，累官太子中允。有《夢溪筆談》。

黄伯思　字長睿，宋元符進士，爲祕書郎。有《東觀餘論》。

趙明誠　字德父，宋諸城人，歷官知湖州軍州事，有《金石

---

① 諸家著述，但錄徵引所及。

録》三十卷。紹興中，其妻李清照上之。

洪 邁　字景盧，宋鄱陽人，官至端明殿學士。有《容齋五筆》。

戴 侗　字仲達，宋末元初永嘉人，淳祐進士。有《六書故》三十三卷，《通釋》一卷。《六書故》分爲數、天文、地理、人、動物、植物、工事、襍、疑九類。解説文字，中多創見。有乾隆中李氏重刻本。

周伯琦　字伯温，元饒州人，累官參知政事。有《六書正譌》、《説文字原》。

趙宧光　字凡夫，明江蘇吴縣人。有《説文長箋》一百四卷。

李時珍　字東壁，明湖北蘄州人。官楚王府奉祠正。有《本草綱目》。

黄 生　字扶孟，明末清初歙人。有《字詁》、《義府》。光緒丁丑合刻本。

顧炎武　字寧人，明末清初崑山人。有《音學五書》、《日知録》。

閻若璩　字百詩，明末清初太原人。有《尚書古文疏證》、《潛丘劄記》。

吴穎芳　字西林，清仁和人。生平不應試，惟自力於學。有《説文理董》、《説文理董後編》。乾隆中卒，年八十。

惠 棟　字定宇，清吴縣人，諸生。乾隆中，以經學徵。有《讀説文記》。

戴 震　字東原，清休寧人，乾隆舉人，嘗與修《四庫全書》。有《毛鄭詩考正》、《方言疏證》。

錢大昕　字曉徵，清嘉定人。乾隆進士，累官少詹事。有《潛研堂文集》、《十駕齋養新録》。

錢大昭　字晦之，大昕弟，嘉慶元年舉人。著《説文統釋》，未成。有《説文新補新附考證》及《統釋自序》。

王鳴盛　字鳳喈，清嘉定人，乾隆進士。有《蛾術編》。

王念孫　字懷祖，清高郵人，乾隆進士。有《廣雅疏證》、《讀説文記》。

王引之　字伯申，念孫子。嘉慶進士，官至工部尚書，有《經義述聞》及《廣雅·釋草》以下諸篇《疏證》。

孫星衍　字淵如，清陽湖人。乾隆進士，累官山東督糧道。有《尚書今古文注疏》、《芳茂山人文集》。

洪亮吉　字稚存，清陽湖人。乾隆進士，精輿地學，有《北江全集》。

程瑤田　字易疇，清歙縣人。乾隆舉人，有《通藝錄》。

邵晉涵　字二雲，清餘姚人。乾隆進士，有《爾雅正義》、《南江文鈔》。

阮　元　字伯元，清儀徵人。乾隆進士，官至雲貴總督。有《揅經室集》。

桂　馥　字未谷，清曲阜人。乾隆進士，官雲南永平知縣，卒于任。有《説文義證》。

畢以珣　字恬谿，後改名亨，清文登人。嘉慶舉人，精故訓之學。桂氏《説文義證》引其説尤夥。有《九水山房文存》。

段玉裁　字若膺，清金壇人。乾隆舉人，歷官貴州玉屏、四川富順、南溪、巫山等縣知縣。有《説文解字注》、《汲古閣説文訂》、《經韻樓集》。

錢　塘　字溉亭，清嘉定人，大昕族姪。乾隆進士，官知縣，有《溉亭述古錄》。

錢　坫　字獻之，清嘉定人，大昕族姪。乾隆拔貢，工篆法。有《説文解字斠詮》。

戚學標　字鶴泉，清太平人，乾隆進士。有《漢學諧聲》、《説文補考》。

王紹蘭　字南陔，清蕭山人，乾隆進士，官至福建巡撫。有《説文段注訂補》。

潘奕雋　字守愚，清吳縣人，乾隆進士。有《説文蠡箋》，劉氏聚學軒刊本改名《通正》。

邵　瑛　字桐南，清餘姚人，乾隆進士。有《説文解字羣經正字》。

鈕樹玉　字匪石，清吳縣人。篤志好學，不爲科舉之業。有《説文解字校録》、《説文新附考》、《説文段注訂》。

王玉樹　字松亭，清安康人，乾隆拔貢。有《説文拈字》。

姚文田　字秋農，清歸安人。嘉慶進士，累官禮部尚書。有《説文聲系》，又與嚴可均同撰《説文校議》。

嚴可均　字景文，清烏程人，嘉慶舉人。有《説文校議》、《説文聲類》。

嚴章福　字秋樵，可均弟。有《説文校議議》。

郝懿行　字蘭皋，清棲霞人，嘉慶進士。有《爾雅義疏》、《曬書堂集》。

朱　琦　字蘭坡，清涇縣人，嘉慶進士。有《説文假借義證》。

江　沅　字子蘭，清吳縣人，嘉慶優貢生。有《説文音均表》。

沈　濤　字西雍，清嘉興人，嘉慶舉人。有《説文古本考》。

馬瑞辰　字元伯，清桐城人，嘉慶進士。有《毛詩傳箋通釋》。

鄧廷楨　字嶰筠，清江寧人。嘉慶進士，官至兩廣總督。有《説文雙聲疊韻譜》、《雙研齋筆記》。

高翔麟　字文瑞，清吳縣人，嘉慶進士。有《説文字通》、《説文經典異字釋》。

張惠言　字皋文，清武進人，嘉慶進士。有《説文諧聲譜》、

《茗柯文編》。

莊有可　字大久，清武進人。有《慕良雜著》、《慕良雜纂》。

毛際盛　字清士，清寶山人。有《説文述誼》、《説文新附通誼》。

陳詩庭　字晝生，清嘉定人，嘉慶進士。有《讀説文證疑》。

孔廣居　字千秋，清江陰人。有《説文疑疑》。

顧廣圻　字千里，清元和人，嘉慶諸生。有《説文校議辨疑》。

宋　保　字定之，清高郵人。有《説文諧聲補逸》。

李富孫　字薌沚，清嘉興人，嘉慶拔貢。有《説文辨字正俗》。

洪頤煊　字筠軒，清臨海人。有《讀書叢錄》。

承培元　字受亶，清江陰人。有《説文引經證例》、《廣説文答問疏證》。

席世昌　字子侃，清常熟人。有《讀説文記》。

翟雲升　字文泉，清掖縣人。桂馥弟子，道光進士。有《五經歲徧齋集》。

苗　夔　字先簏，清河間人，道光優貢生。有《説文繫傳校勘記》。

王　筠　字貫山，清安丘人，道光舉人。有《説文釋例》、《説文句讀》、《説文繫傳校錄》。

朱駿聲　字允倩，清吳縣人，道光舉人。有《説文通訓定聲》。

龔自珍　字定盦，清仁和人，道光進士。有《段注説文校記》。

許　槤　字叔夏，清海寧人，道光進士。有《讀説文記》。

錢桂森　字辛伯，清泰州人，道光進士。有《段注説文校記》。

林昌彝　字惠常，清侯官人，道光進士。有《温經日記》、《小石渠閣文集》。

鄭　珍　字子尹，清遵義人，道光舉人。有《説文逸字》、《説文新附考》、《巢經巢經説》。

鄭知同　字伯更，珍子。有《説文商義》、《説文逸字附錄》。

俞　樾　字蔭甫，清德清人，道光進士。有《兒笘錄》、《達齋叢説》。

楊沂孫　字子與，清常熟人，道光舉人。有《文字説解問譌》。

鄒伯奇　字特夫，清南海人。有《補小爾雅釋度量衡》、《鄒徵君存稿》。

吳善述　有《六書約言》、《説文廣義校訂》。同治甲戌原刻本。

徐　鼒　字彝舟，清六合人，道光進士。有《讀書雜釋》、《未灰室文集》。

張文虎　字孟彪，清南滙人。有《舒藝室隨筆》及《雜著》。

金錫齡　字伯年，清番禺人，咸豐舉人。有《劬書室遺集》。

徐　灝　字子遠，清番禺人，同治間官慶遠府知府。有《説文段注箋》。

黄以周　字元同，清定海人，同治舉人。有《禮書通故》、《儆季所著書》。

孫詒讓　字仲容，清瑞安人，同治舉人。有《籀高述林》、《古籀拾遺》、《名原》、《契文舉例》。

張行孚　字乳伯，清安吉人，同治舉人。有《説文發疑》、《説文揭原》。

雷　浚　字深之，清吳縣人。有《説文外編》、《説文引經例辨》。

吳大澂　字清卿，清吳縣人。同治進士，累官湖南巡撫。有

《説文古籀補》、《字説》。

陶方琦　字子珍，清會稽人，光緒進士。有《漢孳室文鈔》、《讀説文記》。

陳　衍　字叔伊，清侯官人，光緒舉人。有《説文解字辨證》、《説文舉例》。

蕭道管　字道安，清侯官人，陳衍妻。有《説文重文管見》。

朱孔彰　字仲我，駿聲子，光緒舉人。有《説文粹》。

李慈銘　字悉伯，清會稽人，光緒進士。有《越縵堂日記》。

郭慶藩　字子瀞，清湘陰人。有《説文經字正誼》。

葉德輝　字奂彬，清湘潭人，光緒進士。有《説文讀若考》、《六書古微》。

宋育仁　字芸子，清富順人，光緒進士。有《説文解字部首箋正》。

于　鬯　字醴尊，清南滙人。有《説文職墨》。

姚　華　字茫父，清貴築人，光緒進士。有《弗堂類稿》。

傅雲龍　字懋元，清德清人。有《説文古語攷補正》。

吳　楚　有《説文染指》，寄硯山房原刻本。

吳錦章　有《六書類纂原體篇》、《六書類纂正譌》、《讀篆臆存雜説》、《偏旁溯原》。

王廷鼎　有《説文佚字輯説》、《字義鏡新》（光緒己丑原刻本）及其他單篇。

饒　炯　有《説文解字部首訂》、《六書例説》。

謝彦華　有《説文聞載》，甲寅石印本。

楊譽龍　浙江錢塘人。有《文字通詮》。

丁佛言　山東黄縣人。有《説文古籀補補》。

劉師培　字申叔，江蘇儀徵人，光緒舉人。有《古文字攷》、《讀書隨筆》。

章炳麟　字太炎，浙江餘杭人。有《文始》、《小學荅問》。

羅振玉　字叔言，浙江上虞人。有《殷虚書契考釋》、《永豐鄉人稿》。

王國維　字静安，浙江海寧人。有《説文講授筆記》（劉盼遂記）、《史籀篇疏證》、《觀堂集林》。

奚世榦　字挺筠，江蘇南滙人。口啞不能言，而通小學。有《説文校案》。

林義光　福建閩縣人。有《文源》、《六書通義》。

田吳炤　字伏侯，後改名潛，湖北江陵人。有《説文二徐箋異》、《一切經音義引説文箋》。

尹桐陽　字侯青，湖南常寧人。有《小學定律論説文》。

吳承仕　字檢齋，安徽歙縣人。有《經籍舊音辨證》、《六書條例》。

黄　侃　字季剛，湖北蕲春人。有《説文略説》。

馬敘倫　字彝初，浙江杭縣人。有《説文解字六書疏證》。

楊樹達　字遇夫，湖南長沙人。有《小學述林》、《小學金石論叢》、《讀書記》、《金文説》、《甲文説》。

郭沫若　字鼎堂，四川樂山人。有《兩周金文辭大系》、《殷周青銅器銘文研究》、《卜辭通纂考釋》、《甲骨文字研究》。

馬宗霍　字宗霍，湖南衡陽人。有《説文引經考》、《説文引羣書考》。

容　庚　字希白，廣東東莞人。有《金文編》。

商承祚　字錫永，廣東番禺人。有《殷虚文字類編》、《甲骨文字研究》。

丁　山　有《説文闕義箋》。

丁福保　字仲祜，江蘇無錫人。編纂《説文詁林》時，聘用沈乾一、周雲青爲之助。丁、沈、周三家均有《校記》，附載《詁林》每篆下。

此外若楊峒、王元穉、王啟原、霍世休、劉秀生諸家，或僅有單篇考釋，或附見他書徵引，義有可取，亦間采及。

學者孔丘

孔丘（前551—前479），字仲尼。他的祖先是殷人後代的宋國貴族，後來在魯國陬邑（今山東曲阜）定居。他三歲喪父，少“貧且賤”。年輕時做過管倉庫、畜牧的小吏。由於他是貴族後代，從小便學習了許多古代文化典籍，積累了廣博的知識。年五十，由魯國中都宰升任司寇，攝行相事，不久去職。於是接收一些從他問學的弟子，開門授徒。後來又帶領學生周游宋、衛、陳、蔡、齊、楚等國，晚年歸魯，從事於古代文化典籍的傳述、整理工作，講學不倦。他的言論、行事由門徒記録成册，編爲《論語》一書，是研究孔丘生平事迹最可信賴的材料。

春秋末年，是我國社會由奴隸制向封建制過渡的時期。孔丘的思想、主張，是代表奴隸主階級利益的。他既反對奴隸和平民起義，又不滿意新興地主起來奪權。他宣稱：“天下有道，則禮樂征伐自天子出；天下無道，則禮樂征伐自諸侯出。”（《論語·季氏》，以下引用本書，皆注篇名）所以主張復周禮，恢復到西周時期“政不在大夫”和“庶人不議”的局面。他對有關政治、倫理的思想和主張，基本上是保守的。

由於孔丘是儒家學派的創始人，對當時和後世的影響都很大，特别是從漢代以來二千年間，被人推尊爲“至聖先師”，形成了他的特殊歷史地位，一向是以大教育家或大思想家爲人們所稱道的。我們在這裏既把他列入古代學者之林，便有必要從學者的角度去考察他。總結他在治學方面的態度、方法以及“學而不厭”的精神等可爲後人借鑒之處，有重點地加以闡發，藉收古爲今用之效。歸納起來，可分四方面來談：

一、强調主觀努力，在求知的道路上鍥而不捨。

孔丘一生，强調知識的積累，并能學習不懈，精益求精。他本人也承認“我非生而知之者，好古敏以求之者也”（《述而》）。并自稱“十室之邑，必有忠信如丘者焉，不如丘之好學也”（《公冶長》）。從他一生求知的實踐中，基本上也是這樣做的。又顧慮到已經取得的知識，經歷時間久了，恐其容易忘掉，特别提出“學而時習之”的治學方法。認爲過去既已學過，便有必要經常温習它。所以他又説：“温故而知新，可以爲師矣”（《爲政》）。本來，温故和知新，是兩件事，但有它的聯係性。必然要在温習舊有知識的基礎上，才能發現新事物的重要，從而重視它，研究它，成爲知古知今的學者。有了這一教人的方法，才够得上居人師之位。孔丘的這一啓示，對后世的影響是很大的。

二、强調學習與思考應該並重，不可偏廢。

孔丘平日重視學習外，又特别强調思考的重要。他曾經着重指出：“學而不思則罔，思而不學則殆。”（《爲政》）認爲徒學而不思考，必致昏昏然無所領會；假若只空思冥想而不學習，便會專憑主觀臆測，走上危險的道路。他曾經總結過一個經驗道：“吾嘗終日不食，終夜不寢，以思；無益，不如學也。”（《衛靈公》）這却指出了積極學習的重要！后來《荀子·勸學篇》裏所説：“吾嘗終日而思矣，不如須臾之所學也。”便是繼承了孔丘的這一優良傳統而向前發展的。後來宋、明理學家們空談心性，主觀唯心的話多，彼此駁難，互相攻擊，争論不休，莫衷一是，乃是思而不學的結果。他們平日雖十分推崇孔丘，推尊爲不祧之宗，但他們這種偏重於思的治學方法，距離孔丘所提倡的學風太遙遠了。

三、提倡不知則問、不能則學，勤向群衆請教的精神。

孔丘在學習方面，總結出一些好的經驗，既强調了“知之爲知之，不知爲不知”（《爲政》）的老實態度，要求人們不要强不知以爲知，提倡一種近似實事求是的精神。還主張看問題不要固執個人成見，防止主觀片面。所謂“子絶四：毋意，毋必，毋固，毋我”（《子罕》），這是群弟子所推服的，所以特别把它記下來，用爲處理問題的表率。同時又强調態度要謙虚謹慎，經常看到自己不足的地方，勤於向群衆求教。他平日既抱着“多聞闕疑”的態度，絶不强不知以爲知；又實行過“入太廟，每事問”（《八佾》）；仍然感覺到自己知識的貧乏，而歸結爲“吾有知乎哉？無知也。有鄙夫問於我，空空如也。我叩其兩端而竭焉”（《子罕》）。又説：“三人行，必有我師焉”（《述而》）。這便深刻體味到自已的不足，必須老老實實地向群衆學習。特别對於後起之秀，寄以厚望，加以愛護，曾經感嘆地説過：“後生可畏，焉知來者之不如今也！”（《子罕》）又提倡“當仁不讓於師”（《衛靈公》）的風尚，使新生力量，不斷壯大，成爲有用之才。如果没有闊大的胸懷和氣度，是不可能有這種見解和作風的。

四、提倡少説多做、刻苦自立，不急於以求人知的風尚。

孔丘平日主張多做實事，少説空話。既提出“爲之難，言之得無訒乎”（《顔淵》）的論點，又説：“君子耻其言而過其行”（《憲問》）；又説：“君子欲訥於言而敏於行。”（《里仁》）對那些專説空話、不務實際的人是十分瞧不起的。另一方面，對那些處境艱困、奮發自立的人，則又竭力表揚和鼓勵。在他的學生中，最器重的是顔回，稱道他説：“賢哉回也！一簞食，一瓢飲，在陋巷，人不堪其憂，回也不改其樂，賢哉回也！”（《雍也》）這對當時貧困的年輕而有志學習的人，確是一種激勸。孔丘又着重指出:“士志於道,而耻惡衣惡食者,未足與議也。”(《里仁》)又說:“士而懷居,不足以爲士矣。”(《憲問》)這却指出了一個人如果有志向學,便不要追求衣、食、住的優厚,而應該把志氣提高些。至於有的人懷才不遇,唯恐不被社會所重視,孔丘又强調:“不患無位,患所以立;不患莫己知,求爲可知也。”(《里仁》)又說:“不患人之不己知,患其不能也。”(《憲問》)又說:“君子病無能焉,不病人之不己知也。”(《衛靈公》)有了這一系列的言論,足以警勵多士了。但在他的群弟子中,仍不免有人時時發牢騷,說怪話,認爲自己是個了不起的人才,而被埋没了。孔丘針對這一情况,直接指出:“居則曰:不吾知也;如或知爾,則何以哉?”(《先進》)意思是說:你們平日總覺得没有被人知道和重視,如果一旦有人知道你,重視你,而想任用你,你將用什麽辦法去致用呢?這仍然是諄諄教導之意,對當時和後世有志向學的人,起了一定的作用。

以上四點,只是從古代學者的角度總結出來的主要内容,也是孔丘能成爲古代學者的重大因素。這四方面的内容,都是可以古爲今用、值得我們學習的優良傳統。必須發揚光大。孔丘是中國歷史上極其顯著的人物,這裏僅僅談到他的一方面,至於他對政治、倫理方面的議論主張以及生平其他行事,也就不在這裏涉及了。如果有人想了解孔丘的其他方面,自可參考《中國哲學史》、《思想史》、《教育史》之類的專著。

有人會問:孔丘既是古代的著名學者,他的著作一定是很多的。我們的回答是:他没有著作。這一論斷,也許會引起人們的疑惑。其實,這是古代常有的事,不必奇怪。大抵自戰國以前,學在官府,私門無著述文字。官府所藏,多屬集體創作,不出於一手,不成於一時。即以晚周諸子百家而論,不曾自己著書,多由身後其門弟子及仰慕他的人裒輯其言論行事以成一書。這是古代通例,前人早就談到了,用不着懷疑。况且孔丘平日自我鑒定，歸結爲“述而不作”。祇肯定自己在傳述舊有文化典籍方面做了一點工夫，而没有什麽創作。他的這一自我介紹，是比較真實的。清代學者、著名進步思想家龔自珍説過：“仲尼未生，先有六經；仲尼既生，自明不作。仲尼曷嘗率弟子使筆其言以自制一經哉!”（《六經正名》）這一名言，足成定論。事實也確是如此，就拿《論語》二十篇的記載内容來看，凡屬孔丘穿什麽衣，吃什麽飯，坐什麽車，和哪些人來往過，説過什麽話，都記得很清楚。如果真作出了有分量的書，不會只字不提。相反，應該會詳悉記載。今檢《論語》全書，却没有談到這一類的事。我們根據這一點，結合他平日自稱“述而不作”的話，可以肯定孔丘當日是没有著作的。本來，古代學者開門講學，貴在言傳身教，不以著述爲重。我們正不必拿后世學者喜於著書的事例去要求前人。

孔丘對遠古文獻的傳述和整理，是下了一番功夫的。但功夫的深度和廣度以及所取得的成績大小，還是值得商榷的。舊説相傳，説他曾經贊《易》，修《春秋》，删《詩》、《書》，定《禮》、《樂》，好像所謂“六經”，都經過了他的手。我們只舉一事爲例，便可知其不然。孔丘平日口中經常説“詩三百”（見於《論語》），他所依據的本子和今天傳世的篇數是相同的。《詩》共有三百十一篇，有六篇亡其辭，實存三百五篇。孔丘舉成數言，故稱“詩三百”。他何嘗進行過删《詩》的工作呢？其他可以類推。

古代書籍，傳寫艱難，想要引起時人的重視，必把作者的時代推得很遠，才能使社會注意。《淮南子·修務篇》説過：“世俗之人，多尊古而賤近。故爲道者必託之於神農、黄帝而後能入説。亂世暗主高遠其所從來，因而貴之。”這却對作書託古的風氣，揭示了一條通例。漢代尊儒，必以“六經”託名爲孔子修定删訂，比之易卦必託名於伏羲，本草必託名於神農，醫經必託名於黄帝，禮書必託名於周公，是一樣的用意。假若孔丘當日真做了“六經”的修定删訂工作，《論語》二十篇中不會不談到。所以我們今天論及此事，不能再像過去封建學者們那樣過於夸大。

（附記：本書取自《中國古代學者百人傳》，原篇名爲《孔丘》，《學者孔丘》篇名是我改的。張君和謹識。）

武則天

武則天（公元 624—705 年），唐初并州文水（今山西文水縣）人。十四歲時，被唐太宗召選入宫，封爲“才人”。太宗死後，入寺爲尼。公元 654 年（永徽五年），高宗李治復召她入宫爲“昭儀”。次年，高宗便廢掉原來的王皇后，立她爲皇后。高宗有風眩疾，不能多理事，她便幫助處理問題。政無大小，她都與聞。從公元 660 年（顯慶五年）以後，她完全掌握了全部政權。由於她考慮到繼承帝位的不得其人，不足以擔負國家大事，所以從公元 683 年高宗死了以後，先後立其親生子李顯（中宗）、李旦（睿宗）爲帝，她以皇太后名義臨朝稱制。發現自己的兒子無用，便索性廢掉他們。於公元 690 年自稱皇帝，改國號爲“周”。易名“武曌（音照）”，取日月臨空之意，成爲中國歷史上唯一的自稱皇帝的女政治家。一直活到八十二歲，於公元 705 年才結束她的統治。由於她的尊號自稱“則天大聖皇帝”，所以歷史上稱她爲武則天。

從她被立爲皇后之日起，一直到死去，整整掌握了唐王朝的政權達五十年之久。在這半個世紀里，反對她、詛罵她、攻擊她、興兵討伐她的人，是很多的。在她被立爲皇后之初，擊退了關隴集團的舊勢力。以後掌握全部政權以至登上皇帝寶座，除關隴集團的殘餘外，還有唐王朝的宗室、外戚以及大臣子孫，都在毀謗而仇恨她。這時她不得不實行嚴厲鎮壓以制止腐朽勢力的繼續反抗。她在處理那些反對她、討伐她的重大事件之後，便大開告密之法，任用索元禮、周興、來俊臣等專辦謀反案件。在辦理謀反案件的過程中，有時牽連太廣，不免損害了一些好人。一經武則天發覺，必認真追究責任，毫不寬貸。按情節輕重，加以嚴肅處理。公元 691 年，殺索元禮，流放周興到嶺南；697 年，殺來俊臣，以謝天下。天下的人，也就嘆服她的英明。

在長期封建社會裏，婦女在經濟上和政治上是没有任何地位的。儒家經傳裏所載輕蔑女權的言論很多，什麽“牝鷄無晨”、“哲婦傾城”、“婦無公事”一類的話，都保存在傳世久遠的《詩》、《書》裏，更明目張膽地禁止婦女參與政治活動。武則天在鎮壓反抗勢力以後，便首先以抬高女權爲當務之急。古代一切祭祀禮儀，本來都由男子主持。她却奏準高宗，率領内外命婦參加了封禪典禮。這在當時，唤醒了婦女的覺悟，影響是很大的。她又認爲古代喪服制度，父死必服“斬衰”三年，母死只服“齊（音咨）衰”一年，太不平等了。便向高宗提出，請廢除“父在、爲母齊衰期（一年）”的古禮，改行“父在、爲母齊衰三年”的新制。一直實行到後來，與封建社會相終始。她又爲着婦女應該受到尊重，應有自己的社會地位，便將歷史上婦女們的特殊表現和高尚人格，有系統地整理出來，加以表揚。她曾組織人力，編述《列女傳》二十卷，《古今内範》一百卷。都是教導人們要懂得婦女在歷史上所起的作用，給那些偏重維護男權的儒家以有力的回擊。

在她個人掌握政權以後，便很自然地出頭露面，主持不同的各種集會和典禮。當公元 656 年、657 年兩次舉行極隆盛的祀先蠶典禮時，由她主祭，百官陪祭。678 年，她獨自受百官四夷的朝賀。681 年，爲了廢立太子，由她主持召開了一個“宴百官及命婦於麟德殿”的大會。做了皇帝以後，“親享明堂”的事，更是多不勝數。這些空前的創舉，一方面顯示了女權的提高；一方面反映了她的才能。她終於在690年，以百姓、四夷六萬多人的表請，做了我國歷史上唯一的女皇帝，成爲杰出的政治家，不是偶然可以取得的。她經過幾十年的努力，終於替自己創造出許多優越條件，在政治上取得不少顯著成績。綜合起來，可從幾方面來談：

第一，開放政權。唐初由於關隴貴族集團支持李淵父子建立唐王朝，居功自喜，勢力最大。武則天出身庶族，是得庶族的支持而上臺的。并且和庶族一道，完成了打擊關隴貴族的任務。於是政權開始向一般中小地主開放，通過科舉制度，廣泛團結了普天之下的中小地主階級。替他們參與政府工作，開了方便之門。另一方面，限制少數貴族把持政權，更加强了中央集權的威力。替她長期統治天下，奠定了鞏固基礎。

第二，選拔人才。她的長處，就在於注意選拔人才，委以重任。在她執政時期，朝中有才能的文武大臣，不比貞觀時少。她前後任用的主要宰輔和邊將，都是一時之選。當有人保薦免職小吏張嘉貞有才可任事時，便立即召見他，用爲監察御史。當聽説王及善有辦事之才時，便决定用他爲地方官；到召見時，發現他有很好的政治見解，便把他留在中央，參與朝廷大計。像這樣不拘常格，拔擢人才，在封建統治階級内部，是不多見的。因之被她選拔的各種人才，都願意替她效力。

第三，知人善任。唐代後期政論家陸贄，在《請許臺省長官舉薦屬吏狀》（見《翰苑集》卷十八），極力稱贊武則天知人善任之盛，做到了“進用不疑，求訪無倦”的地步，而歸結爲“當代謂知人之明，累朝賴多士之用”。指出了她選拔人才、任以官職之後，即重在考察每個人的工作成績，用爲進退升降的標準，因而涌現出不少能辦事的官吏，這便是陸贄所説“當代謂知人之明”的意思。后來玄宗開元年間的大臣如張説、姚崇、宋璟，都是她選拔、培養出來的。所以陸贄又說：“累朝賴多士之用。”

第四，虚心納諫。武則天一生最仇恨的是那些當面逢迎取寵、背後陰謀叛變的人，必用嚴刑峻法去鎮壓；最歡迎的是那些當面進諫的正確言論，樂於虚心採納。當她開始掌握政權時，劉仁和上疏，以吕后爲戒。她馬上派人拿了親筆信，表示接受這一意見。當九鼎鑄成後，她想用黄金塗飾其外，姚璹加以諫止，馬上停下來了。甚至像朱敬則盡情揭露、指責她荒淫過度，她反而賜綵百段，並説：“非卿直言，朕不知此。”當時的宰相狄仁傑，敢於極言直諫。她欣然接受外，還一直對他敬禮不衰。

第五，秉正無私。武則天平日竭力愛護、設法保全那些鯁直的人。反過來，對那些侍奉左右的親信，控制是很嚴密的。武承嗣是她的胞姪，做了宰相，權勢最重。當她聽到有人進言恐釀成大禍時，便馬上免去他的宰相職。她最寵愛的人如僧懷義恃勢驕横，被宰相蘇良嗣毒打一頓，向她訴苦，反而受到痛駡，並警戒他不要觸犯宰相。又如張易之、張昌宗權勢顯赫，遭到大臣們的攻擊。她下敕書，着二張到肅政臺受審。御史中丞宋璟，力争要殺二張。她命二張到宋家謝罪。但她始終信任宋璟是正直人，二張雖時進讒言想迫害他，她都不聽。

第六，博學高才。《舊唐書·則天皇后本紀》只推許她“素多智計，兼涉文史”。這種介紹，顯然是很不够的。她能詩能文，又能著書立説。《舊唐書·經籍志》著録她的寫作有《垂拱集》一百卷，《金輪集》十卷。這裏面自然保存了豐富的文學作品和政治論文，可惜都不可得見了。她的詩歌，見收於《全唐詩》的，僅有四十六首；她的文章，見收於《全唐文》的，僅有六十六篇。她的作品的散失之多且速，是和長期封建社會對她輕蔑鄙視的思想分不開的。她的專著《臣軌》一書，在國内早已亡佚。到清代，才從日本傳過來，共分《同體》、《至忠》、《守道》、《公正》、《匡諫》、《誠信》、《慎密》、《廉潔》、《良將》、《利人》凡十章。每章篇幅雖短，而取材廣博。假若不是融會群書，是不可能寫成這一著作的。

總之，武則天在個人才識上，在工作作風上，既具備了如上所述的許多優越條件，辦起事來，自然得心應手，能充分發揮她的作用。從公元 655 年到 705 年，臨朝執政達五十年之久，超過了唐太宗在位的時間一倍還多。她一生除有獨具的成功條件之外，還有寬弘的氣魄，闊大的胸懷，不計小嫌，長於容物。當公元 684 年徐敬業起兵揚州對她進行討伐時，駱賓王替當時用兵者寫了一篇《討武氏檄》，把她罵得極其惡毒。但她看了以后，微笑而已。還説："有這樣的文才，没有得到官做，是宰相没有負責的大錯誤。"這是何等的胸懷和氣魄！在歷代帝王中是少見的。她既專心治國，對内與民休息，發展生産，使全國人口從三百八十萬户增長到六百一十五萬户；對外抵抗突厥、吐蕃的侵擾，安定國家。凡是太宗貞觀時期所取得的成就——統一和强盛，在她統治的半個世紀内，都得到切實的鞏固和發展。這是她對中國歷史的巨大貢獻！

紀念孫仲容先生

余平生考論近三百年間學術成就，以爲清代樸學，顧炎武開其端，而孫詒讓集其成。故近年撰述《清儒學記》，即以二家居其首尾。若論沾溉之廣，影響近世之大，則孫氏之功，尤不可没。曾於《學記》中詳叙而推説之矣。兹值孫氏誕生一百四十周年，逝世八十周年之際，温州師範學院首先倡議集盛會以紀念之。將發行專刊，徵言及余。余思及孫氏樸學功深，舉其大者，則爲三事：一曰考證學，二曰校勘學，三曰古文字學。兹分舉其大要，以志景仰之誠，兼示前哲治學楷模固永在也。

一、孫氏之考證學

自乾嘉以降，學尚徵實，於是士林之心思才力，乃大湊於説經。相率致力於訓詁名物禮制之考證，而群經皆有新疏，惟《左傳》、《周禮》、《禮記》獨闕。良以卷帙浩繁，不易爲力；《周禮》尤錯綜複雜，理董更難。孫氏獨迎難而上，引以自任。自少至老，寢饋其書，博觀約取。於漢魏以來異同争辨之論，爬梳條析，使之怡然理順。上溯歷代解説之辭，下及三百年間新起之義，採掇精言，並出己意以論定之。窮數十年精力，終於撰成

《周禮正義》八十六卷。精微平實，集二千年來周禮學之大成，故其書在清代新疏中，最后出而最精。其次，清儒於諸子之學，在乾嘉時，惟畢沅、汪中、王念孫諸家爲之校理。晚有孫氏，博涉百家，尤集中心力研究《墨子》，覃思十年，撰成《墨子閒詁》，實開近世學者理董墨學之先。篳路藍縷，功不可没。綜觀《周禮正義》、《墨子閒詁》二書，實爲孫氏著述之大宗，亦即其考證學之總匯。覽此二書，可知其學問根柢深厚，非一般學者所能及。

二、孫氏之校勘學

清代乾嘉學者，於治經之外，多致力於校勘。而盧文弨、孫星衍、王念孫父子、顧千里、嚴可均之儔，尤號專門名家。孫氏嘗在《札迻》序中總結諸家之長，有云："大抵以舊刊精校爲據依，而究其微指，通其大例。精思博考，不參成見。其是正文字譌舛，或求之於本書，或旁證之他籍及援引之類書，而以聲類通轉爲之鈐鍵。故能發疑正讀，奄若合符。"而孫氏自行校書，亦實采用此法。嘗綜合其四十五歲以前所校自秦漢以逮齊梁之故書雅記，都七十余種，迻録其校勘記，裒輯爲《札迻》十二卷。而羣經三史《説文》之類，尚不在内，可以想見其讀書之精博。觀其每訂正譌文曲説，論證審諦，確不可易，讀者莫不嘆其精能。斯又遠過前人，不徒同時俞樾所不能匹敵也。

三、孫氏之古文字學

乾嘉學者研究文字，但拘守《説文解字》一書。至於清末，始有吴大澂爲《説文古籀補》及《字説》，以補《説文》之所未及，使學者知從金文中探索字形字義，固有開拓研究領域之功，然尚遠不及孫氏在古文字學上之建樹。從 1899 年（清光緒二十五年）殷墟甲骨大批出土於河南安陽后，丹徒劉鐵雲於 1903 年（光緒二十九年）出其所得，印成《鐵雲藏龜》六册，是爲甲骨文字印佈之始。當時學者半信半疑，孫氏獲讀其書，嘆爲至寶。雖年事已高，猶奮發鑽研，日夜苦思，考釋其義。用分類法進行探索，於 1904 年（光緒三十年）竟撰成《契文舉例》二卷，是爲我國學者從事甲骨文字研究之始。次年，又刊行《名原》二卷，摭拾甲石遺文與甲骨刻辭證釋古文字之形義，是爲我國學者用甲骨文考證古文字之始。后來羅振玉、王國維諸家繼起，皆循孫氏開闢之道路而續有發展。孫氏創始之功，永不可没。然其根柢仍在精熟金文，積歷多載。所著《古籀拾遺》、《古籀餘論》，皆極博洽。素養既深，故於古文字學，終能詣精造微，殆非偶然。

由此可知孫氏學術造詣，博大精深，實爲清學後勁。其所以能出類拔萃，永享盛名，自有其大過人者，在於堅苦卓絶，始終不渝，故能底於大成。此種治學精神，足爲后世楷模。至於其晚年贊同變法，主張教育救國，興辦學校之業績，於晚清經師中洵爲難能可貴者。今之歆慕孫學者，自可效法其篤實不欺、嚴於自課之風也。庶不負今日隆重紀念之意矣。

追憶先師余先生的教人方法

已故中國科學院語言研究所專門委員余嘉錫先生，是我的姑夫，也是我的老師。先生學問淹博，爲一代通儒。於史、子兩部，用力最勤。嘗自言“宋以前書，未見者少”。數十年間，手不釋卷。熟於歷代官制、地理，故考史之業爲最精。每有論述，必窮原竟委，取證確當，論者咸服其通核。所著書有《目録學發微》、《四庫提要辨證》、《余嘉錫論學雜著》、《世説新語箋疏》、《古書通例》諸種。其中《四庫提要辨證》二十四卷，八十萬字，博大精深，久已爲海内外學者所稱道。世人徒推尊他爲目録學家，固不足以盡之。先生終身以教書著書爲事，歷任北京各大學教授，除講授目録學外，還教過經學通論、駢體文、古籍校讀法、世説新語等各種課程，可以想見先生治學範圍的廣博。

先生的父親和我的祖父，從青年時起，就是最親密的朋友，兩人先後成進士，同官京師，後來才申之以婚姻。先生少時，和我父親交誼至深。清末初辦學校，兩人同任湖南常德中學和西路師範學堂教習。先生教文學，我父教算學。業餘又共講求古文辭義法，共讀當時出版的新書，有相互切磋討論之樂。我父因患肺病，辭職回里養痾，從此山居不復出。我從幼時，便侍父讀書於家，由於藏書較多，提供了讀書的條件，父又教讀甚嚴，使我在十幾歲時，在研究文史之學方面，苦練了一些基本功，掌握了一些基礎知識。不幸在我十七歲時，我父終因病重去世了。

我從小用功讀書，有志深造。從父親逝世以後，便負笈出游，尋師訪友。初到長沙，從湖湘老輩，虚心求教。時余先生講學北京，遠道以書召我北游，謂“舊都人文薈萃，得風氣之先。坊市刻一新書，郡國出一古器，皆得先睹爲快。又況通人輩出，可以請益，裨廣見聞，愈於在湘遠甚”。不久，我便到了北京。居先生家，以師禮事之唯謹。時先生主講輔仁大學中文系，兼授北大、師大課，日有名流往還。如吴承仕、楊樹達、黎錦熙、沈兼士、錢玄同、陳垣、馬衡、高步瀛、駱鴻凱、孫人和諸教授，都因先生之介，認識了他們。每乘星期天，分往拜訪，請質疑義。他們認爲“孺子可教”，樂與論學，收獲是很大的。我那時白天到北海圖書館看書，至暮方歸。晚飯後，陪侍先生燕談。縱論學術，每至深夜，備蒙啓誨，受益至多。

先生學問淹貫，氣象博大。凡是後輩向他問學的，各隨其才之大小，皆有所得。從不以自己治學的途徑，去要求别人。最使我銘記在心而不能忘的，却是他感人至深的教人方法。先生平日論及校讎之學，不甚喜鄭樵和章學誠。認爲他們考證粗疏，殊不足取。而舜徽則推重二人識見卓越，實有過人之處，時時稱道之。南歸後嘗於通信中談及，先生復書，謂所論可以並存，不以爲侮。舜徽年甫三十，即屬草爲《廣校讎略》一百篇，評騭古今，暢抒己見。與先生平昔論學之旨，時有不合。先生在書札中復過加獎許，稱爲言之成理。體現了先生論學的闊大胸懷和教人的弘博氣象，在過去老輩學者中是不多見的。

先生平日對於有的人强調“師承”、“師法”，不甚謂然。認爲那是一種束縛後生的狹隘之見，今日不可復張。學術本天下公器，何必據以爲私。號召有志讀書的新進後生，不要一味守着先生之言。這種思想、風規，十分可貴。我既親承音旨，感染至深，因而在自己五十多年的教學過程中，也就學會了不以自己治學的途徑去要求學生。即以近年指導博士研究生而論，從不拿自己喜愛的專業去要求他們。由於“歷史文獻學”的範圍本廣，凡是用文字記載的內容，都可進行探討。在講完治學的基本方式方法以後，便讓他們各擇其性之所近，自選專題進行研究。所以歷屆博士研究生中，有研究《史通》的，有研究《太玄》的，有研究田賦史的，有研究近代史的，有研究金文的，有研究訓詁的。各展其長，充分發揮每個研究生的智慧而有所成就。大家感到有自由研究的氣氛，而不受絲毫束縛，他們三年攻讀，是樂意的。

這種指導和培養研究生的方式方法，不是我創造的，而是五十多年前從我的老師余先生那裏學來的。余先生的教人，重在循循善誘，而不責以守一先生之言；重在培養通才，而不求其拘守一隅。我終身記住這一教導，受用無窮。并以此指導我的學生，也收效很大。飲水思源，我應感謝我的老師余先生！他雖然已經去世三十年了，而他那種教人的方法，永遠記在我的心中。並曾推廣這一方法，發揮了很大作用。

有關傳統文化答問

近來在報紙雜誌上，看到有關傳統文化的討論文字不少，各抒所見，議論紛起，因之引起人們的注意。和我比較接近的老友、舊徒以及外來見訪的學者，也常常就我談到這方面的問題。於是徇其所問，一一答之，并舉例説明，聊以表達我個人對有些問題的看法，因事立題，分述如下：

一、所謂弘揚傳統文化的問題

問：近來弘揚傳統文化的呼聲很高，這一提法是否恰當？果何術足以達到這一目的？

答：文化一詞，包括甚廣。它是一種歷史現象，在不同的社會中，都有與之相適應的文化，并隨着社會的前進而發展。一般所提文化，大半是指意識形態而言。在階級社會中，它具有階級性。既言傳統文化，自然包括從階級社會中沿襲而來的文化混合在一起。其中有精華，有糟粕；有真的，有假的。我們今天如果想要繼承它和發揚它，便必去粗取精，去僞存真，加入新的内容，更好地爲今天的政治服務。過去有不少老學究，不分青紅皂白，盲目地認爲凡是自古傳下來的習俗、禮制、思想、議論，都是好的，頌之爲“國故”、“國粹”，不願意抛棄它或改造它。這分明是一種頑固保守思想在支配他。有了這一成見在心，便形成一種潛在勢力，可以阻礙新政的推行，可以停滯社會的前進，影響是很不好的。舉例來講：我國幾千年悠久文化中，有一種“男尊女卑”的傳統思想，因之婦女受壓迫凌辱，極其嚴重。使那些占人口半數的婦女，没有社會地位，抬不起頭來，這難道不是傳統文化中的腐朽部分！又如古代有一種“内諸夏而外夷狄”的傳統思想，因之少數民族在歷史上被歧視欺侮，使那些分居邊陲的人民，與漢族離心離德，不容易統一起來，這難道不是傳統文化中的落後部分！經過本世紀的資產階級革命和無產階級革命，大力剷除舊的惡劣習俗和陳腐法規。到了今日，男女真正得到平等，同樣能發揮其才能智慧；少數民族和漢族打成一片，共同建設統一的多民族的國家。他們以今比昔，自然熱愛新社會，熱愛祖國大家庭，同心協力，滿腔熱情地爲社會主義建設服務，而國家得以日進於富强。在這裏，只是舉歷史上犖犖大者二事爲例，説明有些傳統文化，必須加以改革，去其糟粕而後可用。至於幾千年間的舊俗遺規、不適時宜、亟待取締革除者尚多，在這裏不能盡舉。可知今天提到弘揚傳統文化，有必要擇其善者而存之，其不善者而改之。斷不可籠統來談，漫無區辨。

二、傳統的重民思想

問：古人常云：“民爲邦本，本固邦寧。”又云：“民猶水也，君猶舟也；水能載舟，亦能覆舟。”孟軻且直截肯定指出：“民爲貴，社稷次之，君爲輕。”這一類的言論，保存在古代文獻中的太多了，似乎是一種很好的重民思想，今天是否可以繼承它而發揚它？

答：在階級社會中，統治階級但從事於剥削壓迫人民。爲階級屬性所限，不可能如其所言，去重民愛民。他們所以説出這一類的話來，祇是暴露其畏怯人民之心而已。有如《逸周書·芮良夫篇》所云：“民至億兆，后（指君）一而已。寡不敵衆，后其危哉！”其畏民之心，昭然若揭。他們所畏怯的，是害怕人民起來造反，以傾覆其政權。但是他們仍然好話説盡，用以粉飾太平，欺蒙天下。我們只看歷代所下詔令，至稱窮苦老百姓爲“元元”（至善之意），用這一類憐愛人民的語言，藉以緩和階級矛盾。所以存在於階級社會中的重民思想言論，完全是虚僞的，不足信賴。自從近世紀歷史唯物主義新的科學理論出現以後，肯定人民是歷史的主人，只有人民能創造一切以豐富社會的文化。有了這一新的觀點，於是人民世紀的今天，所倡導的重民愛民思想，和過去階級社會的重民愛民，便有本質上的不同了。人民從生産糧食以至百工技藝，歷盡千辛萬苦，才能創造出豐盈的物質財富。即以生産糧食而論，當廣大農民“面朝黄土背朝天”的時候，是怎樣熬過酷暑高温的，是怎樣揮汗如雨的。古人詩句有云：“誰知盤中餐，粒粒皆辛苦。”偶誦此句，自然會感到應該以愛惜民力爲愛民重民之始。近年來，許多人通過參觀農村工廠以後，雖愛重人民之心，勃然而興，這不過是一時感情衝動，有所激發而已。如果没有實際行動去支持人民，愛惜民力，也仍然是無濟於事的。下面我想舉一小例，説明這一問題。

在今日全中國範圍内，從上到下，從城市到鄉村，浪費糧食的情況至爲嚴重。特别是一般年輕小伙子“不知稼穡之艱難”，浪費尤爲突出。我因長期家住大學校園内，親自看到學生食堂的洗碗池中，充滿了米飯、饅頭；乃至厠所水溝内，也積聚不少；心中實在難過。青年人所隨意傾棄的，乃是潔白米飯、小麥饅頭，盡屬細糧，棄同糞土。把勤苦農民的勞動成果，看成狗屎不如。此可忍，孰不可忍！中國人口衆多，已超過了十一億六千萬。近據報載全國範圍之内，學校、團體、機關、部隊、賓館、飯店，凡是群居場所，浪費糧食的統計，每日達一億多斤。一年算來，數量大得驚人！這一漏洞不塞，對國家損失太大了。最好由人民政府，自中央到地方，於最近開展一次全國性的愛糧運動，對全國人民大力進行愛惜民力的教育，來挽救此一浪費之風。以後定爲常制，派專人負責掌管，並長期訂出檢查、獎懲制度，雷厲風行。另一方面，從幼兒園、小學起，教育孩子們從小養成愛惜民力的習慣，使"粒粒皆辛苦"的概念，深入人心。既加强了勞動觀點，也就是重民愛民的具體體現。所謂愛國主義行動，也莫大乎是了。方今國家正感耕地不足，千方百計努力開墾。如果能够塞住這一大漏洞，每年可收回幾百億斤糧食，無異於新墾荒地千萬畝，這對國家的經濟效益還算小嗎！兹因談到愛惜民力而附論及此，仍然和今天所要發揚的真正重民思想，是息息相關的。

三、傳統的崇儒思想

問：從漢武帝罷黜百家，表章六經以后，儒家學説思想，定於一尊，兩千多年來，相承不改。究竟在這漫長的歲月裏，儒生在中國文化界，起了哪些大的作用？出現了哪些弊病？

答：談到這一問題，牽涉的面太廣了。首先，我們應該弄清"儒"字的本義。大約在漢代以前，凡是有一才一藝之長可用以教人的，皆得謂之"儒"。所以秦之阬儒，《史記儒林傳》稱爲"阬術士"；許慎《説文》："儒，柔也；術士之稱。"是古代的所謂儒，包括術士在内，範圍是很廣的。有的人認爲孔子是儒家創始人，這一提法，尚可商榷。《論語》記載孔子對子夏説過："女（汝）爲君子儒，無爲小人儒。"可知當孔子之時，早已有儒的存在。而《禮記·儒行篇》記載孔子對答魯哀公問儒行，提出所謂"愛其死以有待，養其身以有爲"、"見利不虧其義，見死不更其守"、"可親而不可劫，可殺而不可辱"、"身可危也，而志不可奪也”等行爲準則。當日孔子心目中的儒，是多麽剛毅而有作爲的人！難怪魯哀公聽了這番話受了一次深刻教育以後，終其身“不敢以儒爲戲”。可知儒在春秋之時，有一種强矯果勇之氣，是很受人敬畏的。何嘗是后世儒生柔懦不振、畏首畏尾的樣子呢？這種由剛而柔、由强而懦的轉變，在戰國時便已形成了。《荀子·修身篇》：“偷儒轉脱。”楊倞注云：“儒謂懦弱畏事。”是古人直以懦釋儒了。《説文》以柔訓儒，亦同此旨。儒既由剛强變爲柔懦，到了漢代，便只以誦習六藝，尊師仲尼爲事。《淮南子》高誘注云：“儒，孔子道也。”反映了當時的實際情況。自漢以後之所謂儒，都没有超越這一圈子。

由於儒生的行動迂緩，連走路説話，都是慢吞吞的，不足以赴事功之急，便爲世人所輕蔑。像劉邦那樣的人，没有什麽文化知識，由鄉村流浪漢一躍而爲天子之後，居然敢於駡酈生爲竪儒，謂隨何爲腐儒，陸賈前説稱《詩》、《書》，便大聲斥之道：“乃公居馬上得之，安事《詩》、《書》！”客有着儒冠而來進謁的，馬上取下他的帽子，用來下尿。漢高帝的侮辱儒生，成爲中國歷史上的典型事例。推之歷代帝王，外標崇儒之名，内懷輕儒之實，大半都把儒生看成無可作爲的廢品。漢武帝雖表面上罷黜百家，表章儒學；但是統治階級内部，却是重法輕儒。對那些誦法孔子的書生，是十分鄙視的。像漢元帝柔仁好儒，看到他的父親宣帝所用多文法吏，以刑名繩下，曾從容進諫：“陛下持刑太深，宜用儒生。”宣帝聽了很生氣地説道：“漢家自有制度，本以霸王道雜之，奈何純任德教用周制乎？”又曾教導他説：“俗儒不達時宜，好是古非今，何足委任。”從這一系列宫廷内父子對話的内容中可以知道他們祖傳家法的祕密了。此后二千年間的專制政體，皆操是術以治天下。所以我國二千餘年的封建政治，實以儒術爲外衣，以法家爲本幹。專制統治者心目中的儒生，不過用爲裝潢門面、粉飾太平的工具而已。當十三世紀初期，蒙古貴族入主中原以後，分民爲十等。擺在前面的，是統治者認爲有益於國的人；擺在後面的，是他們認爲無益於國的人。最末的幾等，便是七匠、八娼、九儒、十丐。有意識地侮辱儒生，列入第九等，擺在娼妓之下，乞丐之上。那種輕蔑儒生的思想，可算是到了極點。清高宗（乾隆）晚年怠荒，巡遊無度，國力大傷。當時著名學者、侍讀學士紀昀主修《四庫全書》，在其左右。因從容進諫："東南財力已竭，當思有以救濟之。"高宗大怒，叱罵他道："朕以汝文學爲優，故使領四庫書館，實不過以倡優蓄之。汝何敢妄談國事！"歷代帝王，何嘗把儒生放在眼里。

在封建社會中，儒生的被人輕蔑，大半咎由自取。除迂緩不能任事外，還有泥古的積習。談到理民治國，必"則古昔，稱先王"。安於襲故守舊，二千餘年沉痾莫起。有如西漢經師，欲舉大義微言，施諸行事。標榜所謂"以《禹貢》治河，以《洪範》察變，以《春秋》決獄，以《三百五篇》當諫書"。宋代士大夫至謂"半部《論語》可以定天下，半部《論語》可以致太平"。后來迂腐儒生，便拿這一類的理論作口頭禪。惟尚虛言，不理實事。浮議多而成功少，儒學乃愈不中用。我們只看歷代儒學之紛爭，便可知道儒效之隱，非一朝一夕之故。漢代治經學的，有今文古文之爭；宋世談義理的，有道學僞學之辨。爭辨不休，儒術益裂。降至元明，情況愈下。宋末元初的周密，在所著《癸辛雜識續集》中，描寫當時士大夫迂腐不知世務的風氣道："凡治財賦者，則目爲聚斂；開閫安邊者，則目爲粗材；讀書作文者，則目爲玩物喪志；留心政事者，則目爲俗吏。蓋其所讀者，止《四書》、《近思錄》、《通書》、《太極圖》、《西銘》及《語類》之屬。自詭爲絶學，首正心、修身、齊家、以至治國平天下。"故爲之説曰："爲天地立心，爲生民立命，爲前聖繼絶學，爲後世開太平"云云。那種臭腐之氣，真可上逼雲霄，不可嚮邇。后來明末清初的黄宗羲，爲《吳弁玉墓志銘》時，也曾發出同樣的慨嘆。

可知宋明儒學，不足以言經世致用，便直接影響到國家的盛衰安危。這就當時文化界的普遍現象而言，已是非常的不景氣。至於宋明也有豪傑之士，如王安石、張居正一流人物，勇於以天下爲己任，能爲國家辦大事。這樣的人，却不是純用儒術而能有所作爲的，但畢竟也是極少數。

四、傳統的慕古思想

問：傳統文化中有一種追慕遠古的思想，集中表現在儒家議論中，最爲突出。在中國歷史上，起了哪些不良作用？

答：儒家宣揚慕古思想，以孔孟爲最典型。孔子“祖述堯舜，憲章文武”，周遊列國，到處碰壁。孟軻步孔子之後，也不得志於時。《史記・孟子列傳》云：“遊事齊宣王，宣王不能用；適梁，梁惠王不果所言，則見以爲迂遠而闊於事情。當是之時，秦用商君，富國强兵；楚、魏用吳起，戰勝弱敵；齊威王、宣王用孫子田忌之徒，而諸侯東面朝齊。天下方務於合縱連衡，以攻伐爲賢。而孟軻乃述唐虞三代之德，是以所如者不合。”這段文字，雖專敘孟軻迂闊不合時宜爲世所棄的情狀，其實可以上包孔子。孔子的追慕遠古，不減於孟。他們談到政治，都是“言必稱先王”的。例如《詩・大雅・假樂篇》有云：“不愆不忘，率由舊章。”是教導後人保守舊規切勿改變的意思。孟軻曾引用此詩而加以發揮道：“遵先王之法而過者，未之有也。”（見《孟子・離婁上》）有了這句斷語，不知敗壞多少世事！到了漢代，董仲舒乃謂“天不變道亦不變”。於是儒者安於蹈故襲舊，更加奄奄無生氣。這都是慕古之風盛行而引起的不良後果。由於儒生追慕遠古的積習不除，遇事只向後看，不向前看，從慕古發展到非今，這是必然的。平時安於守舊，不樂更新。每當國家有大變革，必百計阻難，最爲時君所忌。當秦始皇統一天下以後，實行思想言論方面的嚴密控制。當日禁令所頒，祇有“以古非今者族”，苛罰最酷。以爲不如此，不足以掃除障礙，推行新政。秦始皇爲着促進社會的變革，保護新政的實行，不得已而有此一措施。對當時慕古的腐儒，可算是當頭一棒。

秦始皇和李斯，都是中國歷史上有眼光有作爲的大政治家。他們是繼承周末法家的思想理論，用來治理國家的。春秋時的管仲，首先提出“不慕古，不留今，與時變，與俗化”（見《管子・正世篇》）的創立法度的原則。“不慕古”，便排除了向後看的積弊，不再懷戀過去；“不留今”，便滋長了向前看的風尚，不停留在現階段。商鞅繼起，明白指出：“苟可以强國，不法其故；苟可以利民，不循其禮。”（見《商君書・更法篇》）其後韓非，至將迂儒所倡導的那一套，比之塵飯塗羹，可戲而不可食。又謂：“今有美堯舜湯武禹之道於當今之世者，必爲新聖笑矣。”（見《韓非子・五蠹篇》）到了李斯，便直截説：“五帝不相復，三代不相襲，各以治。非其相反，時變異也。”（見《史記・秦始皇本紀》）可見周秦法家所提出的政治理論，都是積極的，前進的，主張革新，反對慕古。對於當時迂儒所宣揚的空話，商君目爲“六蝨”，韓非看成“五蠹”，不是没有原因的。當明代晚期，内憂外患，國勢阽危的時候，張居正以振興天下爲己任，實行大刀闊斧的政治改革，表現了法家不畏强暴的精神。在“摘奸剔弊”的過程中，把那些不達時變的頑固派言論，斥爲“臭腐之迂談”，不加理睬。經過積極革新，朝野出現了新局面。史稱“萬歷初政，委任張居正，綜核名實，幾於富强”（見《明史・李太后傳》）。這難道不是學習法家政治理論，切實施行，而能取得這樣大的成功嗎？從中國封建社會兩千年的歷史來看，凡是有大抱負想在政治上有所作爲的人，大半都是從法家理論中取得營養，而後能成就其事業。一個純粹的書生，徒抱《五經》、《四書》，充滿慕古思想，是很難辦天下事的。

五、傳統的貶法思想

問：自來儒家詆斥法家刻薄寡恩。甚至辱駡商鞅、李斯，都以嚴刑峻法，致蒙車裂之刑，不得好死。究竟法家在中國傳統文化中起了一些什麽作用？幾千年悠久歷史中有無他們的重要地位？

答：在傳統文化中輕蔑法家，這是歷代腐儒之迂見，必須批判。我們如果能够平心静氣細讀周秦法家之書，便可感到歷代大政治家的建功立業，都是從法家理論中培養出來的。周秦法家，即周秦政治家，或政治理論家。他們總的精神，不外敢於變古，勇於任事，奬勵耕戰，抨擊空談，反對德治，實行法治諸大端。魏世劉邵《人物志》中品第人物有云："建國立制，富國强人，是謂法家。管仲、商鞅是也。"法家職志，以富强國家爲己任。管仲、商鞅，是其中卓有成就的人物，所以古人舉以爲例。近世章炳麟在《訄書・商鞅篇》中指出："法家者流，則猶西方所謂政治家也，非膠於刑律而已。"這話是很通達的。世俗腐儒，但知舞文亂法的刀筆吏爲可厭惡，便一概看成法家而深加屏斥，這種狹隘的一孔之見，何值一駁。曠觀歷代大政治家，如漢代的霍光，三國時期的曹操、諸葛亮，東晉時的王猛，北周時的蘇綽，唐代的魏徵、李德裕，宋代的王安石、李綱，明代的張居正，都莫不具有法家精神。他們有膽有識，敢作敢爲，能以天下事爲己任。都是從周秦法家書中取得了指導性的理論，作爲自己治國理民的重要依據。所以他們的一言一行，都充滿了濃厚的法家色彩，何嘗純是儒術。這就説明了周秦法家的言論、行事，對後世政治的影響，至爲深遠，成爲傳統文化中的重要部分。

政治思想和法權思想，是隨着階級和國家的出現而出現的。法的作用，是政權建立以後，採取一定的形式，將人們的行爲固定在共同遵守的範圍内，以鞏固、發展對其有利的社會關係和社會秩序。所以法的内容，實包括國家制定的法律、法令、條例、決議、指示等規定性文件和國家認可的判例、習慣等。制度必靠法律來保障，法律必靠刑罰來維持。法律和刑罰，只是法的内容之一，而不足以概其全。在中國歷史上，把法的作用提得很高，有議論，有行事，從而取得很大成功的，自推周秦法家。他們强調法制的作用，主張革新前進。在政治理論上，建立了一套以法治國的完整體系；或者在政治實踐中，確有顯著的建樹，引導當時政權走上富國强兵的道路，也只有周秦法家才能做到這一步。我們今天研究他們的言論、行事，可以肯定他們是一種具有先進思想的政治家，是一種敢於革新不畏阻力的政治家。他們的事業規模是弘遠的。后世却把所謂“律家”、“法官”、“刑幕”當法家，那就相差太遠了。歷代大政治家，既都是從周秦法家的言論行事得到啟示而發展起來的杰出人物，所以他們任天下事，都有一種勇往直前無所畏怯的精神。遠且勿論，只拿王安石、張居正來説，便是很高的典範。像王安石“天變不足畏，祖宗不足法，人言不足恤”的思想，和張居正“利於公者，必不利於私。怨讟之興，理所必有”的言論，是何等氣魄，何等毅力！儘管他們從幼小時也和群衆一樣，從誦習儒家經傳開始，以至應科場考試，攫取禄位，是由儒學起家的。但他們不拘泥於儒家的説教，却能跳出狹隘的圈子，能取法家之長以補本身的不足，這自然是他們高明之處。由此可見，周秦法家在中國封建社會，曾經有過大的建樹，促進了社會的更新。我們今天應該重新估計他們在歷史上的業績，肯定他們在傳統文化中的地位和作用。

六、傳統的黜道思想

問：司馬談在《論六家要指》中，推論陰陽、儒、墨、名、法五家各有短長，而獨反復贊嘆道家之術，採各家之長而無其短。“立俗施事，無所不宜。”“指約而易操，事少而功多。”於是引起後世的爭論，儒家相率不以司馬氏的見解爲然，并鄙棄道家。究竟道家學説，在傳統文化中起了哪些作用？我們今天應該怎樣評價？

答：司馬氏《論六家要指》，是一篇圍繞人君南面術來談問題的政治論文，而不是純粹的學術論文。後人却把它看成單純的論學文字，那就錯了。他所提出的“指約而易操，事少而功多”，是專就道家的議論主張，用之於君道，可以取得成效來説的。他又指斥儒者“博而寡要，勞而少功”，是説六藝經傳中所談爲君之道，所營多端，而没有“執本秉要”的方法，不足以主持綱維。所以他着重指出：“儒者以爲人主，天下之儀表也，主倡而臣和，主先而臣隨。如此，則主勞而臣逸。至於大道之要，去健羨，絀聰明，釋此而任術。”我們衹看這幾句總結性的話，不是在談南面術又是談什麽？后面他又説：“道家無爲，又曰無不爲。其實易行，其辭難知。其術以虚無爲本，以因循爲用。”“虚者，道之常也；因者，君之綱也；群臣並至，使各自明也。”這又在宣揚道家無爲之旨，在南面術上的妙用，非諸家所能及。司馬氏的這一理論，在西漢學者中多能知之。到了東漢，懂的人便漸少了。有如班彪、班固父子指責司馬氏“論大道則先黄老而後六經，是非頗繆於聖人”。這一批評，是很不恰當的。我們只看司馬遷敘述孔子言行，列爲《世家》，而結論是：“自天子王侯中國言六藝者，折中於夫子，可謂至聖矣！”這是怎樣地推尊孔子，豈有貶抑之意。他發抒在《論六家要指》中的言論，只是就君道一端而言，認爲在人君南面術方面，道家所提供的辦法最工，而儒家所提供的辦法最拙。後人不察及此，輕率地認爲司馬遷父子反對儒學，豈非大謬。所以《論六家要指》一文，實是探究道家無爲之旨的一把鑰匙，必須弄懂它，才能對道家學說有悟入處。

遠在我國古代奴隸社會和封建社會的統治者，都有“南面”之稱，“南面術”便是他們用以駕馭臣下、統治國家的一套手法和權術。這種術，周秦諸子中，名之爲“道”；古代有人把這種術的體和用，總結出了一套成系統的理論，稱爲“道論”；宣揚這種理論的，便是“道家”。周秦兩漢時期，社會上還有一些精通這方面理論的老專家，開門授徒，有盛名於當世。司馬遷在《太史公自序》中曾稱及他的父親司馬談，早年“習道論於黄子”，正如《史記·李斯傳》中所言“從荀卿學帝王之術”一樣，學習的内容是相同的。可知司馬談在《論六家要指》中所談的那一套，不過是張其師説而已。這種理論，雖淵源於道家，但爲諸子百家所採用了，都有發揮這一理論的專篇，不過標題各有不同而已。用“君道”二字作篇名的，見《荀子》；有稱“主道”的，見《韓非子》；或稱“君守”，見《吕氏春秋》；或稱“主術”，見《淮南子》。此外，尚有不用“君”和“主”標題而别立篇名的，如《管子》中的《心術》、《白心》、《内業》，《韓非子》中的《大體》、《揚權》，《莊子》中的《天道》，《吕氏春秋》中的《圜道》，都是談的這個道理。乃至儒家孔子，也曾稱“爲政以德”（古注：“德者無爲”）；又贊嘆過虞舜“無爲而治”。《墨子》也説：“善爲君者，勞於論人而佚於治官。”可知道論之精要，是諸子百家所共同尊尚的。在古代文化中，曾起過大的作用。其所以不見重於後世，則始於東漢道教興起，奉老子爲教祖，於是世俗將道教和道家混而爲一，這是極端錯誤的。道家是中國古代哲學史上影響最大的一派，與後起宗教中的道教，完全不是一回事，這是必須辨明的。如果把遠古闡揚南面術理論的道家，下降到和後世專以消災、驅鬼、祈年、成仙等方術騙人欺世的道教合而爲一，便成爲傳統文化的污點，有必要加以澄清。庶使人們不因鄙棄晚出的道教，因而輕蔑周秦時的道家。各還其本來面目，才能不爲俗説所惑。

七、傳統的尊聖思想

問：從漢代以來二千年間，孔子被尊爲“至聖先師”，形成了他在封建社會中的特殊歷史地位，推重爲中國學術史上人格最高之標準。凡是談到傳統文化，無不牽涉到他。而近世新文化運動勃起時，有人提出“打倒孔家店”的口號，好像孔家開設的商店，已專利兩千多年，店中陳貨不少，腐爛的東西太多，不能適應客觀需要，必徹底摧毁而後可。究竟我們今天，應該怎樣對待這一問題？

答：談到孔子，也當一分爲二。完全如同封建社會的那樣吹捧他，當然是不恰當的；又像近人操之過激，必打倒之而後快，也是不對的。我們應該“好而知其惡，惡而知其美”，實事求是地剖析他，評價他，而不爲任何偏見所囿，庶幾可以看出他的作用和影響。春秋末年，是我國社會由奴隸制向封建制過渡的醞釀孕育時期。孔子的思想，代表奴隸主階級利益，積極主張“憲章文武”，恢復西周時期的禮制，基本上是保守的。他雖出遊列國，有用世之志，誠如《史記·孔子世家》所説：“斥乎齊，逐乎宋衛，困於陳蔡之間，於是反魯。”他在長途旅行中，幾乎爲人所殺或餓死在外。其所以不受各國歡迎，無非是在政治上主張開倒車，不適合於各國統治者的需要而已。當時除統治者之外，一般群衆，對他也没有好感。如勞動人民中，有荷蓧丈人譏笑他；士大夫中，有叔孫武叔毁謗他。即在一群弟子中，也常有人和他爭辯，不是個個都服從他。可知當他有生之年，很少有大的得意之時而舒適過。他的受人尊仰，全在死後，經過歷代帝王的吹捧而提高起來的。由於孔子平日强調“君君、臣臣、父父、子子”的社會秩序，大有利於最高統治者的鞏固政權，於是利用他的話作護身符，把他的地位提至無比的高度。歷代帝王對他加封進爵，而又大修廟宇，隆其祭典。自漢高祖以太牢祀孔，下至袁世凱做皇帝，都以尊聖祭孔爲先，可以看出他們的用意。當清太宗未入關時，俘得明將何可綱，欲其降，可綱不從。太宗親問其故，可綱答道："爲諸生時，讀孔子書，知君臣大義，故今日但求速死。"太宗嘆息道："孔子之教，其美至此！"即命立學宫於盛京，親致祭奠。從這件事，也可證明帝王所以尊孔，完全是爲了保護他自己的權位。上有好者，下必有甚焉者，於是在封建社會中，普天之下，都在奉祀大成至聖先師的神位了。

但是，孔子畢竟是世界文化名人，是中國歷史上的一位大教育家、大思想家，是應該受到後人尊重的。如果能够去掉被後世統治者所渲染和附加的許多東西，還他自己的本來面目，可取之處，仍然很多。如他平日教導學生的話："過則勿憚改"；"敏於事而慎於言"；"學而不思則罔，思而不學則殆"；"知之爲知之，不知爲不知"；"敏而好學，不恥下問"；"學而不厭，誨人不倦"；"人無遠慮，必有近憂"；"君子病無能焉，不病人之不己知也"。這一類的嘉言明訓，雖在今天，仍可古爲今用。他之所以能成爲古代大教育家，是有其重大原因的。他的教學，祗是根據舊有的《詩》、《書》、《禮》、《樂》等古代文化典籍加以講授而已。所以他平日自我鑒定，歸結爲"述而不作"。祗肯定自己在傳述舊有文獻方面做了一點工夫，而没有什麽創作。他的這一自白，是比較真實的。清代學者、著名進步思想家龔自珍説得很好："仲尼未生，先有六經；仲尼既生，自明不作。仲尼曷嘗率弟子使筆其言以自制一經哉！"（見《六經正名》）這一名言，足成定論。舊説相傳硬要説他曾經贊《易》，修《春秋》，删《詩》、《書》，訂《禮》、《樂》，好像所謂"六經"，都經過了他的手。如果真有其事，爲什麽《論語》二十篇中無一語道及？《論語》是記載孔子言論行事和日常生活最詳盡的書，凡孔子平日穿什麽衣，吃什麽飯，坐什麽車，和哪些人來往過，説過什麽話，都記得很清楚。

假若孔子在傳統文化方面費了不少精力，成功了許多創作，他的門弟子，不會一字不提。況且古代學者開門講學，貴在言傳身教，不以著述爲重。后人言“六經”，必及孔子，這和迂儒託古之習是分不開的。我們今天不必在這方面去糾纏，但從他一生從事教學的方式方法，去探討，去總結，可以找出他的偉大之處何在。值得後人學習的地方很多，擇其要者，約可歸納爲四點：第一，强調主觀努力，在求知的道路上，鍥而不舍。第二，强調學習與思考應該並重，不可偏廢。第三，提倡不知則問，不能則學，勤向群衆請教的精神。第四，提倡少説多做，刻苦自立，不急於以求人知的風尚。以上四點，是孔子所倡導的樸實學風，都可古爲今用。也就是值得我們學習的優良傳統，必須發揚光大。

八、傳統的師法思想

問：舊時學者，喜言師承師法，常用來衡量一個人學術成就的大小高低。假若没有師承師法，便爲世俗所輕。此一傳統，起於何時？今日尚存在否？影響如何？

答：學之重視師承師法，源於漢世。其時承秦火之後，書闕簡脱。當時政府搜求亡書，紛立博士。利禄之途既開，因以造僞欺世者不少。經籍初出，口耳相傳，假若不查問其授受淵源，那就會使造僞以欺世盜名的人，一天天多起來。漢代所以重視師承師法，是出於不得已。《漢書·孟喜傳》説：“上聞喜改師法，遂不用喜。”可知其時經師家法之嚴，而流弊也不小。以致經有數家，家有數説，各守專門，不相通假。到了後來，至於各尊師説，不合不公。有如劉歆《移太常博士書》所云：“信口説而背傳記，是末師而非往古。”王充《論衡·正説篇》所云：“前儒不見本末，空生虛説；後儒信前師之言，隨趣述故，滑習辭語。”後果是很不好的。到了東漢，學術界出現了博通的風氣。如許慎、鄭玄起於漢季，兼治群經，不主一家。許氏作《五經異義》，凡古今文諸家異同，都備列而折衷之。鄭氏遍注群經，也從不拘守一家之義。漢代經學，自推許、鄭集其成；而家法之敗壞，也實從此時開其端。其後歷魏晉以至隋唐，經生薈萃衆説以成義疏，而所謂一家之學，早已不存在了。後世治經之士，還在斤斤於師法之爭，可説是極其狹隘的人。識見如此淺陋，如何推廓得開。一直到了近代，學術界還存在强調師承師法的餘風。當我十八九歲旅居北京時，曾親見一位年事很高的國學大師，要求於他的弟子很苛，儘管他的弟子白髮滿頭了，見到老師時，還要下拜磕頭，久而後起，便無異於在舉行宗教禮儀。他要求於自己的弟子，也是這樣。好像不如此，便得不到老師的真傳似的。學術是天下公器，有什麽祕密可言。難道天地間的廣博知識，能爲少數人乃至個别人所壟斷嗎！本來，我國傳統文化中的所謂“五倫”，原無師弟。師弟一倫，自當附於朋友。師弟之間的關係，只得以朋友相待，處於平等地位。凡爲師者，何可居高臨下，用知識來駕陵一切！

清代學者戴震説過：“大國手門下，不出大國手；二國手、三國手門下，教得出大國手。”（見段玉裁所撰《年譜》）這話很有道理。所謂“大國手”，是指名重一時的大師。既是大師，便有他的一套圈子，用來範圍他的學生。學生只得亦步亦趨，篤信謹守，不敢超越那個圈子，甚至跟隨幾十年，還是那老一套。在這種人門下學習，很難取得新的成就，蔚爲大器。至於二國手、三國手，没有那多規格束縛門下，門下通過主觀努力，往往智過其師，反而可以大成，這是近世學術界常有的事。可知有志治學的人，斷不可守一先生之言，用來束縛自己。必須放寬眼界，開拓門路，做到古人所謂“學無常師”，才能奮發興起。儒家尊師仲尼，這是漢武帝以後的事。在漢以前，治國以管、商爲師，用兵以孫、吴爲師，巫醫、樂師、百工、種樹之業，各有其師，豈孔子一人所能專擅。韓愈作《師説》，提出所謂“道之所存，師之所存也”，這話是對的。至於專以傳道、授業、解惑爲師，則又嫌其太狹隘了。既言“道之所存，師之所存”，那麽存於天地萬物之間的，莫不有道，善學者便當以天地萬物爲師。舉一小例來説：人生健身强體之術很多，而鍛鍊的方式方法，有些是從動物身上學來的。所謂“熊經”、“鳥伸”、“猿攀”、“雎顧”，都是我們祖先從學習動物的過程中，總結出來的有效經驗。漢末名醫華佗，提出所謂“五禽之戲”，號召人們學習虎、鹿、熊、猿、鳥的動作姿態，進行肢體活動，以增强體質，防治疾病。這難道不是以動物爲師嗎？再擴而大之，那麽自然界的許多現象，值得我們師法的，就更多了。如古人所謂“天無私覆，地無私載，日月無私照”，便可培養人的大公思想。又如萬物之中，石的堅，水的平，竹的虚心直立，松的耐寒后凋，何一不可取以爲法。所以古人有以“師石”、“師竹”等詞名其書室的。可知道之所存，本不單在書本上。人世間還有大量的“無字書”要讀，天地萬物，可資取法者甚多，本不限於以人爲師。

九、傳統的賤近貴遠思想

問：人們品論事物的好壞，特别是評騭學術的高下，總是對那些没有接觸到的人的寫作，仰望如恐不及，相與贊嘆歆慕不已。而對於同時的或經常見面的人的寫作，則很輕視、忽略，甚至鄙棄，不加理睬。長期如此，對中國文化的發展，是否有很大不良影響？

答：這種情况，起原很早。當韓非所著《孤憤》、《五蠹》最初傳到秦國的時候，秦王讀了以後，看成古人的作品，敬慕之心，油然而生。長嘆一聲道：“寡人得見此人與之遊，死不恨矣！”漢武帝讀了司馬相如所作《子虚賦》後，也贊不容口，慨嘆地說："朕獨不得與此人同時哉!"經過李斯、楊得意分別介紹以後，知道是當時韓非和司馬相如的作品，便降低了讀者的傾慕之情。雖然韓非和司馬相如在不同的年代裏，被當時政府弄到了秦國和長安，等到統治者親眼看到這兩位作者的五官百體，和常人没有不同；吃飯拉屎，和常人也是一樣。看慣了，看久了，便不感覺有什麼稀奇，很自然地對他們輕蔑起來。結果，韓非囚死於秦，司馬相如也潦倒一生。從這些事例，充分説明"賤近貴遠"的積習，由來已很久了。西漢末年的大學者揚雄，學問很博，著述很多，不爲當時社會所重視。揚雄剛死，便有人問桓譚："子常稱揚雄書，豈能傳於後世乎?"譚回答道："必傳。衹是你和我看不到。凡人賤近而貴遠，親見揚子雲禄位容貌，不能動人，故輕其書。"桓譚所提出的"賤近而貴遠"，一語道破了中國封建社會中文化界的偏蔽。如果進一步加以分析，"賤近貴遠"這幾個字，又可分兩方面來看問題。所謂"遠"和"近"，本包括時間距離和空間距離兩方面。從時間距離來説，一般人對於時代愈早的作品，愈感興趣；對於同時人的作品，容易輕忽；這便是"尊古卑今"。從空間距離來説，一般人對於但聞其名未見其人的著述，十分尊仰；對於天天見面的人的寫作，不甚留意；這便是"重耳輕目"。此二者是"賤近貴遠"的兩大内容，經常盤踞在人的思想中，爲害甚大，影響很壞。

由於在長期封建社會，一般人的心理，都是崇拜古人而鄙視同時的人。人們偶有寫作，深恐不能取重於當時，以致湮没了他的好内容，不得已託古人之名以傳其書。這在中國古代寫作中，極其普遍。例如《易卦》必託名於伏羲，《本草》必託名於神農，《醫經》必託名於黄帝，《禮典》必託名於周公，《六經》必託名於孔子，都是這個道理。《淮南子·修務篇》曾經指出："世俗之人，多尊古而賤近。故爲道者必託之於神農、黄帝而後能入説。亂世暗主，高遠其所從來，因而貴之。"這幾句話，道破了世俗喜歡託古的根源。有了託古，僞書日出，在中國傳統文化中，造成了大混亂，也是學術史上的大不幸。這種偏蔽，在周末便已有了。《莊子·外物篇》云："夫尊古而卑今，學者之流也。"其後《淮南子·齊俗篇》云："世多稱古之人而高其行，並世有與同者而弗知貴也。非才下也，時弗宜也。"《論衡·超奇篇》云："俗好高古而稱所聞。前人之業，菜果甘甜；後人新造，蜜酪辛苦。"其見於《齊世》、《案書》諸篇者，所言尤爲詳盡。下逮《抱樸子·廣譬篇》、《文心雕龍·知音篇》，也都談到這一偏蔽，極爲慨嘆。由於學術思想有了這種不公正的看法，積習很深。於是品評人物，總説古人好，今人壞；鑒别寫作，總説古人的書好，今人的書壞；論及政治，總説古代的政治好，當代的政治壞。一切都向後看，必然走上是古非今的道路，成爲阻礙時代前進的絆脚石。這一壞的影響，還不嚴重嗎？在傳統文化中，必須去掉這一偏蔽之見而後可。杜甫詩句有云："不薄今人愛古人。"真不失爲有識名言！

十、傳統的不良學風和文風

問：二千年間，研究中國文化的人很多。其學風文風，有些是繼承前人優良傳統而發展的；有些是沿襲不良傳統而滋長的。其中因受不良風氣影響而引起的流弊很大，宜如何匡救其失？

答：就社會科學領域來説，特别是研究本國文史，今日亟宜糾正的風氣，便在於隘陋。從歷史上看，自西漢起，學術界即已形成"博士之學"與"通人之學"兩大軌轍。當時承秦火之後，經籍復出，經有數家，家有數説，國家紛紛置立各自名家的專業爲"五經博士"。於是專家之學，爲時所重，而學風已流於隘陋。此經不通於彼經，此説不同於彼説。不合不公，莫之能一。有如《漢書·藝文志》所云："説五字之文，至於二三萬言。"《儒林傳》所云："一經説至百餘萬言，大師衆至千餘人。"可知當時博士之學，既病專固，復傷繁冗，西漢博士之學，特别是今文經説，不久即無傳於後，不是没有原因的。至於博治群經，不死守章句訓詁，在學術思想上，言其大者遠者，發凡起例，能解決一些大的問題。西漢學者中如司馬遷、揚雄、桓譚、劉向之所爲，便是通人之學。從東漢以後，通才輩出，治學風氣，走上博贍的道路，一矯過去隘陋之風，取得的成績也較大。過去許多大學者，在文化研究工作方面，主張由博返約，是很有道理的。所謂由博返約，便是將人所共知的學術常識，我要知道；人所必讀的重要書籍，我要涉覽。把一般性知識都掌握以後，再從事於專門性的研究，自然基礎堅實，容易着手多了。但是有不少的人，知識面很窄，一開始便從專門研究入手，或專治一經，或但精一史，結果成績不大。甚至在寫作中留下許多常識性的笑話，見哂時人，遺譏後世。這是由於讀書太少，基礎没有打好的緣故。即在清代乾嘉學者中，除三數通儒外，有這種毛病的人還不少。近百年來，自從高等學校實行分科分系以后，此科不通於彼科，此系不通於彼系，疆界分明，各不相涉。於是學文學的，不必過問歷史；學歷史的，不必留心文學、哲學。在文史哲領域内，又各劃分時代，各人專攻一段。研究近代史的，不必了解古代史；研究元明清文學的，不必追溯唐宋以上。本來，學術研究工作上的細密分工，是一種進步現象，無可非議。但在社會科學領域内，門類至繁，相互聯係，所謂"牽一髮而動全身"，不是一開始便可單科獨進所能取得成功的。所以就今日研究中國文化來説，有必要糾正過去隘陋之風。先必廣營基礎，博觀約取，然後歸納到一個專業，做窄而深的研究，比較容易收效。切不可淺嘗浮慕，急於求成。在學術研究工作上，是没有捷徑可走的。只有脚踏實地、不畏艱險的人，才能登上高峰。

一般人認爲有了寫作，便成了自己的"著作"。其實"著作"

二字，談何容易！當司馬遷寫《史記》時，有人拿來和《春秋》並論，他却自言："余所謂述故事，整齊其世傳，非所謂作也。"（見《太史公自序》）王充《論衡》始成，有人稱之爲大著作，他却表白道："非作也，亦非述也，論也。論者，述之次也。"（見《論衡·對作篇》）大氐前人對於寫作，從其内容加以分析，不外三類：一是著作，將一切從感性認識所取得的經驗教訓，提高到理性認識以後，抽出最基本最精要的結論，寫出一種富於創造性的理論，這才是"著作"。二是編述，將過去已有的資料，重新用新的體例，加以改造、組織的工夫，編定爲適應客觀需要的本子，這叫做"編述"。三是鈔纂，將過去繁多複雜的材料，加以排比、撮錄，分門别類地用一種新的體式出現，這便是"鈔纂"。三者雖同是寫作，但從内容實質來看，却有高下難易的不同。前人重視這三者的區别，不容易以"著作"自居，這是一種優良傳統，我們今天還應該繼承它，不輕於以著作自許。在長期封建社會中，文化界既以寫作爲立名垂後之具，有的統治者感到自己不能寫書，無以傳之後世。于是憑藉自己的權位，調集大批人力，替他寫書。如吕不韋的《吕氏春秋》，淮南王劉安的《淮南子》，都是組織許多智略之士，通過集體創作，各獻所長，而后寫成的。這便開中國文化史上假手著書的先風。自唐初設館修史，例以宰相、顯宦爲監修，即標其姓字爲作者之名。如重修《晉書》，標房玄齡名（舊本題唐太宗御撰）；修《隋書》，標魏徵；《周書》，標令狐德棻；《舊唐書》，標劉昫；《舊五代史》，標薛居正；宋、遼、金三史，皆標脱脱；《元史》，標宋濂；《明史》，標張廷玉；《清史稿》，標趙爾巽。歷代相沿，如出一轍，都是修史時以宰相爲監修，或以官高位顯者居其名。這些達官貴人，何嘗懂得修史。而當時費盡腦力勞動，埋頭寫作的人，却湮没無聞，莫由知其姓字。認真分析起來，這在當時是一種嚴重的剥削行爲。曠觀二千年間的文化界，除吕不韋、劉安一流人以及歷代監修國史的宰相們外，還有不少顯宦乃至帝王，網羅人才，替他寫書。直接剝削他人才智和勞動，以爲自己立名的資本。這在階級社會是一種常有的事，是一種不好的惡劣文風，我們必須批判它，引以爲戒。韓愈嘗云："惟古於辭必己作，降而不能乃剽賊。"那些假手著書的行爲，其不良影響，過於剽賊遠甚。在今天我們必須防微杜漸，制止這種文風的復生。

從事中國古代文化研究的準備工作

——一九八五年二月七日和北京大學來訪的學海社同學們的談話

中國古代的文化典籍、歷史文獻範圍廣闊，浩如烟海，從事這方面的工作大有可为。

但首先要做好基本功，打下一個廣博寬厚的基礎。趁你們年輕的時代，勤奮努力，將文字、聲韻、訓詁、版本、校勘、目錄六者的知識，掌握一些必須弄懂的東西，才有能力閱讀古籍，從事古文化的研究工作。

第二方面是要鍛煉文筆，寫好文章。我的一些同輩和早年的學生，很多是六、七十歲的人了，很有些學問，但是文筆不過關，下筆便辭不能達意，雖有學問，而不能發表出來，他們感到不能在文章中很好地表達自己的思想，因而十分苦惱。我們應該把文和學結合起來。一方面積累知識，一方面鍛煉文筆，二者不可偏廢。很多人致力於學習和研究，灌了一肚子學問，但能够很好寫出來的不多，所以治學的人很多，有成就的人很少，這也是一個原因。

文言文要學好，可以自己買一些淺顯的古文選本，像《古文觀止》、《古文百篇》、《古文百則》，凡是記事的、説理的、抒情的作品都要讀。古人寫文言文，特别是唐宋時代的文章，流暢有氣勢，多讀那些文章，自己動筆才能够有生氣，做到簡潔明快。

老師講文學史可以由上而下，自己讀文章却要溯流而上，可從明清、唐宋入門，取其易懂易學，切不可從周秦開始。有的人從讀莊子《逍遥遊》、屈原《離騷》等篇開始。這樣的方法我是不贊同的。按照讀文的規律，自宜由淺入深，學文言文最好由今及古，從明清讀起，多讀唐宋的文章。文章的好壞對做學問是重要的，寫書有寫書的筆調，記事有記事的方法，所以古人的文章讀了以后，覺得耐人尋味，便於學習。於是用字造句，不期而與之合。文言文寫得好，語體文也一樣能寫得好，想在學問方面做出成績，不僅學問要做好，而且文章也要做得好。過去有的中央領導同志，在對出版界談話時，强調寫書要有文采，不要干巴巴的。如果出版社出的書都差不多，干巴巴的，那怎麽行，文采是不可少的，真正做出成就的學者，他們的文章，文采都比較好。你們現在學習古漢語是爲了適應讀文章，但光有這一點是不够的，還應該多讀一些古文。

關於作文、讀書、講話等問題

——一九六二年三月十五日對華中師範學院歷史系學生的講話

今天講的不是學術問題，但和學術研究有關。我今天談的只是我自己的看法。

先談作文。

人總是要參加人羣的活動，首先是讓人了解你的思想，把思想筆之於書就是文章。我們作文章不必如古人那樣，但對學習文學、歷史的人來説，起碼要求文理通順，要求文如其意，能够表達自己的思想。假若一個人連自己的思想都很難表達，那是件苦惱事。文理通順，首先能提高自己的閲讀能力，因爲我國幾千年的文化遺産都是用文言記錄下來的，必須文理通順，才能幫助閲讀；其次是發表的能力要提高，對師範院校的學生來説，文理通順更爲重要，假若到中學去教學，學生苦於講課難記，如果你的文理通順，馬上就可以用簡單扼要的話，把它寫出來，但文理不通的人就不行。况且文理通順，也可以減少備課的困難，可以將參考書的若干篇章用自己的話把它概括起來。文理通順的人，看書的效率也很高。古人所謂“一目十行”、“十行俱下”、“五行俱下”，這是説善於讀書的人將文章照例的話去掉，而從其中擇取其重要者，那看書便自然很快，不致停留在一字一句的死啃上。反過來，如果連斷句都不能，生字連篇，效率自然很低。

作文的方法首先是要多讀，特别是膾炙人口的文章，尤非熟讀不可。當然，首先學好“文法”，也是一個關鍵，但是作文章講究文法的辦法却起得很晚，清代末年馬建忠寫成《馬氏文通》，我國才第一次出現用西洋文法來分析古書語法結構的專著。我國過去很有名的學者如司馬遷、班固、韓愈、柳宗元都没有學過“文法”，可是他們的文章都作得好，這是因爲我國的文章有“天籟”——自然的聲調，讀得多，自然能够心領神會。漢時的揚雄很會作賦，别人問他作賦的方法，他回答説：“熟讀千首賦，則自能之。”況文章的妙處，絶非能用文字、言語恰切地表達出來。魏文帝曹丕是一個會做文章的人，但他談到文章之巧妙，却説：“雖在父兄，不能移其子弟。”孟子説：“大匠能示人以規矩，不能使人巧。”都是這個意思。相傳春秋時代，齊桓公有一次聚精會神地在讀書，旁邊一個老木匠説，你讀的只是些糟粕的東西。桓公大怒，要老匠人説出道理：“有説則生，無説則死。”老木匠從他自己教其子孫技藝的親身體會來説明書本上的東西，不盡是精華的東西，這和自己無法將技藝最巧妙之處傳之子孫而只能教之以規矩一樣。由此可見，文章的好處，不能以言語形容，非要自己在熟讀深思的過程中去體會不可。

我們今天學習寫文章，只要求做到辭能達意便行了。過去我國正統派的文學有兩條路綫：一是學唐宋，以流暢犀利著稱；一是學漢魏，以典雅韻調爲主。近代如康、梁的文章，如長江大河，一瀉千里，讀起來易於理解，對啓發民知、扭轉中國數千年的文風，很有作用，這是承襲了唐宋以後的文體加以變化而形成的。章太炎的文章則是繼承了魏晋以前的文體，古字很多，不易理解。我們今天寫文章，兩者都無暇學，也不必學。我們只是要文如其意，能記載自己的思想語言，没有滯礙便够了。至於讀文章要有别擇，有些文體，過時了的，就不必去理會，例如“賦”，辭藻誠然很華麗，對仗誠然很工穩，但是今天來看，不切實用，可以不讀。有裨實用的文章，如馬端臨的《文獻通考序》之類，不僅文辭簡潔、流暢，且能瞭解古代的典章制度，這就比較有價值。所以我主張寫辭能達意之文，讀有實用的文章。"五四"時期，一般新人物，提倡"八不主義"，反對追求過時的文章，這對扭轉當時盲目模仿古人的文風，還有其積極意義，但是這遠在古代就由很多學者提出來了。所以今天讀《古文觀止》一類的選本，只讀一些記事、通信和論説的篇章便可以了。

練習作文，是一件重要的工作。過去有許多老先生，能背誦數百篇的古文，但是連便條都不會寫，那是因爲光會背别人的東西，自己没有練習，没有提高。我向來主張寫文章不要先出題目，古書中有很多好的作品都没有題目，便是一個例證。我想，提高自己寫作的最好辦法是經常寫日記。天地間的文章不外三種：抒情之作，記事之作，説理之作。這三種文體，我們都可以通過寫日記來練習提高。比方説：在春暖花開、花香鳥語之中，我們春游，不妨即興賦幾句詩，把它記在日記本上，這便是抒情之文；如果我們對生活中的某些事情有了感觸，可以記下以備遺忘，或將報紙上的重大事件，用自己的話摘要的記下來，即是記事之文；如果我們對那些問題有了一些見解，或者我們和同學們討論問題時，有些不能達到統一，將這些見解記録下來，便成了説理之文。記日記要認真地記，可以先擬稿子，不會寫的生字要翻字典。打稿子、翻字典的過程也就是提高的過程。没有人改也不要緊，自己過一時期再看再來修改。宋代的歐陽修是唐宋八大家之一，他寫一個便條都要打稿子。司馬光修《資治通鑑》删削兩屋子的稿子成二百九十餘卷，這都是我們的好榜樣。如果我們四年寫四本日記，耐心地自己去修改，文章一定能提高，這是個長期的、艱苦的過程。

作文也應該包括詩歌在内，對詩詞不大懂不要緊，清代的學者顧炎武説："詩不必人人皆作。"(《日知録》) 我們現在應該做的事情太多了，作詩，拿作律詩來説吧，要講平仄、對仗，至於填詞的規矩，則更爲謹嚴。若我們語體文尚不能寫好，詩、詞更談不上，因爲詩詞是比較更高級的文學作品，要求就更高了。

還講一點讀書的問題。

讀書，首先應該把目的搞清楚。幾年以前我收到别的大學一個歷史系三年級的學生給我的信，問我目前歷史研究中，哪一門最缺。很明顯，他的目的是：鑽冷門，將來奇貨可居，一舉成名。我回答説：你的年紀還小，是不是人人要讀的書都讀過了？要把自己的基礎打得堅實，這樣才能如築寶塔一樣，提高起來。所以我們的目的要明確，步驟要清楚，人人必讀之書必須讀，人人常見之書必須讀。事物總是彼此聯系的，所以面要鋪得廣一些。對於“博”和“約”的問題，我主張由“博”返“約”，將一般常識性的知識牢固地掌握，在此基礎上的“約”才是可靠的。如學習歷史，連整個中國歷史的輪廓尚搞不清楚，怎麽能搞斷代史？歷史是不能割裂的。“博”不等於是“雜”；“約”也不是“簡陋”。

古人説得好：“聰明叡智，守之以愚。”做學問，只能由笨的辦法得來，且忌急於求成，也不必急於求成，水到渠成，功力下得多，自然會如此。這東西也就是有些奥妙：如果你下了七分的工夫，表現出來的也只能是七分，既不會五、六分，也不會八、九分，這是掩没不了的，也正説明了勞動的可貴。青年人好名觀念應該打消，假若有名無實，人們是不會肯定你的，所謂“扎扎實實讀書”，雖只簡單的幾個字，却包涵有多麽豐富的内容！孟子所説“揠苗助長”的故事，就是教育我們急於求成不得。讀書須通大意。學歷史的目的，是從文化遺産中瞭解中國人民是怎樣走過來的，因而讀書須識其大者。瞭解歷史書籍中的大東西，以天下爲己任，胸襟是多麽宏大，多麽開闊。

最後談講話。

講話是專門的學問，假若把講得井井有條的話記録下來，就是一篇好的文章。講話的基本條件是有條理，這也關系到一個人的思想。思想、講話、寫文章三者是統一的。説理的話最難説。周秦諸子中，孟子是最會講話的人，他有辯才，連一些國家的君主都怕他。孟子闡明道理的講話有三個内容：首先是打比喻，其次是引用前人的話，最後引用歷史事實，因此往往使自己在辯論中立於不敗之地。但是我們在課堂教學中的語言却不盡如此，《大學》裹説過一句話很對："未有學養子而後嫁者也。"課堂講話要看具體的聽課對象，面對不同的人，便講不同的内容，體貼入微，恰如其分地給予他們需要的東西，有如慈母撫養初生的嬰兒一樣，這便是教學法。并且講話要有條不紊，有層次，有重點，但是這些方面都可通過講話的語氣、聲調的抑揚頓挫表現出來。講話還須有邏輯性。開會上課時的發言，固然要有準備，但是又要靈活，要不重復。

上述三個問題綜合起來，有兩點是相同的：

首先是苦練。没有生而能之的人，甚麽事情都是這樣，不僅光是讀書。梅蘭芳的戲，齊白石的畫，都是從苦學苦練中得來的。所以作文、説話都要練。

第二點，作文、讀書、講話三者都練到了很高程度，自然會以高度的藝術形式呈現。例如讀書，汗牛充棟的書，哪些是不讀，哪些是只供翻檢，哪些是略讀，哪些是精讀，哪些應該拆開來讀，哪些又應該綜合起來讀，如何區别對待，處理得很好，這却是一種高度的藝術。運用之妙，存乎一心。全靠在讀書實踐過程中體認出來，歷久自然會知道的。

讀《古文辭類纂》和《經史百家雜鈔》

古人之學爲文，初無所謂法也，要在多讀而熟復之而已。昔揚子雲以善爲賦，著稱於西京之末，或問何以致此？子雲則曰："熟讀千首賦，則自能之矣。"可知古人之學爲文，多讀實其關鍵。蓋文辭之成篇，自有其自然之聲調，即所謂天籟也。人之由不能文，進而能文，悉由反復熟讀前人之文，以審其聲調之高下疾徐，字句之單復繁簡，謀篇布局，皆有矩矱可循，徐徐摹仿之，由短而長，由淺而深，而文成矣。

或謂爲文必由己出，自創新意，而以摹仿爲病。不悟天下萬事，皆自摹仿始也。子生三年，而后免於父母之懷，自此學言語，學行走，學飲食，凡百營爲，何一非摹仿者？稍長，見事多，遇人廣，則摹仿之範圍愈大，而智慧愈增。人之成才，非可與世絶緣，屏除一切摹仿，而可超然獨立者。大之治國齊家，小之存身營生，皆不能離摹仿而率性自爲。惟善摹仿者，能去人之短，取人之長，有所變而后大耳。

惟文亦然。文之以氣勢勝者，爲陽剛；以情韻勝者，爲陰柔。多誦陽剛之文，則氣積勢盛，下筆不能自休；多誦陰柔之文，則情意綿邈，韻調安雅。習與性成，不期然而然矣，《史》、《漢》并稱，而太史公之文爲陽剛，班孟堅之文爲陰柔。唐宋八家并稱，而韓退之、王介甫之文爲陽剛，歐陽永叔、曾子固之文爲陰柔，此昭昭可辨者也。曾滌生以善爲文名於晚清，而所纂《經史百家雜鈔》，選錄太史公及韓、王之文獨多，知其一生寢饋此數家之文，深造有得，故其爲文得陽剛之勝，非偶然也。

曾滌生嘗自言"粗解文章，由姚先生啓之"，則其推尊姚姬傳甚矣。顧其所選《經史百家雜鈔》與姚氏《古文辭類纂》，則有不同。門庭之大，多收質實有用之文，俾學者誦文之外，得以開拓其志氣，廓大其胸襟，非徒揣摩文辭而已。百年以來，沾溉之廣，影響之大，視姚選實已過之。坊間古文選本，喜用世俗評點之語品騭古文，如所謂"來龍結穴"、"畫龍點睛"之類，施之古書，最是惡道。姚、曾二家之書，力袪斯弊，惟教學者理會通篇大義，不規規於一字一句之微，此其所以卓也。

姚氏論文之語，自見諸《惜抱軒文集》外，尚有道光初年新城陳用光所輯《惜抱軒尺牘》，所載亦多。觀其教導及門，每言學文之要，重在多讀多作，而《與陳碩士書》中所云："大抵學古文者，必要放聲疾讀，又緩讀，衹久之自悟。若但能默看，即終身作外行也。"昔人治學，將看與讀分别甚明，學古文辭，所重在讀。必須熟讀深思，然后有悟入處。張廉卿在《答吴摯父書》中，稱述"劉海峰絶豐偉，日取古人之文，縱聲讀之；姚姬傳則患氣羸，然亦不廢哦誦，但抑其聲使之下耳"。劉、姚并是桐城派古文開山大師，而重視讀文如此，自必有其故矣。

學文所以必須縱聲朗誦者，一則文之神理氣味，不可以言喻者，全賴反復誦讀時領會得之也；二則文中虚助字多，又必在誦讀時以知其施用之宜也。昔柳子厚嘗遇一不通之人杜温夫，與之論學，而文理晦澀。答書直斥之曰："生用助字，不當律令……所謂乎、歟、耶、哉、夫者，疑辭也；矣、耳、焉、也者，决辭也；今生則一之。宜考昔前聞所使用與吾言類且异，慎思之則一益也。"此乃教其多讀前人文以得使用虚字之法。昔人衡量文辭之通順與否，恒視虛字使用之適合與否以爲之斷，故學文者，尤宜重之慎之，亦惟多讀足以處之。

余少時讀文，先君子授以《經史百家雜鈔》，且教之曰："姚選非不善，特其錄文不若是編範圍之廣，是編多載經世致用之文，讀之尤爲有益。"初取馬貴與《文獻通考序》二十四篇及唐宋諸家短篇文辭爲余講解，復令手鈔熟讀。后乃漸及長篇，如王介甫《上仁宗皇帝書》、蘇東坡《上皇帝書》，上溯賈生《陳政事疏》、《過秦論》諸文，亦手鈔熟讀。每篇責令朗誦百遍，背誦百遍。故余少時所讀之文，至今猶能舉其辭。蓋自少時即已養成耐心讀長篇文、看大部書之習慣，終身受用甚大。

就余早歲學文之經驗而言，深知學習古代文辭，必自近及遠，由淺入深，而后於己有益。切不可開始即貪慕周秦，誦習其艱深之辭。於是下筆之頃，競效爲僻字澀句以駭庸俗，乃至文理不通，斯又不善學文者之蔽也。姚氏《古文辭類纂》，區分各體文爲十三類，選錄上起戰國、下訖清初諸名家之文，亦已多矣，勝於坊間古文選本遠甚。循其所纂之文，溯流而上，先取歸熙甫、方靈皋文讀之，然后及於唐宋八家，以上探兩漢先秦。如此由淺近以進攀高深，庶乎其有得也。

凡余今茲所言，特就古而論古耳，非欲揚桐城派之余波，勸導今人讀古文作古文也。今世文明日啓，學術日新，所當學者甚廣，夫誰有暇以及此乎？且今日有今日之文體，能爲明白宣暢之語體文以自表達其思想，斯亦可矣。顧生乎今之世，終其身爲語體文，可也；終其身但能讀語體書，不可也。中華民族有五千年之文明史，其資料盡在古書中。不通古人文辭之義例，則不能明句讀，究旨趣。姚、曾二家之選本，不啻爲古書之要删。苟能熟復其書，則進而閱覽故書文獻，易如反掌。孰謂此等選本在今日全可廢棄乎！岳麓書社年來重印二家選本，以廣其傳，蓋亦有見及此也。

晴川閣修復記

大江發源青海高原，會納百川，寖成巨瀆。及入巴蜀，流益湍疾，白涌碧翻，激浪高起。於是排千巖，穿三峽，乘其奔騰之勢，一瀉千里。然後水面加闊，平流東進以達於海。全程六千三百公里，所歷大都小邑以百數。沿江景物如畫，各有攸勝。若論風光之明媚，形勢之雄奇，蓋未有過於武漢者，以有黄鶴樓、晴川閣夾江而峙，可盡收上下四方之壯觀於眼底也。漢陽龜山，舊名大別。其東麓有禹功磯，相傳爲大禹治水成功處，後世造禹王祠祀之，由來已遠。明嘉靖年間，漢陽太守范子箴，始建閣於磯上，取崔顥“晴川歷歷漢陽樹”詩意，名之曰晴川閣。與屹立武昌蛇山之黄鶴樓南北相望，無殊大江鎖鑰，故昔人重之。武漢水陸四達，爲歷代用兵必争之地，樓與閣迭毁於兵燹，既毁而復修之屢也。一九三四年夏，暴風成灾，閣竟蕩焉無存。履其地者，惟徘徊太息而已。方今國家勵精圖治，政通人和，百廢俱舉。武漢市人民政府重建黄鶴樓將成，乃謀重修晴川閣。於是鳩工庀材，補治敗垣，修葺舊祠，芟夷蕪穢，伐除瘣朽。然后嘉木立，美竹露，奇石顯；祠宇一新，垣堞皆復。乃重建閣於磯上，復造數亭於江濱以附於閣。怪石森然，周於四隅。時而微風鼓浪，水石相搏。偶上閣上，仰望晴空無際，俯聽川流有聲；風帆沙鳥，交映左右。幾疑泛舟江湖，忘其身猶坐龜山東麓也。每值休暇之時，士女如雲，遨遊至此，喧闐雜沓，亭閣皆滿。俄而管弦聲起，或翩翩起舞，或引吭高歌；老者弱者，相與習拳對弈於緑蔭深處，至暮忘歸。夏之晨，秋之夕，迎風望月，遊人尤多。春以觀花，冬以賞雪。蓋四時之中，曾無一日之寂寥。或謂黄鶴樓聳立百仞，以瑰偉絶特取勝；斯閣得地幽密，以簡樸清雅見重；各效其美，相得益彰。昔明末文豪袁宏道，亟稱斯閣爲楚四名樓之一；清初名儒劉獻廷，南遊過漢，登斯閣而大驚異，乃謂遠勝黄鶴樓，載其説於《廣陽雜記》。前人贊歎咨嗟，非偶然也。余久居武昌，講學著書之暇，常登臨斯樓斯閣以攬江山之勝。觀魚躍鳶飛，悠然意遠，流連移時不忍去，而重有感焉。《學記》曰："藏焉，修焉；息焉，遊焉。"藏修者，謂藏身於本業之内，修其職事，不敢怠惰也；息遊者，謂休息於工作之餘，出遊於外，以弛解其疲憊也。昔人之論勞逸，重視二者之結合，至於如此，意固有在矣。況人旦夕蟄伏斗室，接於目而慮於心者，惟父母妻孥與米鹽瑣屑耳。偶有抵牾，易生憤懣。抑鬱日久，因以沮其壯志，挫其盛氣以致早敗者，何可勝數。必常置身高明之域，然後心與目不蔽於淺近，有以發吾胸中閎廓後邁之趣。所居彌峻，所涵彌遠，由是變化氣質，開展襟懷，大有益於成事立業，此人之所以貴登臨也。豈第流覽景物而已哉！武漢居國之中央，固海内一大都會也。舟車商賈四方賓客之所輻湊，益以居民數百萬之衆，休息遊觀之所。舊苦其少。夫惟善休息者，始能善成其工作。然則名勝古蹟之修復，實關今日精神文明物質文明建設之大，而國之盛衰强弱繫焉。登斯閣者，儻皆能明乎藏修息遊之旨，於勤勞工作之餘，善愛養其精神，俾益奮厲不懈，競展其才以效力於國，則爲利之溥，豈有涯涘，斯閣之建，爲不虛矣。閣之修復，經始於一九八三年之冬，落成於一九八六年之秋。三年之内，修舊補廢、治垣造亭諸役，費工與時，視建閣爲尤多云。既蕆事，屬余爲文記之，因兼抒所感以爲來遊者勸焉。

漢陽鍾子期墓重修碑記

去漢陽縣治東南不三十里，有馬鞍山，而鍾子期墓在其南麓。面湖背山，景色天成，墓之從來遠矣。《呂氏春秋》嘗記其事曰：“伯牙鼓琴，鍾子期聽之。方鼓琴而志在太山，鍾子期曰：‘善哉乎鼓琴！巍巍乎若太山。’少選之間，而志在流水，鍾子期又曰：‘善哉乎鼓琴！湯湯乎若流水。’鍾子期死，伯牙破琴絶弦，終身不復鼓琴，以爲世無足復爲鼓琴者。”高誘注云：“伯姓，牙名。鍾氏，期名。子皆通稱，悉楚人也。”然則二人同産斯邦，爲有據矣。漢陽大别山尾，有琴臺，一名伯牙臺，相傳爲伯牙鼓琴處。當日鼓琴之處非一，故距鍾墓數十里，亦有琴臺。二人遺蹟至今猶存，文獻足徵，何可誣也。論者或謂古之言善相馬者，必曰伯樂；言善知音者，必稱鍾期；皆不得志者之所虚構，以託世無知己、抑鬱不申之意。多屬寓言，未必果有其人。余則以爲不然也，二人生於周末，去今已二千數百年。行事無多，宜若可疑。然而鼓琴知音，見載於故書雅記；秦漢以來儒者，多引用其事。蓋其初惟有傳説，後乃筆之於書耳。大抵十口相傳，多有依據。推之唐虞三代之事，悉由傳説而後登諸方策者也，豈得概謂爲不足信乎？夫人才智高下不齊，或得志或不得志。而傲岸之士，自視彌高，偶值沮滯，輒歎世無知己，自以爲懷才不遇也。若夫篤志潛修者，惟儲學積才以待用，奚必汲汲以求人之知己哉！如必假託伯牙鍾期之事，以喻己抑鬱不申之意，古之人何不憚煩而爲此？吾以是知俗論之不足信也。鍾墓年世久遠，舊惟存其塋域。又所在僻左，遊人鮮至。其在清代，任漢陽知府、知縣者曾迭修之，並爲立碑。近歲漢陽縣人民政府又重治之。今乃弘其規制，修道路，築垣堞，益以池亭花木之勝，將闢爲游覽休息之地。及將竣工，屬余撰文記之，俾來者有考焉。時一九八六年十二月也。

《秦漢新道家略論稿》題辭

熊君鐵基，好讀書，喜博涉，能爲深沉之思。始治本國古代史實，多所辨證；後乃廓其封域，以及周秦兩漢諸子。於《呂覽》、《淮南》，治之三反。持以上衡先秦百家言，時有不合，比其異同，校其趣向，始悟秦漢道家之論與先秦道家之論，相因而實不同。因揭櫫新道家之義，揚榷古今，論説益廣。每有所得，輒奔走相告，因與賞奇析疑，有朋友講習之樂。余雖未盡究其義，而深歎君新意創見層出迭起之爲不可及也。頃裒其所爲文十餘篇，都爲一集，題曰《秦漢新道家略論稿》。君年未五十，而所學專精至此，繼自今以往，恢宏其志業，精進不已，其所詣殆未可量。余雖老，願觀其成也。一九八二年十一月五日。

《歷史學概論》題辭

余於一九七九年四月赴桂林參加史學會議，始得識趙君吉惠於稠人廣座之中，英華正茂，議論駿發，知其爲倜儻卓犖之士，甚敬重之。其後數數相遇於南北東西，見則暢談而後别。君固有辦事才，然不樂任職，但喜教學。教學之餘，則伏案讀書。由是學益進，識益高。因出暇日述所學以成書，裒然盈帙，《歷史學概論》其一也。始付排印以備大學講授之用，即以一本寄余。余以事繁，又年老精力衰退，雖未能細讀，然通觀其篇章條目，清晰無紊。凡治史者應知之事，幾無不盡，洋洋數十萬言，層次井然，非治史而深造有得者，不足以語此。行見以之施教，則沾溉甚廣；又可應時修改，臻於完密，則啟迪多士，爲用更弘，所以貢獻於社會者固未可量也。余既服其精力之强，進學之猛，因徇其請爲題數語歸之。一九八五年七月十日。

《版本學講稿》題辭

戴君南海，年少英俊，好讀書，於版本、校勘，尤勤研討。嘗以此施教於西北大學，述爲講義，暇又擴充篇幅，積數十萬言。頃余由武漢沿江東下，召開中國歷史文獻研究會第六届年會於南京。戴君自西安赴會，并挾手稿數册來，謂將出版以公諸世，屬余審定，乞序其書。余日夜對客，又以會議事繁，勞於處措，未暇詳觀也。但趁休息時略披覽之，覺其條理清晰，闡述詳明，信爲有裨實用之作。初學者得之，從而獲知版本源流得失，有助於治學甚大。沾溉之廣，可以預卜。一九八五年十月廿五日。

《漢字形音義手册》題辭

益陽張君雪明，篤實好學，自其肄業武漢大學時，嘗從劉博平先生受語言文字之學，鍥而不舍，尤好讀《説文解字》。既畢業，留校任教，教學相長，學以益進。嘗與余同赴太原古文字學之會，始得與君相識。每值聚衆討論時，聞君發言有據，輒心異之。暇又相與暢談，知其所得於文字者甚深。君賦性謙謹，無誇飾語，余因以歎君之能虚受也，益敬重焉。及同返武昌，時相過從。一日，挾其所編《漢字形音義手册》稿本至，余受而略覽一過，觀其徵引精當，詮釋簡明。由博反約，入而能出，彌服其功力之厚。行見啟牖初學，爲益多方，終當爲多士所服膺也。君年方及壯，而所詣至此，著述之事，斯編特其嚆矢耳。一九八六年二月一日。

《湖北舊聞錄》校點本題辭

三十五年前，曾從武昌藏書家徐行可先生處見有《湖北舊聞錄》鈔本。取而覽之，歎爲富美。顧徒目爲纂輯之編，未暇詳究也。徐氏晚年盡出所藏獻之湖北省圖書館，以公諸世。固猶塵封如舊，鮮有人留意及之者，蓋卷帙浩繁，不易理董耳。皮君明庥，治史多年，既蜚聲庠序卓然有成矣，獨以校點此書爲己任。用力三年，粗具端緒。始則從事於作者成書年代及傳鈔經過之探索，繼乃致思於標點、分段及文字校勘諸工作，朝夕不懈，竟奏全功，余以是益歎君治學任事之勤爲不可及也。此書手鈔本凡四十六册，乃清乾隆時蘄州陳詩撰集。陳氏以名進士歷主書院講席數十年，課士之餘，留意鄉邦文獻，述造甚多。此編則分類輯錄湖北遺文舊事至夥，爲章實齋所推重，載其説於《丙辰劄記》，以博洽貫通相許。章氏於乾隆中應湖廣總督畢沅之召，嘗客武昌，得與陳氏相見，並能知之甚悉也。觀此書鈔本前無序言，又無凡例，以吾度之，蓋猶當日輯錄之長編、尚未寫定成書者。然取材豐贍，可供著述家之採擇，爲用甚宏。皮君專心力以整理之，意蓋在此。方今國家以修纂各省地方志相號召，大抵當今之事，重在采訪；往代史實，貴有依據。今兹修輯《湖北省志》，其可依據斯編以補苴罅漏者往往有之，則皮君整理之功爲不小矣。余既樂觀此書得刊行於世，因徇皮君之請，爲略識其要於此。一九八六年九月二十日。

《方志學通論》題辭

余始在弱齡，精研小學，好涉覽乾嘉諸儒著述。稍長，讀章實齋書，服其高識卓見，足以矯當時學者溺於名物訓詁之枉，自是卓然特立之士以補偏救弊自任者也。嘗就其遺書各種撮鈔其精言要義而熟復之，自以爲愛讀章書者莫我若矣。晚歲出游四方，與倉君修良邂逅桂林，其年方過四十，任教杭州大學。文質彬彬，藹然可近。因與縱論學術，知其亦寢饋實齋之學。因有同好，故相交亦親。後余數游杭州，得造其廬，觀所纂述之文，充積几案。其於章實齋與《文史通義》，既有專著論列之矣。繼是而治史學史，撰成《中國古代史學史簡編》，已刊布於世。復從事方志學之研究，廣搜博採，取精用弘；剖析源流，甄審得失；復爲《方志學通論》數十萬言。吁！何其多也。修良君治學勤奮過人，故精進若是之速，余以是益敬之重之。君所爲《方志學通論》將出版，先以目錄寄余，并以序言相屬。余觀其綱舉目張，有條不紊。自來論述方志之書，未有若斯之詳贍者。行見此書一出，沾溉至無窮盡。今之新修地方志者，又必人手一編，以此爲津逮也。則君論述之功，豈可泯哉！余既服其難能，因書此以弁其端。一九八六年十月十一日。

《黄鶴龜蛇功》題辭

人生健身强體之術很多，而鍛煉的方式方法有些是從動物身上學來的。所謂“熊經”、“鳥伸”、“猿攀”、“雎顧”，都是我們祖先總結出來的有效經驗。漢末名醫華佗提出所謂“五禽之戲”，號召人們摹仿虎、鹿、熊、猿、鳥的動作姿態，進行肢體活動，以增强體質，防治疾病，這是很有道理的。華中師範大學體育教學研究部副教授榮亮同志，平日除授課外，又潛心講求導引，在“五禽戲”的基礎上加以發展，以爲黄鶴、龜、蛇，都有可學之處，觀其展翅伸足、俯身仰首，用之於人，尤爲有益。因參考舊説，增以新法，創爲“黄鶴龜蛇功”，繪圖説明，輕而易行，是誠延年益壽之良法，有裨於社會甚大。既編成一書，請余題辭，因書數語歸之。一九八六年六月。

《三國志辭典》、《後漢書辭典》題辭

我國歷史悠久，記載史實的書特別豐富，留下了大量寶貴的歷史遺産。單就從清乾隆時所刊布的《二十四史》來説，從《史記》到《明史》，便有三千二百五十九卷之多。這一大堆史料，當然存在許多缺點和不足之處，但從其中所保存的史實來看，仍然是我們今天研究祖國文化的重要依據，可以用來配合地下發掘的實物資料進行探索與考證。有時甚至感到没有書本記載提供綫索，地下發現的許多珍貴文物，也無由從事鑒别和説明。可知這一大堆故紙，仍然是不能廢棄的。不獨研究歷史的專業工作者所宜熟覽，即從事考古工作的專家們也要常翻。但是擺在讀者面前的困難是很多的，然而是可以克服的，這便迫切需要有一部很系統、很完備、可以解决疑難的工具書。

近年來，國内出現了編纂辭典的高潮，每一事物，每一學科，每一專書，都先后有了一套辭典，替學者們帶來了方便。毫無疑問，這是一件對社會主義文化建設極有意義的工作，受到人民歡迎。但是部頭太大的書，便無人問津。由於工程較大，投下的勞動量要多，在組織人力方面，也不容易，所以熱心編辭典的人，也對此望而生畏，不敢着手。山東教育出版社却不避繁劇，委托中國歷史文獻研究會組織人力，編出二十五史專書辭典叢書，以供廣大讀者的需要。一九八三年趁我會在開封召開年會時，向我提出這一意願。我是贊成他們的這一計劃而願予以支持的，因約集一部分同志商議及此，期於通力協作，分書完成任務。先從《史記》、《漢書》、《後漢書》、《三國志》四史編起，然后推及其他。爲了適應中等以上文化水平的讀者的需要，在編寫過程中，我們從知識性、科學性的要求出發，廣泛採集資料，仔細辨析詞義，釋義力求確切簡括，明白易懂。希望通過這部書的問世，可以幫助讀者解決在閱覽中的疑難，提高文化水平，對社會是有益的。衆志成城，功在不舍。我雖年邁，期待着這部大書能及時陸續出版，發揮中國歷史文獻研究會的集體智慧，更好地爲社會主義建設服務！一九八七年九月十六日。

《中國古代史學理論要錄》題記

鄒君賢俊，精研史學，講授“中國通史”於華中師範大學歷史系，歷三十年。誨人不倦，教學有方，爲多士所親仰。深感諸生年少好學，而苦於根柢不厚，理論無據，爰與其同事羅君福惠、鄭君敬高，選輯古代史學要論，都爲一集，上自群經、諸子、歷代史籍、文集、筆記之屬，凡涉論史之言，足以益人神智者，少則片語，多至長篇，悉薈萃於斯，以爲諸生閱讀之助。鄒君嘗爲余道及此事，余深贊其用心之厚，致力之勤，而爲益於社會者至大也。行見沾溉之廣，不特大學諸生可資津逮，即社會歷史研究工作者，亦將人手一編，朝夕誦覽，爲用至鉅，流布必遠，可預卜也。一九八七年十月。

《晴川閣詩文鈔簡注》題辭

位於武漢、與黄鶴樓對峙而并稱的晴川閣，從一九八六年修復開放以來，游人如織，日以萬計。中外人士，留心掌故舊聞者，每喜誦覽昔人有關晴川閣詩文以資考索，而苦於不能得睹其全，引以爲憾。曾君憲松、李君慶南，同有文學修養，共事於晴川閣管理處。爲適應客觀需要，因纂録自明清以來吟咏晴川閣及記事諸作，裒爲一集。悉取材於方志、文集之中，信可依據。大抵明清人之作爲多，詩最夥而文次之。繕寫既竟，復爲箋釋其詞義。淺明扼要，尤便讀者。兩君既持其稿本以示余，余雖無暇通觀而盡究之，然深欽其用力之勤，服務之廣，貢獻於社會者甚大，因題數語歸之。一九八八年六月三十日。

《書信慣用語詞典》題辭

人之相與，聚於一處，可藉語言以通其情感。如聚而忽别，或分居異地，必賴互通音問以抒其所欲言，則書信尚矣。故書信者，乃實用文字中之不可一日無者也。古人書信之留於今者，多可資以考見當時之風俗，民生之休戚，國家之安危，政治之得失，直可目爲有用之史料，耐人尋味探研而不可已。然則書信之爲用，視他類文字尤爲切要而可尊尚矣。顧前人書簡，雖止數言，莫不有法。對人稱謂之宜恭，通篇行文之貴潔，在在皆宜講求，庶不見笑於世。故前人之書札，實今日觀摩之範例也。舉凡書信中慣用之語，尤今日學子所宜熟復而明記之。

近年來，各種詞典風起雲涌，沾溉士林至廣，獨於書信闕如，學者引爲憾事。葉帆同志乃引此以爲己任，主持編纂《書信慣用語詞典》。凡收詞條三千余，在書信中應備之事無不具，并廣搜例證以説明之。俾查檢其書者，皆能洞究其所以然。非特爲最好之工具書，抑亦平日自修文學之要籍已。其流布之廣，可預卜也。因徇其請，爰綴數言以題其端。一九八八年九月六日。

《中國歷史文獻學》題辭

一九七九年四月，余赴桂林學術討論之會，始識張家璠、黄寶權兩君於稠人廣座之中。以其年少多才，樂與談論，知其同爲篤志好學人也。兩君分任廣西師範大學、華南師範大學教學工作有年，教學相長，經驗益豐。其初講授中國歷史文選，繼又研究文獻學，學以日進，斐然有著述之意矣。兩君爰鳩合同志，共編《中國歷史文獻學》一書，以供教學之用。嘗以書抵余，道其所以編述之意。余還書贊翊之，且冀其速成。曾不多時，家璠同志見訪，果以書成告我。以是益嘆君等任事之勇、成事之捷爲不可及也。天下事，天下人共之。有創始於前者，有繼起於後者。前者疏闊，而後者詳密，此乃事物發展之必然耳。余往歲雖有《中國文獻學》之作，特發凡起例而已。甚望年富力强之人，擴充而補苴之。今兩君鳩合同志共編之書，集思廣益，收羅甚富；而條目明晰，尤便學者。行見用此教學，沾溉無窮，有裨於啟發初學甚大也。因徇家璠同志之請，爰書數語以弁其端。一九八九年四月三日書於武昌。

《北魏佚書考》題辭

清代揚州之學，以廣博繼吳、皖兩派以起，由專精滙爲通學，一救乾嘉諸儒固隘之弊，而清學始大。余往者特撰《揚州學記》以表章之，所以張其恢廓之功也。揚州舊領二州六縣，而寶應王懋竑實開揚州樸學之先。其鄉里後進繼之而起者，如劉臺拱、朱彬、劉寶楠、成蓉鏡之流，皆經術精深，卓然名家。流風所及，至於今不絶。

寶應朱祖延教授，生於其邑，自少習聞其鄉先輩緒論，故治學嚴謹，樸實無華。以文學施教於大學者積數十年，爲多士所宗仰。猶於講學之餘，述造不倦。著作刊布已多，《北魏佚書考》其一也。是書博徵一代文獻，搜考千載遺篇，俾早佚之書，復見著録，有裨於學術甚大，非第訂補王謨、馬國翰諸家所輯之缺漏已也。書既印行，猶欿然不自慊，復爲《補正》以勘訂之。自標"引書割裂"、"考訂不周"、"體例不純"、"文字舛誤"、"佚文漏輯"諸目，以自攻其短。有如老吏判獄，絲毫必究，可謂勤於自訟矣。即此一端，足爲學者楷式。沾溉士林，至無窮盡。余讀其書而善之，因題數語於簡端，以志贊仰云。

一九九〇年六月張舜徽書

《歷代長江詩選》題辭

長江，也稱大江，發源於青藏高原，會納許多支流，成爲氣勢澎湃的大河。流經青海、西藏、四川、雲南、湖北、湖南、江西、安徽、江蘇、上海等十個省、市、自治區。全長一萬二千六百余華里。古稱“四瀆”，江居其首。在全國爲第一大河，在全世界爲第三大河。

古往今來，多少英雄豪傑，出生、成長在它一百八十多萬平方公里的流域面積上，創造了幾千年燦爛的文化和悠久的歷史，留下了數不盡的名勝和古迹。我們的祖先，固然已經一代一代的過去了，但是他們所寫的詩篇，有寫景的，有抒情的，有懷古的，有紀實的。將美麗的長江，雄壯的山峽，幽遠的古迹，描繪得淋灕盡致。使人讀了，油然而生愛國之心。這些豐富的詩篇，無疑對後人是有深刻教育意義的。

在幾千年長期的歷史過程中，這一類的詩篇太多，散在群書，惜無人收拾整理，選輯佳篇而注釋之，以便讀者。益陽陳君元生，早年畢業於大學文科，於本國文史之學，素有根柢。工作於長江航運公司，已歷多年。業餘有暇，輒以選録歷代歌咏長江之詩篇爲己任，鳩合同志，分任抄纂。自取之歷代詩選總集外，復博涉私家詩集，選其精者，録爲一集，依時代先后而編定之，復一一加以注釋。辛勤數載，事竟有成。持以示余，并丐一言題其端。余深嘆其用力之篤而利人之大，行見此書一出，沾溉甚廣，因書數語歸之。

一九九一年十一月三日張舜徽題於武昌

《曾國藩家書與現代人生》題辭

曾國藩乃近代中國之一大聞人，其《家書》亦可謂近世之一大奇書。百余年來，競相購讀者，代不乏人。取以爲法而成大業者，亦大有人在。或爲政壇强人，或爲軍界渠帥，或爲學苑名流。海外智者盛贊《菜根譚》之不俗，又慕《孫子兵法》以行商戰，殊不知曾氏《家書》可沾溉世人者尤夥：於身心修養，爲政治軍，持家教子，乃至鑽研學術，皆有嘉言懿論，固不當等閑視之！

王君新明十多年前，曾與余共事於《漢語大字典》編寫組，年輕好學；陳君代興從余治古文獻之學，卓有心得。二人戮力同心，深研曾氏《家書》經年，鈎稽其中精要語録數千條，分類匯聚，更從中國文化之廣闊視野審視之，明辨之，申説之，洋洋灑灑，凡二十萬言，行將由華中師大出版社出版，而索序於余，故即興言之，以爲題辭。

一九九二年十月二十八日張舜徽識

《爾雅詁林》題辭

自傳注既興，而後有訓詁之學。《爾雅》一書，乃漢初經生裒錄衆家傳注而成。後人以其可取以解經，故附之羣經之後耳。魏世張揖因《爾雅》舊例，博采漢儒箋注及《三蒼》、《説文》諸書以增廣之，名曰《廣雅》。深恐其書不爲時人所重，乃推尊《爾雅》，謂爲周公、孔子遺書，以明己之學所自出。此乃後人託古之陋習，不足信也。顧其書條理縝密，包羅敷廣，世之探索訓詁名物者悉宗之，其與羣經並重久矣。余早歲治《爾雅》，始讀郝氏《義疏》，繼觀邵氏《正義》，於邵書尤爲服膺。邵書善矣，第草創之初，慮猶有罅漏；又其成書甚早，後出之義轉多。擬廣採他家，兼下己意，爲《爾雅邵疏訂補》以總會之。甫及一卷，終以他事間之，未能成也。吾友朱祖延教授，以文字訓詁之學施教上庠，慨然以主編《爾雅詁林》自任。鳩合同志，分工協作。外至各地採訪，歸而伏案整理，不數年而書成。弘編巨帙，蔚爲大觀。則吾人所欲遍覩之舊疏新解，悉在其中矣。自此治雅學者，不必廣求他書，而衆説畢備。嘉惠士林，夫豈淺鮮！祖延教授以七十高年，身多疾病，而猶夙夜在公，與諸同志搜輯排比，區處而條理之。積歷歲年，克底於成。其精神毅力，爲尤不可及也。

一九九二年十一月張舜徽

秉燭餘論

張舜徽 撰

讀通鑑説示及門諸子

司馬温公竭十九年之力，修成《通鑑》，自謂“平生精力，盡於此書。如人之不能讀何？吾此書惟王勝之嘗讀一遍；餘人不能數卷，已倦睡矣”。其慨歎至於如此！亦以貴遠賤近，人之恒情，不見重於當時，不足怪也。至乎南宋，則誦習而揣摩之者，駸駸盛矣。降及近世，讀者愈多，專治其書者益夥，於是《通鑑》之學，與群經諸史，並見重於後世。論者或譏其敘事多漏，未足以窺《十七史》之全；而不知此書本以資治，凡於國家之盛衰，生民之休戚，有重大關係者，靡不畢載。俾觀者自擇其善惡得失以爲勸戒，非必見之舊史者，鉅細皆書也。吾於司馬氏别擇去取之際，深服其具有大政治家之眼光與特識焉。

自古言行已飭躬者，恒以庸言庸行爲重。《易》之《文言》已云：“庸言之信，庸行之謹。”《禮記·中庸》復言：“庸德之行，庸言之謹。”靡不以致力於庸言庸行爲兢兢。《荀子·不苟篇》曰：“君子行不貴苟難，説不貴苟察，名不貴苟傳，唯其當之爲貴。”所謂“當”者，謂合乎禮義之中也。故《中庸》曰：“素隱行怪，後世有述焉，吾弗爲之矣。”大抵立崖岸、行奇詭，以譁衆駭俗者，君子之所不取也。古之治國而有高見卓識者，其理民之要，但奬勸庸言庸行之美，以敦化厲俗；於彼矯世行怪之人，視之蔑如。《淮南・齊俗篇》曰："矜僞以惑世，伉行以違衆，聖人不以爲民俗。"斯誠治國之要圖也！觀夫許由、務光之所爲，信爲清遠，而不見稱於孔孟；屈原、嚴光之行事，信爲超脱，而不見載於《通鑑》。其故可覩矣！

昔晁公武《讀書志》稱《通鑑》："不採俊偉卓異之事，如屈原懷沙自沉，四皓羽翼儲君，嚴光足加帝腹，姚崇十事開説之類，皆删去不録。"顧炎武《日知録》復謂："李因篤語予：《通鑑》不載文人。如屈原之爲人，太史公贊之，謂與日月争光，而不得書於《通鑑》；杜子美若非出師未捷一詩爲王叔文所吟，則姓名亦不登於簡牘矣。予答之曰：此書本以資治，何暇録及文人。"此皆有識之言，足以發人深省也。屈原雖爲自古詞賦之宗，而其内容，不外憂愁二字，自傷不遇；儻人人皆如此，則爲痛哭自戕之天下矣。此與後之陶潛，有相似處。潛之一生，不外詩酒二字，自鳴清逸；儻人人皆如此，則爲頹放自適之天下矣。《通鑑》不載陶潛於晉宋禪代之際，蓋以擬之屈原，同爲不足楷式後世之人，故無取焉耳。

至於舊史所記庸言庸行之美，足以冠冕人倫者，雖在幽僻之地，值動亂之時，《通鑑》則必書之以示後。若漢桓帝延熹二年，録徐穉、姜肱、袁閎、韋著、李曇五處士；七年，録郭泰、茅容、孟敏、申屠蟠諸人；獻帝建安十二年，録司馬徽、龐德公二人，皆躬行刻厲，爲時所尚。雖不必有益於治道，而甚有裨於風化，故皆登於簡册以表章之。若夫採録文辭，亦惟取其有關治國理民之大者，而省略其無關弘旨之語，刊落雖多，無傷大體。唐代如陸宣公奏議，本以駢儷名世，乃亦選録其文，誠以有關民生國計之大，不能捐棄耳。由此可知《通鑑》中所載所不載之故，自有權衡取舍。善讀其書者，貴能心知其意，而因以增進吾人之識見耳。

廣師説（上）

韓退之《師説》謂“道之所存，師之所存也”，斯言是矣。顧其所謂道，則局於一隅，限於一曲，而無以見道之全。故所作《原道》，乃歸本於堯、舜、禹、湯、文、武、周公、孔子、孟軻，一系承轉，似私相授受者。何言之隘陋一至如此乎？夫道之在天地間，充乎六合，豈數人所得而私，又豈數人所得而盡有之乎？觀夫東郭子問於莊子曰：“所謂道，惡乎在？”莊子曰：“無所不在。在螻蟻，在稊稗，在瓦甓，在屎溺。”其言似廣漠無涯涘，而所論雖至微賤之物，莫不有道存焉，則固不易之理也。道之彌於六合者，存乎天地萬物，則吾必以天地萬物爲師。天行之健也，地德之厚也；天之無私覆也，地之無私載也，日月之無私照也；天地之生物功成而不居也，雲雷致雨之後而能退也；山之廣宜而多文也，水之清淡而恒平也；豈非吾之師模乎！以言乎物，則石之堅實也，玉之温潤也；竹之虚中而直也，松之耐寒不凋也；稻麥之生生不已也，花果之纍纍結實也；虎步鷹揚之重而有威也，雎顧熊經之自强其身也；鴻雁之能高飛以自全也，雞犬之能各司其職也；驥之耐千里也，龜之能自藏也；蜂蟻之有羣也，慈烏之反哺也；又何一非吾之所當效法乎！世人徒知五禽之戲，爲取諸物，而不悟物之可爲吾師者多矣。昔人有以師水、師竹、師雨、師石名其居者，斯即道之所存，師之所存也。吾故曰：善自益者，當以天地萬物爲師，意在斯耳。《周易》六十四卦《象辭》，皆有“君子以”字，即所以教人以天地萬物爲師也。乾之《象辭》曰：“天行健，君子以自强不息。”坤之《象辭》曰：“地勢坤，君子以厚德載物。”此言人之立德，宜效天之運行不休，以自强不息；效地之順下能受，以厚德載物。自乾坤以逮既濟、未濟，莫不有一語以誘誨人。則古人之諄諄教導，重在以天地萬物爲師，從可知矣。

廣師説（中）

孔子之後，儒分爲八，取舍相反不同，而皆自謂真孔子。孔子不可復生，將誰使定其誠僞乎？則所謂以孔子爲師者，究爲誰家之學乎？況孔子嘗自言："吾有知乎哉？無知也。"彼固自視欿然矣，而後世乃推尊爲無所不知之聖人，是豈孔子所願受哉？且人各有所能，有所不能。孟軻嘗稱："堯舜之知，而不徧物。"況不如堯舜者乎？長於此者或短於彼。善以人爲師者，亦惟取其所長而效之耳。故昔人言治國，則以管商爲師；言用兵，則以孫吳爲師；論主術，則以老聃、黄子爲師；論臣道，則以伊尹、姬旦爲師；事親，則以曾參爲師；交友，則以晏嬰爲師；處夫婦，則以冀缺爲師；教子女，則以疏廣爲師。各取其善長者而法之，夫亦何常師之有！若論學而不厭，誨人不倦，則當以孔子爲師也。孔子嘗自言"述而不作"，而後人必以《六經》歸諸孔子。此託古人之陋見，周秦諸子皆有之，不第孔子然也。其言性與天道，雖子貢不可得聞。則其平日教人，未嘗及此也。後世言義理者，乃兢兢於此争辯不休，是果孔子之學乎？孔子恒言："庸德之行，庸言之謹。"而未嘗言高深之理，發奇異之論。故其教人之語，本平易也；而必揚之使高；本淺近也，而必鑿之使深。是豈孔子之原意哉？後世空談理學者，各樹一義，皆欲附會孔子之言以就己説，非特無當，抑已誣聖矣。故善以人爲師者，必學其可學之處，又兼師他家之長，而不可局限於孔子一人也。

廣師説（下）

自漢武帝罷黜百家，專宗六經，而道術乃隘。漢世經傳復出，經有數家，家有數説。各以所見爲守，分離乖隔，不合不公。私相授受，恪守師承師法，不敢越尺寸。於是博士之學充天下，而傳經之士，遂專儒林之名矣。宋世大張理學，彼此齟齬。語録之書日出，而争論益囂，於是門户之見，牢不可破，而儒學益裂矣。降及近世，雖樸學勃興，而各是其是，學派紛起。爲之師者，必責令其弟子篤信謹守，不渝師説。傳其學者，安於固陋，昧於當仁不讓之義，不敢智過其師。亦步亦趨，終身株守，此戴東原所謂"大國手門下不能出大國手"也。自清末興辦學校，所習非一業，所師非一人。士子耳目一新，一矯往昔固陋之弊。途術漸廣，英才輩出。較其利害，新制固優於舊規遠甚。而二三名流，顧厚非之。一生不屑在學校任教，必别立書院、講學會以聚徒討論，悍然以大宗師自居。懷舊非今，居今思古，斯固通人之蔽也。從之學者，暖暖姝姝守一先生之言以自悦足，安在其能自益所學乎？甚至弟子見師，必行跪拜之禮，則與宗教儀式等矣。師師相沿，其儀不易。豈其師於學問之事，果有不傳之祕，必事之若神而後能得其傳授耶？學術乃天下公器，又安得一人而私有之。古有五倫，獨無師弟，蓋已附諸朋友一倫矣。此古義也！

論儒術（上）

儒之爲世詬病久矣，初不始於魯哀公與孔子問答之時也。顧自漢以前，儒乃術士之通稱，故《史》、《漢》敘及秦之阬儒爲“阬術士”。自漢武帝罷黜百家，表章六經，而後以祖述堯舜、憲章文武之孔子專儒之稱。故高誘注《淮南》云：“儒，孔子道也。”是漢人之通義也。觀孔教子夏曰：“女爲君子儒，無爲小人儒。”此蓋以能識大而可大受者爲君子儒，但務卑近而已者爲小人儒，是孔子之所謂儒，固有廣狹之不同，亦即昔人所謂“君子務其大者遠者，小人務其小者近者”之意也。孔子周游列邦，而“斥乎齊，逐乎宋衛，困於陳蔡之間”，其不得志於時，亦已甚矣。此後二千餘年，中國社會，雖有崇儒之名，乃厲行貶儒之實。竊商其情，儒亦有以自取，不必責之於人也。揆厥病根，不外四端：一曰迂闊。孟軻步孔子之後，“游事齊宣王，宣王不能用；適梁，梁惠王不果所言；則見以爲迂遠而闊於事情”。則儒之爲世所輕，由來甚早。故漢高祖成帝業，罵酈生爲豎儒，謂隨何爲腐儒；陸賈前説《詩》、《書》，高祖曰：“乃公居馬上得之，安事《詩》、《書》。”客有儒冠來者，高祖輒解其冠，溲溺其中。人主之於儒生，固已優伶、豎子畜之矣。以其迂闊不適於用也。二曰舒緩。儒之爲言濡也，柔也，遇事滯遲不能赴事功之急也。

昔王粲《儒吏論》有曰："竹帛之儒，豈生而迂緩也？起於講堂之上，遊於鄉校之中，無嚴猛割斷以自裁，雖欲不迂緩，弗能得矣。"其言是也！大抵有用之才，必自實事實物中鍛鍊出，而後能去其舒緩之性。秦皇焚書，明令欲學法令者以吏爲師；韓非論吏，謂"宰州必起於州部，猛將必發於卒伍"；皆是意耳。三曰泥古。儒家論治，必則古昔，稱先王。如《大雅·假樂》詩有云："不愆不忘，率由舊章。"孟子嘗引此詩而申之曰："遵先王之法而過者，未之有也。"有此一語，不知壞盡多少世事！降及漢世，董仲舒乃謂"天不變道亦不變"，於是儒者安於蹈故襲舊，二千餘年沉痾莫起，非無故矣。西漢經師欲舉大義微言，施諸行事，標榜所謂以《禹貢》治河，以《洪範》察變，以《春秋》決獄，以《三百五篇》當諫書。宋世士大夫至謂半部《論語》可以定天下，半部《論語》可以致太平，皆食古不化之過也。四曰非今。秦世禁令，惟"以古非今者族"，科罰最嚴，以爲不如此，不足以推行新政也。儒生安於守舊，不樂更新。每值國家有大變革，必百計阻難，最爲時君所忌。故漢宣帝教其太子有曰："俗儒不達時宜，好是古非今，使人眩於名實，不知所守，何足委任。"斯言達其本矣！遠者弗論，即如宋明變法，以王安石、張居正之勇於任事，而爲當時守舊者所沮尼，不克盡行其志，致國家無由復振，此悉原於儒生之無識有以使之然耳。

論儒術（下）

儒生之病，已如上述。歷代帝王自漢武以下仍尊崇儒術者，乃以儒家有尊君之義，可用以便其專制之私耳。齊景公問政於孔子，孔子對曰："君君、臣臣、父父、子子。"雖止八字，而上下尊卑之分大定。人君有此八字，乃不啻得一護身符矣。自漢高祖以太牢祀孔子，已開尊儒之先。自此二千餘年間，宰天下者莫不以尊孔爲亟。清太宗未入關時，得明將何可綱，欲其降，可綱不從。使左右説之百端，終不聽，太宗親詰其故，對曰："爲諸生時，讀孔子書，知君臣大義，故今日但求速死。"太宗歎息曰："孔子之教，其美至此！"即命立學宫於盛京，親致祭奠。可知儒家明君臣之義，自來爲人主所利用，故尊崇之以柔天下。雖以漢武之崇儒，其用心亦無不同。至其爲治，則陽儒陰法，實乃儒法雜耳。其後元帝爲太子時，柔仁好儒，見宣帝所用多文法吏，以刑名繩下，嘗從容言陛下持刑太深，宜用儒生。宣帝作色曰："漢家自有制度，本以霸王道雜之。奈何純任德教，用周制乎？"宣帝此言，不啻一語道破其祖若父世世相傳之祕矣。曠觀此後二千年之專制政體，皆操是術以治天下，莫之或改。況儒術柔懦，豈可單行其道以致治效。故中國二千餘年之政治，實以儒術爲外衣，以法家爲本幹。而道家之秉要執本，持以卑弱，守以清虚者，則所以神明法術之用者也。非特帝王如此，即歷代政治家如霍光、曹操、諸葛亮、王猛、蘇綽、魏徵、李德裕、王安石、李綱、張居正之儔，皆莫不有法家精神。其臨民理政，固兼道法之精要，而不悖於儒者也。視夫醇儒束縛於六經仁義之説，不敢有所更張者，固有辨矣。觀夫往世儒學之紛爭，而知儒效之隱，非一朝一夕之故也。漢世治經學者，有今文古文之歧；宋世言義理者，有道學僞學之辨。惟務虛言，不理實事。儒術於是益裂，無復可以辦事之人。浮議多而成功少，儒生乃愈不中用矣。迨蒙古貴族入主中原，分民以爲十等。其可貴者列之於上，謂之有益於國也；七匠八娼，九儒十丐，賤之也，謂其無益於國也。以儒爲戲，酷虐已甚。揆諸其實，儒已成爲無用之物，宜其爲世所棄耳。綜觀自宋元以迄明末，儒生多依附語錄以爲學，不復知有他事。遇理財者，則目爲聚斂；見捍邊者，則視爲粗材；能讀書爲文者，則以玩物喪志譏之；有留心政事者，則以庸僚俗吏薄之。徒以“爲天地立心，爲生民立極，爲前聖繼絶學，爲萬世開太平”之空談闊論以鉗制天下，儒術之卑，已不可復振矣。宜乎周密、黄宗羲諸家均有慨歎之言也！以往事驗之，則自古治國之道，孔孟爲拙，管商爲工。徒用儒術，固不足以致治。按之舊史，歷歷不爽。世之考古證今以期周於實用者，慎勿囿於成見，貴有以識其大也。

自學成才論（上）

自古有國家者，創制立法，多爲中人而設。《記》曰："先王之制禮也，過之者俯以就之；不至焉者，跂而及之。"又曰："夫禮，所以制中也。"古人所謂禮，自指一切制度儀文而言。定禮之初，不使太過，不使不及。大抵悉就中人所能共知共行者立爲法度，而無"智者過之，愚者不及"之患。蓋人羣中以中資之人爲最多，故創制立法，悉必以中人所能行者爲準也。萬事皆然，而培育、選拔人才之法，亦莫能外焉。自隋唐以至清末，行科舉之制達一千三百餘年之久，而事實昭示於世：科舉可以選拔人才，而人才不一定出於科舉。以高才異能，不屑就範，而所遺者猶多也。清末廢科舉，興學校，迄於今將百年矣。而事實昭示於世：學校可以培育人才，而人才不一定出於學校。以出類拔萃之士，不必皆肄業於學校，而奮起自學以成其才者濟濟也。曠觀中外歷史，不少傑出人物如大政治家、思想家、科學家、文學家、歷史學家，層出不已，多由刻苦自學取得成功，不爲當時制度所束縛，而超然拔出於藩籬之外。自來豪傑之士，固未有爲當時制度所困者，此其所以可貴也。孟子曰："待文王而後興者，凡民也；若夫豪傑之士，雖無文王猶興。”此是何等氣象！讀之令人神旺。今夫有志之士，若能奮發於學校之外，黽勉自學，鍥而不舍，以卒底於大成。而嘐嘐然曰：“待學校而後興者，凡民也；豪傑之士，雖無學校猶興。”豈非特立拔起，卓爾不羣之偉丈夫哉！

自學成才論（下）

士之立志奮厲自學，欲有所成者，非特不可高視闊步、睥睨一世也；而必小心謹慎，卑以自牧，埋頭刻苦以求之也。荀卿有言："無冥冥之志者，無昭昭之明；無惛惛之事者，無赫赫之功。"豈不信然！自來魁奇之士，鮮不爲造物所厄。值其尚未得志之時，身處逆境，不爲之動，且能順應而忍受之。志不挫則氣不餒，志與氣足以禦困而致亨，此大人之事也。蓋天之於人，凡所以屈抑而挫折之者，將有所成，非有所忌也。其或感奮而興，或憂傷以死，則視所禀之堅脆，能受此屈抑挫折與否耳。孟子曰："天將降大任於是人也，必先苦其心志，勞其筋骨，餓其體膚，空乏其身，行拂亂其所爲，所以動心忍性，曾益其所不能。"古今豪傑之士，誦斯言以自奮厲，克底於成者，何可勝數。其具體國經野之才，濟世安民之略，如歷代大政治家之所爲，姑置勿言；言其刻苦治學，卒成一代儒宗者：若明代大思想家王艮，一竈丁耳。處境貧困，而志學益堅，自彊不息，後竟成爲明代理學家開宗立派之人物。清初汪紱，婺源寒士，家無立錐，乃之江西景德鎮，爲燒窑者傭工，以畫碗自給。旦夕作苦，不廢讀書。後竟著書數十種，教書數十年，成爲遠近仰慕之大師。乾隆中，江都汪中，幼苦孤貧，隨母行乞於外。稍長，入書肆爲學徒，因乘暇取店中書讀之。因得博覽群書，學識淵廣，終成爲當時第一流通儒。若此諸家，刻厲自學，無師而成，可謂豪傑之士矣！有爲者，亦若是。士患無弘遠之志，不能耐苦耳。苟有志而能濟以毅力、恒心，則何往而不可以自成其才哉！

救學弊後論[①]

清末張之洞《輶軒語·語學篇》，戒學子訓字詁經，約有四忌："一、望文生義；二、嚮壁虛造；三、鹵莽滅裂；四、自欺欺人。"斯言分之爲四，總之則一，曰："無知妄作"而已矣。近數十年來，此風尤盛，而大湊於詮釋遠古文字。屏棄故書雅記，不復究繹；而自肆臆見，恣爲新奇詭異之説，連篇累牘，放論不休。往者嘗與楊遇夫先生（樹達）、唐立庵先生（蘭）談議及此，相對慨歎，目之爲猜謎法。蓋自殷虛甲骨文字出土，將及百年，學風之虛浮，殆未有甚於今日者。學者雖多如牛毛，而成者仍稀若麟角。出土之甲骨契辭日多，而可識之字，不越三千。徘徊不前，令人疾首。昔徐中舒召集古文字討論會於成都，於省吾召集討論會於太原，函電交馳，速余赴會。至則發言盈庭，争辯囂起。有挾恐見破之私意，無從義服善之公心。因而論斷甚難，不能得出正確之結論。窺厥根原，悉由讀常見書不熟，又未嘗取《説文解字》細心而精繹之。持論不根，各逞胸臆，宜其言之浮泛而無歸宿也。近世治古文字而有成者，若吳大澂、孫詒讓、羅振玉、王國維之儔，《説文》爛熟於心，進而審辨遠古遺文，而

① 昔章太炎嘗撰《救學弊論》，今爲《後論》以廣之。

後能知其形體由何而變，由何而分，得以識定爲何字。一經論斷，確切不移。今乃屏絶書本，專任臆説，奚從而得其髣髴耶！如欲挽救此種望文生義、嚮壁虚造之學風，必自倡導細心讀書始。蓋治學必先有深厚之根柢，而後可繁榮其枝葉。如欲厚植其基，則惟多讀書而已矣，善讀書而已矣。非特治古文字者如此，其他可以類推也。夫治學力求創立新義，以補前人之不足，斯固善之善者。然創新非可駕空而起也，必先有所繼承，而後可以言創新。昔人恒言熟能生巧，惟精熟始能得新義。此乃深知學問甘苦之言！今若全不讀書，而競言新悟，豈有當乎？

救文格後論①

清道光初，方東樹著《書林揚觶》，其中有云："凡著書及爲文，古人已言之，則我不可再説；人人能言之，則我不屑雷同。必發一種精意，爲前人所未發，時人所未解；必撰一番新辭，爲前人所未道，時人所不能；故曰：惟古于詞必己出。"此一言論，發人深省。所以正告多士，必有新知灼見，而後可以著書爲文也。顧世俗滔滔，非特無此胸襟，無此文風也，徒爲好名一念所桎梏，乃不惜竊書作僞以欺世。漢以上人，好以自作之書，託爲古人；晉以下人，則取他人之書，竊爲己作；無非好名一念害之耳。若向秀注《莊子》，郭象竊之；郗紹著《晉中興書》，何法盛竊之；姚察撰《漢書訓纂》，後之注《漢書》者，隱没名字，據爲己説。如斯類者，歷代多有，不能盡數也。錢大昕《養新錄》曰："皎然《詩式》，著偷語、偷義、偷勢三例。三者雖巧拙攸分，其爲偷一也。後代詩文家能免於三偷者寡矣。"詩文且然，著述之偷襲，更泛濫矣。嘗見近人有直剽他人之書以爲己作者，有改易標題而辭旨多同者，此鈍賊也。亦有盜其意稍易其辭；或故爲駁詰之語，强言奪理以自取重者；此黠賊也。展轉襲取，層

---

① 昔顧亭林嘗撰《救文格論》，今爲《後論》以廣之。

出不窮。文格之卑，於斯爲甚。大抵天地間著述文字，惟追述往事，勢必前有所承，故不嫌襲用舊文。若《史記》多採《尚書》、《左傳》、《國語》、《世本》、《楚漢春秋》之類，或全用其文，或摘敘其事。班固作《漢書》，凡武帝以前事，悉取《史記》，此皆非剽竊之比也。良以舊事紛繁，非可杜撰，必賴前人敘述，紹傳於後。凡其所裁取者，悉天下之所公有，世人之所共知，不煩標明出處而自明。可知編史者不以鈔襲舊文爲過，但問其有無精識別裁足以自立與否耳。編史襲用舊文，非特馬、班爲然；下逮《南北史》之於《八書》，《通鑑》之於《十七史》，亦何往而非鈔襲。以其整鍊而有翦裁，故能自成一家言耳。至於説理之辭，論斷之語，言必己出，非可襲取。遇見他人著述中論斷精審，爲前人所未道，則必欲引用者，則必明標出處。絶不可掠人之美，以爲己有。此亦儒林之公德，所當共守者也。

原學

古人造字之初，斈、斅、斆、學實指一事，皆謂學也。《説文》子部："斈，放也。从子，爻聲。"古肴切。放者效也，即摹仿也。人之善仿效者，無踰孩提。始而學飲、學食、學言、學語、學步、學行，皆喜效成人之所爲，此即學之始也。斈字从子，意在斯耳。繼而父母指點而教導之，故斅字從攴。从攴，猶从又也，謂以手指示之也。故《説文》云："斅，上所施，下所效也。"上謂長者，下謂幼者。長者莫親如父母。父母之教，乃進入幼學之事矣。由是而漸得啟發，漸有覺悟，始謂之斆。《説文》："斆，覺悟也。篆文省作學。"後乃學行而斆廢矣。迨小兒能自行動，有所作爲，始教之灑埽應對進退諸幼儀。《禮記·曲禮》云："人生十年曰幼，學。"而《内則》乃曰："十年，出就外傅，居宿於外，學書計。"可知當時初學所重者，乃寫字、計數諸要務耳，亦即治生技藝也。

凡有血氣者，莫不賴有其自存之技藝，不能則學，禽獸皆然也。若《周書·時訓》、《吕覽·季夏紀》、《淮南·時則》、《禮記·月令》諸篇，皆云"季夏之月，鷹乃學習。"學習二字連言，始見於此。高誘《吕覽注》云："秋節將至，故鷹順殺氣，自習肄爲將搏鷙也。"鄭玄《月令注》云："鷹學習，謂攫搏也。"然則鷙鳥搏擊之術，亦有資於事先之熟習也。《説文》：“習，數飛也。”謂鳥始生羽時，不能飛，必旦旦學飛而試飛之，迨羽豐盈而翅張大，始得高飛遠翥；猶人必勤於仿效，而後能自成其才藝耳。“學習”二字，連爲一詞，原指物言，今則移以稱人矣。

《論語》首章首句，即是“學而時習之”。朱注云：“學之爲言效也。學之不已，如鳥數飛也。”學之本義，何嘗專指讀書？後世儒生，專以讀書爲學。清末陳澧在《東塾讀書記》明確提出：“學者何？讀書也。”只此一言，足以統括二千餘年以來儒生之偏見矣。上世原無文字，何有於書？古之所謂學，非讀書也。日從實事實物中學習耳。鴈飛有序，蟻出成行，此御衆之法所自出也；熊經、鳥伸、猿攀、鴟顧，此彊身之術所由來也。善以天地萬物爲師模者，何往而非學習也？故其時大至治人辦事，小至飭躬淑己，多得之於力行。昔人云：“皋陶、禹、稷讀何書。”良不誣也！論者多謂以誦讀爲學，始於孔子。然而子路嘗云：“有民人焉，有社稷焉，何必讀書，然後爲學。”樊遲請學稼，又請學爲圃。二子所言，雖皆見嗤於仲尼，然從可知當日言學，本非專指讀書也。儒之必以讀書爲學，蓋自孔子始矣。然而二千餘年之間，不乏有識之士，每於掄才品人之際，亦有不拘泥於讀書者，若顔之推《勉學篇》所云：“必有天才拔羣出類，爲將則闇與孫武、吳起同術；執政則懸得管仲、子產之教；雖未讀書，吾亦謂之學矣。”是學之所該甚廣，本不限於讀書也。

昔清初廖燕謂天下之理，不盡在書。有字之書，皆古人糟粕；欲盡取無字書而盡讀之。無字書者，天地萬物是也。日在目前，而人不知讀，吾願終身讀之不厭。發其論於《二十七松堂文集》者，至明切矣，固非庸俗所能知也。又況遠古文字簡少，記載工具樸素。每有敘説，恒苦不能盡意。《易・繫辭》所謂“書不盡言，言不盡意”，即已指出凡百理論之託文字以傳者；皆非其至者也。此由事物精微之理，多可意味而不可以言傳，惟久於其事者能得其運用之妙耳。是以論言論斷，徐疾但可聲諭，而不能以教子。曹丕論文，亦言引氣不齊，巧拙有素，雖在父兄，不能以移子弟。可知理道之可以言傳者，皆非其至者也。夫惟古今之善讀書者，好學深思，心知其意；博觀羣言，驗之行事。不拘泥於一隅，而有以通萬方之略。古今識大之賢，得以開物成務，悉由善學以致之耳。若夫庸夫俗子，死守書本，背誦如流；大義不明，惟記字句而已。囫圇吞棗，此與僧道誦經何異。如晉之傅迪，被笑爲書簏；齊之陸澄，至目以書廚；梁之劉峻，有書淫之名；唐之竇威，得書痴之號。若斯之流，亦何益哉！

原述

仲尼嘗言："述而不作。"釋之者曰："述，傳舊而已；作，則創始也。"記曰："作者之謂聖，述者之謂明。"是作與述固有辨矣。昔王充《論衡》始成，或頌其可謂作者。充則曰："非作也，亦非述也，論也。論者，述之次也。五經之興，可謂作矣；太史公書，劉子政序，班叔皮傳，可謂述矣；桓君山《新論》，鄒伯奇《檢論》，可謂論矣。今觀《論衡》、《政務》，桓、鄒之二論也，非所謂作也。造端更爲，前始未有，若倉頡作書，奚仲作車是也。《易》言伏羲作八卦，前是未有八卦，伏羲造之，故曰作也。"此論見《論衡·對作篇》，區羣書爲三科，而不自居作述之班，可謂知道術之淺深矣。焦循《雕菰集·述難二》亦曰："人未知而已先知，人未覺而已先覺，因以所先知先覺者教人，俾人皆知之覺之，而天下之知覺自我始，是爲作。已有知之覺之者，自我而損益之；或其意久而不明，有明之者，用以教人，而作者之意復明，是之謂述。"可知前人分别作述，皦然易明。自來不以創作之書與編述之業，等量齊觀，其高下可覩也。

《史記·老莊申韓列傳》云："老子脩道德，其學以自隱無名爲務。居周久之，見周之衰，迺遂去。至關，關令尹喜曰：子將隱矣，彊爲我著書。於是老子迺著書上下篇，言道德之意五千餘言而去。”又稱韓非“爲人口吃，不能道説，而善著書”。此皆著書二字見於漢人書中之始。漢人所稱著書，即著於竹帛之意。許慎《説文解字敍》所云：“著於竹帛謂之書。”是也。漢人撰寫，亦稱著述，班固《答賓戲序》謂“專篤志於儒學，以著述爲業”，是也。迨至漢末，曹丕《與吳質書》，詢其“頃何以自娱？頗復有所述造不？”凡當時詩文、詞賦及專著，皆以“述造”二字名之，在當時最爲雅正云。

曠觀自古文字必賴著之竹帛者，不外數故：一曰，傳久遠。《呂氏春秋·情欲篇》所云：“荆楚王功迹著乎竹帛，傳乎後世。”是也。二曰，代言談。《史記》稱韓非“口吃不能道説，而善著書”，是也。三曰，洩憂憤。《史記·虞卿傳》所謂“不得意，乃著書”，是也。而發憤著書一途，尤古今才士所同奮。《太史公自序》有云：“西伯拘羑里，演《周易》；孔子戹陳蔡，作《春秋》；屈原放逐，著《離騷》；左丘失明，厥有《國語》；孫子臏脚，而論《兵法》；不韋遷蜀，世傳《呂覽》；韓非囚秦，《説難》、《孤憤》；《詩三百篇》，大抵賢聖發憤之所爲作也。此人皆意有所鬱結，不得通其道也；故述往事，思來者。”司馬氏慨歎己所遭遇，不得意於當時，於是發憤激昂，思著書以傳於後。此後二千餘年間，不得志之士，步趨司馬，相率奮力争競於身後之名。著錄於歷代史志者何可勝數，而散亡磨滅，百不一二存焉。觀夫世俗汲汲營營以圖不朽者，皆可悲也。若太史公所云：“虞卿非窮愁，亦不能著書以自見於後世。”夫窮愁著書之士多矣，豈必皆有以自見於後世哉！

世間有三種書：造端創始，作者之事也；整齊故實，述者之事也；至於纂輯羣言，類聚而區分之，則鈔書者之事也。昔之善讀書者，每喜撮鈔精要，纂爲一編，若著錄於《漢書·藝文志·諸子略》之《道家言》二篇，《法家言》二篇，《雜家言》一篇，皆古人讀諸子時撮鈔羣言之作也，固已導夫先路矣。《文心雕龍·諸子篇》嘗言："洽聞之士，宜撮綱要，覽華而食實，棄邪而採正。"韓昌黎《進學解》亦云："紀事者必提其要，纂言者必鉤其玄。"歷代相沿，其法莫二，而宋人爲之最勤，若黄震、洪邁、魏了翁之儔，所營多矣。如袁樞類鈔《通鑑》，以成紀事本末，尤爲一代冠冕，善鈔書者，固與自著一書等也。清初崑山顧氏，終身以鈔書爲事。大者若《天下郡國利病書》、《肇域志》，則由鈔輯正史、實錄、方志而成；小者若《日知錄》，則多取之《文獻通考》。夫亦曰善於節取羣書以成己作耳。乾嘉諸儒，多從事於專門之學，然亦不廢類鈔綜錄之編，若《經籍纂詁》、《全上古三代秦漢三國六朝文》之類，多一種有多一種之益。士之自分無作述之才者，不如多爲之方，以從事於鈔書之爲愈也。

答某君論師道書

前月得手書，知有志於學。學已有成，乃欲拜鄙人爲師，申弟子之敬，鄙人何敢當也！愧恧於中，故闕然未即報，幸勿爲過。昨又得仲明一札，復代達足下之意，冀無拒於門牆之外，鄙人非敢如此也。足下既早畢業於上庠，都講其間，復已十載，抗顏爲人師久矣。有專門之學足以名家，猶欲然不自慊，欲從師而益進焉。即此虛中能受之誠，自可風厲多士，亦足爲我之師矣。此柳子厚《答韋中立書》所云："爲衆人師且不敢，況敢爲吾子師乎？"每誦斯言，惟有自慚耳。我國罷科舉，興學校，迄於今將百年矣。百年之前，則有童子之師，有鄉會試之師，有投拜之師。而以投拜之師爲最無意義，乃世俗靡然成風。弟子之所求於師者，藉其名位以資拔擢也；師之所求於弟子者，利其附從以張聲氣也。曷嘗有傳道解惑、質疑問難之授受哉！方今學校設教，所營甚廣。爲師者非一人，所習者非一業。範圍既已廓大，知識來自多途。不得專奉一人爲師，勢也；亦時也。況靜觀天地萬物之理，即可以天地萬物爲師；縱覽往哲近賢之書，即可奉往哲近賢爲師；誠善求之，則無往而不可得良師也。奚必拘形跡，守舊規，必投拜一人爲師而後可哉！孟軻有云："人之患，在好爲人師。"可知二千餘年前，好爲人師者衆矣，故孟子剴切言之以垂戒。鄙人終身守此言以自警，凡及門與於講習之列者，皆以朋友之誼相處，不敢以師自居也。古有五倫，獨無師弟，以朋友一倫足以該之也。明達如足下者，必有以知我而諒我矣。

答友人辭不爲序書

得書，知近有新著即將刊布，想見學養之裕，精力之强，甚盛甚盛！乃欲得拙撰一序以弁其首，此則未敢承命也。雖在知好，何可默爾不言。古人著書，但有自序，自漢以上，靡不皆然。魏晉以來，士尚華藻。作者多若牛毛，得者視同芻狗。或以己名不足取重，乃乞序於人以傳其書。晉左思作《三都賦》始成，人莫之知，以皇甫謐有高名，造而示之，謐乃爲其賦撰序。爲人序書，實始於此。隋唐而後，雕版術興，文字傳播之法日廣，於是而成書者有序，刻書者有序，一編累三四序不休。揆諸體例，無所取義。要之一書不當兩序，顧氏《日知錄》已言之矣。顧氏又云："人之患，在好爲人序。"此可深長思也！舜徽終身守此言，不敢爲人序書。生平述造不少，亦但各有自序一篇而已，未嘗乞人爲之序也。昔人於此，蓋莫不慎之重之。觀杜牧《答莊充書》有曰："自古序其文者，皆後世宗師其人而爲之。今吾與足下并生今世，欲序足下未已之文，固不可也。"前賢處朋友之際，不欲違義以徇私好，足爲吾輩今日楷式也。苟能取法乎上，但冠自序一篇；而是非得失，留待後人論定，則所以自待者爲不淺矣。舜徽身在草野，闇然自修，無高位顯譽以震炫於當世。爲人序書，何足取重。故凡友朋有所託請，皆婉詞謝之。近年惟撰有《李審言文集序》及《羅雪堂學術論著集序》，此二文皆其子孫所乞求，不得已而作也。亦以其人逝世已久，無標榜之嫌。出於辨章學術之旨以爲之，義固有在，與夫世俗酬應之作，固自不同也。惟賢者亮察！

與友人論漢宋學術書

前承枉過，論及漢宋學術異同，所見大抵相合。徒以悤遽晤談，言猶未盡，不得不續有所陳也。竊嘗以爲論列一代學術，最忌以籠統大名範圍數百年學風而不細加區辨，則往往不能得當時趣嚮之真，非所以辨章學術也。世之論及漢學宋學者，但曰：漢學重在訓詁名物，宋學專言心性義理。此籠統之言，何足以概漢宋學術之全乎？兩漢歷時四百二十年，西漢之學，與東漢不同。西漢今文經學盛行，大張微言大義，東漢反是，此風尚不同之徵也；博士之學，與通人之學，截然二途，此廣狹不同之驗也。如但以訓詁名物概漢學，則不足以盡之也。兩宋歷時三百二十年，以趣嚮論，北宋學風，復不同於南宋。以成就論，當時大學者、大文人爲最多，而傳世之大著作尤盛極一時。其時治學範圍至廣，舉凡經學、史學、諸子學、文獻學、金石學以及經世致用之學，名家輩出，超越往古。其闡明心性講求義理者，特宋學之一端耳。若但以心性義理概宋學，亦不足以盡之也。漢學宋學之分，由來甚早，而盛行於清乾嘉中。諸儒考證名物訓詁，大張漢幟，鄙薄宋賢。門户之爭，乃益加劇。迨江藩《漢學師承記》、《宋學淵源記》二書出，於是對壘之形成，遂爲可分而不可合之勢矣。雖自乾嘉以迄清末，亦有通博之士，欲泯門户之爭，發爲融會之説，以調停其間，而成見已深，畛域未泯。至今日而欲消除俗見，則莫若多讀書以觀其會通。庶乎論及一代學術有以窺其全，而不致拘泥於一曲耳。鄙見如是，不知高明以爲何如?

答某君論歷代儒林傳中人物書

上月得手書，承示近欲從事纂述《中國學術史》，而以歷代《儒林傳》爲依據。提綱挈領，不俟旁求。顧欲然若有不足，乃蒙下問及愚。愚竊以爲非特書名龐大，不易着筆；即所依據之《儒林傳》，亦不能該學術之全也。歷代史傳之有《儒林》，昉於《史》、《漢》，而《史》、《漢》《儒林傳》中所敘述者，皆當時立於學官之經師也。由古迄乎漢初，名儒多矣。而《史記》一書，自仲尼及其弟子别有專篇紀述外，若孟軻、荀卿之流，皆不入《儒林傳》而各有專傳。《漢書》步趨《史記》，而《儒林傳》中所列人物，加多於昔，亦皆當時專門名家之經師耳。西漢二百三十年間，如陸賈、叔孫通、賈誼、董仲舒、司馬相如、司馬遷、東方朔、匡衡、揚雄、劉向，悉一代名儒也。皆各有專傳，而不入《儒林傳》。可知《史》、《漢》《儒林傳》所標舉者，乃博士之學耳。當時經有數家，家有數説；分離乖隔，不合不公；各守一家，私相授受。故其治學範圍褊狹，篤信謹守一師之言，猶後世所謂專門名家者也。若夫通人之學則不然，所知甚廣，而不囿於一隅。立論通達，有以見是非之公，與博士之學，固截然不同也。王充《論衡·超奇篇》云："能説一經者，儒生；博覽古今者，爲通人。故儒生過俗人，通人勝儒生。"此在漢世，固已有論其高下者矣。自《史》、《漢》以下歷代正史中《儒林傳》中所列舉者，大抵皆當時學術界三四流之人物。其高出一時可稱一二流者，莫不列有專傳，此《二十四史》之通例也。足下所欲纂述之書，但以歷代《儒林傳》爲依據，豈非棄大取小所遺甚多乎！望更推廓而博求之。

答友人論古籍中所用“生”、“性”二字書

昨暮得大札，知近理董周秦故書，究心於古人用字之例，至佩邃密。乃以“生”、“性”二字異同，殷勤下問，抑何辭氣之謙冲也。竊思此二字古人通用甚早；《孝經》曰：“天地之性，人爲貴。”此“性”字即當讀“生”，謂天地間之生物，以人爲貴也。《周禮·大司徒》：“辨五地之物生。”謂物性也。昭公八年《左傳》：“莫保其性。”言莫保其生也。《召誥》所謂“節性”，《呂覽》本作“節生”；《大雅》所謂“彌厥性”，金文乃作“彌厥生”。斯例甚多，不煩悉數也。周代金文中，但有“生”字，鮮見“性”字，知“性”字所起甚晚，乃“生”字之增偏旁體。今人恒稱生命爲性命，以二字本同也。“生”字古讀，與“性”同音。考之金文及先秦經籍中所用字，其作“性”者，多爲後人所改。證之《孟》、《荀》、《呂覽》所用“性”字，皆可以“生”字讀之，而可知也。遠古字少，但用其最初之文，自可該後出之字。“生”爲初文，而从心之“性”，从女之“姓”，皆其後起。古人用一“生”字，固可該“性”；猶之典籍中所用“百姓”一詞，周金文中乃作“百生”耳。

大抵形聲字，其義多存乎聲。聲之所在，即義之所在也。如先有“爲”字，加人旁則爲“僞”。僞者，作爲也。《荀子·性惡

篇》云：“人之性惡，其善者僞也。”此“僞”字當讀作“爲”，謂作爲也。證以下文“器生於工人之僞”而可知矣。通常以詐僞釋“僞”，乃作爲之引申義耳。若讀《荀子》而以詐僞解之，則與原意不符矣。愚平生籀繹古書，遇難解之字，每返而求諸其所從之聲，則能得其本旨，此類是也。惟言必有據，不可望文生訓耳。鄙見如此，伏乞賢者有以教之。

答某君勸專力自修書

得十月三十日長函，何其言之詳盡而懇摯也。雖不相識，已相知矣。足下年甫三十，而已爲大學講師，有專著三種行世。既於語言文字素養較深，又肆力於譜牒之學，述造斐然，已出類拔萃矣。求之今日，不易覯也。乃欲投考鄙人指導之博士研究生以益所學，殷勤致意，彌見謙沖。夫學問之事，若大道然，此孟子所謂歸而求之有餘師者也。天地間一切制度，多爲中材而設，高才者恒能超越其範圍，卓然有以自立。古今中外豪傑之士，自學成才者衆矣，篤志黽勉，足以得之。不攻讀博士何害！足下根柢已厚，又有專門之業足以名世。自今以往，益以自修精進之功，其能底於大成無疑也。奚必舍近求遠，復抛數年歲月哉！況賤年已踰八十，精力衰頽，自今以往，不欲再爲馮婦矣。願足下自彊不息，返而求之於己，奮發以圖之也。

後　記

先君舜徽先生猝然逝世後，許多學者關心先生遺著的出版。這本《霜紅軒雜著》就是先生未刊稿的一部分（先生的未刊稿中，有一部分是先生明確暫不刊行的，這些稿本與别的手稿一起，現珍藏於湖南圖書館《張舜徽先生專室》中）。

現將編定本書過程中的一些情況加以説明，由此將可以看出，舜徽先生是有意將本書中的内容滙集出版的。

《漢語語原聲系》全文已由舜徽先生親筆謄正，成爲了能直接交予出版社的清稿。先生并且已爲這一著作寫有自序。

《經傳諸子語選》的情況，與《漢語語原聲系》完全相同。

《清儒論學語録》，是舜徽先生約在一九九二年九、十月份開始對舊稿加以整理的，寫定了三萬餘字，先生就猝然逝世了，因此是未完成稿。雖然如此，但其入選學者、寫作體例、擇語傾向都已十分明確，已完成的篇幅約爲總篇幅的一半，故將其刊印出來還是有意義的。在該部分的註中，我有更詳細的説明。

《佚文輯録》部分，收録了《訒庵學術講論集》中漏收的文章，也收録了該書出版後新寫的文章。其中特别值得提出的是《〈二十五史三編〉序》寫於一九九二年十月下旬，是在舜徽先生逝世前一個月，《〈資治通鑑全譯〉序》則寫於一九九二年十一月下旬，是在舜徽先生逝世前一周。前二十四篇書跋也是先生逝世前不久寫定的，看來還準備繼續寫下去，也是因爲猝然逝世而戛然停止了。

《秉燭餘論》集中了舜徽先生的十八篇文言短論，其中最後一篇寫於一九九二年十一月初。一九九二年十一月二十三日下午，我與父親有三小時半的長談，在這次談話中，他老人家對我説起過："以後，長篇的文字我不打算寫了，只寫一些短篇，集起來就叫'秉燭餘論'吧。"當時我心里想到的，首先就是這一組文章。没有想到，這竟是我與父親的最後一次談話。就把這一組文章冠以《秉燭餘論》的總標題，來記下父親的這個意願吧。寫到這里，我不禁想起洪亮吉《與子書》中的一段話："聞鷄而起，尚擬著書；秉燭以游，仍書細字。"這一段話，也可以概括我父親晚年的生活，他老人家一直工作到生命的最後日子。

"霜紅軒雜著"這五個字，是在舜徽先生的一紙遺墨中見到的。在這張紙上，舜徽先生開列了他全部著作的名字，在"霜紅軒雜著"這五個字的左邊，寫的是《愛晚廬隨筆》，在其右邊，寫的是《訒庵學術講論集》，都是已出版了的著作的名字，其他名字的著作也是已出版了的。惟有《霜紅軒雜著》是有目無書。因此想到，這是先生擬出版的一本書的書名。而現在這本書用《霜紅軒雜著》這個書名似乎是相宜的，因而，就把現在這本書定名爲《霜紅軒雜著》。

我清楚地記得，一九七一年九月下旬至十月上旬的半個多月里，我從外地回武漢探望父母。剛滿六十歲的父親，雖身處極爲艱難的條件，但對做學問仍没有放棄，對於未來没有喪失信心。他老人家克服許多難以想像的困難，終於在十月初完成了費時數年的《説文解字約注》一書的整理謄正工作。十月五日，寫完了該書的序，在序的末尾，寫着"舜徽自識於武昌寄廬之霜紅軒"。他老人家手持一本像册，指着用毛筆在扉頁手書的杜牧《山行》

詩，聲音宏亮地朗誦道：“遠上寒山石徑斜，白雲生處有人家。停車坐愛楓林晚，霜葉紅於二月花。”接着又與我一起對這首詩進行了賞析。由此可見先生當時對未來的樂觀心境。果然在以後的二十餘年里，先生在多方面都有了更多的收獲。也許就是由這首詩，先生的室名中出現了“愛晚廬”和“霜紅軒”兩個新名字。

特别關心舜徽先生遺著出版的有蔡尚思先生、屈守元先生、李稚甫先生、譚佛雛先生、蕭箑父先生、劉夢溪先生和關禮光先生等專家學者。舜徽先生的同事崔曙庭先生、吳量凱先生、熊鐵基先生、蕭漢森先生等教授給予了許多具體的幫助。崔曙庭先生、周國林先生、王武子先生三位文史專家更在内容的編次、選定和文字的校勘等方面，在通讀全書原稿的基礎上，提出了不少極爲有益的建議。我衷心地感謝以上諸位先生。

張君和謹識

一九九五年十一月二十七日

舜徽先生三周年忌日

第四輯整理後記

自 2002 年開始整理出版《張舜徽集》，已經整整八年時間了。本輯的出版，標志着這一工作的基本結束。

本輯中的《説文解字約注》，依據中州書畫社 1983 年版手稿影印本排印。這是張舜徽先生的心血之作，耗費了他大量的時間和精力，是在"文化大革命"期間用幾年時間寫定的。而《霜紅軒雜著》所收著述，大多是張舜徽先生生前未刊之作，由其次子張君和先生編次。這部書的編次情況，張君和先生在《後記》中已有詳細説明，讀者可參看。

回顧《張舜徽集》四輯二十册的出版過程，對華中師範大學出版社充滿感激之情。社領導范軍、段維、董中鋒等諸位先生自始至終關心《張舜徽集》的出版工作，在人員安排及出版質量上給予了足够的支持。文集定名爲"張舜徽集"，就是由范軍先生確定的。其好處一是不必一次性推出，可以緩解審校人員和出版費用方面的壓力，二是可以各册分別定價，方便讀者根據需要購買。參與本套書編輯與組織工作的，先后有洪勝非、馬元龍、張紅梅、周柏青、趙宏、董中鋒、吴志雲、曾巍、沈繼成、劉曉嘉、龔瓊芳、馮會平等諸位先生，都做了大量細致的工作，相當辛勞。尤其是洪勝非先生，她承擔的書稿册數最多、難度最大，工作量最爲繁重，本輯約三百三十萬字的《説文解字約注》和四十多萬字的《霜紅軒雜著》，也都由她做責任編輯，她逐字閲讀，發現了不少疑誤之處，并查考資料予以解决。長期的疲勞工作，使她視力爲之下降。這種奉獻精神，令人敬佩。負責各書校對的人員，以張忠老師爲首，態度十分認真，盡職盡責，保證了全套書籍的質量。在此對他們以及關心和支持《張舜徽集》出版的學者表示衷心的感謝。

由於自己水平與精力有限，整理工作還存在不盡人意之處，主要是標點不够統一。爲盡量保持張舜徽先生著作的原貌，《説文解字約注》的通檢中，有少量部首和文字的筆畫和字形與現在的漢字規範略有出入，請讀者在使用時靈活掌握。或許還有其他未察覺的問題，敬盼讀者諒解并不吝賜教。

整理者：周國林

2009 年 12 月 2 日